Zola

Avertissements
Sauf indication contraire, les textes de cet ouvrage
ont été rédigés par Michèle Sacquin.
Dans les notices, l'auteur du document reproduit,
s'il n'est pas mentionné, est Zola.
Dans les références bibliographiques, le lieu d'édition
par défaut est Paris.
Pour *Les Rougon-Macquart*, on renvoie principalement
à l'édition en cinq volumes d'Henri Mitterand, Gallimard,
coll. « Bibliothèque de la Pléiade », 1960-1967 (abrégée en :
Pléiade, t. I, etc.) et, pour les *Œuvres complètes* d'Émile Zola,
à l'édition en quinze volumes d'Henri Mitterand, Cercle
du livre précieux, 1966-1970 (abrégée en : *Œ. C.*, t. I, etc.)

© Bibliothèque nationale de France / Fayard, 2002
ISBN BNF : 2-7177-2215-7
ISBN Fayard : 2-213-61354-0

Liberté • Égalité • Fraternité
RÉPUBLIQUE FRANÇAISE

Ministère
Culture
Communication

Zola

Sous la direction de Michèle Sacquin

Août 2009. Paris.

Pour Gilbert
Zolien averti et ami incomparable.
Avec toute mon admiration.
Ramón

Bibliothèque nationale de France / Fayard

Cet ouvrage est publié à l'occasion
de l'exposition « Zola », présentée
par la Bibliothèque nationale de France
sur le site François-Mitterrand
du 18 octobre 2002 au 19 janvier 2003.

Exposition

Commissariat
Michèle Sacquin

Coordination générale et production
Service des expositions de la Bibliothèque
nationale de France, sous la direction
de Viviane Cabannes

Chargée d'exposition
Anne Manouvrier

Régie des œuvres
Vincent Desjardins

Régie des espaces
Serge Derouault assisté de Paul Roth
et Philippe Benivady, Eudes Drivet,
Hamid Joudy, Raphaël Laugier, Franck Loumi,
Alexis Quinet

Scénographie
Jean-Marc Joulié

Graphisme
IAK

Aménagement
ARTCADE

Audiovisuel
Bernard Clerc-Renaud, TV cible

Présentation des documents
Département de la Conservation,
atelier de préparation aux expositions

Édition

Direction éditoriale
Pierrette Crouzet (BNF)
Henri Trubert (éditions Fayard)

Suivi éditorial et secrétariat de rédaction
Jacqueline Michelet et Marie-Hélène
Petitfour Martin, avec la collaboration
de Marie Michelet pour l'index

Iconographie
Caterina D'Agostino, avec la collaboration
de Nathalie Bréaud

Conception graphique et mise en pages
Ursula Held

Prêteurs

Institutions

Aix-en-Provence
Bibliothèque Méjanes

Bordeaux
Musée des Beaux-Arts

Compiègne
Musée national du château de Compiègne

Douai
Musée de la Chartreuse

Le Puy-en-Velay
Musée Crozatier

Luzarches
Conseil général du Val d'Oise,
château de La Motte

Lyon
Musée des Beaux-Arts

Mantes-la-Jolie
Musée de l'Hôtel-Dieu

Marseille
Centre hospitalier Édouard-Toulouse

Médan (Yvelines)
Maison d'Émile Zola

Paris
Centre d'Études sur Zola et le naturalisme
(ITEM, CNRS)
Comédie-Française
Musée de l'Assistance publique-Hôpitaux
de Paris
Musée des arts et métiers du CNAM
Musée Carnavalet
Musée Gustave Moreau
Musée du Louvre
Musée Marmottan-Monet
Musée de l'Orangerie
Musée d'Orsay
Petit Palais, musée des Beaux-Arts
de la Ville de Paris
Société des manuscrits des assureurs
français

Rennes
Musée des Beaux-Arts

Collections particulières

Collection Gérard Coussot
Collection François Labadens
Collection Émile-Zola
Collection Morin-Laborde
Collection Puaux-Bruneau

Remerciements

Nous tenons à exprimer notre vive
reconnaissance aux auteurs de cet ouvrage,
aux prêteurs privés et publics qui ont bien
voulu nous confier leurs œuvres, ainsi qu'à
tous ceux et celles qui ont bien voulu nous
prêter leur concours, leur savoir et leurs
conseils. Notre reconnaissance s'adresse
particulièrement à Colette Becker, Henri
Mitterand et Alain Pagès, qui ont accepté
de relire tout ou partie de ce livre, à Brigitte
Émile-Zola Place, François Labadens,
Colette Morin-Laborde, Lise Puaux-Bruneau
et Jean Vidal, ainsi qu'à :
Marion Aubin de Malicorne, Joëlle Bolloch,
Jean-Marie Bruson, Anne-Laure Carré,
Jacqueline Carroy, Danielle Coussot,
Christiane Delpy, Philippe Hamon, Geneviève
Lacambre, Martine Le Blond-Zola, Jean-Marc
Léry, Jean-Pierre Leduc-Adine, Jean-Sébastien
Macke, Catherine Niel, Yves Sacquin.

Nous remercions également, pour leur
précieuse collaboration, l'équipe de la
bibliothèque Méjanes d'Aix-en-Provence :
Gilles Éboli, son directeur, Philippe Ferrand,
conservateur de la section ancienne,
et Raphaëlle Mouren, commissaire
de l'exposition « Zola à Aix »
(Aix-en-Provence, Cité du livre, du 18 juin
au 28 septembre 2002).

Toute notre gratitude va encore à Jacqueline
Sanson, directeur des collections de la
Bibliothèque nationale de France, à Monique
Cohen, directeur du département des
Manuscrits, à Anne Manouvrier, du service
des expositions, à Bernard Vouillot,
conservateur en chef, responsable du service
de l'Inventaire rétrospectif, qui a sélectionné
les imprimés, à Sylvie Aubenas, conservateur
en chef au département des Estampes et de
la Photographie, qui a présidé au choix des
photographies prises par Zola, à Noëlle Giret,
conservateur général au département des
Arts du spectacle, à Anne-Marie Sauvage,
conservateur en chef au département des
Estampes et de la Photographie, et à Pierre
Vidal, directeur de la bibliothèque-musée de
l'Opéra, ainsi qu'à :
Annie Angremy, Madeleine Barnoud,
Ségolène Blettner, Anne-Françoise Bonnardel,
Claude Bouret, Mauricette Berne, Antoine
Coron, Odile Faliu, Georges Fréchet,
Marie-Odile Germain, Noëlle Guibert,
Marie-Pierre Laffitte, Danielle Le Nan,
Florence de Lussy, Michel Popoff, Laurent
Portes, Jean-Yves Sarazin, Valérie Sueur,
Pierrette Turlais, Philippe Vallas, Monique
Vatonne, Magali Vène, Jean-Didier Wagneur ;
à Viviane Cabannes et Vincent Desjardins
au service des expositions et, au service

des éditions, à Pierrette Crouzet,
à Jacqueline Michelet, à Marie-Hélène Martin,
à Caterina D'Agostino, à Nathalie Bréaud,
à Khadiga Aglan et à Ridha Tabaï, ainsi
qu'à Marie Michelet, qui a établi l'index.
Nous remercions encore Yves Le Guillou
et l'équipe du service reproduction,
particulièrement Thierry Collin ;
Odile Walrave et le personnel de l'atelier
de restauration coordonné par Madeleine
Blouin ; Isabelle Giannattasio et l'équipe
du département de l'Audiovisuel.
Nous sommes particulièrement redevable
à Ursula Held pour l'excellence de son travail
graphique.

Sommaire

Préface

Le risque existe : l'acte du 13 janvier 1898 a tellement compté dans la sensibilité collective, au sommet de l'affaire Dreyfus, que son auteur a pu paraître parfois comme absorbé, avalé, phagocyté par la force de cet instant-là, qui fut sublime.

Oserai-je un témoignage personnel ? Il doit valoir pour beaucoup d'autres, dans ma génération, pour peu qu'ils aient eu le bonheur, vers 1950, de se trouver quelque part dans une lignée protestante, juive, radicale, socialiste ou simplement républicaine et que tel ou tel aïeul leur ait dit l'émotion fondatrice d'un événement sans pareil. Encore enfant, j'avais déniché, parmi de vieux dossiers que mon grand-père m'avait donné à ranger, un exemplaire jauni du numéro de *L'Aurore* où *J'accuse… !* était paru. Je le possède encore. Il a gardé pour moi sa force entière d'émotion.

J'entendis ce jour-là, pour la première fois, le témoin qui m'était proche raconter le long combat de quelques-uns pour la vérité et la justice, porter hommage à Clemenceau qui trouva le titre immortel, déplorer une issue qui fut à court terme ambiguë, démontrer la portée philosophique et morale de l'Affaire en son point d'orgue. Lorsque j'ai lu *Les Rougon-Macquart*, plus tard, dans l'adolescence, aucune des impressions que j'en ressentis ne put affaiblir celle-ci, qui fut primordiale.

Voici quatre ans, le centenaire du procès qui condamna Zola et l'exhaussa dans l'Histoire, la réédition des actes, la rediffusion de tel ou tel documentaire à succès, la multitude des écrits historiques suscités par l'anniversaire, tout cela put contribuer encore davantage à concentrer l'attention publique sur ce moment lumineux aux dépens du continent complet de son œuvre. Donc, il était nécessaire que le centenaire de sa mort fût l'occasion de le célébrer tout entier. La Bibliothèque nationale de France y contribue de la façon que voici, en connivence avec la pléiade des spécialistes qui, autour d'Henri Mitterand et de Colette Becker, promeuvent grâce à leur science le rayonnement des écrits de Zola. Nous savons gré à Michèle Sacquin, conservateur en chef au département des Manuscrits et commissaire de l'exposition, d'avoir, avec son équipe, porté le projet, conçu la démarche et organisé l'ensemble.

Il s'agissait, en somme, pour retrouver l'écrivain dans sa pleine complexité, de valoriser, en les complétant de toutes mains, les richesses dont nous devons la garde à la généro-

1 «Le suffrage universel» (*Le Figaro*, 8 août 1881), dans *L'Encre et le sang*, présentation d'Henri Mitterand, éditions Complexe, 1989, p. 280-281. **2** «La démocratie» (*Le Figaro*, 5 septembre 1881), *ibid.*, p. 21. **3** Henri Mitterand, «Avant-propos», dans Émile Zola, *Carnets d'enquête, Une ethnographie inédite de la France*, Plon, coll. «Terre Humaine», nouvelle éd., 1993, p. 15.

sité de sa famille. Au premier chef les manuscrits, source inépuisable de réflexions sur la genèse de cette œuvre, sur ses fondations, ses étais, ses aléas ; mais aussi les reflets écrits de la vie quotidienne de l'homme, et encore, du côté de l'image, les peintres, impressionnistes surtout, qu'il aima et qu'il commenta, les affiches et les publicités, et jusqu'à ces caricatures qui exsudent souvent tant de haine.

À la Bibliothèque nationale de France, pour le cinquantenaire, en 1952, une première exposition, confiée à la diligence de Jean Adhémar, fut reconnue et saluée en son temps. Mais des progrès ont été accomplis depuis lors. Des articles ignorés, une correspondance abondante, des inédits innombrables ont été publiés dans l'intervalle. Et du coup change l'éclairage.

Une évidence s'impose d'abord, une fois le parcours achevé : bien loin que soit minimisé l'éclat du *J'accuse… !*, bien loin qu'il faille en rabaisser la portée pour restituer je ne sais quel essentiel qu'il faudrait honorer ailleurs, c'est au contraire le ressort d'un pareil courage qui s'en trouve mieux expliqué, dans le droit fil d'une philosophie politique et sociale élaborée de longue date.

Zola journaliste, dans son jeune âge – entre le crépuscule du Second Empire et la fin de sa collaboration au *Figaro*, en 1881 –, s'était construit de la République une idée assez haute pour ne rien lui pardonner de ses dérives et de ses mesquineries. Maurice Agulhon nous rappelle quel usage il fit très tôt, pour la célébrer, de sa symbolique la plus précieuse. Mais justement : la blâmer, c'était l'honorer.

Quand Zola s'interrogeait passionnément, par le biais de ses articles comme de ses romans, sur la difficulté extrême que la démocratie éprouve toujours à organiser ses relations avec l'argent, celui des élections, celui de la Bourse, celui des affaires, ce n'était jamais pour sombrer dans le pessimisme hautain d'une droite antirévolutionnaire fustigeant les «agioteurs» dans l'espoir de jeter la «Gueuse» à terre. Quand il fouaillait le carriérisme des députés, dénonçait le creux des propagandes électorales, les jeux dérisoires des partis, les querelles mesquines des chefs, «la cuisine malpropre d'un tas de gaillards qui se servent du suffrage universel pour se partager le pays comme on se sert d'un couteau pour découper un poulet», ce n'était jamais pour remettre en cause «le principe superbe de la souveraineté du peuple [1]», mais bien pour faire appel sans relâche du quotidien médiocre aux grands principes fondateurs.

Car il n'en voulait pas douter : «La démocratie, écrivait-il, [...] c'est l'avenir [...]. Il faut l'accepter, il faut croire en elle, en laissant les passions des uns la nier et l'ambition des autres la mettre dans leur poche. Ce n'est point sa faute, si des imbéciles et des gredins spéculent sur elle. Et surtout il ne faut pas trembler à son approche, quel que soit l'orage qui nous l'apporte. Le monde s'est fait au milieu des cataclysmes. Quand l'œuvre sera accomplie, elle sera bonne [2]. »

Sa réflexion civique s'organise constamment entre le refus de passer compromis avec l'insupportable et celui de renoncer à décliner dans l'avenir les conséquences les plus nobles de l'idéal fondateur : par quoi on est mis en garde contre tout hyperréalisme chagrin, voué au demeurant à démobiliser les énergies.

N'en croyons ni ses adversaires hargneux en son temps, ni les simplifications ultérieures des manuels. Ce qu'on va voir mis en exergue dans nos vitrines et dans ces pages, à partir de tout le nouveau qui s'y expose, est fait précisément pour saper cette détestation et contredire ces caricatures. Il ne s'agit pas de renfort à une lecture figée du naturalisme de Zola, mais bien de pièces nouvelles destinées à provoquer un déplacement du regard qu'on porte sur lui.

Voyez ces admirables *Carnets d'enquête* qu'a édités Henri Mitterand, y saluant «une excursion méthodique, naïve et fantastique à travers les peuplades de l'hexagone [3]». «Méthodique», soit, on s'y attendait. Mais «*naïve*» ? Mais «*fantastique*» ? Les deux derniers adjectifs bousculent les analyses paresseuses. Ils conduisent tout droit vers cet écrivain différent dont on voit peu à peu se préciser la figure – comme du dessin d'un paysage que d'abord on avait cru implacablement précis et froidement descriptif surgit un personnage inattendu qui se dissimulait jusque-là dans les branches de la forêt. Voici qu'apparaît le Zola du rêve, en quête des pulsions inconscientes, libéré des contraintes de la glèbe, admirateur de Saint-Simon, de Charles Fourier et des autres socialistes qu'on dit utopistes, s'abandonnant à un imaginaire qui dessine un futur évangélique, superbe et presque tendre.

Mais devons-nous vraiment nous étonner d'être surpris ? Si cette entreprise est destinée à constituer un moment important dans l'histoire posthume de Zola, c'est tout simplement parce que le privilège des œuvres majeures est de continuer sans cesse de bouger, d'évoluer – de grandir. Réussirons-nous, en l'occurrence, à le démontrer ? Nous n'aurons pas, si c'est le cas, perdu notre peine.

Jean-Noël Jeanneney,
président de la Bibliothèque nationale de France.

1 Portrait d'Émile Zola par Marcellin Desboutins, 1875
   BNF, Estampes, Ef 415. (Non exposé)

« Seul et debout [1] »

Le 29 septembre 1902, une rumeur parcourt tout Paris : Émile Zola est mort. Asphyxié, chez lui, au 21 *bis*, rue de Bruxelles. Une cheminée qui tirait mal, les émanations d'un feu de boulets. Sa femme Alexandrine a survécu. *La Libre Parole*, de Drumont, porte-parole frénétique de l'antisémitisme, titre : « Un fait divers naturaliste ». L'enquête, à la va-vite, conclut à l'accident. Diverses recherches ultérieures mettront en doute cette hypothèse et laisseront soupçonner une malveillance, ou pour le moins une négligence technique extérieure à l'appartement : au mieux – si l'on peut dire –, un homicide par imprudence, au pis, des coups et blessures ayant entraîné la mort, avec ou sans intention de la donner. Dans ce second cas, Zola serait mort pour avoir écrit *J'accuse… !* Depuis 1898, les menaces pleuvaient.

Cent ans ont passé et il est vain de prétendre maintenant arriver à une certitude. Seulement des présomptions, venues tout de même de deux enquêtes privées ultérieures, indépendantes l'une de l'autre.

Une reconnaissance encore ambiguë ?

L'exposition de la Bibliothèque nationale de France commémore l'événement, et présente au public un ensemble de documents propres à éclairer la personnalité, la carrière et l'œuvre d'Émile Zola. La mort d'un écrivain jette souvent sur son être un voile de désintérêt, momentané ou durable. C'est ce qu'on appelle le temps du « purgatoire ». Puis, pour certains, arrive le temps de la redécouverte. La célébration des anniversaires, si artificielle qu'elle puisse paraître, appelle de nouveaux regards, fait surgir de nouvelles sources de connaissance, et relance la critique et la recherche. Cependant, pour ce qui concerne Zola, la reconnaissance et l'analyse de son génie n'ont pas attendu ce centenaire.

Il a conservé un vaste public de lecteurs, tant dans les éditions savantes et scolaires que dans les éditions populaires et les traductions étrangères. Toutes les jeunes générations, année après année, ont puisé dans son œuvre une leçon de lucidité sociale autant que le pur plaisir du récit romanesque. Il a fini par franchir les barrages qui lui étaient restés longtemps opposés dans les programmes scolaires et universitaires : la Sorbonne, vieille dame prudente et vite ébouriffée, tenait à distance l'homme de *L'Assommoir* et de *J'accuse… !* Tout change : en 2001-2002, Zola et le naturalisme hantaient les programmes du baccalauréat. Les travaux de recherche, depuis le milieu du XXᵉ siècle, se sont faits toujours plus nombreux, aux quatre coins du monde. La plus ample et la plus récente de ces entreprises a été la publication, en dix volumes abondamment annotés, de la *Correspondance* [2]. Toutes les écoles de la critique moderne ont trouvé dans l'œuvre romanesque matière à réflexion, affinant à son contact leurs propres instruments d'analyse et l'éclairant de lumières neuves : la sociocritique, la narratologie, la psychanalyse littéraire, l'anthropologie culturelle, la critique des formes, la biographie intellectuelle, les études de genèse, l'esthétique comparée de la littérature et de l'art, etc. Elle a survécu, si l'on ose dire, à toutes ces radiographies. Et chacune a révélé de nouvelles profondeurs de sens et de nouvelles sources de rayonnement.

Est-ce à dire que Zola a enfin conquis un label académique au double sens institutionnel du terme (l'Académie et l'Éducation nationale), et un label politique ? Ce n'est pas absolument sûr. Si Zola se présentait aujourd'hui à l'Académie, qui lui a refusé obstinément sa porte de 1888 à 1898 (année où il n'a pas recueilli une seule voix, et après laquelle il ne s'est pas représenté), je pense qu'il pourrait compter sur une quinzaine de voix sûres, mais guère plus. Quant à son image politique, malgré les commémorations du centenaire de *J'accuse… !*, elle pâlit derrière celle de Hugo, qui a bien montré cette année même qu'il restait le père tutélaire de la république. Le surmoi démocratique et républicain entend bien honorer Zola. Mais dans les profondeurs de son subconscient, il se pourrait bien que la république parlementaire ait encore quelques difficultés à avaliser le coup de *J'accuse… !*, appel lancé à l'opinion par-dessus la tête d'un gouvernement et d'un parlement pour lesquels il n'y avait « pas d'affaire Dreyfus », et les charges d'*Une campagne*, de *Nouvelle campagne* et des *Impressions d'audiences* contre le parlementarisme. Sans parler des mines pincées devant les carnavals burlesques ou tragiques de *L'Assommoir* et de *La Terre*.

Raison de plus pour se réjouir de l'admirable travail accompli par la Bibliothèque nationale de France, et notamment par Michèle Sacquin, ses collaborateurs et ses correspondants.

La relance de 1952

L'exposition du cinquantenaire, en 1952, organisée rue de Richelieu par Jean Adhémar, avait privilégié la démarche biographique, à juste titre car on était encore très loin de connaître de manière précise toutes les étapes de la carrière de Zola. Puisant pour la première fois dans les archives du docteur Jacques Émile-Zola, fils de l'écrivain [3],

---

1 Émile Zola, *Nouvelle campagne*, 1897. **2** Montréal / Paris, Presses de l'Université de Montréal / Éditions du CNRS, 1978-1995. **3** 1891-1963.

et de Jean-Claude Le Blond-Zola[4], son petit-fils, elle avait révélé au public quantité de documents familiaux, photographies, pièces d'état civil, lettres, qui éclairaient les personnalités et l'histoire de François Zola – le père, ingénieur d'origine vénitienne, constructeur du barrage et du canal portant son nom, à Aix-en-Provence –, de Zola, de sa femme Alexandrine, de Jeanne Rozerot, mère de ses enfants, etc. Elle avait montré l'étendue de ses relations littéraires, avait ouvert de rapides perspectives sur ses méthodes de travail, et bien entendu rendu hommage à son intervention décisive dans l'affaire Dreyfus. Il ne fait aucun doute que le travail de Jean Adhémar, matérialisé aussi dans un catalogue aujourd'hui recherché, avait contribué à éveiller des vocations de chercheurs.

Pour l'exposition du centenaire, il fallait concevoir autre chose, afin de tenir compte précisément des cinquante dernières années de recherches et de l'évolution des jugements critiques. Le fonds documentaire zolien s'est considérablement accru : on dispose d'une édition des œuvres complètes qui couvre non seulement sa production romanesque, mais la quasi-totalité des articles que Zola a publiés dans la presse parisienne et qu'il n'avait pas recueillis en volumes, son œuvre théâtrale, tous ses recueils de critique littéraire et de critique d'art. Sa correspondance publiée, limitée à six ou sept cents lettres en 1952, compte maintenant près de cinq mille lettres. Les témoignages externes sur sa vie, ses interventions, ses amitiés littéraires, se sont accumulés, notamment dans les soixante-seize fascicules ou volumes d'une revue qui lui est presque exclusivement consacrée et qui n'existait pas encore il y a cinquante ans, *Les Cahiers naturalistes*[5]. On a partiellement publié les photographies qu'il a prises pendant les dix dernières années de son existence[6]. Un centre de recherches de l'Institut des textes et manuscrits modernes, au CNRS, lui est dévolu. Chacun de ses romans a été publié dans plusieurs collections de poche, chaque fois avec des préfaces et des notices aussi neuves et suggestives qu'érudites.

Ce qui était encore largement une terre vierge en 1952 est maintenant un domaine parfaitement balisé. C'était l'année où paraissait la première grande étude éclairant la genèse d'une de ses œuvres : l'ouvrage de Guy Robert sur *La Terre*[7]. Aujourd'hui, les dossiers préparatoires des *Rougon-Macquart* et des *Quatre Évangiles*, conservés à la Bibliothèque nationale de France, et ceux des *Trois Villes*, conservés à la bibliothèque Méjanes d'Aix-en-Provence, avec les ébauches, les notes d'enquêtes, les résumés de lectures, les plans généraux, les plans détaillés, le manuscrit originel de chacun des romans, sont tenus pour un prodigieux trésor par une discipline littéraire exigeante et méti-

culeuse, la critique génétique, qui les scrute à l'égal des manuscrits de Hugo, de Flaubert ou de Proust.

C'est donc tout un horizon qui a changé depuis 1952 – et pour une part grâce à l'élan donné par les manifestations et les publications du cinquantenaire –, et qui a transformé Zola, d'auteur encore peu fréquentable aux yeux de l'*establishment* académique, en classique du XIXe siècle. Son nom et son visage sont indissolublement liés à ceux des plus grands romanciers et des plus grands artistes du siècle. Et je dirai : pour le meilleur et pour le pire. Pour le meilleur : dans l'ordre du roman, on ne saurait plus le dissocier de ses grands prédécesseurs, les uns, des maîtres disparus avant son arrivée à l'âge de la création, Balzac, Stendhal, les autres devenus des amis autant que des références magistrales, Flaubert, les Goncourt ; ni non plus de ses grands contemporains ou cadets, Daudet, Maupassant, Huysmans. Dans l'ordre des arts, il a le privilège d'avoir reconnu sur-le-champ, avant tout autre, le génie de Manet, sans parler de ceux qu'il est à peu près seul à avoir distingués avant l'éclosion terminologique, en 1874, de l'« impressionnisme » – et par parenthèse, comme il est dommage que cette exposition soit privée du grand portrait de Zola par Manet, peint en 1867, si emblématique de leur complicité ! Pour le pire : avec les quatre autres grands du roman, il est communément affublé de la même épithète d'auteur « réaliste », avec, pour ce qui le concerne, la variante « naturaliste », alors que la matière et les formes de son imaginaire l'éloignent sensiblement des hommes qu'il a pourtant le plus admirés ; et pour la peinture, il a vécu ce paradoxe d'avoir été pendant près de quarante ans, de tous les écrivains français, le plus intimement proche de Cézanne, et d'avoir longtemps méconnu son œuvre – en quoi, d'ailleurs, jusqu'à l'époque de leur éloignement mutuel, il ne fait nullement exception.

Tableaux d'une exposition

Toutes ces observations, trop rapides, justifient le parti qu'a choisi Michèle Sacquin pour proposer une vision moderne de la personne et de l'œuvre de Zola. Il fallait absolument combiner l'approche biographique et historique, d'une part, et l'approche thématique et esthétique, d'autre part ; l'attention portée à l'intertexte proprement littéraire (la formation positiviste, l'héritage romantique, le projet de nouvelle « comédie humaine », le propos politique, l'investissement fantasmatique de l'œuvre, etc.) et l'imprégnation artistique, si mal mesurée jusqu'à une époque récente (la fréquentation des ateliers, l'analyse des toiles de Manet, les motifs issus de Delacroix et de Courbet, l'influence de l'optique impressionniste). Rendre à Zola toute la richesse et la diversité de son expérience, de sa culture et

4 1914-1999. Auteur de *Zola à Médan*, Société littéraire des amis d'Émile Zola (14, rue du Bas-de-Villiers, 77580 Villiers-sur-Morin). **5** Publiés par la Société littéraire des amis d'Émile Zola. **6** François Émile-Zola et Massin, *Zola photographe*, Denoël, 1979. **7** Les Belles Lettres, 1952.

de son regard. L'exposition est ainsi construite sur une trilogie, qui pourrait paraître artificielle, mais qui a un double
mérite : la simplicité, et, pour chacun des trois espaces
dessinés, l'ouverture au réseau biographique et au réseau
thématique. *Écrire, décrire, dire.*

Écrire

Le verbe ici est à conjuguer à l'optatif, sur le mode du souhait, de la vocation. C'est-à-dire *devenir écrivain*. D'où la
période de référence, 1858-1870, qui est celle de la formation, des premiers romans, du premier carnet
d'adresses, de la bataille pour Manet et la «nouvelle peinture», et du choix de la satire politique. L'«histoire d'un
jeune homme pauvre» est aussi celle d'une conversion : de
l'héritage romantique aux curiosités «naturalistes», au
triple sens du terme, scientifique (d'après une métaphore
tainienne), artistique («un coin de la nature vu à travers un
tempérament»), et philosophique.

Décrire

Le temps de l'analyse, qui couvre toute la période des
Rougon-Macquart et des *Trois Villes*, 1871-1897. Pourquoi
pas ? Non que *Thérèse Raquin* (1867) ou l'étude d'*Olympia* ne soient pas des œuvres d'analyse. Mais le cycle des
Rougon-Macquart et celui des *Trois Villes*, qui explorent
les «mondes», selon le terme initial de Zola, entre lesquels se distribue la société contemporaine, attestent un
changement de dimension de l'analyse : celle-ci passe des
fatalités du corps aux fatalités du peuple – sans négliger
les premières. On suivra alors en parallèle une histoire par
l'image des avatars de la République pendant son premier
quart de siècle, et les aléas de la carrière de Zola, ses amitiés, ses tristesses, ses «soirées de Médan», sa tardive
aventure amoureuse… Et surtout, on s'attardera sur son
«atelier», c'est-à-dire sur les témoignages matériels de son
travail de composition et d'écriture, lettres, photographies, dessins et manuscrits, et plus encore peut-être sur
quelques-uns des grands thèmes de sa «mythographie» du
réel : Paris, le cycle de la vie, la femme, la machine, la folie,
la ville…

Ce gigantesque effort de description et de compréhension du monde réel, conduit à l'aide de la fiction narra-
tive et de l'analogie – «le démon de l'analogie», disait
Mallarmé – débouche sur une entrée en force dans la
grande affaire politique et morale de la France fin de
siècle, l'affaire Dreyfus : *J'accuse… !*, le procès Zola, l'exil,
le retour victorieux. «Un jour, avait dit Zola pour conclure
sa "Déclaration au jury", la France me remerciera d'avoir
aidé à sauver son honneur.» Il a fallu pour cela attendre un
siècle ; mais en janvier 1998, la République a enfin
exprimé sa reconnaissance, officielle et solennelle, par les
voix du président de la République, du Premier ministre

et du président de l'Assemblée nationale. L'exposition de
2002 ne pouvait pas se centrer de nouveau sur cet hommage, quelle que soit l'importance historique et symbolique du geste de Zola. D'ailleurs, sans l'œuvre antérieure,
sans la notoriété littéraire antérieurement acquise, *J'accuse… !* aurait laissé indifférents les pouvoirs publics :
n'écrit pas un «J'accuse» qui veut. La Bibliothèque nationale de France a donc privilégié cette année, à juste titre,
l'œuvre littéraire, sans pour autant sacrifier l'action politique : autour du manuscrit original de *J'accuse… !* apparaissent d'autres articles de Zola sur l'Affaire, des lettres,
des photos, des caricatures, scandant les grands moments
de son offensive et des tourments qui l'ont suivie.

Dire

Qu'on ne s'étonne pas, là non plus. Zola n'a jamais cessé
de «dire» : de dire – et avec quel accent ! – ses «haines» littéraires, ses convictions esthétiques, ses haut-le-cœur politiques, son mépris des médiocres, sa foi dans le travail.
Mais les cinq dernières années de son existence, 1898-
1902, occupent à cet égard une place importante, et jusqu'ici trop peu étudiée, dans son œuvre. C'est le moment
où l'«histoire naturelle et sociale» cède le pas aux «évangiles». Des évangiles laïcs, bien entendu. Les héros, seuls,
portent les noms des évangélistes chrétiens : Mathieu,
Luc, Marc, Jean. Mais ces apôtres prêchent, par leur
exemple et leurs discours, des valeurs qui, sans être
contradictoires, à beaucoup près, avec les valeurs chrétiennes, s'exercent dans une société romanesque fort silencieuse sur la providence divine : *Fécondité, Travail, Vérité,
Justice.*

Le romancier, apaisé, comme le montrent les dernières
photos de famille et d'amis, et aussi les livrets des opéras
dont son ami Alfred Bruneau compose la musique,
n'abandonne pas l'analyse, qu'attestent ses tableaux de la
condition des «enfants trouvés» dans *Fécondité* ou des cités
ouvrières dans *Travail*. Et même, à la fin de *Travail*, les
trois saintes femmes qui ont entouré Luc pendant sa
longue carrière, Josine, Sœurette et Suzanne, racontent
trois cauchemars, en forme de prophéties, où l'on peut
reconnaître, ni plus ni moins, les cauchemars qu'ont vécus
les hommes et les femmes du XXᵉ siècle : le fanatisme, les
régimes totalitaires, les massacres de masse. Mais l'optimisme impénitent de l'utopiste tempère la lucidité cruelle
du prophète, et chacun de ces récits oniriques s'achève sur
une vision d'apaisement. «La certitude vint à chacun que
la guerre n'était plus possible, avec la toute-puissance de
la science, souveraine, faiseuse de vie, et non de mort.»

«Tout cela est bien utopique, écrit Zola à Mirbeau le
29 novembre 1899, mais que voulez-vous ? Il faut bien
permettre à mes vieux jours de rêver un peu.» Et de dire
sa confiance dans la fin de la misère et du mal, l'avènement

de la joie et de la fraternité, la naissance de l'âge d'or… Avec lui, c'est toute l'époque fin de siècle qui rêve, confiante dans les vertus de la République et du progrès scientifique. La Grande Guerre détruira ce songe dans une tourmente de feu et de sang, sans parler de la suite. Mais Zola sera mort, à l'automne de 1902 – assassiné peut-être par la Bêtise toujours renaissante – avant d'avoir pu désespérer du siècle qui s'ouvrait.

L'itinéraire dessiné par Michèle Sacquin et l'architecte de l'exposition, usant des langages et des supports de la muséographie moderne, couvre ainsi tous les moments et les significations remarquables d'une vie d'écrivain qui fut exceptionnelle par sa densité et sa fécondité. Malgré le portrait de Zola par Manet, connu de tous les visiteurs du musée d'Orsay, on conserve collectivement l'image d'un vieil homme un peu triste, idéologue du radicalisme bar-bichu de la IIIᵉ République ; ou encore celles des innom-brables caricatures qui ont accueilli *L'Assommoir* et *Nana*. L'exposition contrebalance pour le moins ces stéréotypes, en révélant les photographies de jeunesse, le profil qui apparaît sur les toiles de Fantin-Latour et de Bazille, les écrits des années de bohème, l'aventure des engagements contre l'Empire, le nostalgique des soleils de Provence, l'explorateur de la rue de la Goutte-d'Or et des corons du Nord, et pour finir l'homme seul qui défie d'un mot tous les pouvoirs. Et elle fait *voir* et percevoir, tout simplement, le caractère colossal d'un travail de quarante ans. Si l'on ne considère que la seule période des *Rougon-Macquart* : vingt romans, trois recueils de contes et nouvelles, quatre œuvres théâtrales, cinq adaptations dramatiques, cinq ouvrages de critique, un recueil de chroniques, deux livrets d'opéra, plusieurs milliers d'articles, plusieurs milliers de lettres, d'innombrables notes inédites. Et avec tout cela, la vie : les rencontres, les démarches, les amitiés faites et défaites, les voyages, les dîners, les spectacles, les deuils, les batailles, l'amour… Une énergie et une créativité peut-être uniques dans tout le siècle, en tout cas n'ayant d'autres analogues que celles de Hugo et de Balzac.

Le mythographe

Revenons pour finir au volet central : « Zola, mythographe de la réalité ». C'est sans doute le motif le plus difficile à documenter et à illustrer, à moins de tomber dans un choix arbitraire de représentations analogiques. Une image de saint Georges terrassant le dragon sera justifiée à propos du *Rêve*, puisque dans ce roman le personnage de Félicien est un peintre verrier qui restaure un vitrail représentant le saint. Mais que faire de l'analogie implicite qui, dans *Ger-minal*, fait apparaître derrière Étienne Lantier l'image de Thésée défiant le Minotaure ? Il fallait néanmoins tenter de faire relire l'œuvre romanesque de Zola à la lumière de tels rapprochements.

On touche là aux limites de l'exposition documentaire, lorsque l'écrivain n'a laissé lui-même que peu de traces des dérives de son imaginaire. On peut au moins ouvrir des pistes à la réflexion et à la propre rêverie des lecteurs, et c'est ce qui a été fait ici, à l'aide de quelques tableaux (Redon, Moreau, Luce), de quelques lettres (Huysmans) et de quelques pages manuscrites. On irait plus loin si l'on pouvait, ou si l'on osait, montrer à propos de Zola l'admi-rable *Origine du monde* de Courbet, tel tableau de Magritte ou telles gravures d'Escher ou de Bellmer.

Cette lecture mythographique était nécessaire pour diverses raisons. D'abord, si Zola peut être encore tenu, selon un cliché souvent réducteur, pour un « témoin de son temps », ce n'est pas seulement parce qu'il a écrit l'« his-toire naturelle et sociale d'une famille sous le Second Empire » – et sous la République –, suivie aussitôt de l'histoire sociale de trois villes, Lourdes, Rome et Paris. C'est aussi parce que son tableau historique des conditions et des institutions est sous-tendu par la saisie d'une culture dans ses fondements, d'une société dans ses conduites pri-mordiales : ses besoins et ses jouissances, ses « machines désirantes », ses manières et ses rythmes, ses rites et ses mythes. Par-dessus tout, les énergies de l'argent et du sexe, dont le dévoilement brise ici les limites du contem-porain pour atteindre à une vérité intemporelle. Non pas la vérité superficielle du fait divers, de l'anecdote, de l'in-trigue, mais la vérité profonde des lois naturelles qui gou-vernent le corps individuel et le corps social : les « appé-tits », les concurrences, la violence, brutale ou feutrée. L'en-deçà du spectacle quotidien, ce qu'on ne peut guère restituer par des images et des objets, et ce dont, d'ailleurs, le cinéma français, prisonnier de l'apparence « réaliste » et de la carrure des scénarios zoliens, a régulièrement échoué à rendre compte.

On sait aussi, désormais, casser la coquille doctrinaire du discours naturaliste (celui du « roman expérimental »), et même se défier du mot « vérité », qu'il a si souvent répété pour caractériser ses objectifs de romancier ; et l'on sait lui restituer sa vérité de romancier : d'« homme-fiction », et d'artiste. On a mis au jour et associé dans un portrait cri-tique rajeuni son capital romantique, la parenté de son regard avec celui des peintres impressionnistes, sa pres-cience de l'Art nouveau, ses merveilles pré-surréalistes, son discernement des « faits-glissades » et des « faits-préci-pices », pour parler comme Breton, la régénération constante de son univers imaginaire, la diversité baroque et la coulée inépuisable de ses visions, la pantomime for-cenée de ses personnages, tantôt tragique, tantôt bur-lesque, et pour couronner le tout son dépassement per-manent du réel et de l'histoire par l'appel à la réserve intemporelle des mythes, tournant le dos à sa discipline positiviste. *La Curée* est une nouvelle *Phèdre*, *Le Ventre de*

Paris raconte la bataille éternelle des Maigres et des Gras, l'abbé Mouret et Albine revivent l'histoire d'Adam et Ève, le personnage de *L'Œuvre* incarne un nouveau Pygmalion, *La Fortune des Rougon* met aux prises deux frères ennemis, s'ouvre sur la figure mythique du veilleur et se ferme avec celle de la victime sacrifiée sur les fondations d'un monde nouveau. Partout se laissent voir, à une lecture attentive et se détournant de la vulgate critique et pédagogique, les ombres portées de la légende – et de son sens.

De là émerge un Zola à *dé-lire*, à libérer des commentaires qui l'ont dépeint en scientiste appliqué, en amateur de trivialités, en feuilletoniste misérabiliste, en maçon besogneux, ou au mieux en bon élève de Balzac, de Flaubert et des Goncourt. Qu'on veuille bien enfin reconnaître en lui, comme quelques esprits l'ont fait – Lemaître, Mallarmé, Cocteau, Heinrich Mann, Céline – sans être entendus de la vieille Sorbonne et des critiques au jour le jour, un conteur qui vient d'ailleurs, d'au-delà du roman «réaliste», ou «naturaliste». Un poète, au sens grec du terme : celui qui invente et qui crée. Peut-être un Grec, justement – il se croyait à tort grec par sa grand-mère paternelle ! –, un Grec des débuts de la tragédie, un eschylien, qui obéit instinctivement aux principes de la démesure plus qu'à ceux de la rationalité, et qui a éprouvé une sorte de jouissance dionysiaque à faire défiler devant son lecteur des images de frénésie, déchaînée dans l'instinct de mort comme dans l'instinct de jouissance. C'est seulement au terme du chemin, une fois renvoyés au néant la tante Dide, Macquart, Coupeau, Nana, les Lantier, et tant d'autres maudits, qu'apparaît la figure apollinienne, toute de sérénité, du docteur Pascal. Par où l'on revient aux «évangiles».

Zola pensait parvenir à la vérité sur l'homme en construisant ses scénarios à partir de pièces d'enquêtes. L'exposition 2002 de la Bibliothèque nationale de France montre à l'envi sa sincérité en la matière. Mais nous devons nous résoudre à ne pas le croire tout à fait sur parole. Et l'exposition en administre également la preuve. Cent ans après sa mort, nous savons que ses glissades dans les précipices de la déraison ont autant à nous apprendre – et peut-être davantage – que ses scrupules documentaristes, et qu'il nous faut aller chercher là, sur les sillons obliques du rêve, la signature de son génie.

Henri Mitterand,
professeur émérite à l'université de Paris III,
professeur à Columbia University (New York),
président de la Société littéraire des amis d'Émile Zola.

Contrairement à Jules Vallès et à Alphonse Daudet, ses contemporains, Zola n'a évoqué qu'en filigrane dans son œuvre romanesque la pauvreté et les humiliations de son enfance provinciale, dont il a finalement laissé un souvenir baigné de lumière à l'image de la Provence, cette « marâtre que j'aime encore et qui cependant m'a ruiné et m'a fait orphelin » (28 mars 1867).

Les années aixoises (1843 – février 1858) ont été marquantes à trois points de vue.

La figure du père, emporté par une pneumonie en 1847, est omniprésente pour l'enfant unique élevé dans une gêne croissante par sa mère et sa grand-mère maternelle. Et, toute sa vie, l'écrivain défendra, devant l'ingratitude des Aixois puis contre les calomnies xénophobes des antidreyfusards, la mémoire de l'ingénieur vénitien, aventurier et entrepreneur mythique dont on retrouve l'image dans les figures d'Octave Mouret et d'Aristide Saccard.

Les amitiés d'école et de collège sont un autre point fort, sublimées en une sorte de gémellité créatrice : celle de Cézanne et de Zola accompagnés de leurs satellites, le futur polytechnicien et astronome Jean-Baptistin Baille, le sculpteur Philippe Solari, le journaliste Marius Roux. « Ravagés d'une fièvre de littérature et d'art » (*L'Œuvre*), les adolescents s'enthousiasment en lisant Lamartine, Hugo et surtout Musset. Émile et Paul s'imaginent poète et peintre, créant et s'imposant au monde, ensemble.

Le lieu privilégié de leurs rêveries conquérantes est la campagne aixoise, aimée et explorée avec une passion jubilatoire, décrite plus tard avec une émotion quasi religieuse par l'écrivain dans les préfaces des *Contes à Ninon* et des *Nouveaux Contes à Ninon*, dans *La Faute de l'abbé Mouret* et dans *Le Docteur Pascal*.

2

Anonyme, *Portrait de Zola enfant avec ses parents*

Francesco Zola, né à Venise le 7 août 1795, lieutenant puis ingénieur, émigre en 1821 en Autriche puis en France en 1830. Officier dans la Légion étrangère, il sert en Algérie puis démissionne et ouvre un bureau d'ingénieur à Marseille. Il rencontre à Paris Émilie Aubert, fille d'un artisan peintre de Dourdan, âgée de vingt ans, qu'il épouse en 1839. Il conçoit plusieurs projets de grande envergure, dont le dernier – construction de barrages dans les gorges de l'Infernet et d'un canal d'adduction fournissant l'eau à Aix – est accepté et entériné en 1843. Il s'établit alors à Aix, où il meurt quatre ans plus tard. Le premier poème publié par son fils dans *La Provence*, le 17 février 1859, s'intitulera « Le canal Zola ».

Vers 1846
Huile sur toile, 156 × 125 cm
Médan, Maison d'Émile Zola

3

Dr Édouard Toulouse, *Enquête médico-psychologique sur les rapports de la supériorité intellectuelle avec la névropathie*

Zola collabora activement à cette *Enquête*, publiée en 1896. Parmi les corrections peu nombreuses faites sur les épreuves, l'une concerne la famille de sa mère : Toulouse avait écrit qu'« elle appartenait à une famille de cultivateurs » ; Zola remplaça cette phrase par : « Ses parents avaient, dans cette petite ville [Dourdan] une entreprise de peinture en bâtiment. »

Épreuves corrigées de la main de Zola, 210 × 230 mm
Marseille, hôpital Édouard-Toulouse
(Non reproduit)

4

François Zola, *Mémoire à consulter par MM. les membres du Conseil général des Ponts-et-chaussées, servant de réponse au Mémoire de M. Eugène Flachat*…

En 1834, François Zola, installé à Marseille depuis un an, avait participé à un concours pour un projet de dock et de canal de sortie du port de Marseille. L'ingénieur nîmois Eugène Flachat (1802-1873), familier de ce type de travaux, fut chargé d'examiner les projets et émit de sévères réserves sur celui de Zola, qui publia un long mémoire pour réfuter ses critiques, où il donne son *Plan d'un dock et d'un canal pour faire sortir les bâtiments par les vents contraires suivant la ligne tracée du bassin de carénage jusqu'à l'anse de la Fausse-Monnaie à Endoume*. Entre 1836 et 1839, François Zola publia six autres brochures pour défendre son projet, qui ne fut finalement pas retenu. B. V.

Imprimerie de H. Fournier, 1836
25 cm. Plan dépliant de 58 × 43 cm
Paris, BNF, Littérature et Art, V-55589

5

« Notes sur François Zola »

Lettre de Zola au directeur du *Mémorial* d'Aix datée du 12 août 1868 et publiée le 19 août : « … si j'ai gardé le silence pendant de longues années, c'est que j'attendais d'être fort. » Zola prend le relais de sa mère qui, depuis 1848, s'efforce de sauver de l'oubli l'œuvre de son mari. Le 6 novembre 1868, le nom de Zola est donné à un boulevard d'Aix et, le 17 septembre 1871, le canal est appelé officiellement « canal Zola ».

Brouillon autographe très corrigé
6 f., 203 × 155 mm
Collection E.-Z.
(Non reproduit)

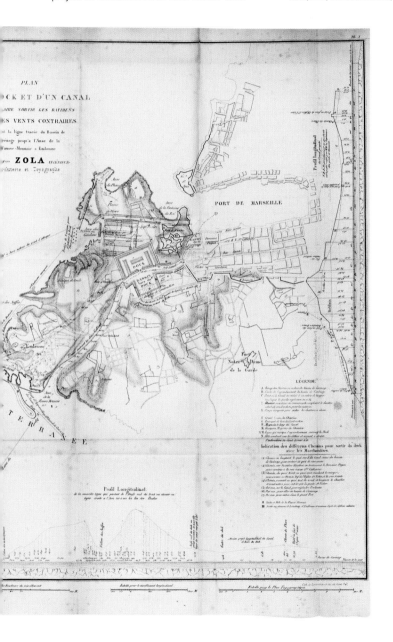

6

« Mon père François Zola »

Lorsque Ernest Judet met en cause dans *Le Petit Journal*, le 23 mai 1898, la probité de François Zola, accusé d'avoir été chassé ignominieusement de l'armée (« Zola père et fils »), Zola, déjà agoni d'injures par les antidreyfusards, est profondément bouleversé. Les notes jetées par lui sur le papier en vue d'une réponse (« Mon père », *L'Aurore*, 28 mai 1898) mêlent anamnèse douloureuse et indignation passionnée.
« … À peine âgé de sept ans, je me revois derrière le corps de mon père, l'accompagnant au cimetière, au milieu du deuil respectueux de toute une ville. C'est à peine si j'ai d'autres souvenirs de lui, mon père passe comme une ombre dans les lointains souvenirs de ma petite enfance […] aujourd'hui donc, on m'apprend ceci : "Votre père était un voleur." Ma mère ne me l'avait jamais dit. »

Manuscrit autographe, f. 1, 200 × 155 mm
Collection É.-Z.

7
Émile Zola

Cette composition photographique présente
une pile de ses livres contre laquelle est
posé un daguerréotype le représentant
à six ans auprès de son père.

Photographie, 52,5 × 40,5 cm
Paris, musée d'Orsay

8
Le collège Bourbon

Après cinq ans passés à la pension Notre-Dame,
où il rencontre Marius Roux et Philippe Solari,
Émile Zola entre en octobre 1852, avec une bourse,
au collège Bourbon comme demi-pensionnaire
de septième. Il y demeurera jusqu'en seconde.
Il s'y lie à Baille et surtout à Cézanne, son aîné
d'un an, qui prend l'enfant timide sous sa protection.
En troisième, il opte pour la section scientifique
nouvellement créée. « On apprend beaucoup
de théorie sur les bancs des collèges, mais point
de pratique », écrira-t-il à Baille le 9 juin 1861.

Photographie, 43,5 × 30,5 cm
Aix-en-Provence, bibliothèque Méjanes

9
Le cours Mirabeau

« Une seule fois par semaine dans la belle saison, les trois
quartiers de Plassans se rencontrent face à face. Toute
la ville se rend au cours Sauvaire, le dimanche après
les vêpres [...]. Mais sur cette sorte de boulevard planté
de deux allées de platanes, il s'établit trois courants
bien distincts. Les bourgeois de la ville neuve ne font que
passer [...] la noblesse et le peuple se partagent le cours
Sauvaire. Depuis plus d'un siècle la noblesse a choisi l'allée
placée au sud [...] le peuple a dû se contenter de l'autre

allée [...]. Six à huit mètres les séparent, et ils restent
à mille lieues les uns des autres, suivant avec scrupule
deux lignes parallèles, comme ne devant pas se rencontrer
en ce bas monde. Cette promenade réglementaire
du dimanche et les tours de clef donnés le soir aux portes
sont des faits du même ordre, qui suffisent pour juger les
dix mille âmes de la ville. » (*La Fortune des Rougon*, Pléiade,
t. I, p. 40.)

Photographie, 33,5 × 42 cm
Aix-en-Provence, bibliothèque Méjanes

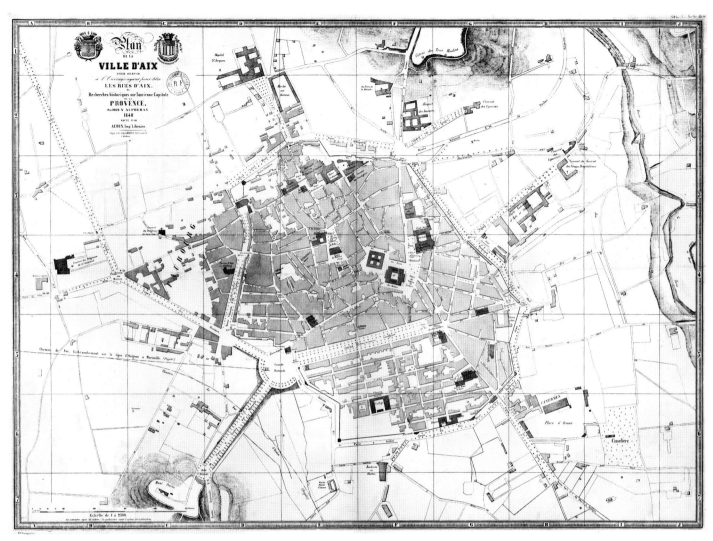

10
Plan d'Aix, 1848

67,3 × 93,5 cm
BNF, Cartes et Plans, GEC 2280

11
Plan de Plassans

Berceau de la famille des Rougon-Macquart,
Plassans est calqué sur Aix, comme en
témoigne ce plan dessiné par Zola et conservé
dans le dossier préparatoire de *La Conquête de
Plassans*. La cathédrale Saint-Sauveur devient
cathédrale Saint-Saturnin, le cours Mirabeau
est rebaptisé cours Sauvaire, la place des
Prêcheurs est convertie en place des Récollets
et la rue Thiers se transforme en rue de la
Banne. Plassans / Aix est bien cette ville morte,
claquemurée dans ses remparts et ses fixités
sociales, que décrit aussi le jeune Prévost-
Paradol qui y enseigna au sortir de l'École
normale : « Tu n'imagines pas la solitude d'Aix,
l'aspect abandonné de cette petite ville.
La rouille de ces profondes maisons sombres
et de ces vastes appartements vides.
Tout disparaît, tout s'éteint ; des ruines
et du silence. » (Lettre à Édouard de Suckau,
28 décembre 1853, NAF 19913, f. 115.)

Manuscrit autographe, 200 × 160 mm
BNF, Manuscrits, NAF 10280, f. 44

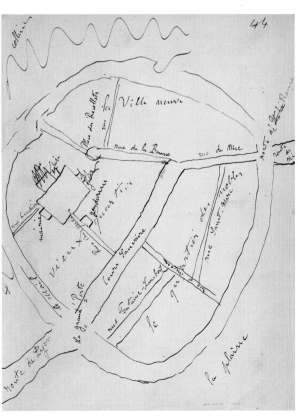

12
« J'avais quatorze ans à l'époque de la guerre de Crimée »

Mars 1854 : les troupes traversent la Provence pour aller s'embarquer à Marseille. Les collégiens vont applaudir les soldats et les officiers en uniformes chamarrés qui défilent sur le cours Mirabeau. Quelques mois plus tard, on rapatrie les blessés et on compte les morts : quatre-vingt-quinze mille hommes manquent à l'appel, dont soixante-quinze mille victimes du choléra et du typhus. Technique, boueuse et meurtrière, la guerre de Crimée, en même temps qu'elle apporte un éclatant démenti à la maxime « l'Empire, c'est la paix », préfigure les guerres modernes.

« Mes souvenirs de guerre », texte publié dans *Le Messager de l'Europe*, juin 1877 (en russe) et dans *Le Bien public*, 10, 17 et 24 septembre 1877. Ce manuscrit est celui d'une version ultérieure, parue sous le titre « Souvenirs de jeunesse. Trois guerres » dans *Les Annales politiques et littéraires* (27 février, 6 et 13 mars 1887).

Manuscrit autographe, 200 × 160 mm
Reliure de Paul Bonet
BNF, Manuscrits, NAF 25777, f. 7

13
Scènes de la guerre de Crimée

Lithographie, Pellerin
64 × 48 cm
BNF, Estampes, Li-59 Fol (5)

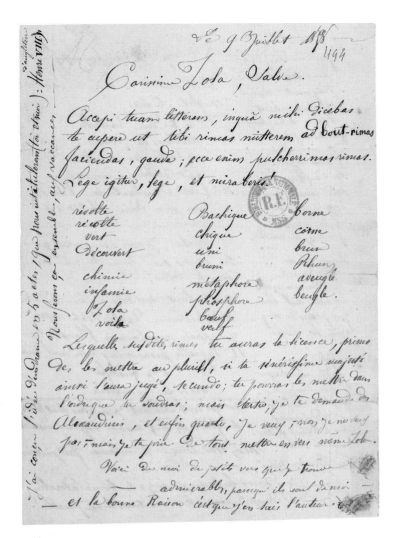

14

Paul Cézanne, lettre à Émile Zola, 9 juillet 1858

Lorsqu'au début de 1858 Émile doit prendre le train de Paris, avec son grand-père, pour rejoindre sa mère empêtrée dans ses derniers procès, il jure à ses anciens camarades de les retrouver l'été venu. En attendant, un échange de correspondance permet aux potaches de continuer leurs conversations. Les lettres de Cézanne, dont certaines illustrées de croquis évoquant leurs jeux et baignades (pour des raisons de règlements successoraux, elles n'ont pu être exposées) sont particulièrement amusantes. Les jeunes gens s'écrivent, parfois en latin et tantôt en prose, tantôt en vers, pastichant Musset mais ignorant Nerval ou Baudelaire.

Lettre autographe signée, 300 × 200 mm
BNF, Manuscrits, NAF 24516, f. 494

15

Paul Cézanne, *L'Été*

L'Été est le premier des quatre panneaux peints par Cézanne – et signés Ingres ! – pour décorer le salon du Jas de Bouffan, à l'ouest d'Aix-en-Provence, acheté par son père, le banquier Louis-Auguste Cézanne, en 1859. Émile Zola y fait allusion dans plusieurs lettres écrites de Paris, en particulier celle du 13 juin 1860 parlant d'un café décoré « de grands panneaux comme tu veux en peindre chez toi ».

Voir *Cézanne. Les années de jeunesse, 1859-1872*, catalogue de l'exposition du musée d'Orsay (19 septembre 1988 – 1er janvier 1989), Paris, RMN, 1988, cat. n° 1 a, p. 68-69).

Vers 1860-1862
Huile sur panneau, 314 × 104 cm
Paris, Petit Palais

En principe, les Parvenus montrent une f[...]
[...]aïeul aux petits enfants: le grand père p[...]
[...] à la foire; — le père illustré industri[...]
[...]rand fortune dans l'industrie; — les e[...]
[...]avares ou prodigues, [...] des enfants d[...]
[...] social de la pièce est celui-ci: l'appel[...]
[...]e et aux dignités par § 93, et les réd[...]
[...]t peu entraîner la bousculade des f[...]
[...]a le droit de s'emparer des vices!
[...] les bienfaits (André Villière).

[...]e côté purement dramatique de [...]
[...]ui-ci: D'abord la lutte entre des enf[...]
[...]e et le grand père. Les premiers inst[...]
[...]contre les seconds; ils veulent conser[...]
[...]r la fortune ils considèrent que le p[...]

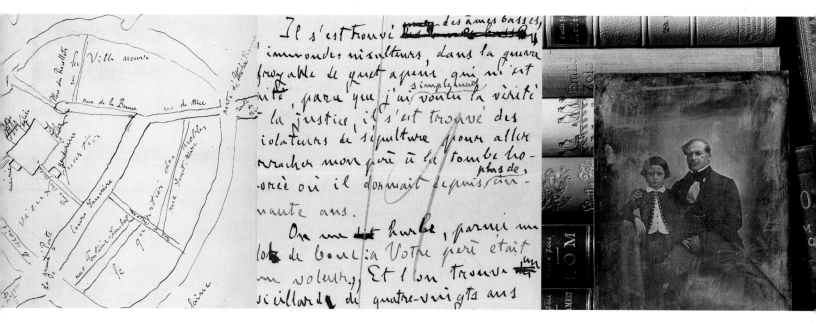

1858-1871 **Écrire**

Le temps des apprentissages

Fondé par le coup d'État du 2 décembre 1851, que Zola décrit comme le « viol » de la France, le Second Empire est cette « étrange époque de folie et de honte » dominée par « la note de l'or et de la chair ». Folie parce qu'elle voit le déchaînement des appétits – ambition, cupidité et luxure – qui saisissent aussi bien les classes dirigeantes décrites dans *Son Excellence Eugène Rougon* que les bourgeois de *Pot-Bouille*. Honte parce que le pouvoir des uns s'appuie sur le silence acheté des autres, qu'il s'agisse des commerçants repus du *Ventre de Paris* ou d'un clergé catholique complice dénoncé dans *La Conquête de Plassans*.

Si la cour distille, autour d'une souveraine dévote, un impérial ennui, la ville en revanche joue la carte d'un libertinage proche de la débauche. Lovée au centre d'un réseau du chemin de fer tout neuf – cent sept millions de voyageurs en 1868, cinq fois plus qu'en 1852 –, la capitale, devenue le caravansérail de la France, se veut la reine du monde. L'argent rapidement gagné y mène la danse : le temps des ingénieurs et des hauts rendements est aussi celui des spéculateurs immobiliers et des agioteurs. Grands et petits bourgeois boursicotent tandis que la pioche des démolisseurs détruit les vieux quartiers de Paris à une cadence effrénée.

Sur les Champs-Élysées et dans les allées du bois de Boulogne se croisent les équipages des femmes du monde et du demi-monde. Les messieurs vont du salon de la grande dame à celui de la cocotte, qui a succédé désormais à la « lionne » de la monarchie de Juillet, avant de finir la soirée au bordel, lieu important de la sociabilité bourgeoise en un temps où les réunions politiques sont interdites.

16

Constantin Guys, *Promenade aux Champs-Élysées*

D'origine hollandaise, le dessinateur Constantin Guys (1802-1892) fut célébré en 1863 par Baudelaire sous le titre « Le peintre de la vie moderne ». Les Goncourt admiraient aussi ses lavis et ses croquis, qui saisissaient toute l'essence d'une époque.

Voir François Fossier, *De David à Bonnard, Disegni francesi del XIX secolo dalla Biblioteca nazionale di Parigi,* Milan, Fabbri editore, 1990, p. 99.

Plume et encre, lavis d'encre de Chine sur vélin
17,8 × 23,5 cm
BNF, Estampes, B 17 (4) rés (don Béjot)

17

Constantin Guys, *Femme à l'ombrelle*

Voir François Fossier, *De David à Bonnard, Disegni francesi del XIX secolo dalla Biblioteca nazionale di Parigi*, Milan, Fabbri editore, 1990, p. 99.

Plume et encre, lavis d'encre de Chine sur hollande
18,7 × 10,8 cm
BNF, Estampes, B 17 (4) rés (don Béjot)

18

Édouard Manet, *Les Courses*

Cette lithographie, tout à fait étonnante, montre à la fois dans sa conception et dans son traitement la modernité esthétique de Manet, si bien défendue par Zola.
En effet, une perspective assez dynamique est donnée par la ligne courbe qui délimite le bord de la piste, séparant celle-ci des spectateurs, et par l'explosion des chevaux arrivant du fond.
Le premier plan, lui, se caractérise par des traits quasi « gribouillés » qui donnent une grande vigueur à un dessin d'une facture très neuve.
Il s'agit là d'une tentative nouvelle pour représenter le mouvement : l'objet disparaît, en quelque sorte, et ne subsiste que la vision du mouvement.   J.-P. L.-A.

Lithographie, 47 × 64 cm
Deuxième état sur deux, épreuve sur vélin imprimée par Clot en 1884
(d'après une toile disparue de 1864)
BNF, Estampes, Dc 300 a(1) G72 IIF61

19

Louis Pierson et Aquilin Schad, *La Comtesse de Castiglione au bal du 17 février 1857*

Virginia Oldoini Verasis, comtesse de Castiglione (1835-1899), aristocrate née à Florence, mal mariée à un noble piémontais, était parente de Cavour, qui eut l'idée d'utiliser sa beauté et son intelligence au service de la cause italienne en l'envoyant à Paris ;
elle y devint la maîtresse de Napoléon III. Elle a inspiré à Zola le personnage de Clorinde Balbi dans *Son Excellence Eugène Rougon*.

Gouache de Schad sur cliché de Pierson
72,3 × 59 cm avec cadre peint
BNF, Estampes, Musée IV

20
Blanche d'Antigny

Un des modèles de Nana.

Photographie
10,5 × 6,5 cm
BNF, Estampes, Na 250 boîte 2

21
Mélandri, Cora Pearl

Elle inspira Zola pour le personnage
d'Amy Stewart.

Photographie
10,5 × 6,5 cm
BNF, Estampes, Na 250 boîte 2
(Non reproduit)

23
Dossier préparatoire de *Nana* :
notes de Ludovic Halévy recopiées par Zola

Zola avait dénoncé les galanteries du Second
Empire sans les connaître autrement que par les
gazettes. Pour camper Nana et ses compagnes,
il se renseignera auprès de Ludovic Halévy,
qui avait été le librettiste d'Offenbach et qui avait
bien connu Hortense Schneider, Anna Deslions,
Valtesse de La Bigne et les autres. Anna Judic
servit de modèle à Rose Mignon, la rivale
de Nana, pour laquelle Zola avait d'abord songé
à Cora Pearl.

Manuscrit autographe
205 × 160 mm
BNF, Manuscrits, NAF 10313, f. 219
(Non reproduit)

22
Henri Baron, *Une soirée aux Tuileries*

Préparée depuis 1863, l'Exposition universelle est inaugurée le 1er avril
1867 par Napoléon III et Eugénie, et marque l'apogée de l'Empire :
plus de trente nations y sont représentées, la visite des souverains
étrangers donne lieu à de somptueuses cérémonies tandis que Parisiens
et provinciaux se bousculent au Champ-de-Mars, qui voit passer
près de sept millions de visiteurs. Partout l'on danse cependant
qu'Hortense Schneider triomphe dans *La Grande Duchesse
de Gerolstein* sur la scène de ce même théâtre des Variétés où Zola
fera débuter Nana dans « La blonde Vénus ».
Le 10 juin 1867 une splendide fête nocturne est donnée pour célébrer
l'arrivée du roi de Prusse Guillaume Ier et du tsar Alexandre II.
Le souper est servi dans l'ancienne salle de Perrier et Fontaine,
réaménagée pour l'occasion.
Les feux de l'exposition, ultime réussite des saint-simoniens du régime,
dissimulent mal les faillites scandaleuses – celle des frères Pereire
la même année ; elle fait oublier la misère populaire alors que
les salaires baissent tandis que le prix des denrées augmente.

Aquarelle, 55 × 95 cm (détail)
Musée national du château de Compiègne

24
Anonyme, *L'Inauguration du canal de Suez*

Après plus de dix ans de travaux (avril 1859
– août 1869) et d'agiotages divers, dont Zola
se souviendra dans *L'Argent*, le canal est
inauguré triomphalement le 17 novembre
1869 devant l'impératrice et toutes les têtes
couronnées d'Europe. C'est une revanche
pacifique et moderniste de la France
sur la puissance impérialiste de la Grande-
Bretagne. Cette allégorie reprend
l'esthétique pompière et rococo des peintres
à la mode, Cabanel ou Bouguereau, que Zola
détestait.

Aquarelle, 32 × 44 cm
Musée national du château de Compiègne

Premiers détails

294

25

La Curée, portrait d'Aristide Saccard

Manuscrit autographe
200 × 160 mm
BNF, Manuscrits, NAF 10282, f. 294

26

La Curée, préface du manuscrit

Les premières éditions de *La Curée* étaient précédées d'une préface,
datée sur ce manuscrit du 15 novembre 1871, et rédigée par Zola
comme une justification à un roman « peinture vraie de la débâcle
d'une société » dont la publication en feuilleton avait été interrompue
à la suite des protestations des lecteurs.

200 × 160 mm
BNF, Manuscrits, NAF 10281, f. C
(Non reproduit)

27

**Jules Ferry, *Comptes fantastiques d'Haussmann*, lettre adressée
à MM. les membres de la commission du Corps législatif chargés
d'examiner le nouveau projet d'emprunt de la ville de Paris**

Célèbre pamphlet de Jules Ferry, alors avocat et journaliste
d'opposition, sur le budget démesuré, avec de fréquents recours
à l'emprunt, des grands travaux entrepris par le baron Haussmann,
préfet de la Seine de 1853 à fin 1869. Pendant seize ans, la capitale
ne fut qu'un vaste chantier et son aspect fut totalement remodelé
au prix de destructions parfois regrettables et d'une spéculation
immobilière sans précédent. Le titre est un jeu de mot, dans le goût
de l'époque, sur les *Contes fantastiques* d'Hoffmann, alors très
en vogue. B. V.

Paris, Le Chevalier, 1868, 24 cm
BNF, Philosophie, Histoire, Sciences de l'homme,
4-Z. Le Senne-2702, page de titre
(Non reproduit)

28

Taxile Delord, *Histoire illustrée du Second Empire*…

Né à Avignon en 1815, dans la religion protestante, et mort
en 1877, Taxile Delord fut journaliste d'opposition puis député
de la gauche républicaine de 1871 à 1876. Il est surtout connu
pour son *Histoire du Second Empire*, œuvre partisane mais
très bien documentée, dont le premier volume parut en 1869,
après le rétablissement d'une certaine liberté de la presse.
Dans *La Fortune des Rougon*, qui ouvre en 1871 la série des
Rougon-Macquart, Zola s'est inspiré de son récit de la féroce
répression qui suivit l'insurrection du Var après le coup d'État
du 2 décembre 1851. Elle est représentée ici dans l'édition
illustrée de 1880. B. V.

Nouvelle édition. Paris, Baillière, 1880-1883
6 volumes illustrés, 23 cm
BNF, Philosophie, Histoire, Sciences de l'homme, 4-Lb56-461 bis, T. 1,
gravure p. 369 « Un gendarme abat deux prisonniers dans le Var »

Les Zola s'installent d'abord au 63, rue Monsieur-le-Prince, tout près du lycée Saint-Louis. Mais en janvier 1859, la famille déménage au 241 de la rue Saint-Jacques. Au retour des vacances d'été 1858 passées à Aix, Émile est tombé gravement malade. En 1859 il échoue au baccalauréat et il est à nouveau recalé, quelques mois plus tard, à Marseille.
Commencent pour le jeune provincial deux années de galère, d'une mansarde à l'autre, dans le quartier latin. «Depuis que je suis à Paris, je n'ai pas eu une minute de bonheur», écrit Zola à Cézanne le 9 février 1860. En avril suivant, il entre comme employé aux docks de la Douane pour soixante francs par mois, juste assez pour ne pas mourir de faim. Il démissionne au bout de deux mois.
Comme Jules Vallès, son aîné de huit ans, Zola découvre, sous le triple signe de l'exil, de l'échec et de la misère, que la bohème rose de Murger est un leurre et que les «filles à parties» – la sienne s'appelle Berthe – ne sont pas des Mimi Pinson. Dès 1861, au terme d'un hiver d'amertume, il commence à rédiger ce qui deviendra *La Confession de Claude*.

29
Jules de Goncourt, *Le Bal Mabille*

La bourgeoise monarchie de Juillet avait laissé se multiplier les bals publics à l'atmosphère très licencieuse. La campagne de moralisation qui suivit 1848 en fit fermer le plus grand nombre. Ceux qui survécurent devinrent franchement crapuleux, tel le célèbre bal Mabille situé sur les Champs-Élysées : les putains y racolaient et les lorettes découvraient qu'elles pouvaient y gagner autant en une soirée qu'en un mois de travail. Mondains et écrivains réalistes venaient y chercher l'aventure ou l'inspiration. Et dans l'hôtel clinquant et trop vite édifié de Saccard, «l'odeur de Mabille traînait, les déhanchements des quadrilles à la mode dansaient, toute l'époque passait avec son rire fou et bête, son éternelle faim et son éternelle soif.» (*La Curée*, Pléiade, t. I, p. 437.) Avant d'y promener la jeune Nana, Zola fit danser à Mabille sa première héroïne, la Laurence de *La Confession de Claude*.

Aquarelle, 14,5 × 31,5 cm
Paris, musée Carnavalet

30
Georges Pajot, lettre du 19 novembre 1865

Rencontré au lycée Saint-Louis, fils de bourgeois aisés, Pajot, qui fit une carrière à la préfecture de police, resta lié à Zola, dont il avait partagé la bohème, jusqu'en 1870. Remerciant Zola de l'envoi de *La Confession de Claude*, il lui dit y avoir reconnu, sous les traits de Laurence, «Berthe et sa robe en lambeaux».

Lettre autographe signée, 260 × 210 mm
BNF, Manuscrits, NAF 25523, f. 492 à 494
(Non reproduit)

Du 1er mars 1862 au 31 janvier 1866, Zola travaille chez Hachette au tout nouveau service de la publicité. C'est la chance de sa vie. À ce poste stratégique (l'équivalent d'un actuel attaché de presse), il se constitue un précieux carnet d'adresses. De plus, il découvre l'intelligentsia positiviste et anticléricale (Émile Deschanel, Sainte-Beuve, Taine, Littré, Duranty), qui marque profondément sa pensée tandis que Louis Hachette incarne à ses yeux le chef d'industrie moderne. Il apprend surtout les règles nouvelles du marché littéraire, qu'il saura bientôt utiliser à son profit.

(Manuscrit autographe de Zola)

31
Bulletin international du libraire et de l'amateur de livres…

La librairie Hachette avait repris en 1859 le bulletin bibliographique créé par Robert Lippert, ce qui lui permettait de faire connaître ses nouvelles publications. Dans cette seconde partie, qui était consacrée aux « Annonces de la Librairie de L. Hachette et Cie », Émile Zola décida de ne plus seulement donner la liste des nouveautés mais de rédiger pour chaque ouvrage une brève analyse et un commentaire, d'un ton assez personnel, comme on peut le voir par exemple à propos de *L'Année littéraire et dramatique* de Gustave Vapereau. B. V.

Paris, Hachette, 1856 / 1857 – 1870
23 cm
BNF, Littérature et Art, Q-4846, 8e année, n° 3, 31 mars 1863, p. 22
(Non reproduit)

32 a et b
Lettre de Zola sur sa vie chez Hachette
Le bureau des expéditions de la librairie Hachette en 1865

Les journaux antidreyfusards accusèrent Zola d'avoir été renvoyé de chez Hachette pour malversations. Choqué, mais résigné et moins atteint que par les attaques contre son père, Zola décida de traiter ces calomnies par le mépris. Il rédigea cependant neuf pages de notes à la demande de son avocat Labori.
« C'est là que j'ai connu tous les grands auteurs de la maison, Taine, Prévost-Paradol, About, sans compter les dessinateurs, Gustave Doré et d'autres. Un instant aussi, je servis de secrétaire à Louis Hachette […]. Je dois confesser que je n'étais pas un employé trop zélé. Je ne faisais que le nécessaire. J'écrivais déjà beaucoup, et je savais que ces messieurs, vendant des livres, n'aimaient pas qu'un de leurs employés en fît. Ils furent d'ailleurs toujours excellents pour moi et j'ai gardé à leur mémoire la plus grande gratitude. »

Manuscrit autographe, 9 f., 180 × 112 mm
BNF, Manuscrits, fonds Labori, non folioté
Photothèque Hachette

La presse connaît sous le Second Empire, et en dépit de la censure, un formidable essor. Le jeune Zola s'y précipite : en 1863, ses premières chroniques sont acceptées par le *Journal populaire de Lille*. L'année 1865 marque ses vrais débuts dans le journalisme. Le 31 janvier 1866, décidé à ne plus vivre que de sa plume, Zola quitte son emploi chez Hachette. Cette année-là, il publie cent soixante-dix-neuf articles et deux volumes rassemblant certains d'entre eux : *Mes haines* (chroniques du *Salut public de Lyon*) et *Mon Salon* (chroniques de *L'Événement*). Mal rétribué, et par là d'autant plus accessible aux jeunes gens d'origine modeste, le journalisme lui permet de concilier activité littéraire et engagement dans le temps présent, ainsi qu'il l'écrira bien des années plus tard :
« Chaque fois qu'un jeune homme de vingt ans tombe chez moi pour me demander conseil, je l'engage à se jeter en pleine bataille, dans le journalisme. Il a vingt ans, il ignore l'existence et il ignore Paris surtout : que voulez-vous qu'il fasse ? S'enfermer dans la chambre d'un faubourg, rimer des vers plagiés de quelque maître, mâcher en vain le vide de ses rêves ? […] La presse ne donne du style à personne, seulement elle est l'épreuve du feu pour ceux qui apportent un style. Nous y avons tous passé, et tous nous y avons gagné quelque chose. » (NAF 17772, f. 13 et 17.)

À la fin de 1864 ou au début de 1865, Zola a rencontré Gabrielle Meley, qu'il décrit dans *Le Petit Journal* (« L'amour sous les toits », 13 mars 1865, réédité dans *Esquisses parisiennes*). En 1866, gagnant convenablement sa vie et celle de sa mère, il se met en ménage avec Gabrielle. Mais il ne l'épouse que le 31 mai 1870, lorsque, âgé de trente ans, il n'a plus besoin de l'autorisation maternelle. Confortablement installés dans un appartement de quatre pièces, près de l'Odéon, Gabrielle et Émile reçoivent le jeudi et passent un mémorable été 1866 à Bennecourt, sur les bords de la Seine, où ils retrouvent Cézanne et les amis aixois. Euphorie de courte durée : à la fin de l'année, Zola n'a plus de chronique régulière et 1867 sera une année de vaches maigres.

33
Alexandrine Zola en 1874

Née en 1839, Alexandrine Meley, qui se fit appeler Gabrielle jusqu'à son mariage, était la fille naturelle d'un bonnetier et d'une marchande. Fleuriste ou lingère, puis peut-être modèle, elle eut, à dix-neuf ans, une petite fille placée à l'Assistance publique et qui mourut en nourrice. Vive, intelligente et jolie, Alexandrine était une excellente maîtresse de maison, qui s'embourgeoisa rapidement. Elle apportait au jeune écrivain, outre un soutien constant, cette atmosphère de convivialité paisible qu'il évoque avec émotion dans *L'Œuvre*.

Photographie, 10,5 × 6,5 cm
Collection É.-Z.

La publication des *Contes à Ninon* en novembre 1864 signe l'entrée, discrète, de Zola dans le monde des lettres. Le jeune homme compose des récits courts en prose dès la fin de 1859 : plus accessibles à l'écrivain débutant, ceux-ci sont aussi plus faciles à placer dans la presse qui, sous l'étroite surveillance de la censure impériale, en fait une grande consommation. Un an plus tard, Zola, devenu entre-temps un véritable critique littéraire, achève et publie son premier roman – autobiographique comme il se doit –, *La Confession de Claude*. Le théâtre est alors un moyen rapide d'accéder à la fortune et à la notoriété. Zola s'y essaie, d'autant qu'il a rencontré des auteurs et des critiques dramatiques. Il propose sans succès, en 1866, deux pièces écrites un an plus tôt, *La Laide*, conte moral inspiré de Milton, et *Madeleine*, qui deviendra le roman *Madeleine Férat*. Quant aux *Mystères de Marseille*, qu'il adapte pour la scène avec Marius Roux à l'automne 1867, ils n'auront que quelques représentations.

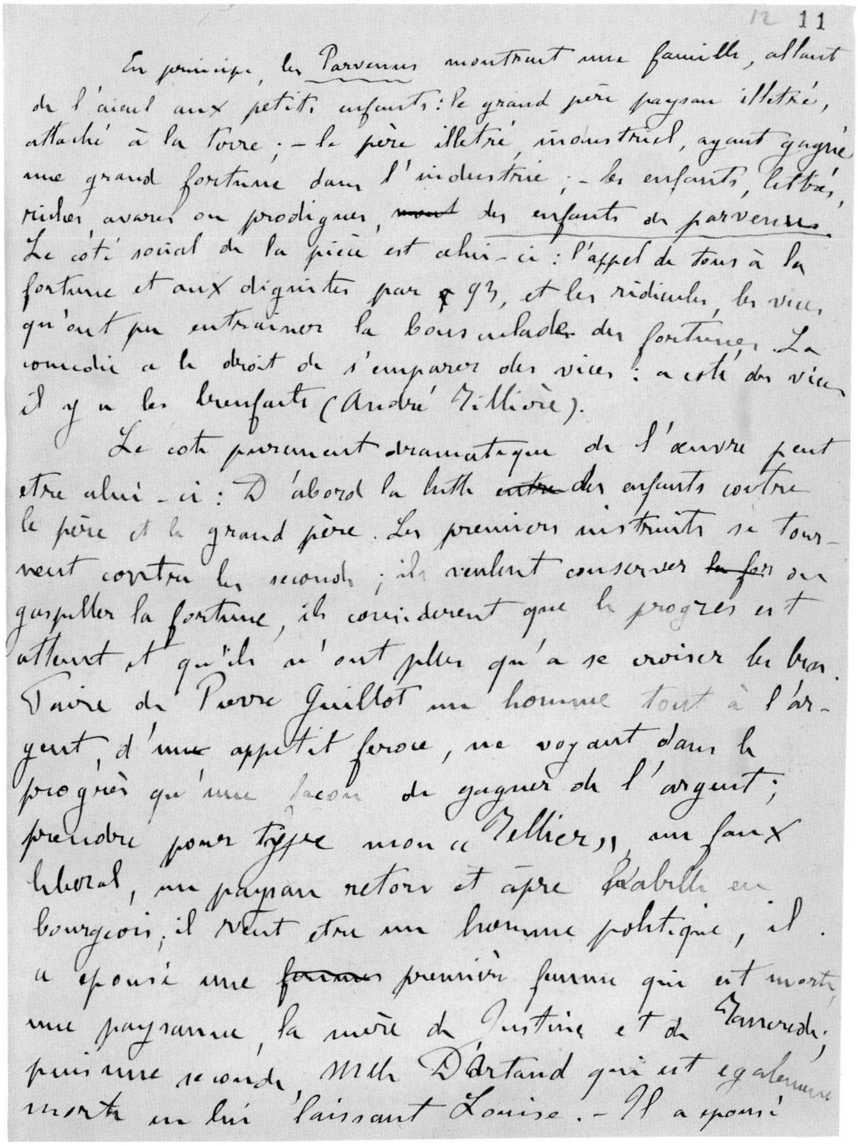

34
Paul Cézanne, *Le Déjeuner sur l'herbe*

La reprise du titre du tableau peint par Manet dix ans plus tôt marque à la fois la volonté d'adhésion à la modernité picturale et une forme d'« esprit de blague » dont les Goncourt, dans *Manette Salomon*, et Zola, dans *L'Œuvre*, ont bien rendu compte pour caractériser l'atmosphère régnant dans les ateliers avec les rapins.
Il y a des similitudes indéniables entre *Le Déjeuner sur l'herbe* de Manet et celui de Cézanne : disposition quasi identique des quatre personnages groupés dans un paysage de campagne boisée, juxtaposition d'hommes habillés en vêtements modernes et de femmes nues en plein air, nature morte (pommes, bouteille), vêtements épars. Mais il y a aussi des différences remarquables, car, au-delà des proportions équilibrées qui renvoient à la longue tradition des scènes pastorales, la présence de Cézanne, en premier plan, domine la composition – le doigt tendu et la jambe repliée, il indique la direction même que doit prendre le regard de l'observateur. Quant à la technique de représentation, à la fois emportée et rude, elle diffère totalement de celle de Manet.
À la suite de John Rewald, on peut considérer que, dans *L'Œuvre*, le tableau de Claude Lantier constitue la fusion de deux peintures de Cézanne : *La Lettre d'amour* et *Le Déjeuner sur l'herbe*. Le premier plan du tableau dénommé *Plein air* est ainsi décrit :
« Au premier plan, le peintre avait eu besoin d'une opposition noire, il s'était bonnement satisfait en y asseyant un monsieur, vêtu d'un simple veston de velours. Ce monsieur tournait le dos, on ne voyait que sa main gauche, sur laquelle il s'appuyait dans l'herbe. » J.-P. L.-A.

1873-1878
Huile sur toile, 21 × 27 cm
Paris, musée de l'Orangerie

35
« Les parvenus »

Rédigée sans doute en 1867 et 1868, entre *Les Mystères de Marseille* et le projet *Rougon-Macquart*, cette comédie qui ne fut jamais jouée raconte l'ascension sociale et la chute d'une famille sur trois générations : le grand-père maçon, « attaché à la terre », le fils industriel, tous deux illettrés, et le petit-fils, lettré mais jouisseur manipulé par un mauvais génie feuilletonesque.
« Le côté social de la pièce est celui-ci : l'appel de tous à la fortune et aux dignités par 93, et les ridicules, les vices qu'ont pu entraîner la bousculade des fortunes. »

Manuscrit autographe
20 f., 250 × 160 mm
BNF, Manuscrits, NAF 16837, f. 11

En 1866, fort de ses succès journalistiques, Zola décide de tâter du roman-feuilleton. « On trouve cela très pâle, bien écrit, de bons sentiments, mais embêtant. Vite, vite, arrêtez les frais », lui écrit Villemessant, le directeur de *L'Événement*, où *Le Vœu d'une morte* paraît en septembre. Jules Vallès de son côté s'en tire encore plus mal, qui s'embrouille dans ses intrigues et ne termine pas ses feuilletons. N'est pas Ponson du Terrail qui veut ! Mais il faut bien vivre et l'année suivante Zola récidive, dans le sillage d'Eugène Sue et Paul Féval, avec *Les Mystères de Marseille* dont il « bâcle l'après-midi, en une heure, les sept ou huit pages » pour deux sous la ligne, après avoir consacré le matin quatre heures à une ou deux pages de *Thérèse Raquin*. « Roman historique contemporain », *Les Mystères de Marseille* s'appuient déjà sur une énorme documentation, fournie par Marius Roux. Ils sont publiés dans *Le Messager de Provence* à grand renfort de publicité. Avec ce roman à clef, Zola veut s'imposer dans son Midi d'origine pour ensuite conquérir Paris. Il n'obtient pas le succès escompté. Reste un mélodrame élégamment rédigé qui se lit d'une traite et laisse deviner, par sa critique des nantis, le futur auteur des *Rougon-Macquart*.

C'est avec *Thérèse Raquin* que Zola accède à la célébrité et obtient la reconnaissance de ceux qu'il admire, Taine, Sainte-Beuve, les Goncourt, tandis qu'il devient le romancier dont le critique Ferragus (Louis Ulbach) écrit, sous le titre « La littérature putride » : « Il s'est établi depuis quelques années une école monstrueuse de romanciers, qui prétend substituer l'éloquence du charnier à l'éloquence de la chair, qui fait appel aux monstruosités les plus chirurgicales, qui groupe les pestiférés pour nous en faire admirer les marbrures, qui s'inspire directement du choléra, son maître, et qui fait jaillir le pus de la conscience. » (*Le Figaro*, 23 janvier 1868.) C'est que Zola s'est entre-temps assuré un succès de scandale par ses prises de positions audacieuses et ses polémiques, dont la plus retentissante est celle qui l'a opposé à Barbey d'Aurevilly en 1865 et 1866.

36
Le Vœu d'une morte.

Le second roman de Zola parut du 11 au 26 septembre 1866 dans le journal *L'Événement* : ce tirage à part en constitue donc l'édition pré-originale. Il n'obtint pas un grand succès et Zola dut renoncer à rédiger la seconde partie, initialement prévue, qui fut remplacée par quatre nouvelles déjà parues, ajoutées à l'édition en un volume, publiée en novembre 1866 sous le titre *Esquisses parisiennes*. La réédition du roman chez Charpentier en 1889 permit à Zola de se livrer à une véritable réécriture du texte dans un style plus sobre. B. V.

Paris, imprimerie de Dubuisson, 1866
60 × 40 cm sur 4 colonnes
BNF, Littérature et Art, Y2p-56, première page
(Non reproduit)

Du romantisme au réalisme

« Si j'ai parfois des colères contre le romantisme, c'est que je le hais pour toute la fausse éducation littéraire qu'il m'a donnée », écrira Zola dans *Le Roman expérimental*. Le jeune Zola a commencé par se vouloir poète dans la grande tradition romantique, incarnée par Hugo, du barde élu prophétisant pour régénérer l'humanité. Puis il a chanté à l'ombre de Musset les amours rêvées ou déçues et les séductions de la mort. Des poèmes de jeunesse gentillets ou emphatiques (« La chaîne des êtres », trilogie scientifique et philosophique projetée en 1860) à *Thérèse Raquin*, il n'y a que quelques années. Mais la maturation de leur auteur a été accélérée par les coups durs, les désillusions et l'air de ces « temps modernes » qu'il oppose en 1867 à Frédéric Mistral : « … quand vous aurez vécu un jour dans notre travail géant, dans nos fièvres de justice et de liberté, vous sourirez de pitié en songeant aux plaintes langoureuses de vos troubadours. » (*Le Figaro*, 3 février 1867.) Entre littérature et réel, il ne choisit pas, il prend les deux.
Les vers de Hugo ont enthousiasmé, avant ceux de Musset, la jeunesse de Zola. Fin 1865, dans un article sur *Les Chansons des rues et des bois* refusé par *Le Salut public* et repris dans *Mes haines*, il lui reproche de « créer une terre imaginaire que son créateur, excité par la lutte, a rendue de plus en plus bizarre ». En 1866, il ne place pas le poète aux côtés de Littré, Taine, Flaubert, Michelet ou Sainte-Beuve, célébrés dans ses chroniques littéraires de *L'Événement* intitulées « Marbres et plâtres ». Et en 1881 c'est de Littré qu'il fera, contre Hugo, « l'homme du siècle ». Mais en 1867 il lui envoie, respectueusement, *Thérèse Raquin*.

Le 4 janvier 1869, Zola consacre sa «Chronique» du *Gaulois* à *L'Homme qui rit* et en donne des extraits avant parution. Il désire collaborer au *Rappel*, le journal de la famille Hugo, mais n'y écrira qu'un article en 1869 (15 mai, «Une nouvelle sainte», sur la canonisation de Jeanne d'Arc).

37
Victor Hugo, «À l'auteur de *Thérèse Raquin*, l'auteur de *L'Homme qui rit*»

L'Homme qui rit fut publié en feuilleton dans *Le Rappel* du 4 mai 1869 au 7 janvier 1870 et par Lacroix, le premier éditeur des *Rougon-Macquart*, en quatre volumes en avril-mai 1869. Le 4 avril 1869, Hugo envoie le premier volume à son jeune confrère avec cette dédicace.

Dédicace autographe, 195 × 245 mm
BNF, Manuscrits, NAF 24520, f. 309
(Non reproduit)

38
Victor Hugo, *La Voix de Guernesey*

Le 21 mai 1869, Hugo dédie «à un robuste et noble esprit» ce poème composé au lendemain de la bataille de Mentana (3 novembre 1867), où les chassepots français avaient «fait merveille» en aidant les zouaves français à mettre en déroute les troupes de Garibaldi, effaçant d'un coup pour les patriotes italiens le souvenir glorieux de Magenta.

Brochure avec dédicace, 16 p., 115 × 100 mm
BNF, Manuscrits, NAF 24520, f. 303
(Non reproduit)

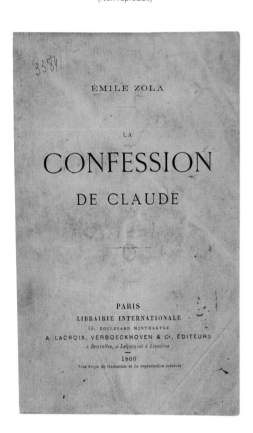

ÉMILE ZOLA

LA

CONFESSION

DE CLAUDE

PARIS
LIBRAIRIE INTERNATIONALE
15, BOULEVARD MONTMARTRE
A. LACROIX, VERBOECKHOVEN & Cⁱᵉ, ÉDITEURS
à Bruxelles, à Leipzig et à Livourne
1866
Tous droits de traduction et de reproduction réservés

Composés entre 1859 et 1864, les huit récits des *Contes à Ninon* doivent beaucoup aux lectures adolescentes de leur auteur et balancent entre Nodier et Murger. L'ordre choisi par Zola pour leur publication n'est pas celui de leur rédaction, qui montre l'évolution de leur auteur, passant progressivement du merveilleux du rêve à l'amertume du réel.

Depuis février 1861 Zola songe à utiliser ses expériences amoureuses de l'hiver 1860-1861 pour écrire un roman. Écrite en grande partie en 1862-1863, *La Confession de Claude* est achevée à la fin de septembre 1865 et son auteur entre dans le *Dictionnaire des contemporains* de Vapereau, où son livre est décrit comme un «roman du genre appelé physiologique». Le thème de la réhabilitation de la femme déchue est à la mode depuis *Marion Delorme*, de Hugo, et surtout *La Dame aux camélias*, de Dumas fils. Zola en démontre l'inanité. Première attaque donc contre les oripeaux du romantisme au nom du réel souverain : «La vérité brutale est nécessaire à ceux qui marchent librement dans la vie», affirme Claude, à qui Émile prête les épreuves qu'il a lui-même traversées.

39
La Confession de Claude

Ce roman par lettres fut commencé en 1862, interrompu, puis enfin achevé et publié en novembre 1865. B. V.

Paris, Lacroix, Verboeckhoven et Cⁱᵉ, 1866, 18 cm
BNF, Littérature et Art, Y2-74840, page de titre

Théories : écran, tempéraments, imprégnation

En 1864, Hachette publie la *Physiologie des écrivains et des artistes ou Essai de critique naturelle* d'Émile Deschanel, où Zola peut lire que «les idées, en passant par chaque esprit, se colorent du jour qui lui est propre». Dans une longue lettre adressée le 18 août 1864 à un de ses amis aixois, Antony Valabrègue, Zola développe sa «théorie de l'écran», dans laquelle il distingue «l'écran classique» : «un verre grandissant qui développe les lignes et arrête les couleurs au passage»; «l'écran romantique» : «un prisme à la réflexion puissante, qui brise tout rayon lumineux et le décompose en un spectre solaire éblouissant»; enfin «l'écran réaliste» : «le dernier qui se soit produit dans l'art contemporain», «une vitre unie, très transparente sans être limpide, donnant des images aussi fidèles qu'un écran peut en donner» et qui «se contente de mentir juste assez pour me faire sentir un homme dans une image de la création».

La théorie des tempéraments, version moderne de l'antique théorie des «humeurs», sert de moteur à l'intrigue de *Thérèse Raquin* et inspire la célèbre formule : «Une œuvre d'art est un coin de la nature vu à travers un tempérament.» («Proudhon et Courbet», dans *Le Salut public*, 26 juillet et 31 août 1865, repris dans *Mes haines*.)

L'éloge de Taine dans la *Revue contemporaine* du 15 février 1866, précédé par trois ou quatre années de réflexion, de lectures et de critiques, ouvre la série des publications théoriques qui se poursuivront jusqu'en 1881. En ce sens, on peut dire que 1866 est l'année de la première «campagne» de Zola pour un naturalisme tout juste baptisé. Si elle a moins de retentissement que celle des années 1876 à 1881, c'est que son jeune animateur, certes mis en vedette par sa défense de Manet, a beaucoup moins d'audience que n'en aura le romancier à succès de *L'Assommoir*, et qu'il est encore tiré à hue et à dia par les soucis matériels et les préoccupations politiques.

40

Hippolyte Taine, lettre à Zola, 2 mars 1866

Taine est le maître à penser de la jeune génération, que séduit son approche « naturaliste », c'est-à-dire physiologiste, des phénomènes humains. Dans la préface à son *Histoire de la littérature anglaise* (1863-1864), il expose que l'histoire est un « problème de mécanique psychologique » qui se résout dans la trilogie de la « race », du « milieu » et du « moment ». Professeur d'esthétique à l'École des beaux-arts en 1864, il publie l'année suivante ses *Nouveaux essais de critique et d'histoire*. Zola, qui l'a connu chez Hachette, lui envoie ses deux premiers livres et lui consacre plusieurs études, notamment « L'esthétique professée à l'École des beaux-arts », dans la *Revue contemporaine* du 15 février 1866 (repris dans *Mes haines*) ainsi qu'une étude de la nouvelle préface des *Essais de critique et d'histoire* (publiés en 1858) dans *L'Événement* du 25 juillet. Enfin Taine est le premier des « Marbres » de sa chronique de *L'Événement*. Zola place une de ses formules en exergue à la première édition de *Thérèse Raquin* : « La vertu et le vice sont des produits comme le sucre et le vitriol. »

Lettre autographe signée, 135 × 205 mm
BNF, Manuscrits, NAF 24524, f. 44 et 45
(Non reproduit)

41

Thérèse Raquin

Le germe de ce roman se trouve dans une courte nouvelle d'abord publiée dans *Le Figaro* du 24 décembre 1866 sous le titre *Un mariage d'amour*. C'est sous ce même titre que, dans les livraisons d'août, septembre et octobre 1867 de *L'Artiste*, a été publié le texte du roman. Le titre *Thérèse Raquin* apparaît avec la publication en volume, en décembre 1867. À la suite de l'article d'Ulbach du 23 janvier 1868, auquel il avait répondu la semaine suivante, Zola s'expliqua dans la préface, datée du 15 avril 1868, qu'il plaça en tête de la seconde édition. Il y oppose sa conception d'un roman « expérimental » aux « petits livres roses » dont les polissonneries gratuites n'encouraient pas les foudres de la censure et des critiques. Le volontarisme polémique de cette préface-manifeste dissimule en partie les contradictions internes d'une œuvre dans laquelle le mythique et l'obsessionnel battent sans cesse en brèche le parti pris d'analyse scientifique. B. V. et M. S.

2ᵉ édition. Paris, Lacroix, Verboeckhoven et Cⁱᵉ, 1868, 18 cm
BNF, Littérature et Art, Y2-74854, fin de la préface
(Non reproduit)

42

Horace Castelli, affiche de *Thérèse Raquin*

Dans cette affiche de librairie pour l'édition Marpon et Flammarion (1883), Castelli offre une vision grand-guignolesque du roman, aussi fidèle que savoureuse. Sa lecture distanciée et ironique n'étonne pas de la part de l'illustrateur préféré de la comtesse de Ségur, qui affublait les fesses du « bon petit diable » de diablotins grimaçants dont on se souvient encore.
Cette affiche adopte la forme d'un support typographié sur lequel est rapporté par collage une petite lithographie – une forme dépassée à une époque où la lithographie en couleurs de grandes dimensions a déjà envahi la publicité. F. L.

133 × 89,5 cm
Collection F. Labadens

43

Jules et Edmond de Goncourt, lettre à Zola sur *Thérèse Raquin*, 5 février 1868

« Nous connaissons bien peu d'œuvres aussi étudiées et fouillées, fouillées aussi à fond dans la terrible vérité humaine, en plein cœur du crime. Admirable autopsie du remords ; par toutes ces pages où palpitent des délicatesses frissonnantes, une sorte de terreur nerveuse, nouvelle dans le livre […]. Vos tableaux sont de main d'artiste, d'observation mélancolique et profonde : le passage du Pont-Neuf, la Morgue, les paysages parisiens ! […] Nous sommes à vous et à votre livre de toutes nos sympathies, avec vous pour les idées, les principes, l'affirmation des droits de l'Art moderne au vrai et à la vie. »

Manuscrit autographe, 210 × 132 mm
BNF, Manuscrits, NAF 24519, f. 358
(Non reproduit)

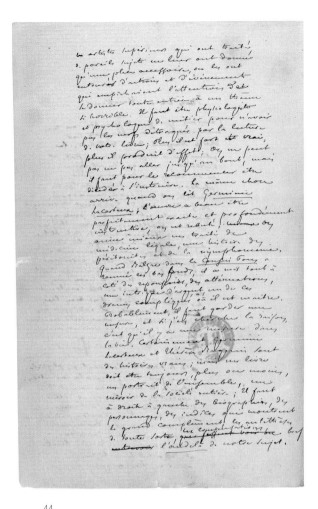

44
**Hippolyte Taine, lettre à Zola sur *Thérèse Raquin*,
10 juin 1868**

« L'ouvrage est tout entier construit sur une idée juste ;
il est bien lié, bien composé ; il indique un véritable artiste,
un observateur sérieux qui cherche non l'agrément, mais
la vérité ; il montre une grande connaissance du sourd
travail mental qui aboutit à l'hallucination, de la terrible
élaboration physique qui transforme les caractères […].
Vous avez fait une œuvre puissante, pleine d'imagination,
de logique, et très morale ; il vous reste à en faire une autre
qui embrasse plus d'objets et ouvre plus d'horizons. »

Lettre autographe signée
207 × 270 mm
BNF, Manuscrits, NAF 24524, f. 46 v°-47

45
**Charles Augustin Sainte-Beuve, lettre à Zola,
10 juin 1868**

Critique du *Constitutionnel*, académicien, sénateur en 1865,
mais aussi anticlérical ayant rejoint l'équipe du journal
Le Temps, Sainte-Beuve est une personnalité de premier
plan. De plus, il défend Taine, Renan et Littré. Zola lui
adresse les *Contes à Ninon*, un échange de lettres s'ensuit.
Zola approuve Sainte-Beuve de ne pas partager l'excessif
esprit de système de Taine, mais le maniérisme de son
style et les raffinements de sa pensée l'agacent. Les deux
hommes sont trop différents pour s'entendre longtemps et
Sainte-Beuve n'apprécia que modérément *Thérèse Raquin*.
Bien que Zola ait envoyé la première édition à Sainte-Beuve
dès le 2 décembre 1867, il dut insister et attendre plusieurs
mois pour obtenir son opinion.

Lettre autographe signée, 205 × 270 mm
BNF, Manuscrits, NAF 24523, f. 411 v°-412
(Non reproduit)

**En lisant *L'Amour* de Michelet, dès 1860, Zola a pu découvrir
la théorie de l'imprégnation développée par le Dr Prosper Lucas,
selon laquelle une femme est « imprégnée » par son premier
amant de sorte que les enfants qu'elle aura par la suite avec
d'autres pourront ressembler à celui-ci. Il l'utilise dans *Madeleine
Férat*, bien qu'elle soit déjà très contestée. C'est une première
échappée, par une petite porte « scientifique » et déterministe,
hors de l'idéalisme.**

46
Madeleine Férat

Zola avait songé, dès 1867, à tirer un roman de la pièce
Madeleine, qui dormait dans ses tiroirs. Il reprend l'idée un
an plus tard, après la publication de *Thérèse Raquin*. Il corse
le motif de l'ancien amant revenant dans la vie d'un couple
en lui appliquant la théorie de l'imprégnation pour faire
du feuilleton *La Honte* – devenu *Madeleine Férat* pour la
parution en volume – un « roman physiologique » dans la ligne
de *Thérèse Raquin*. Le roman est écrit en quelques mois,
de février-mars à octobre 1868.

Manuscrit autographe, 1 f., 205 × 155 mm
Collection F. Labadens

L'évolution de l'écrivain Zola doit beaucoup à l'activité de critique, littéraire et artistique, qu'il exerce dans divers journaux et qui nourrit et illustre ses théories. Pour lui, la défense du « naturalisme » constitue un seul combat, qu'il s'agisse des « peintres de plein air », qu'on n'appelle pas encore impressionnistes, ou des romanciers de l'école dite réaliste. Il s'y livre avec une fougue qui témoigne à la fois de la vigueur de ses convictions et de son sens aigu de la publicité.

L'affaire Manet

La maturation des goûts de Zola a été plus rapide dans le domaine esthétique que dans la sphère littéraire. Paradoxe que la biographie se charge d'expliquer : le jeune homme en effet rencontre des peintres dès 1862-1863, grâce à l'ami Cézanne, et abandonne assez vite ses enthousiasmes juvéniles pour admirer les « peintres de plein air ». Mais, s'il fréquente très tôt les ateliers les plus novateurs, il n'a que très tard et très progressivement accès aux salons littéraires et se déprend plus difficilement des admirations de sa jeunesse, passant plus lentement de Hugo à Flaubert que d'Ary Scheffer à Manet.
Zola a auprès de lui en 1866 quatre de ses amis aixois : Cézanne, Baille, Numa Coste et Philippe Solari. Il les réunit tous les jeudis chez lui. Cézanne amène Pissarro et l'on parle du prochain Salon. En avril, Cézanne apprend que ses tableaux ont été refusés ainsi que ceux de Manet, Renoir et Guillemet et écrit sans résultat, probablement avec l'aide de Zola, deux lettres au ministre des Beaux-Arts pour demander la réouverture du Salon des refusés. Dans *L'Événement*, où il assure une chronique régulière, Zola rédige un « Salon » qu'il signe « Claude ».
Sa condamnation des peintres « officiels », son éloge de Manet et de ses amis (« la place de M. Manet est au Louvre comme celle de Courbet ») et la violence avec laquelle il instruit le procès du jury, responsable selon lui du suicide d'un peintre refusé, provoquent une vague de désabonnements et la chronique lui est retirée.

47
Charles Augustin Sainte-Beuve, lettre à Zola le remerciant de sa brochure sur Manet, 18 juin 1867

« Il a ce bonheur [...] qu'il ne lui manque pas un avocat-chevalier pour le défendre... »

Lettre autographe signée, 132 × 102 mm
BNF, Manuscrits, NAF 24523, f. 406
(Non reproduit)

48
Edgar Degas, *Manet assis, tourné vers la droite*

Zola, qui avait connu Degas au café Guerbois, rendit compte de tableaux exposés dans différents Salons ; tout en l'appréciant, il émit quelques réserves sur la technique du peintre, dont il admirait surtout les aquarelles.
S'est établie entre le peintre et l'écrivain une sorte de relation texte / image : *Les Repasseuses* peintes par Degas ont toutes chances d'être inspirées par des scènes de *L'Assommoir* et, un peu plus tard, *L'Absinthe* de Degas illustre très certainement les scènes d'ivresse de Coupeau et de Gervaise.
Zola ne connaissait pas Manet lorsqu'il prit sa défense en 1866. Après avoir lu *L'Événement*, le peintre écrivit à Zola pour le remercier et lui proposer de le rencontrer au café de Bade. Le 1er septembre 1868, Zola, lui dédiant *Madeleine Férat*, écrivait : « Puisque les sots ont mis nos mains l'une dans l'autre, que nos mains restent unies à jamais. La foule a voulu mon amitié pour vous ; cette amitié est aujourd'hui entière et durable... » J.-P. L.-A. et M. S.

1864
Eau-forte, premier état sur quatre, 298 × 218 mm
BNF, Estampes, 32 dh (2) Rés.

Zola fréquente désormais le café Guerbois, 11, grande-rue des Batignolles, où se retrouvent Manet, Guillemet, Bracquemond, Duranty, Duret, Castagnary, Burty, Degas, Renoir, Fantin-Latour et Bazille. Ces deux derniers le feront figurer dans leurs *Ateliers*, tandis que Cézanne et Renoir placent le journal où Zola a défendu leur cause l'un dans *Cézanne père lisant*, l'autre dans *Le Cabaret de la mère Antony*. Enfin, durant l'hiver 1867-1868, Manet peint un jeune Zola magistral, entouré d'objets et de livres emblématiques de ses écrits et de ses partis pris esthétiques. Le tableau est exposé au Salon de 1868 et Zola, ravi, dédie *Madeleine Férat* à Manet le 1er septembre suivant. Trente ans plus tard, dans son dernier Salon, déçu par les épigones de l'impressionnisme, Zola ne reniera pas ses combats d'autrefois : « J'avais vingt-six ans, j'étais avec les jeunes et avec les braves. Ce que j'ai défendu, je le défendrais encore, car c'était l'audace du moment, le drapeau qu'il s'agissait de planter sur les terres ennemies. Nous avions raison, parce que nous étions l'enthousiasme et la foi. » (*Le Figaro*, 2 mai 1896.)

49

École Nationale des Beaux-arts. Exposition des œuvres de Édouard Manet. Préface de Émile Zola. Catalogue…

Cette synthèse critique sur l'œuvre d'Édouard Manet, que Zola a défendue dès ses premiers comptes rendus du Salon, en 1866, et alors qu'il ne le connaissait pas encore, a été écrite comme préface à l'exposition posthume organisée par la famille et les amis du peintre. B. V.

Paris, imprimerie de A. Quantin, 1884, 18 cm
BNF, Philosophie, Histoire, Sciences de l'homme,
Smith-Lesouef S-5960, page de couverture
(Non reproduit)

50

Mon Salon, augmenté d'une dédicace [à Paul Cézanne] et d'un appendice

Le 20 mai 1866, Zola dédie sa première « campagne » à Cézanne, idéalisant quelque peu une amitié romantiquement vécue : « Il y a dix ans que nous parlons art et littérature. Nous avons habité ensemble – te souviens-tu ? – et souvent le jour nous a surpris discutant encore, fouillant le passé, interrogeant le présent, tâchant de trouver la vérité et de nous créer une religion infaillible et complète. »
Du 27 avril au 20 mai 1866, Zola, sous le pseudonyme de Claude, avait publié dans *L'Événement*, où il était chargé, en fait, de la critique littéraire depuis le 1er février 1866, sept articles sur le Salon de 1866. Ce sont ces articles très polémiques, accueillis par de vives réactions lors de leur publication, qu'il a réunis dans cette brochure, en les modifiant légèrement et en y ajoutant six lettres de critique et d'approbation adressées au directeur de *L'Événement*, Hippolyte de Villemessant. B. V.

Paris, Librairie centrale, 1866, 18 cm
BNF, Littérature et Art, V-55588, page de dédicace
« À mon ami Paul Cézanne »
(Non reproduit)

51

Jean-François Raffaelli, *Bohèmes au café*

Les écrivains et les artistes se réunissaient dans un café resté célèbre, le café Guerbois ; les termes de « bohèmes » et de « rapins » servaient souvent à les caractériser, par opposition au terme de « bourgeois » (voir la notice du tableau de Fantin-Latour, *Un atelier aux Batignolles*, p. 39). Zola, dans *L'Œuvre*, a mis en scène ce lieu de réunion pour « la bande » sous le nom de café Baudequin.
Il appréciait Raffaelli, en particulier pour ses eaux-fortes illustrant les *Croquis parisiens* de Huysmans (1880). En 1891, Raffaelli fit le portrait de Zola sur l'exemplaire de *L'Assommoir* appartenant à Goncourt (voir notice 124). J.-P. L.-A.

1886
Pastel sur toile, 55 × 44 cm
Bordeaux, musée des Beaux-Arts

52
Édouard Manet, *Olympia*

De nombreuses reproductions par l'estampe furent proposées
à partir du tableau présenté au Salon de 1865, qui suscita un
immense scandale : le personnage d'Olympia fut qualifié de « gorille
femelle », de « grotesque en caoutchouc cerné de noir » ou
d'« odalisque au ventre jaune, ignoble modèle ramassé on ne sait où ».
Zola releva toujours vigoureusement ces attaques, aussi bien dans
son Salon de 1866 que dans la brochure de 1867 ou dans la préface
au catalogue de l'exposition des œuvres d'Édouard Manet, après la
mort du peintre, en 1884.
Aussi, dans son *Portrait d'Émile Zola*, Manet plaça-t-il, dans le pêle-
mêle situé au-dessus du bureau de l'écrivain, une gravure d'*Olympia*.
Zola considérait cette œuvre comme le chef-d'œuvre du peintre :
« J'ai dit chef-d'œuvre, et je ne retire pas le mot […]. Elle restera
comme l'œuvre caractéristique de son talent, comme la marque
la plus haute de sa puissance. » Il analysa avec précision et
méthode les raisons mêmes de sa modernité, montrant qu'avant
de se préoccuper du sujet, Manet avait fait œuvre de peintre
en s'intéressant à la couleur, aux masses de couleurs, à la lumière :
« sécheresse élégante et violence des transitions », note-t-il, concluant
qu'il avait « réussi à traduire énergiquement et dans un langage
particulier les vérités de la lumière et de l'ombre, les réalités des
objets et des créatures ». J.-P. L.-A.

1867
Eau-forte et lavis d'aquatinte, premier état sur cinq, épreuve unique
imprimée par l'artiste et retouchée par Bracquemond, 8,8 × 17,8 cm
BNF, Estampes, Dc 300d (1) Rés.

53
Édouard Manet, *Le Christ mort et les anges*

Cette aquarelle a été peinte à partir du tableau *Le Christ mort
et les anges* : on pourrait penser que le sujet religieux de
ce tableau ne plaît guère à Zola, et pourtant il analyse cette œuvre
en envisageant essentiellement les qualités picturales
de l'estampe, « parti pris de l'œil et audaces de la main » ;
il considère même les anges, comme des « enfants aux grandes
ailes bleues », à « l'étrangeté si douce et si élégante ».
Rappelons ce qu'il écrivait à propos d'*Olympia* : « Un tableau
est […] un simple prétexte à analyse. » J.-P. L.-A.

Esquisse à la mine de plomb, plume et encre noire avec rehauts d'aquarelle
et de gouache
Vers 1865 ou 1867
32,4 × 27 cm
Paris, musée du Louvre
(Reproduit p. 60)

54
Johan Barthold Jongkind, *Vue d'Overschie*

Zola a consacré de nombreuses pages à cet artiste, un de ses
paysagistes préférés avec Corot. Dans son Salon de 1868, il rend
compte d'un tableau intitulé *Vue de la rivière d'Overschie,
près Rotterdam*. Il y apprécie l'étude du miroitement de l'eau,
comme chez Monet, et il note la « clarté heureuse de cette toile ».
Chez celui qu'il qualifie de « maître intime qui pénètre avec une rare
souplesse dans la vie multiple de la nature », il a salué auparavant
le fils de cet « âge qui s'intéresse à la tache claire ou sombre d'une
barque, aux mille petites existences des herbes », considérant que
« c'est à coup sûr un des premiers peintres de marines de ce temps ».
Et dans *La Cloche*, le 24 janvier 1872, il publie une longue étude sur
Jongkind où il étudie ses marines et aussi ses peintures des horizons
du Paris moderne. J.-P. L.-A.

1856
Huile sur toile, 43 × 57 cm
Douai, musée de la Chartreuse
(Reproduit p. 58)

55
Frédéric Bazille, *L'Atelier de Bazille rue de La Condamine*

C'était aussi un habitué du café Guerbois, qui habitait aux Batignolles dans la même maison
que Fantin-Latour. Comme lui, il a mis en scène Zola dans un tableau qui regroupe aussi des
peintres et des écrivains modernes (de gauche à droite : Zola, Manet, Bazille, Zacharie Astruc,
Maître Edmond). Zola avait loué très vigoureusement son tableau *Portraits de la famille*,
exposé au Salon de 1868 ; il le louait en particulier d'être « artiste en peignant une redingote »,
le fameux « habit noir » honni des critiques.
Personnage d'une grande beauté, Bazille va servir, beaucoup plus tard, de modèle
au personnage de Félicien, héros du *Rêve*, prince charmant du roman. J.-P. L.-A.

1870
Huile sur toile, 98 × 128,5 cm
Paris, musée d'Orsay

56
Henri Fantin-Latour, *Un atelier aux Batignolles*

Fantin-Latour était un habitué du café Guerbois, où se réunissaient, en particulier pendant les
années 1868, 1869 et 1870 jusqu'à la guerre, un groupe de peintres de la nouvelle
école, Manet, Guillemet, Fantin-Latour, Cézanne aussi, et des écrivains, notamment Zacharie
Astruc, Duranty, Cladel et Émile Zola. Ce fut là un centre de vie intellectuelle où de jeunes
artistes soutenaient le bon combat et luttaient contre les règles et systèmes académiques.
Ce tableau constitue une figure emblématique et symbolique de cette fraternité des arts,
en particulier autour de Manet. Il a une véritable valeur programmatique, puisqu'il apporte un
soutien total à Manet, quasi élevé au niveau de chef d'école, et à tous ses admirateurs, alors
qu'il était encore très vilipendé par la critique académique. J.-P. L.-A.

1870
Huile sur toile, 204 × 273,5 cm
Paris, musée d'Orsay
(Reproduit p. 56)

Émile Zola

Déboulonner les romantiques

Tempérament, modernité et vérité sont trois termes qui reviennent sans cesse, depuis 1864, sous la plume du jeune Zola, lequel condamne à la fois les classiques qui cherchent leur inspiration dans l'Antiquité et les épigones du romantisme qui affadissent ou travestissent dangereusement le réel, de George Sand, qu'il aimait autrefois, à Octave Feuillet. Aussitôt qu'il dispose d'une tribune dans la presse, il entreprend de polir les marbres et de briser les plâtres.

« Nous travaillons, nous préparons la besogne de nos fils, proclame-t-il dans la préface de *Mes haines*, nous en sommes à l'heure de la démolition […]. Demain l'édifice sera reconstruit. » Sous la métaphore haussmannienne – Zola déteste l'Empire mais admire le préfet bâtisseur –, on devine la philosophie positiviste dans sa version littréenne avec le passage de la phase organique à la phase critique.

57
Jules de Goncourt, lettre à Zola, 27 février 1865

Le 24 février 1865, Zola consacre un article élogieux à *Germinie Lacerteux* dans *Le Salut public* de Lyon, article qui sera repris dans *Mes haines*. Peu habitués à de telles louanges, les deux frères prennent aussitôt la plume pour lui répondre.
« Vous osez jeter les bases d'une critique qui ne ramènera plus tout homme à la même mesure, vous admettez le tempérament et l'originalité dans une œuvre. Tout cela est bien hardi, et nous vous admirons presque pour nous aimer et nous le dire. »

Manuscrit autographe, 205 × 135 mm
BNF, Manuscrits, NAF 24519, f. 355
(Non reproduit)

58
Mes haines, causeries littéraires et artistiques

Ce recueil d'études critiques, le premier publié par Zola, est constitué d'articles ayant d'abord paru dans *Le Salut public* de Lyon, du 23 janvier au 14 décembre 1865, sous le titre général *Revue littéraire*, à l'exception de trois, refusés en raison de leur ton trop vif, qui portaient sur *Les Chansons des rues et des bois*, de Victor Hugo, *Les Deux Sœurs*, d'Émile de Girardin et l'*Histoire de Jules César*, de Napoléon III, et d'une étude sur Taine, publiée dans *La Revue contemporaine* du 15 février 1866. En tête figure un texte d'introduction qui avait déjà paru dans *Le Figaro* du 27 mai 1866. B. V.

Paris, Faure, 1866, 16 cm
BNF, Littérature et Art, Z-62672, p. 8-9
(Non reproduit)

59
Lettre aux Goncourt, 7 décembre 1865

Après la première houleuse d'*Henriette Maréchal*, pour laquelle il avait reçu une invitation des auteurs, Zola les remercie en ces termes :
« J'ai vécu toute une vie en deux heures, une vie de lutte et de passion, et je ne saurais trop vous féliciter de ce drame exquis et terrible, trivial et délicat, qui a été pour moi l'image de cette vie moderne que nous vivons désespérément. […] j'ai assisté à la bataille glorieuse du vrai contre la banalité et la routine. »

Manuscrit autographe, 210 × 135 mm
BNF, Manuscrits, NAF 22478, f. 123

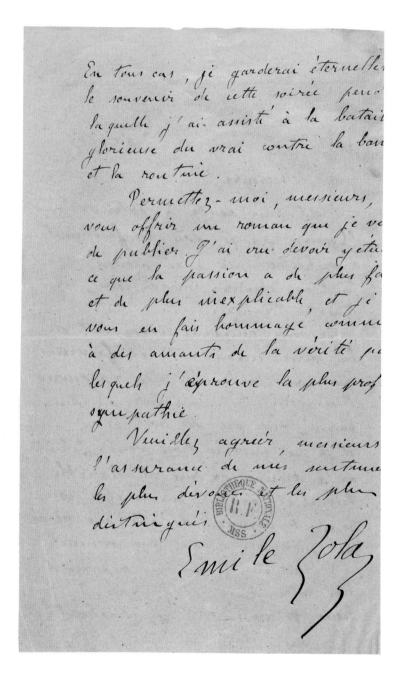

60

Philippe Solari, buste de Zola

Philippe Solari (1840-1906) quitta Aix pour étudier
la sculpture à Paris grâce à l'obtention du prix Granet
en 1858. Il y vécut dans des conditions difficiles
et inspira à Zola le personnage de Mahoudeau dans
L'Œuvre. Il termina de justesse ce buste pour le Salon
de 1868 et en fit lui-même, faute d'argent, le moulage
en plâtre – ce qui explique qu'il soit creux – aidé
de Zola et de Cézanne. Conservé par Zola, ce buste
fut coulé en bronze pour être placé, en mars 1904,
sur la tombe de l'écrivain au cimetière Montmartre.

Sculpture, plâtre
H. 84 cm
Médan, Maison d'Émile Zola

61

**Jules et Edmond de Goncourt, *Journal*,
14 décembre 1868**

Le 14 décembre 1868, Zola est invité à déjeuner par
les Goncourt, qu'il rencontre pour la première fois. Tout
le sépare politiquement, et surtout socialement, de ces
aristocrates artistes, familiers de la princesse Mathilde.
Il reconnaît pourtant en eux des maîtres de l'observation
clinique des corps et des âmes. Fidèles à leur réputation,
les deux frères ont laissé du jeune Zola un portrait
psychologique d'une étonnante perspicacité :
« Notre première impression fut de voir en lui un
Normalien crevé, à la fois râblé et chétif, à encolure
de Sarcey et à teint exsangue et cireux, un fort jeune
homme avec des délicatesses du modelage d'une fine
porcelaine dans les traits de la figure, le dessin des
paupières, les furieux méplats du nez, les mains. Un peu
taillé en toute sa personne comme ses personnages,
qu'il fait de deux types contraires, ces figures où il mêle
le mâle et le féminin ; et au moral même, laissant
échapper une ressemblance avec ses créations d'âmes
aux contrastes ambigus. Le côté qui domine, le côté
maladif, souffrant, ultra-nerveux, approchant de vous
par moments la sensation pénétrante de la victime
tendre d'une maladie de cœur. Être insaisissable,
profond, mêlé, après tout ; douloureux, anxieux, trouble,
douteux. »

Manuscrit autographe, 210 × 185 mm
BNF, Manuscrits, NAF 22443, p. 315

> *« Avoir la passion, garder dans mes livres un souffle un et fort qui,*
> *s'élevant de la première page, emporte le lecteur presque jusqu'à la dernière. »*
> « Notes sur *L'Œuvre* », BNF, Manuscrits, NAF 10345, f. 10

Le projet *Rougon-Macquart* naît en quelques mois et en quelques feuillets au terme d'une lente maturation. Sa réalisation se développera sur près de vingt-cinq ans, laissant des milliers de pages d'avant-texte. Le 14 décembre 1868, Zola parle aux Goncourt « du désir et du besoin qu'il aurait d'un éditeur l'achetant pour six ans trente mille francs, lui assurant chaque année cinq mille francs : le pain pour lui et sa mère et la faculté de faire l'*Histoire d'une famille* en dix volumes ». Il semble bien qu'il a ce projet en tête depuis plusieurs mois. Au début de 1869, en mars probablement, Zola propose à l'éditeur Lacroix dix romans, rédigés au rythme d'un ou deux par an, en échange d'un « salaire » régulier de cinq cents francs par an. Le 1er avril 1869, il commence la rédaction de *La Fortune des Rougon*, qui s'achèvera à l'automne.

Un programme cohérent

62
Les mondes

L'acte de naissance des *Rougon-Macquart* est griffonné sur ce feuillet, probablement le premier rédigé, à l'automne 1868. Zola – il a lu le préambule de *La Fille aux yeux d'or*, où Balzac distingue six catégories de Parisiens – pense d'abord à trois mondes : peuple, bourgeoisie, grand monde (composé des hauts fonctionnaires et des hommes politiques). Divisant ensuite la bourgeoisie en deux catégories : commerçants / spéculateurs et fils de parvenus, il biffe « trois » et écrit « quatre mondes ». Au début du feuillet il ajoute le roman initial (ce sera *La Fortune des Rougon*) et à la fin ce qu'il appelle « un monde à part », c'est-à-dire, pour reprendre un terme vallésien, les « irréguliers » : putain, meurtrier, prêtre, artiste. Si on fait le total, on arrive bien à dix romans, dont Zola dresse la liste sur le feuillet suivant du même manuscrit.

Manuscrit autographe, 198 × 157 mm
BNF, Manuscrits, NAF 10345, f. 22

63
Liste des dix romans

Manuscrit autographe
198 × 157 mm
BNF, Manuscrits, NAF 10345, f. 23

60

Un roman qui aura pour cadre le monde ouvrier, et pour héros Louis Duval, marié à Laure, fille de Bergasse. Peinture d'un ménage d'ouvriers à notre époque. Drame intime et profond de la déchéance du travailleur parisien sous la déplorable influence du milieu des barrières et des cabarets. La sincérité seule des peintures pourra donner une grande allure à ce roman. On nous a montré jusqu'ici les ouvriers comme les soldats, sous un jour complètement faux. Ce serait faire œuvre de courage que de dire la vérité et de réclamer, par l'exposition franche des faits, de l'air, de la lumière et de l'instruction pour les basses classes.

1er Plan remis à Lacroix 74

Les Rougon-Machard (histoire d'une famille sous le second empire) grand roman de mœurs et d'analyse humaine, en dix épisodes. Chaque épisode formera la matière d'un volume. Ces épisodes, pris à part, formeront des histoires distinctes, complètes, ayant chacune leur dénouement propre ; mais ils seront en outre reliés les uns aux autres par un lien puissant qui en fera un seul et vaste ensemble.

Le roman sera basé sur deux idées.

1° Étudier dans une famille les questions de sang et de milieux. Suivre pas à pas le travail secret qui donne aux enfants d'un même père des passions et des caractères différents, à la suite des croisements et des façons particulières de vivre. Fouiller en un mot au vif même du drame humain dans ces profondeurs de la vie où s'élaborent les grandes vertus et les grands crimes, et y fouiller d'une façon méthodique, conduit par le fil des nouvelles découvertes physiologiques.

2° Étudier tout le second Empire, depuis le coup d'État jusqu'à nos jours. Incarner dans des types la société contemporaine, les scélérats et les héros. Peindre ainsi tout un âge social, dans les faits et dans les sentiments, et peindre cet âge par les mille détails de mœurs et des événements.

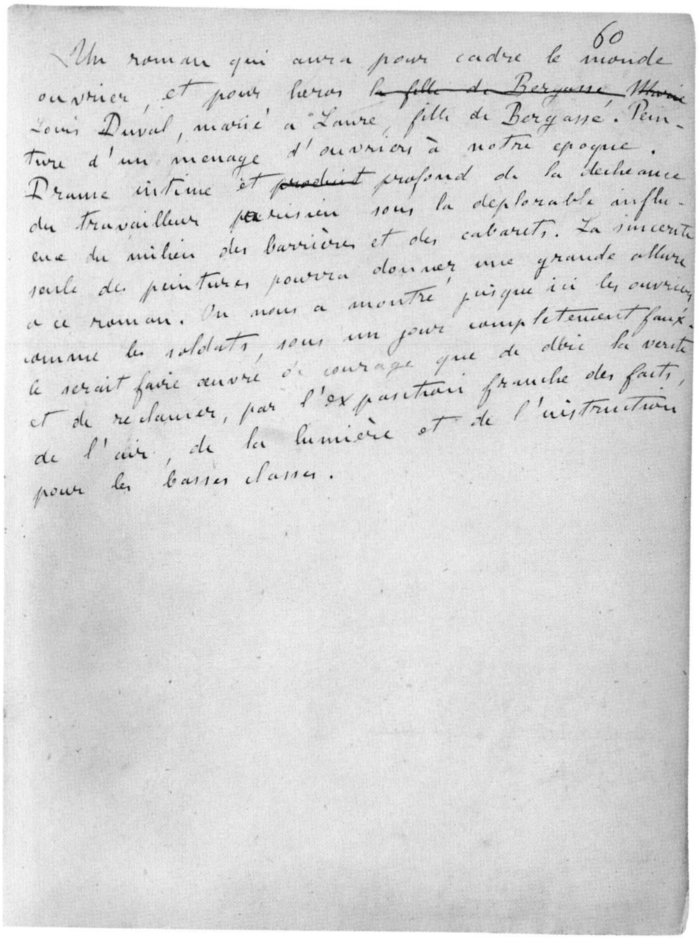

64
Fiche d'un des dix romans [1869]

Zola a rédigé une fiche par roman. Celle-ci décrit le « roman ouvrier » qui deviendra *L'Assommoir*.

Manuscrit autographe
198 × 157 mm
BNF, Manuscrits, NAF 10303, f. 60

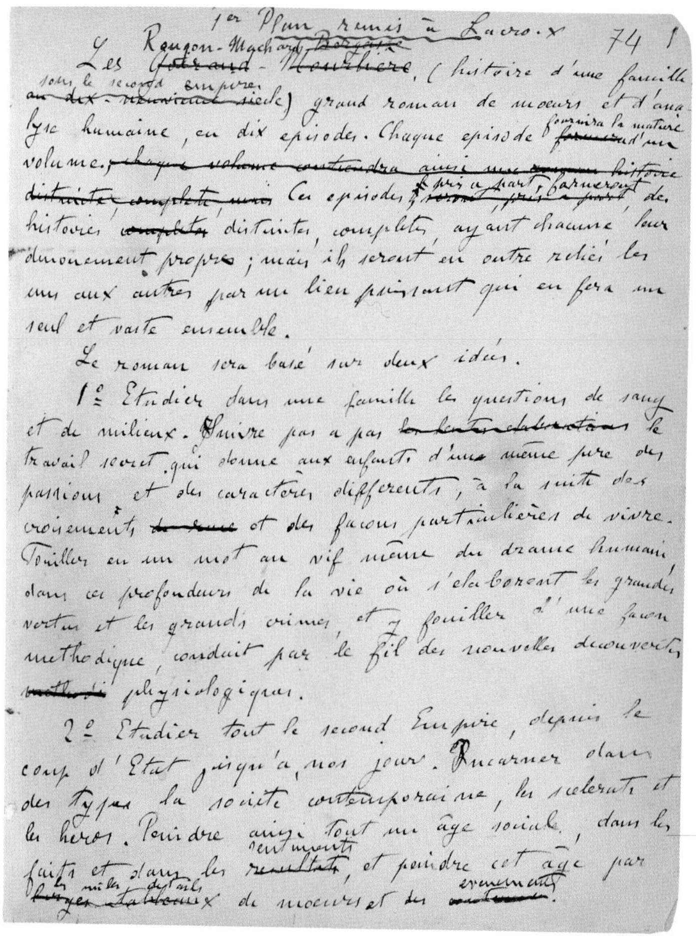

65
Premier plan remis à Lacroix [1869]

Le nom de la famille a varié : Goiraud-Mourlière, puis Bergasse, puis encore Rougon-Machard.

Manuscrit autographe, 198 × 157 mm
BNF, Manuscrits, NAF 10303, f. 74

Liste des romans 129

La fortune des Rougon.
La Curée
Le ventre. – Lisa
La faute de l'abbé Mouret. – Serge et Désirée Mouret.
Le roman politique (journaux) – Eugène Rougon.
Le roman d'art. – Claude Lantier
Le roman sur la rente viagère. – Agathe Mouret.
Le roman populaire. – Gervaise Ledoux et ses enfants
Le roman sur la guerre d'Italie. – Jean Macquart
Le roman sur le haut commerce (nouveautés). – Octave Mouret
Le roman sur le demi monde. – Anna Ledoux
Le roman judiciaire. – Étienne Lantier
Roman sur la débâcle. – Faire revenir Aristide
Roman sur le siège et la commune. – Faire revenir Maxime et les enfants
Roman scientifique. – Pascal, Clotilde, faire revenir Pierre Rougon, Félicité Macquart, etc. Pascal fils de Maxime.
Un roman sur Rome avec François Mouret et Marthe Rougon.
Un 2e roman ouvrier. – Particulièrement politique. L'ouvrier de l'insurrection, de la Commune.

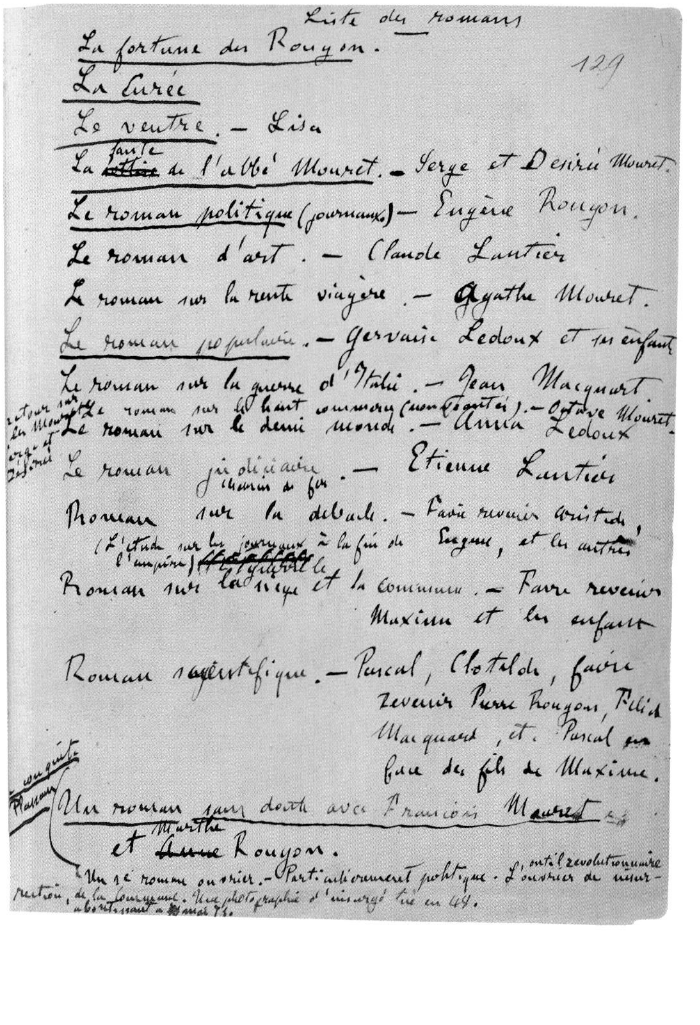

66
Liste des dix-sept romans [fin 1872]

Les cinq premiers titres de la série y figurent, jusqu'à *La Faute de l'abbé Mouret* (1874). Le roman sur la rente viagère ne verra pas le jour. Celui sur la guerre d'Italie non plus tandis que les deux livres concernant la Débâcle et la Commune seront fondus en un seul (*La Débâcle*) de même que le « roman populaire » et le « roman ouvrier » (*L'Assommoir*). Quatre romans « de trop » dans cette liste donc. Manquent sept titres : *Une page d'amour, Pot-Bouille* (probablement inclus dans « le roman sur le haut commerce (nouveautés) »), *La Joie de vivre*, *Germinal*, *L'Argent*, *Le Rêve* et *La Terre*.

Manuscrit autographe, 198 × 157 mm
BNF, Manuscrits, NAF 10345, f. 129

[Manuscrit autographe – haut de page]

saigement dans son ~~son~~ coin, et pour l'unique ambition
est de ~~cette~~ laisser une œuvre aussi large et aussi vivante
qu'il pourra ! Je ne démens aucun conte, je travaille,
je ~~mi en remets~~ au temps et à la bonne foi publique le pour
me découvrir enfin sous l'amas des sottises entassées.

Émile Zola

Paris, 1er janvier 1877.

67
Préface de *L'Assommoir*

« *Les Rougon-Macquart* doivent se composer
d'une vingtaine de romans. Depuis 1869, le plan
général est arrêté et je le suis avec une rigueur
extrême. *L'Assommoir* est venu à son heure,
je l'ai écrit, comme j'écrirai les autres, sans me
déranger une seconde de ma ligne droite. »
L'Assommoir, publié en feuilleton dans *Le Bien
public* puis dans *La République des Lettres*, parut
en février 1877 chez Charpentier précédé
d'une préface datée du 1er janvier 1877. Le texte
contenu dans ce manuscrit de premier jet
est plus long que la version éditée.

Manuscrit autographe signé, 5 f., 197 × 155 mm
Collection F. Labadens

68
**Liste des vingt romans avec
les personnages principaux [1892]**

Manuscrit autographe, 197 × 155 mm
BNF, Manuscrits, NAF 10290, f. 135
(Non reproduit)

[Manuscrit autographe – bas de page]

Premier jet
de la préface de
L'Assommoir. J'ai en-
levé tout le commencement
comme me mal venu et peu adroit.

Préface

J'ai à remercier la magistrature.

La moitié de l'Assommoir avait à peine paru en feuilletons, lorsque ~~des~~ journalistes ont joué le beau rôle de dénoncer mon œuvre au parquet. Pendant ~~plusieurs semaines~~, je n'ai entendu
derrière moi que des huées et des menaces. On réclamait la mort
sans phrase, la mort immédiate. On ignorait encore où j'allais, quelle
était la leçon de mon dénouement ; mais peu importait, il s'agissait
de me fermer la bouche tout de suite, de ne pas tolérer davantage
le spectacle d'un ~~artiste~~ écrivain qui avait quelque chose à dire
et qui le disait.

La magistrature a gardé sa dignité impassible. Elle n'a
pas cédé à la pression de ces journalistes, elle ne s'est point émue de
leurs dénonciations ~~continuelles~~ quotidiennes. La magistrature est
restée dans son rôle et dans son devoir, en comprenant que je ne
relevais pas d'elle, mais uniquement ~~également~~ des lecteurs d'aujourd'hui et
de demain. Elle a compris aussi que j'étais un écrivain laborieux,
et non un écrivain malhonnête.

Je l'en remercie.

Certes, je puis l'avouer maintenant, je n'étais pas sans crainte, en face de la rage des attaques. On ~~~~ finissait par ébranler

Histoire sociale d'une famille : une nouvelle *Comédie humaine*

En 1867, Zola relit Balzac à la lumière de l'article que Taine lui a consacré dans les *Nouveaux essais de critique et d'histoire* (1865). C'est alors qu'il écrit, dans un texte intitulé «Différences entre Balzac et moi» : «Mon œuvre à moi sera tout autre chose. Le cadre en sera plus restreint. Je ne veux pas peindre la société contemporaine, mais une seule famille, en montrant le jeu de la race modifiée par le milieu. *Si j'accepte un cadre historique, c'est uniquement pour avoir un milieu qui réagisse.*» (BNF, Manuscrits, NAF 10345, f. 14-15.) Ces notes, rédigées durant l'hiver 1868-1869, renvoient à ses autres modèles que sont Stendhal, Flaubert et les Goncourt. Il songe dès lors à se différencier de ces derniers par «la construction solide des masses» des chapitres et par «le souffle de passion» qui doit animer l'œuvre.

Par ailleurs il ne fait pas de doute que le contexte politique des années 1868 et 1869 – en particulier la campagne électorale du printemps 1869 – et l'engagement, si réticent soit-il, de Zola dans la presse républicaine ont infléchi le projet dans le sens de l'histoire et de l'histoire militante. *La Fortune des Rougon* est d'abord un récit, et un récit républicain, du coup d'État et de la répression qui l'a suivi. Avant de tenter une étude physiologique ou même sociologique, Zola, comme toujours sensible aux intérêts du moment, entreprend de raconter l'Histoire du Temps présent. Il se trouve que cette Histoire va s'accélérer et rattraper son entreprise durant l'été 1870.

69

«Notes sur la marche générale de l'œuvre»

D'emblée, Zola indique les deux pivots de l'œuvre : le lien familial («Une famille centrale sur laquelle agissent au moins deux familles») d'une part, la société nouvelle issue de la Révolution («Mon roman eût été impossible avant 89.») de l'autre : «J'étudie les ambitions et les appétits d'une famille lancée à travers le monde moderne, faisant des efforts surhumains, n'arrivant pas à cause de sa propre nature et des influences, touchant au succès pour retomber, finissant par produire de véritables monstruosités morales (le prêtre, le meurtrier, l'artiste). Le moment est trouble. C'est le trouble du moment que je peins.»

Manuscrit autographe, 198 × 157 mm
BNF, Manuscrits, NAF 10345, f. 2

Préface

Je veux expliquer comment une famille, un petit groupe d'êtres se comporte dans une société, en s'épanouissant pour donner naissance à dix, à vingt individus, qui paraissent, au premier coup d'œil, profondément dissemblables, mais que l'analyse montre intimement liés les uns aux autres. L'hérédité à ses lois, comme la pesanteur.

Je tâcherai de trouver et de suivre, en résolvant la double question des tempéraments et des milieux, le fil qui conduit mathématiquement d'un homme à un autre homme. Et, quand je tiendrai tous les fils, quand j'aurai entre les mains tout un groupe social, je ferai voir ce groupe à l'œuvre, je le créerai agissant dans la complexité de ses efforts, j'ana—

la somme de volonté de cha[cun]... et la poussée générale de — Macquart, le groupe, la famille d'étudier, a pour caractéristique... appétit, le large soulèvement... se rue aux jouissances. Partis... au pouvoir au million, au... à l'héroïsme et à l'infamie... dans toutes les classes, ils racontent... depuis le guet-apens du coup d'état jusqu'à la honte de Sedan.

Cette étude, — étude physiologique et historique, — qui formera plusieurs épisodes, plusieurs volumes, est, en somme, l'Histoire naturelle et sociale d'une famille sous le second empire. Et le premier épisode, la Fortune des Rougon, doit s'appeler de son titre scientifique: les Origines.

Émile Zola

70
Préface générale

Datée du 1er juillet 1871, elle est placée en tête de la première édition de *La Fortune des Rougon*. Elle est conservée dans le dossier préparatoire de *La Curée*.
« Depuis trois années, je rassemblais les documents de ce grand ouvrage, et le présent volume était même écrit lorsque la chute des Bonaparte, dont j'avais besoin comme artiste, et que toujours je trouvais fatalement au bout du drame, sans oser l'espérer si prochaine, est venue me donner le dénouement terrible et nécessaire de mon œuvre. Celle-ci est dès aujourd'hui complète ; elle s'agite dans un cercle fini ; elle devient le tableau d'un règne mort, d'une étrange époque de folie et de honte. Cette œuvre, qui formera plusieurs épisodes, est donc, dans ma pensée, l'Histoire naturelle et sociale d'une famille sous le Second Empire. »

Manuscrit autographe, 197 × 155 mm
BNF, Manuscrits, NAF 10282, f. 374 et 375

Histoire naturelle d'une famille : l'outil hérédité

Placée au fondement de toute société par le Dr Prosper Lucas dès 1847, l'hérédité est pensée dans son aspect morbide par les aliénistes Benedict-August Morel en 1857 et Joseph Moreau de Tours en 1859. En lisant Émile Deschanel, Zola découvre leurs travaux, qu'il utilise pour dresser l'arbre généalogique des Rougon-Macquart. Il annote également *Physiologie des passions*, de Charles Letourneau, publiée la même année, et *La Folie lucide* du Dr Ulysse Trélat. Au fil des années, il mettra à jour ses connaissances, lisant et interrogeant les spécialistes, de sorte que Michel Serres a pu écrire qu'il a fait passer dans *Les Rougon-Macquart* « à peu près l'état contemporain du savoir » (*Feux et signaux de brume. Zola*, 1975).

Fatum des temps modernes, l'hérédité est le fil conducteur de la fresque et l'outil permettant à son auteur de classer scientifiquement les sujets de ses romans (à la différence de Balzac). Imprégné de déterminisme darwinien (la traduction de *L'Origine des espèces* par Clémence Royer a paru en 1864), Zola insiste pourtant sur la complexité des faits et l'importance de l'accidentel ou de l'aléatoire, ce qui ouvre singulièrement son œuvre sur la dimension mythique. Par ailleurs, ce qui éclaire la prétendue naïveté scientiste de Zola d'un jour particulier, les « Notes sur la nature de l'œuvre » précisent dès le premier feuillet : « Avoir surtout la logique de la déduction. Il est indifférent que le fait générateur soit reconnu comme absolument vrai ; ce fait sera surtout une hypothèse scientifique, empruntée aux traités médicaux. Mais lorsque ce fait sera posé, lorsque je l'aurai accepté comme un axiome, en déduire mathématiquement tout le volume, et être alors d'une absolue vérité. » (BNF, Manuscrits, NAF 10345, f. 10.) Zola emprunte donc à la méthode expérimentale de Claude Bernard, qu'il connaît sans doute depuis 1865, la construction déductive du raisonnement scientifique mais remplace le verdict de l'expérience en laboratoire par ses observations personnelles des phénomènes humains.

L'arbre ou le tableau généalogique revêt, dans la construction zolienne, une importance considérable : « Il réunit sur un même tableau à deux dimensions la succession linéaire des personnages et des sujets de romans dont ils sont porteurs. Il rend visibles au premier coup d'œil les parentés, les places des personnages à l'échelon d'une même génération, leur répartition entre les deux branches, la "légitime" et "l'illégitime" (ou leur appartenance aux deux branches à la fois), la connexion des fatalités et du hasard. Il ménage des cases virtuellement disponibles, pour l'expansion du cycle. Enfin il témoignera, lorsqu'il sera publié, de l'unité et de la cohérence du cycle. » (Henri Mitterand, *Zola*, t. I, *Sous le regard d'Olympia*, Fayard, 1999, p. 732.)

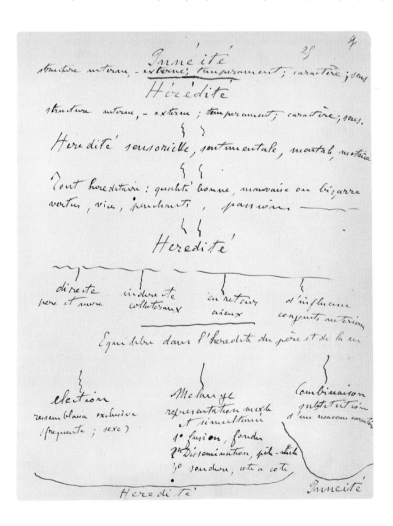

71
Notes sur l'hérédité

Zola a résumé sous forme de tableau les théories empruntées à Prosper Lucas. Si « l'innéité » (c'est-à-dire l'accidentel) est irréductible, l'« hérédité » en revanche donne lieu à des mélanges et des combinaisons dont il a dressé de longues listes.

Manuscrit autographe, 198 × 157 mm
BNF, Manuscrits, NAF 10345, f. 25

72
Dr Jacques-Joseph Moreau, dit Moreau de Tours,
La Psychologie morbide dans ses rapports
avec la philosophie de l'histoire ou De l'influence
des névropathies sur le dynamisme intellectuel

Lorsque Zola se documente pour écrire le dernier roman du cycle des *Rougon-Macquart*, *Le Docteur Pascal*, il consulte quelques ouvrages sur l'hérédité dont celui-ci, où figure déjà un tableau généalogique analogue à celui de sa famille, qui reste seul sur la table de travail du docteur à la fin du roman. La plupart des aliénistes s'accordaient alors sur l'idée que l'hérédité jouait un rôle important dans la transmission de la folie, mais discutaient pour savoir si l'hérédité était une cause de la folie, ou si la folie était une maladie héréditaire. Moreau de Tours (1804-1884), élève d'Esquirol, le fondateur de la médecine psychiatrique, émit l'idée que ce qui se transmettait dans les maladies mentales héréditaires, c'était une prédisposition organique à la faiblesse du cerveau. B. V.

Paris, Masson, 1859, 22 cm
BNF, Sciences et Techniques, 8-TD86-207, planche hors-texte :
« arbre généalogique des états morbides »
(Non reproduit)

73

Premier tableau généalogique des Rougon-Macquart [1868]

Le 6 janvier 1878, Zola livre le premier arbre généalogique des
Rougon-Macquart, dessiné par Regamey, aux lecteurs du *Bien Public*,
où *Une page d'amour* paraît en feuilleton. Ce document sera publié
en tête du volume. Zola affirme l'avoir dressé dès 1868. Certes,
mais par la suite il l'a beaucoup corrigé : l'examen du premier tableau
manuscrit permet de répertorier les changements de patronymes
(les Richaud-David sont devenus, après bien des variations,
les Rougon-Macquart) et de dates ainsi que les ajouts.

Manuscrit autographe, 310 × 390 mm
BNF, Manuscrits, NAF 10345, f. 130
(Non reproduit)

74

Tableau général des personnages [1892]

Tableau conservé dans le dossier préparatoire
du *Docteur Pascal*.

Manuscrit autographe, 310 × 550 mm
BNF, Manuscrits, NAF 10290, f. 135
(Non reproduit)

75

Arbre généalogique des Rougon-Macquart annoté [1892]

Il existe un autre arbre corrigé, conservé dans les dossiers de *La Bête
humaine* (BNF, Manuscrits, NAF 10274, f. 581), sur lequel est ajouté
le personnage de Jacques, Étienne, initialement prévu pour être
le meurtrier par hérédité, étant devenu syndicaliste dans *Germinal*.
Cet arbre, le dernier, se trouve dans les dossiers préparatoires du
Docteur Pascal. Y figure « l'enfant inconnu » qui doit naître de Clotilde
et Pascal après la mort de celui-ci.

Imprimé avec corrections autographes, 184 × 223 mm
BNF, Manuscrits, NAF 10290, f. 172

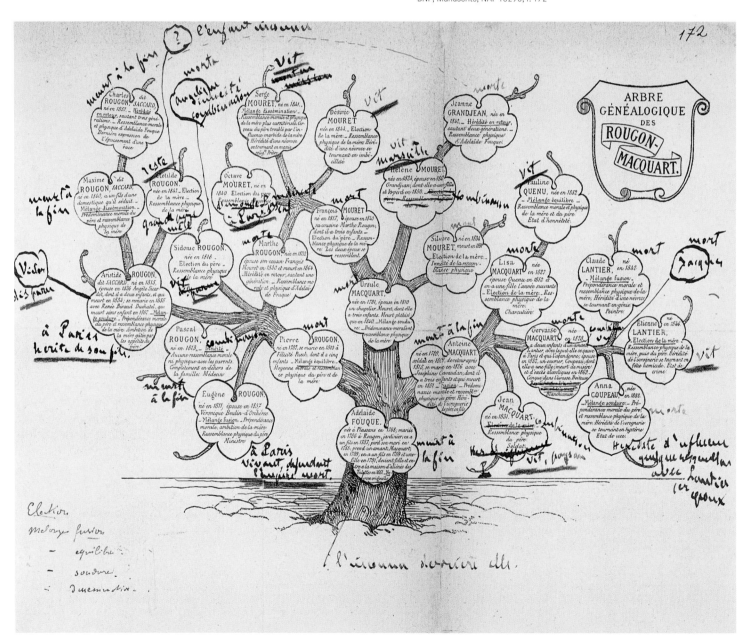

76
Répartition des influences héréditaires pour chaque personnage

À chaque famille est attribuée une couleur.

Manuscrit autographe, 380 × 600 mm
BNF, Manuscrits, NAF 10290, f. 185

La série des *Rougon-Macquart*, dont seuls les six premiers volumes portent une numérotation, se compose de vingt romans : *La Fortune des Rougon* (1871), *La Curée* (1871), *Le Ventre de Paris* (1873), *La Conquête de Plassans* (1874), *La Faute de l'abbé Mouret* (1875), *Son Excellence Eugène Rougon* (1876), *L'Assommoir* (1877), *Une page d'amour* (1878), *Nana* (1880), *Pot-Bouille* (1882), *Au Bonheur des Dames* (1883), *La Joie de vivre* (1884), *Germinal* (1885), *L'Œuvre* (1886), *La Terre* (1887), *Le Rêve* (1888), *La Bête humaine* (1890), *L'Argent* (1891), *La Débâcle* (1892) et *Le Docteur Pascal* (1892). Tous avaient d'abord paru en feuilletons dans divers journaux ou revues sous forme d'une première version, par rapport à laquelle l'édition originale présente un certain nombre de variantes. Le premier éditeur de Zola, Albert Lacroix, avait fondé en 1861 à Bruxelles la Librairie internationale, qui publiait et diffusait en France les ouvrages des principaux opposants à l'Empire. Après sa faillite, en 1872, Zola se tourna vers la librairie Charpentier. Gervais Charpentier, son fondateur, avait lancé en France une des premières collections brochées de grands auteurs à prix modiques, la « Bibliothèque Charpentier », qui se caractérisait par son petit format in-18 et son texte compact sous sa célèbre couverture jaune. Georges Charpentier (1846-1905) prit la succession de son père en 1871 et la publication des *Rougon-Macquart* contribua à asseoir la situation financière de sa librairie, qui fut reprise par Fasquelle en 1896. Plus qu'un éditeur, il fut, jusqu'à la fin, l'ami intime de Zola et de sa famille.

Bernard Vouillot

77

Sous les ors de l'Exposition, l'Empire commence déjà à s'effriter dans la valse-hésitation d'une politique extérieure brouillonne et d'une libéralisation contre nature. L'exécution au Mexique de Maximilien en 1867, le départ de Haussmann en 1869, la manifestation lors du cortège funèbre de Victor Noir en janvier 1870, sont autant de signes de cet effritement. Depuis 1868, Zola participe à l'essor de la presse d'opposition, qui s'engouffre dans la brèche de la libéralisation du régime. Il publie des articles politiques dans *La Tribune, Le Rappel, La Cloche. La Fortune des Rougon* raconte le « guet-apens du coup d'État » et, au début de 1870, Zola travaille à *La Curée*, le roman des *Rougon-Macquart* le plus lié à l'actualité, tandis que ses articles dans *La Cloche* et dans *La Tribune* témoignent d'une hostilité grandissante contre l'Empire, sur le mode de l'indignation morale.

Polémiste optimiste, Zola se distingue pourtant d'un Jules Vallès, à qui il reproche de n'avoir « que des convictions d'opposition. La négation éternelle est aisée, je préfère un créateur d'utopies qui affirme le moindre bout de croyance » (3 juillet 1866). Mais Vallès gardait en mémoire le spectacle lamentable des insurgés de juin 1848 partant pour les pontons, l'année de ses seize ans. Zola n'arriva à Paris que dix ans plus tard et ne connut ni Mazas, ni Sainte-Pélagie. L'écart entre les deux hommes ne se combla pas. Quinze ans plus tard, après lecture du *Bachelier*, Zola écrit encore : « Je me souviens de notre bande à nous. La politique nous dégoûtait profondément. Nous pensions et je pense encore pour ma part, que l'idée est la reine du monde, et que c'est elle qui fait les peuples, au-dessus des basses agitations de la politique. Aussi, dédaigneux de l'action, nous étions-nous donnés tout entiers aux lettres et à la science, résolus à agir dans le haut domaine de la pensée. Plus tard, on décidera laquelle a fait la meilleure besogne, d'une génération d'enfants qui conspiraient, qui rêvaient la liberté par les barricades et par la politique, ou d'une autre génération d'enfants qui la voulaient par le mouvement naturaliste du siècle, par les nouvelles méthodes d'observation et d'expérimentation. » (*Le Figaro*, 30 mai 1881.)

78
**Jules Vallès vers 1860,
photographie par Nadar**

9 × 6 cm
BNF, Estampes, Na-235-Fol., f. 102

80
Mélandri, photographie de Zola en 1862

14 × 9,5 cm
Collection É.-Z.
(Non exposé)

79

Théodore Duret, lettre à Zola, « 6 brumaire an 1878 »

Théodore Duret, ami de Manet et polémiste républicain, était un des commanditaires de la fondation de *La Tribune* en mai 1868. Zola le pria de l'aider à y entrer, mais, mal à l'aise dans les milieux républicains, il n'obtint qu'un strapontin, c'est-à-dire une demi-causerie littéraire hebdomadaire. Cette lettre, ironiquement datée par son auteur selon le calendrier révolutionnaire, témoigne de ce malaise : « Rendez-vous est pris dans l'atelier du citoyen Manet dimanche prochain entre 4 et 5 heures de l'après-midi. Là, au milieu des toiles et des productions de l'art, nous pourrons élever nos âmes par des discours civiques et des conversations patriotiques. »

Manuscrit autographe, 210 × 140 mm
BNF, Manuscrits, NAF 24518, f. 256
(Non reproduit)

Lorsque la guerre éclate, Zola habite, avec sa mère et son épouse, un petit pavillon avec jardin au 11, rue de La Condamine, sur la rive droite. Myope et soutien de famille, il n'est ni mobilisé ni incorporé dans la garde nationale. Lorsque la République est proclamée, le 4 septembre, il peut espérer obtenir un poste. Il part avec les siens à Marseille, où il fonde avec Marius Roux un quotidien populaire, *La Marseillaise*, qu'il revend le 1er novembre. À Bordeaux, où il s'est rendu seul, il devient secrétaire de Glais-Bizoin, ministre sans portefeuille du gouvernement de Défense nationale. Désemparé loin des siens, Zola ne sait pas intriguer et n'obtient pas la préfecture convoitée. Il reprend son métier de journaliste et rentre à Paris avec sa famille le 14 mars 1871. Témoin des événements de la Commune, qu'il raconte avec beaucoup de modération dans ses articles de *La Cloche* et de *La Tribune*, il se trouve à Bennecourt pendant la Semaine sanglante. Les événements le marquent durablement. S'il ne s'est pas engagé au côté des insurgés, comme Vallès, il n'est pas de ceux qui – tels Goncourt, Flaubert ou Daudet – se sont réjouis de la répression, dont la violence l'a profondément choqué. Il sort désillusionné de ces deux années, d'autant que la publication en feuilleton de *La Curée* a été interrompue, pour immoralité, par un procureur de cette République tant attendue sous l'Empire.

81

Pierre Cécil Puvis de Chavannes, deux allégories à la défense de Paris : *Le Pigeon voyageur* **et** *Le Ballon*

Esquisses pour le tableau conservé au musée d'Orsay. Zola appréciait Puvis de Chavannes, qu'il considérait comme un « décorateur de grand style ». Au sujet de son carton *Ludus pro patria*, présenté au Salon de 1880, il écrivait : « On sent l'humanité sous le symbole ».

Mais au Salon de 1889, envahi selon lui par un « débordement lamentable de mysticisme », il déplorait la postérité du peintre « plus désastreuse encore peut-être que celle de Manet, de Monet et de Pissaro » (Émile Zola, *Écrits sur l'art*, J.-P. Leduc-Adine éd., Gallimard, 1991, p. 471).

Huiles sur carton, 58 × 43 cm
Paris, musée Carnavalet

82
Anonyme, *Soldats tués à Buzenval*

19 janvier 1871
Photographie, 20 × 23,5 cm
BNF, Estampes, Qb1

83
Ébauche de *La Débâcle*

Dans cette page très corrigée, avec de multiples
rajouts, Zola évoque les souffrances du siège,
l'exaspération des Parisiens et la « sortie torrentielle »
tentée pour desserrer l'étau prussien qui aboutit
au fiasco sanglant de Buzenval.

Manuscrit autographe, 205 × 160 mm
BNF, Manuscrits, NAF 10286, f. 532
(Non reproduit)

84
**Philippe Solari, lettre à Zola,
18 février 1871**

« Te dire les souffrances que nous
avons endurées et les choses que nous
avons mangées, c'est inouï, il n'y avait
plus à Paris que du boudin de bœuf et
de cheval, très cher et mauvais, sec,
sec […]. Quand un gargotier mettait en
montre un méchant morceau de cheval,
il fallait voir la foule. C'est là qu'on se
levait sur la pointe des pieds. On voyait
à l'étal des chiens et des rats écorchés
très beaux de couleur, mais très chers,
trois et quatre francs la livre. »

Manuscrit autographe, 205 × 265 mm
BNF, Manuscrits, NAF 24523, f. 468 v°-469
(Non reproduit)

85
**Édouard Manet, *La Queue devant
la boucherie***

« On avait mangé quarante mille
chevaux, on en était arrivé à payer très
cher les chiens, les chats et les rats.
Depuis que le blé manquait, le pain,
fait de riz et d'avoine, était un pain noir,
visqueux, d'une digestion difficile ;
et, pour en obtenir les trois cents
grammes du rationnement, les queues
interminables devant les boulangeries
devenaient mortelles. Ah ! ces
douloureuses stations de siège, ces
pauvres femmes grelottantes sous les
averses, les pieds dans la boue,
glacée… » (*La Débâcle*, Pléiade, t. V,
p. 864.)

1870-1871
Eau-forte, 23,9 × 16 cm
BNF, Estampes, Dc300c Rés. G58

86

Lettre à Émile Laborde, 6 mars 1871

Émile Laborde était le cousin germain d'Alexandrine
Zola. Zola lui écrit alors qu'il est sur le point de quitter
Bordeaux pour Paris : « Je suis loin d'être un grand
personnage. Je vous avouerai même que je ne suis
plus rien du tout depuis qu'on a balayé la délégation
du gouvernement. Un moment on a voulu faire un
préfet de moi ; ma commission était même signée.
Je suis très heureux aujourd'hui d'être tombé de moins
haut. J'ai repris avec une grande joie ma plume de
journaliste, et je vais rentrer tranquillement à Paris
reprendre la lutte. J'ai plusieurs livres sur le chantier
qu'il faut finir. Si le gouvernement a besoin de moi,
il saura bien où me trouver. »

Manuscrit autographe, 210 × 130 mm
Collection particulière

87

Édouard Manet, *Guerre civile*

Lithographie et crayon, 1871, publiée en 1874
39,4 × 50,5 cm
BNF, Estampes, Dc300c Rés. G75

88
Édouard Manet, *La Barricade*

« Déjà les barricades des rues Martignac et
de Bellechasse étaient prises. On commençait
à voir des pantalons rouges au bout de la rue de Lille.
Et il ne resta bientôt que les convaincus, les acharnés,
Maurice et une cinquantaine d'autres, décidés
à mourir après en avoir tué le plus possible, de ces
Versaillais qui traitaient les fédérés en bandits,
fusillaient les prisonniers en arrière de la ligne de
bataille. Depuis la veille, l'exécrable haine avait grandi,
c'était l'extermination entre ces révoltés mourant
pour leur rêve et cette armée toute fumante de
passions réactionnaires, exaspérée d'avoir à se battre
encore. » (*La Débâcle*, Pléiade, t. V, p. 864.)

Lithographie, vers 1871-1873
46 × 33,3 cm
BNF, Estampes, Dc300c Rés. G76

Zola et les arts plastiques

Jean-Pierre Leduc-Adine

Une formation : cénacles, cafés et nature

Dès 1863, en compagnie de Paul Cézanne, Zola court les ateliers d'artistes, les musées et visite les Salons de peinture, «l'exposition des artistes vivants», dénomination officielle opposant cette manifestation à tous les Louvres de l'époque. Il s'agit là d'une très professionnelle initiation à l'art et à la critique d'art. Par son ami Paul, il se lie d'amitié avec Guillemet, le peintre qui deviendra son informateur lors de la composition de son roman sur les arts et les artistes, L'Œuvre. Il fait la connaissance de Pissarro, de Monet, puis celle de Bazille, de Whistler et de Renoir. Tous ces artistes éprouvent une commune admiration pour Édouard Manet et manifestent leur intérêt pour cette «nouvelle manière de peindre», intérêt en particulier pour les sujets contemporains, pour le paysage et pour cette nouvelle technique du «plein air».

Ces peintres se rassemblent souvent, au cours d'un dîner hebdomadaire et amical chez Zola, objet de toute une transposition romanesque dans L'Œuvre[1]. Les amis se rencontrent aussi dans Paris, où leur lieu de prédilection est le café Guerbois, dans le quartier des Batignolles. Tous les historiens d'art ont décrit son atmosphère et les discussions passionnées mettant aux prises tous les artistes réunis là autour de Manet, Zola, Burty, Duret, Silvestre, Guillemet et de tous les peintres du groupe des Batignolles. Zola l'a fait revivre dans L'Œuvre sous le nom de café Baudequin, «lieu de réunion de la bande […], choisi pour être le berceau d'une révolution[2]», la révolution artistique, évidemment. Les rencontres se font aussi à l'occasion de longues promenades dans Paris, d'une part, dans la banlieue parisienne, d'autre part. Il y a aussi leurs villégiatures à Bennecourt, petit village situé à côté de Mantes, «une contrée inconnue encore aux Parisiens où nous avons établi notre petite colonie». Là aussi Zola va faire l'éducation de son regard sur le monde – personnes, objets et surtout nature –, c'est là encore une suite à son apprentissage, à sa formation[3].

Ces rencontres ont donné une extraordinaire densité existentielle à la jeunesse de Zola, à ses années de formation. Ces moments essentiels, nous les connaissons par sa Correspondance[4], en particulier par les longues lettres que son «presque frère» Paul Cézanne et lui échangent quand ce dernier est à Aix. Ces moments essentiels ont été mis en tableau, un peu plus tard, par Fantin-Latour dans le tableau Un atelier aux Batignolles (1870), où sont réunis

autour de Manet tout un groupe de peintres et d'écrivains, et par Bazille dans L'Atelier de la rue de La Condamine (1870), où Zola figure aussi en bonne place. C'est bien plus tard que Zola apportera son témoignage sur cette époque de sa vie dans L'Œuvre, roman publié en 1886. Il s'agit là du plus autobiographique des romans de la série des Rougon-Macquart. C'est sans aucun doute le roman le plus habité par l'écrivain; le romancier s'y incarne dans les deux principaux personnages : le peintre Claude Lantier et le romancier Sandoz. La vie quotidienne des artistes, Zola la connaît intimement et, pour avoir réfléchi, seul ou en compagnie de ses amis, il adhère à la manière des «paysagistes», selon la dénomination utilisée par la critique avant que ne soit imposé le terme «impressionnistes».

S'il ne faut pas accorder une importance exagérée au biographique, il ne faut pas non plus totalement «amputer la littérature de l'individu», comme le souhaitait Roland Barthes; reconnaissons l'extrême importance de cette période de formation pour Émile Zola[5]; ses prises de position dans L'Événement, aussi virulentes qu'efficaces, contre le jury, extrêmement sévère en cette année 1866, contre les fausses gloires – les peintres à la mode, peintres d'histoire comme Gérôme ou Meissonier, peintres de salon comme Cabanel ou Bouguereau – et enfin son panégyrique en faveur de Manet – panégyrique apparaissant comme particulièrement scandaleux, puisqu'il conclut à la nécessaire place des œuvres de Manet au Louvre – constituent l'aboutissement de longues réflexions, de longues discussions avec le milieu des peintres assidûment fréquentés de 1861 à 1866. Le Portrait de Zola par Manet, présenté dans une autre exposition, n'a pu être exposé à la Bibliothèque nationale de France en 2002. Pourtant, ce tableau, si chargé de sens et de symboles, sacre le critique d'art, défenseur d'Olympia, comme écrivain et, par son programme iconographique, il affiche sous forme iconique (une reproduction d'Olympia en noir et blanc, une estampe japonaise, une gravure d'après Velasquez, un livre tenu par l'écrivain regroupant texte et image, etc.) la nécessaire union du peintre et de l'écrivain, de la peinture et de la littérature dans une sorte d'union sacrée. Le peintre, dans ce portrait, rend hommage à la lecture que l'écrivain a faite de son œuvre.

La voix de Zola est certainement celle de toute la petite «bande» des peintres amis, mais c'est aussi celle de Zola en propre, sans aucun doute toujours fasciné par les arts

---

1 Émile Zola, L'Œuvre, Pléiade, t. IV, chapitre III, p. 79-89. Ce sera ici l'édition de référence pour ce roman. 2 Ibid., p. 75. Il convient de consulter les notes, variantes, étude et bibliographie, ibid., p. 1337-1485. 3 À ce propos, nous renvoyons aux pages consacrées par Henri Mitterand à cette période de l'existence de Zola dans sa biographie, Zola, t. I, Sous le regard d'Olympia (Fayard, 1999), en particulier le chapitre joliment intitulé «Les folies Bennecourt». 4 Émile Zola, Correspondance, Montréal / Paris, Presses de l'Université de Montréal / Éditions du CNRS, 1978 (t. I) et 1995 (t. X). 5 Voir Henri Mitterand, op. cit.

plastiques, à un moment où il est convaincu que l'art moderne ne doit pas s'éloigner de la représentation de la réalité contemporaine. Ce n'est pas un hasard si Zola est devenu salonnier : en dehors de son amitié pour les peintres, la peinture, l'image en général, le fascinent, comme le montre l'ensemble de son œuvre.

Dès 1862-1863, Zola a découvert l'art moderne : «Il est curieux de penser combien notre école historique est faible et combien notre école paysagiste s'élève chaque jour», écrit-il à Cézanne le 26 septembre 1862. Cette première étape de sa formation artistique, picturale, est en avance sur sa formation littéraire. À cette date, il a vingt-deux ans et il a déjà quasiment tout compris de la révolution picturale. Comme le dit Claude Lantier, le peintre et héros de *L'Œuvre* : «Il faut [...] notre peinture à nous, la peinture que nos yeux d'aujourd'hui doivent faire et regarder[6].»

«Les maîtres, les génies sont des créateurs qui, chacun, ont créé un monde de toutes pièces[7].»

Un point essentiel du credo zolien en art, c'est l'affirmation d'une nécessaire personnalité qui permet à l'artiste de transfigurer la réalité. Zola ne cesse de le proclamer, dès 1865 :

«L'objet ou la personne à peindre sont les prétextes; le génie consiste à rendre cet objet ou cette personne dans un sens nouveau, plus vrai ou plus grand. Quant à moi ce n'est pas l'arbre, le visage, la scène qu'on me présente qui me touchent; c'est l'homme que je trouve dans l'œuvre; c'est l'individualité puissante qui a su créer, à côté du monde de Dieu, un monde personnel[8].»

Et, dans ce même article, Zola donne sa fameuse définition de l'œuvre d'art : «Une œuvre d'art est un coin de la création vu à travers un tempérament[9].» Et par là même, l'ami de Manet pose comme règle une autonomie quasi absolue, ou à tout le moins certaine, vis-à-vis de la réalité : c'est avec l'artiste que l'œuvre plastique doit avoir des liens, et non avec le modèle représenté. Il s'agit là d'une transformation phénoménologique très profonde, puisque ce qui importe désormais, ce n'est pas tant l'objet représenté que la représentation de l'objet par un artiste. Comme l'analyse parfaitement Pierre Francastel : «L'image n'objective pas la réalité; elle met en combinaison des éléments détachés du continu de la perception et

Émile Zola

Henri Fantin-Latour, *Un atelier aux Batignolles* (voir notice n° 56).
De gauche à droite : Manet et Astruc, assis; Monet, Bazille, Zola, Maître Edmond, Renoir et Scholderer, debout.

dont le rapport avec le réel perçu par les sens est très variable ; elle associe dans des ensembles uniques des moments et des aspects hétérogènes de l'expérience. Elle exprime un point de vue, une fonction, non des faits[10]. » N'est-ce pas ce que Zola affirmait déjà quand il écrivait : « L'œuvre d'art doit avoir des liens avec l'artiste lui-même, c'est-à-dire avec sa vision, sa personnalité plutôt qu'avec le modèle représenté » ?

Zola, dès la publication du compte rendu de l'ouvrage de Proudhon *Du principe de l'art et de sa destination sociale*, souhaite l'autonomie sociale de l'œuvre d'art, autonomie à l'égard des instances religieuses, politiques et économiques, autonomie aussi vis-à-vis de la réalité : « Il faut que je trouve un homme dans chaque œuvre, ou l'artiste me laisse froid » ; autonomie enfin vis-à-vis de la narration car le tableau ne raconte pas : « Il ne faut pas forcer le tableau à signifier quelque chose. » Sans être la « destruction du sujet », comme l'avance Georges Bataille[11] à propos de Manet, il y a refus de la narrativisation. Ainsi, dans l'analyse d'*Olympia*, il pose la question : « Qu'est-ce que cela veut dire ? Vous ne le savez guère, ni moi non plus. Mais je sais, moi, que vous avez admirablement réussi à faire une œuvre de peintre [...], je veux dire à traduire énergiquement et dans un langage particulier, les vérités de la lumière et de l'ombre, les réalités des objets et des créatures[12]. »

Dans une lettre adressée à son ami Valabrègue le 18 août 1864[13], il distingue trois écoles en utilisant l'image de l'écran qui s'interpose entre l'œil de l'artiste et la réalité ; et il tord le cou à une idée reçue, celle d'une représentation exacte du réel dans une œuvre d'art : « La réalité exacte est donc impossible dans une œuvre d'art. » Évidemment, l'écran qui a sa faveur, c'est « l'écran réaliste », qui donne les images les plus fidèles, mais il ajoute : « Je ne puis admettre qu'il nous donne des images vraies », car il souhaite « sentir un homme dans une image de la création ». C'est ainsi qu'il émet des réserves tout à fait explicites sur le tableau de Caillebotte *Les Raboteurs de parquet* : « La photographie de la réalité, lorsqu'elle n'est pas rehaussée par l'empreinte du talent artistique, est une chose pitoyable[14]. » Il est donc clair que nous trouvons ici le fondement même de sa théorie esthétique : la nécessité du tempérament de l'artiste.

Cette notion de « tempérament » est la pierre de touche de son jugement ; ainsi pouvons-nous mieux nous expliquer la sûreté du mouvement qui lui permet de distinguer dans les centaines de toiles ou d'œuvres exposées au Salon les artistes qui sont toujours admirés de nos jours, alors que ceux qu'il a éreintés sont souvent tombés dans l'oubli ou, sortis des réserves des musées, ne sont plus regardés que pour leur intérêt historique. Zola a distribué ses admirations et ses aversions avec assez de bonheur : il est peu d'exemples d'une pareille sûreté de jugement parmi les critiques d'art du XIXe siècle puisqu'il a loué les créateurs véritables, même s'il a quelquefois émis des réserves sur le « faire » de certains tableaux, impressionnistes en particulier. Aucun autre écrivain, aucun autre critique n'a autant livré bataille, non seulement au nom de la nouveauté, de la modernité des œuvres analysées, mais aussi au nom de leur beauté. Son intelligence et sa sensibilité lui ont donné une grande ouverture de jugement et une absence totale de dogmatisme : ainsi admire-t-il profondément Puvis de Chavannes, « talent réellement original », qui a su « être intéressant et vivant en simplifiant les lignes et en peignant par tons uniformes » – et de noter le « charme grandiose et paisible[15] » de la scène peinte dans *La Vie de sainte Geneviève*. De la même manière, il s'avoue « séduit » par *Le Sphinx deviné* de Gustave Moreau, quelle que soit son irritation devant des théories artistiques diamétralement opposées aux siennes : il qualifie son talent de « talent symboliste et archaïsant ». Et pourtant il conclut : « Et je l'ai longuement contemplé et j'ai senti que le tableau me séduisait presque[16]. »

Une nouvelle manière de peindre

Dans un très bel article écrit en 1883, Jules Laforgue analyse les principes mêmes de l'impressionnisme, dans ses ruptures avec la peinture académique[17]. Le poète indique qu'« il y a trois illusions invincibles dont les techniciens de la peinture ont toujours vécu : le dessin, la perspective, l'éclairage d'atelier ». Et d'indiquer ensuite les « évolutions qui constituent la formule impressionniste ». Sans méconnaître la valeur de ce travail, trop peu souvent cité malgré sa pertinence et son excellence, notons toutefois que nous trouvons dans cette réflexion trois des points techniques et esthétiques déjà retenus par Zola comme constitutifs de l'avant-garde picturale dans ses comptes rendus de Salons parus presque vingt ans auparavant, de 1865 à 1867.

Ces refus véhéments, Zola les met au crédit de l'œuvre de Manet, d'abord, puis de tous ses autres amis peintres. C'est d'abord le rejet du dessin, de la ligne, par le recours à la tache de couleur ; c'est ensuite le rejet de la perspective par le recours au rendu des vibrations et des contrastes coloristes, ainsi que par l'absence de fond ; c'est enfin le

6 Émile Zola, *L'Œuvre*, op. cit., p. 45. **7** Émile Zola, *Mes haines*, dans *Écrits sur l'art*, Jean-Pierre Leduc-Adine éd., Gallimard, 1991, p. 52. Ce sera ici l'édition de référence pour les textes de critique d'art écrits par Émile Zola. **8** *Ibid.*, p. 52. **9** *Ibid.*, p. 44. **10** Pierre Francastel, *La Figure et le Lieu. L'ordre visuel du Quattrocento*, Gallimard, 1967, p. 108 ; lire à ce propos tout le chapitre III, « Le milieu du visuel », p. 108-177. **11** Georges Bataille, *Manet*, Genève, Skira, 1983, p. 33-53. **12** Émile Zola, *Écrits sur l'art*, op. cit., p. 161. **13** Émile Zola, *Correspondance*, op. cit., t. I, p. 366-382. **14** Émile Zola, *Écrits sur l'art*, op. cit., p. 353. **15** *Ibid.*, p. 330. **16** *Ibid.*, p. 390-391. **17** Jules Laforgue, « L'impressionnisme », dans *Mélanges posthumes* des *Œuvres complètes*, Mercure de France, 1903, t. III, p. 133-145.

rejet de l'éclairage d'atelier remplacé par le plein air et l'exécution directe devant le «motif».

Ce sont là, parmi d'autres, trois figures de la modernité picturale, marques de rupture, auxquelles Zola consacre ses analyses. C'est un véritable climat de batailles, de conquêtes dans lequel il prend position avec une vigueur presque comparable à celle qu'il va déployer, bien plus tard, lors de l'affaire Dreyfus [18].

«De larges teintes se commandant les unes les autres [19] »
Zola relève très tôt et très nettement une des premières ruptures de Manet, puis des impressionnistes, à savoir le refus du dessin, le refus de la ligne, déjà souvent noté à propos de l'œuvre peint de Delacroix : «L'œil n'aperçoit d'abord que des teintes plaquées largement. Bientôt les objets se dessinent et se mettent en place.» Se trouvent rejetés par cette génération de peintres le contour net, l'illusion du rendu de la réalité vivante par le simple dessin-contour. Ce que remarque immédiatement Zola dans les œuvres de Manet, ce sont ce qu'il appelle les «taches» : «Une tête posée contre un mur n'est plus qu'une tache plus ou moins blanche sur un fond plus ou moins gris et le vêtement juxtaposé à la figure devient par exemple une tache plus ou moins bleue mise à côté de la tache plus ou moins blanche [20]. » Les objets, têtes, fond, vêtements, sont certes encore nommés, dénommés, mais ils se métamorphosent dans leur simple dénomination de couleur et leur nécessité n'est plus que la présence d'un élément coloré renvoyant dans son opposition aux autres par la loi des valeurs : la négresse et le chat, dans *Olympia*, ne sont que «prétextes à la nécessité de taches noires», opposées aux «taches claires et lumineuses du bouquet de fleurs». Et, dans *La Musique aux Tuileries*, «chaque personnage est une simple tache, à peine déterminée et dans laquelle les détails deviennent des lignes ou des points noirs [21] ».

Désormais, le dessin ne constitue plus l'architecture du tableau, mais ce sont les masses de couleurs qui en assurent la construction. Relisons là-dessus la très belle analyse, écrite par Zola, du *Déjeuner sur l'herbe* et d'*Olympia* : Manet a réussi là «à traduire énergiquement et dans un langage particulier les vérités de la lumière et de l'ombre, les réalités des objets et des créatures [22] ».

Johan Barthold Jongkind, *Vue d'Overschie* (voir notice n° 54).

« L'image d'Épinal »

Jules Laforgue, dans son étude sur l'impressionnisme, montre ensuite que « la perspective théorique [est] remplacée par la perspective des vibrations et des contrastes de couleurs[23] ». Ce n'est qu'une convention académique, « illusion correspondant à l'éducation que nous ont donnée les *tableaux* des siècles[24] », écrit-il, expliquant un peu plus loin que « la palette du peintre est à la lumière réelle et à ses jeux en couleur sur les réalités réfléchissantes et réfractantes ce que la perspective est à la profondeur et aux plans réels de la réalité dans l'espace[25] ».

L'absence fréquente de plan perspectif que Zola relève se traduit dans le vocabulaire zolien par le terme « trou » ou par ses dérivés ; ainsi analyse-t-il la *Camille* de Monet : « … j'ai aperçu cette jeune femme, traînant sa longue robe et s'enfonçant dans le mur, comme s'il y avait eu un trou[26]. » Et de préciser un peu plus loin que « les toiles de M. Manet crèvent le mur ».

De même, quand il analyse les tableaux de Jongkind exposés au Salon de 1868, il relève leurs « largeurs étonnantes », leurs « simplifications suprêmes », ajoutant qu'« il faut être singulièrement savant pour rendre le ciel et la terre avec cet apparent désordre[27] ». Dans les « Lettres parisiennes », il reprend, à propos de Jongkind et de ses vues de Paris, encore le même terme de « largeur », qui s'oppose à celui de « profondeur », constituant la marque même de la perspective, et note que « le ciel d'une pâleur douce monte largement de l'horizon[28] ».

Il met au crédit de Pissarro, « un révolutionnaire encore plus farouche », de s'efforcer de « réagir contre les conventions de l'art[29] » et, analysant son tableau *Hermitage*, exposé au Salon de 1868, il relève là aussi que « le terrain s'élargit et s'enfonce[30] ».

Dès 1866-1868, Zola remarque ce trait de modernité dans les toiles de Manet, ces aplats qui nient la perspective, qui nient le rendu de la profondeur : on n'y trouve plus, selon le schéma classique, académique, la volonté de représenter personnages ou objets de telle sorte qu'ils paraissent à la vision garder les distances et les situations dans l'espace : « Il [Manet] groupe les figures devant lui un peu au hasard et il […] n'a ensuite souci que de les fixer sur la toile telles qu'il les voit, avec les vives oppositions qu'elles font en se détachant les unes sur les autres[31]. » À la notion de perspective, Manet substitue celle d'opposition des couleurs, des taches, les vibrations colorées donnant la notion d'espace.

Un critique académique, Paul Mantz, relève cet effet systématique à propos du *Fifre*, où le personnage est « appliqué sur un fond gris monochrome : pas de terrain, pas d'air, pas de perspective : l'infortuné est collé contre un mur chimérique […]. Il [Manet] reste fidèle au système de la découpure […]. Le fifre, amusant spécimen d'une imagerie encore barbare, est un valet de carreau placardé sur une porte[32] ». Edmond de Goncourt, qui n'a pas manifesté une très grande clairvoyance à l'égard de Manet et des impressionnistes, maugréa, lors de l'exposition Manet, organisée en 1884, un an après la mort du peintre : « Blague, blague, blague que cette exposition Manet ! Qu'on aime ou qu'on n'aime pas Courbet, il faut lui reconnaître un tempérament de peintre, tandis que Manet… c'est *un imagier à l'huile d'Épinal*[33]. »

Les analyses de Paul Mantz, d'Edmond de Goncourt et de Zola sont convergentes, mais Zola, lui, considère comme un « éloge » fait à Manet la référence à l'« image d'Épinal » que comporte le qualificatif d'« imagier à l'huile d'Épinal », rappelant combien cette « peinture simplifiée », pratiquement sans profondeur (sauf, dans le *Fifre*, l'ombre arbitraire, derrière le pied gauche du personnage, et la signature oblique du peintre), était redevable aux « gravures japonaises qui lui ressemblent par leur élégance étrange et par leurs taches magnifiques[34] ».

Cette évolution, cette révolution, Zola les approuvera à nouveau dix ans plus tard, en analysant les tableaux des impressionnistes ; il montrera encore la substitution des vibrations coloristes à la perspective : « La justesse des tons établit les plans, remplit la toile d'air, donne la force à chaque chose[35]. »

L'école du « plein air »

Zola, à la suite de tous les paysagistes, va refuser pour la peinture le seul jour de l'atelier : il s'agit là d'un changement technique d'une très grande importance qui marque l'intégration de l'art dans l'espace et dans le temps, dans la contemporanéité ; c'est ce qu'affirme Claude Lantier dans *L'Œuvre* au cours une longue discussion passionnée avec Sandoz, après avoir reconnu la dette des artistes vis-à-vis de Delacroix et de Courbet : « Tous les deux se sont produits à l'heure voulue. Ils ont fait chacun son pas en avant. Et maintenant, oh ! maintenant […] il faut peut-être le soleil, il faut le plein air, une peinture claire et jeune, les choses et les êtres tels qu'ils se comportent dans de la vraie lumière[36]… » Et lors de la visite du Salon, tous les jeunes peintres vitupèrent ces « choses gourmées et noires, les nudités d'atelier jaunissant sous des jours de cave, toute la défroque classique, l'histoire, le genre, le paysage, trempés

18 Voir Henri Mitterand, *Zola journaliste. De l'affaire Manet à l'affaire Dreyfus*, Armand Colin, 1962. **19** Émile Zola, *Écrits sur l'art, op. cit.*, p. 151. **20** *Ibid.*, p. 151. **21** *Ibid.*, p. 157. **22** *Ibid.*, p. 161. **23** Jules Laforgue, *op. cit.*, p. 133. **24** *Ibid.*, p. 135. **25** *Ibid.*, p. 135. **26** Émile Zola, *Écrits sur l'art, op. cit.*, p. 121-122. **27** *Ibid.*, p. 215. **28** *Ibid.*, p. 253-254. **29** *Ibid.*, p. 354. **30** *Ibid.*, p. 204-205. **31** *Ibid.*, p. 153. **32** Paul Mantz, « Les œuvres de Manet », *Le Temps*, 16 janvier 1884. **33** Edmond et Jules de Goncourt, *Journal*, 19 janvier 1884, Fasquelle / Flammarion, 1956, p. 306. C'est nous qui soulignons. **34** Émile Zola, *Écrits sur l'art, op. cit.*, p. 152. **35** *Ibid.*, p. 373. **36** Émile Zola, *L'Œuvre, op. cit.*, p. 45.

ensemble au fond du même cambouis de la convention ». La « salissure boueuse du ton » s'oppose à « leur Salon à eux, tons clairs, lumière exagérée du soleil[37] ».

Il y a véritable valorisation de l'extérieur par la sortie du peintre dans la nature : par là même, les artistes doivent renoncer aux tableaux mythologiques, historiques, allégoriques, qui n'appartiennent pas au monde visible. Zola loue les impressionnistes « qui ont transporté la peinture en plein air et amorcé les effets changeants dans la nature, selon les multiples variations du temps et de l'heure de la journée[38] ».

Zola a été très sensible à l'attention que les peintres impressionnistes ont manifesté à l'espace, à tous les paysages, en particulier à l'espace urbain et à Paris : « Tout un art moderne est à créer » ; et ce qui le séduit chez Jongkind, c'est précisément « l'amour profond du Paris moderne qui reste pittoresque jusque dans ses décombres ». Mais, à la suite des peintres de Barbizon, c'est aussi l'espace campagnard et surtout la peinture de l'eau et le rendu du ciel qu'il trouve particulièrement réussis chez Monet : « Il est un des seuls peintres qui sachent peindre l'eau [...]. Il y a surtout en lui un peintre de marines merveilleux ; l'eau dort, coule, chante dans ses tableaux, avec une réalité de reflets et de transparence que je n'ai vue nulle part[39]. »

Édouard Manet, *Le Christ mort et les anges* (voir notice nº 53).

Le titre du tableau présenté par Claude Lantier dans *L'Œuvre*, c'est précisément *Plein air*, titre qui paraît bien « technique » à Sandoz : l'écrivain, en effet, malgré lui, est « parfois tenté d'introduire de la littérature dans la peinture[40] ».

Peinture / écriture

L'imaginaire de Zola se déploie d'abord et avant tout dans l'espace : les dossiers préparatoires démontrent à l'envi quelle prégnance prennent toutes les images, outre les consignes spatiales qu'il se donne à lui-même ; les icônes de toutes sortes imprègnent, conditionnent même l'écriture de ses romans, leur structure ; ce sont les images qu'il a vues au cours de la conception ou de la réalisation de la narration ; ce sont aussi les dessins, des plans de lieux dans la plupart des cas, qui peuvent lui être indispensables. L'intimité de Zola avec les peintres et avec la peinture explique sans doute le cadrage des descriptions romanesques. Zola rend compte de tableaux qui obéissent tous à la règle du découpage par le cadre séparant l'espace pictural de l'espace extérieur ; or, dans de nombreuses situations narratives, il traite l'espace romanesque à peu près comme les peintres l'espace pictural ; nombre de descriptions sont conçues comme des tableaux, selon une composition iconographique. Le texte romanesque, les descriptions en particulier, s'inscrivent dans une sorte de tableau simulé ; ainsi la porte Sainte-Agnès de la cathédrale dans *Le Rêve*, lieu initial et lieu final du roman, encadre la description d'Angélique, fillette en haillons au début du roman, jeune femme en robe de mariée à la fin, comme elle encadre le roman. La porte constitue l'espace réglé qui renvoie au jeu des parties et à l'architecture même du texte. Zola avait construit un dessin du porche abondamment annoté dans le dossier préparatoire[41] ; ce lieu (ce dessin) marque à la fois le destin du personnage et le dessein, le schéma même du roman.

« L'art ne vit que de fanatisme[42]. »

Il n'est certes pas question de voir en Zola avançant ses principes esthétiques dans sa critique d'art un précurseur du surréalisme, mais on peut quand même discerner chez lui deux convictions qui seront, bien plus tard, dans la première moitié du xxe siècle, totalement systématisées par des peintres comme Ernst, Miró, Masson et bien d'autres ainsi que par des écrivains, critiques d'art eux aussi : Breton, Desnos, Soupault, Eluard ou Aragon.

Première conviction forte affirmée par l'écrivain dès 1865 : toute création artistique manifeste l'expression d'une « personnalité » et d'une subjectivité singulières et refuse les contraintes d'un système théorique. Rappelons ce que Zola écrivait à propos de Manet dans son premier Salon, daté de mai 1866 : « Il aura refusé toute la science acquise, toute l'expérience ancienne, il aura voulu prendre l'art du commencement, c'est-à-dire à l'observation exacte des objets[43] », ajoutant un peu plus loin, dans son commentaire sur *Le Joueur de fifre*, qu'il « retrouve dans le tableau un homme […] qui tire de lui un monde vivant d'une vie particulière et puissante[44] ». N'est-ce pas là ce qu'André Breton affirmera, bien plus tard, en mettant en cause « une conception très étroite de l'*imitation*, donnée pour but à l'art, à l'origine du grave malentendu que nous voyons se perpétuer jusqu'à nos jours » ? Et il avance alors cette proposition : « L'œuvre plastique, pour répondre à la nécessité absolue de révision des valeurs réelles sur laquelle aujourd'hui tous les esprits s'accordent, se référera donc à un *modèle purement intérieur*, ou ne sera pas[45]. » Zola n'écrivait-il pas à propos de son héros, le peintre de *L'Œuvre*, Claude Lantier : « Le tourment du vrai [le] jetait à l'exaltation de l'irréel[46]. »

La deuxième conviction forte de Zola préfigure la volonté des surréalistes de manipuler, de transformer les objets, les images, mode majeur de l'expression chez de nombreux peintres surréalistes ; ainsi Max Ernst transforme un objet en autre chose que ce qu'il représente, simplement en donnant une légende qui ne renvoie pas à l'image. La signification des objets est ainsi détournée et le tableau ne raconte plus. Or, quand Zola parle des détails du paysage peint par Jongkind, il note que « le paysage vit sur la toile, non plus seulement comme il vit dans la nature, mais comme il a vécu pendant quelques heures dans une personnalité rare et exquise[47] ». L'objet représenté n'est pas intéressant en soi, dans son objectivité, dans sa « nature », il ne le devient que par sa transformation, par sa transfiguration en « peinture ». Mallarmé le rappelait quand il parlait de « l'origine de cet art fait d'onguents et de couleurs ».

37 *Ibid.*, p. 131. **38** *Ibid.*, p. 420. **39** Émile Zola, *Écrits sur l'art, op. cit.*, p. 426. **40** Émile Zola, *L'Œuvre, op. cit.*, p. 47. **41** BNF, MSS, NAF 10324, f. 107. **42** Émile Zola, *Écrits sur l'art, op. cit.*, p. 160. **43** *Ibid.*, p. 116. **44** *Ibid.*, p. 117. **45** André Breton, *Le Surréalisme et la peinture*, Gallimard, coll. « Essais », 1965, p. 14-15. Les italiques sont d'André Breton lui-même. **46** Émile Zola, *L'Œuvre, op. cit.*, p. 339. **47** Émile Zola, *Écrits sur l'art, op. cit.*, p. 215.

Zola et la presse

Danielle Le Nan

Très tôt, le jeune Émile Zola s'est senti la vocation d'écrire et a eu conscience de ses dons. Sans fortune, il doit travailler pour vivre. Le journalisme est un bon moyen pour se faire connaître et forger son style et, sous le Second Empire, les quotidiens et les hebdomadaires accordent une place importante à l'art et à la littérature, puisque la politique est censurée. Pour devenir écrivain, Zola sera donc journaliste[1].

La Librairie Hachette et les débuts dans la presse (1er mars 1862 – 31 janvier 1866)

En attendant de pouvoir pénétrer dans le milieu de la presse, dans lequel il n'a encore aucune relation, Zola entre chez l'éditeur Hachette le 1er mars 1862 en qualité de manutentionnaire. Il est vite placé au service de la publicité, où il est chargé de la rédaction des notices du *Bulletin du libraire et de l'amateur de livres*, revue bibliographique mensuelle adressée gratuitement aux clients réguliers de la maison. Il prend la tête du service en octobre 1863. Le *Bulletin* ne se contente plus alors d'annoncer les livres publiés par Hachette mais donne désormais un compte rendu critique de chaque ouvrage. Zola met aussi au point un nouveau système de relations avec la presse, alors en plein développement. Contre le dépôt préalable d'un exemplaire des ouvrages, le journal s'engage à insérer les « réclames » qui lui sont adressées ; celles-ci deviennent rapidement des notices bibliographiques critiques que signe le chroniqueur littéraire après les avoir éventuellement complétées. Grâce aux négociations qu'il mène avec les directeurs et les chroniqueurs, Zola se constitue peu à peu un réseau de relations et d'influences qu'il utilise adroitement. C'est ainsi qu'il peut faire paraître, dans le numéro du 31 janvier 1863 de *L'Atheneum français*, bulletin bibliographique de la *Revue contemporaine*, le premier article de critique littéraire signé de son nom, un article consacré au *Comte Kostia* de Victor Cherbulliez, puis, du 20 au 23 décembre 1863, dans le *Journal populaire de Lille*, un autre compte rendu, véritable critique d'art et de réflexion littéraire, à propos du *Don Quichotte* illustré par Gustave Doré.

Pour se faire connaître comme écrivain, il va, parallèlement à son activité professionnelle, développer une collaboration plus personnelle avec la presse. Il commence par la presse de province, plus facile à aborder grâce aux relations qu'il a déjà nouées. Deux des futurs *Contes à Ninon* paraissent en août et octobre 1863 dans la *Revue du mois*,

à Lille. Il collabore à *L'Écho du Nord* et au *Journal populaire de Lille*, où paraît notamment, le 16 avril 1864, un long article intitulé « Du progrès dans les sciences et dans la poésie ». Mais c'est dans la presse parisienne qu'il souhaite entrer ; or celle-ci est plus difficile à pénétrer. Après diverses tentatives infructueuses auprès de différents journaux (*La Presse*, *La Liberté*, *L'Avenir national*), c'est Eugène Paz qui fait entrer Zola au *Petit Journal*, journal populaire à bon marché fondé en février 1863, largement répandu à Paris et en province, et qui accorde une grande place aux faits divers à sensation et aux feuilletons. Zola doit fournir chaque semaine, du 21 janvier au 1er juin 1865, une chronique consacrée à des faits de société qui lui est payée vingt francs. En même temps, il signe, à partir de mars 1865, sous le pseudonyme de Pandore, une chronique hebdomadaire au ton léger sur l'actualité parisienne dans le *Courrier du Monde*. Ce sont les « Confidences d'une curieuse », dont neuf articles ont paru.

En ce même début d'année 1865, il écrit régulièrement dans la presse de province. Pour *Le Salut public*, grand journal d'information lyonnais prudemment libéral, Zola est chargé d'une revue littéraire paraissant tous les quinze jours. Il y publie cinquante-neuf articles du 23 janvier 1865 au 1er janvier 1867. Il peut y traiter « des questions de haute littérature[2] ». Ses articles signalent déjà la naissance du naturalisme.

Son activité de journaliste, qui lui est utile pour augmenter ses revenus, doit aussi lui permettre de se faire un nom. Il l'exprime fort bien à son ami Valabrègue : « La question argent m'a un peu décidé dans tout ceci ; mais je considère aussi le journalisme comme un levier si puissant que je ne suis pas fâché du tout de pouvoir me produire à jour fixe devant un nombre considérable de lecteurs. C'est cette pensée qui vous expliquera mon entrée au *Petit Journal*. Je sais quel niveau cette feuille occupe dans la littérature, mais je sais aussi qu'elle donne à ses rédacteurs une popularité bien rapide. Le journal ne fait pas le rédacteur, c'est le rédacteur qui fait le journal ; si je suis bon, je reste bon partout […]. Tout ceci est pour arriver à un grand journal de Paris[3]. »

Pour augmenter ses chances, il diversifie les genres et frappe à toutes les portes ; il publie poèmes, contes, chroniques et nouvelles dans *Le Figaro*, *Le Grand Journal*, *La Vie parisienne*…

Mais, déjà, Zola a commencé son activité de romancier. Pour se faire publier, il va utiliser ses relations. Les *Contes*

---

1 Ses premiers poèmes sont publiés, en 1859, dans un journal d'Aix, *La Provence*. D'autres vers paraissent, en janvier 1862, dans un journal d'étudiants hostile au gouvernement impérial et fondé à Paris par Georges Clemenceau et Jules Méline, *Le Travail*. **2** Lettre à Valabrègue, 6 février 1865. **3** Lettre à Valabrègue, 6 février 1865.

à Ninon paraissent en décembre 1864 chez Hetzel et Lacroix grâce à l'appui d'Émile Deschanel, qu'il a connu par la *Revue de l'instruction publique*, créée et éditée par la maison Hachette. Pour diffuser l'ouvrage, il utilise l'expérience acquise dans le service qu'il dirige ; il lance une vigoureuse campagne publicitaire auprès des rédacteurs des journaux et des revues, les pressant d'en publier des extraits, d'insérer des réclames, d'en faire la critique, voire d'utiliser les comptes rendus – élogieux – qu'il rédige lui-même[4]. *La Confession de Claude* sort en novembre 1865. Zola en orchestre de la même façon la publicité. Mais le roman provoque un certain scandale et pourrait faire l'objet de poursuites pour « outrage à la morale publique et religieuse ». La situation de Zola devient difficile chez Hachette, qui déplore le bruit fait autour de son employé ! Il quitte le 31 janvier 1866, pour vivre de sa plume, la librairie où, pendant quatre ans, il a tout appris pour l'avenir.

Journaliste à plein temps (1ᵉʳ février 1866 – 10 juin 1873)
Fort de l'expérience acquise chez Hachette et de ses premiers essais talentueux dans la presse, Zola se tourne vers Hippolyte de Villemessant, patron du *Figaro* et de *L'Événement*, et il lui propose une critique littéraire à la pointe de l'actualité. Il se voit confier à *L'Événement*, un quotidien libéral fondé en novembre 1865 afin de concurrencer *Le Petit Journal*, la chronique bibliographique intitulée « Les livres d'aujourd'hui et de demain », pour laquelle il touchera une rémunération de cinq cents francs par mois. Il doit obtenir des auteurs les épreuves des ouvrages à paraître pour en publier quelques extraits avec une brève présentation. Il continue donc le travail qu'il accomplissait chez Hachette, mais, désormais, sa signature figure au bas de chacun des articles, ce qui est essentiel pour l'avenir. Le premier article paraît le 1ᵉʳ février 1866. Il célèbre les Goncourt, Hugo, Flaubert. Conscient du travail ingrat que représente la chronique bibliographique, Villemessant confie aussi à Zola le soin de tracer les portraits d'écrivains de son choix. Ce sera *Marbres et Plâtres*, suite de neuf études (signées Simplice pour les quatre premières) publiées entre le 19 août 1866 et le 9 février 1867. Les cinq premières études paraissent dans *L'Événement*, les quatre suivantes dans *Le Figaro*, après la disparition de *L'Événement* le 15 novembre 1866 : cinq *Marbres* (Taine, Flaubert, Littré, Michelet, Sainte-Beuve) et quatre *Plâtres* (Prévost-Paradol, About, Janin, Gautier[5]). Zola y manie l'ironie sur un ton « très parisien ».

Parallèlement à cette carrière commençante de critique littéraire, Zola aborde la critique d'art lorsqu'il obtient de Villemessant que lui soit confié le compte rendu du Salon en avril 1866. Le jury a exclu du Salon Manet, que Zola admire ainsi que les autres peintres « de plein air ». Dans ses articles, signés du pseudonyme de Claude, il défend avec conviction la nouvelle peinture et s'attaque à l'académisme. Il révèle immédiatement ses talents de pamphlétaire. Les deux premiers articles, datés des 27 et 30 avril 1866, déclenchent une vague de protestations auprès du journal. Zola choisit Édouard Manet, qui est la risée de tous, pour le désigner comme le plus grand et lui consacre son article du 7 mai 1866. Les prises de position de Zola ayant des conséquences désastreuses pour son journal, Villemessant confie le compte rendu à un salonnier moins virulent, Théodore Pelloquet, et Zola publie son sixième et dernier article le 20 mai 1866 sous le titre « Adieux d'un critique d'art ». Il y écrit : « J'ai défendu M. Manet, comme je défendrai dans ma vie toute individualité franche qui sera attaquée. Je serai toujours du parti des vaincus. »

À vingt-six ans, il est mis à l'index de la critique d'art parisienne, mais il s'est fait une publicité tapageuse ! Il fait paraître en volume, les articles sur le Salon de 1866[6]. Resté fidèle à Manet, il lui consacre le 1ᵉʳ janvier 1867, dans *La Revue du XIXᵉ siècle*, une étude, plus longue et plus poussée que l'article du 7 mai, intitulée « Une nouvelle manière en peinture : M. Édouard Manet ». La collaboration de Zola à *L'Événement*, qui cesse de paraître le 15 novembre 1866, se poursuit jusqu'au 7 novembre. Il aura publié au total cent vingt-cinq articles dans ce journal, où paraît aussi en feuilleton *Le Vœu d'une morte*. Collaborateur régulier du *Salut public*, de Lyon, depuis janvier 1865, Zola lui adresse à partir du 7 mars 1866 une version hebdomadaire des « Livres d'aujourd'hui et de demain ». Zola présente donc, à peu près dans les mêmes termes, les mêmes livres dans les deux journaux, recevant ainsi une double rémunération pour un travail identique. Mais le journal lyonnais doit se séparer de lui, pour des raisons économiques, le 1ᵉʳ janvier 1867.

Ne vivant plus que de sa plume depuis un an, ayant besoin « de publicité et d'argent[7] », il s'efforce de placer des chroniques, des nouvelles et des contes dans diverses publications : *Le Figaro*, *L'Illustration*, *La Rue* (de Vallès), *La Situation*, où il fait paraître le 1ᵉʳ juillet 1867, après avoir visité l'Exposition universelle, un article intitulé « Nos peintres au Champ de Mars », très violente critique des peintres officiels. Et il a recours au feuilleton pour gagner sa vie. *Les Mystères de Marseille* paraissent en feuilleton du 2 mars 1867 au 1ᵉʳ février 1868 dans *Le Messager de Provence*. La version étoffée d'« Un mariage

---

4 Voir la critique, signée Niemann, du 21 décembre 1864 dans le *Journal populaire de Lille*. **5** Dans *L'Événement* (19, 21, 25 août, 2 septembre, 7 novembre 1866) : Taine, Flaubert, Littré, Prévost-Paradol, About. Dans *Le Figaro* (30 novembre, 16 décembre 1866, 9 janvier, 9 février 1867) : Michelet, Sainte-Beuve, Janin, Gautier. **6** Le volume paraît à la Librairie centrale, en juillet 1866, sous le titre *Mon Salon*. En même temps, Zola publie chez Achille Faure ses critiques littéraires dans *Mes haines*, recueil des articles donnés au *Salut public* en 1865, auxquels il avait ajouté l'étude sur Taine parue le 15 février 1866 dans *La Revue contemporaine*. **7** Lettre à Valabrègue, 4 avril 1867.

d'amour », une nouvelle publiée par Zola dans *Le Figaro* du 24 décembre 1866, paraît dans *L'Artiste* d'août à octobre 1867. Elle deviendra *Thérèse Raquin*.

Zola a besoin de retrouver une collaboration régulière à un journal. Il souhaite ardemment entrer dans un grand journal libéral parisien au moment où, avec les premiers frémissements d'une libéralisation de l'Empire et les promesses d'une nouvelle loi sur la presse, apparaît une multitude de nouvelles feuilles. Grâce aux relations nouées dans le monde de la presse et de l'art, Zola trouve de nouvelles collaborations. Il donne onze articles de critique littéraire et dramatique, du 15 janvier au 13 février 1868, au *Globe*, un journal libéral qui ne durera qu'un mois. Il y rencontre des hommes qui préparent la naissance d'une presse d'opposition (Jules Claretie, Théodore Duret, Louis Ulbach, Jules Vallès) et prend ses marques à gauche. Entré ensuite à *L'Événement illustré*, journal libéral d'Édouard Bauer fondé le 11 avril 1868, plus mondain et littéraire que politique, il y publie entre le 20 avril et le 1er décembre 1868 soixante textes, dont sept consacrés au Salon, dont il a été chargé et où son portrait se trouve exposé. Il se fait à nouveau le défenseur des peintres qu'il admire avec une telle virulence que la direction du journal décide d'engager un deuxième salonnier. Zola est remercié, comme en 1866. C'est la fin de sa carrière de critique d'art dans la presse parisienne. *Madeleine Férat* paraît en feuilleton dans *L'Événement illustré* du 2 septembre au 30 octobre 1868 sous le titre « La honte » avant même d'être achevé – ce sera presque toujours le cas pour les romans futurs. Puis *Les Mystères de Marseille* sont repris sous le titre de *La Famille Cayol* du 23 octobre 1868 au 24 janvier 1869. La censure pèse sur la sortie de *Madeleine Férat* en volume, alors que le feuilleton n'a suscité aucune réaction officielle : « L'autorité peut-elle interdire en librairie ce qu'elle n'a point interdit sur la voie publique ? » demande Zola dans *Le Figaro* du 27 novembre et *Le Temps* du 1er décembre. Il consacre entièrement à son affaire, le 29 novembre, la « causerie » qu'il tient maintenant dans *La Tribune* et s'insurge contre la censure préventive et les procédés d'intimidation dont on use à l'encontre des écrivains. Le 7 décembre 1868, Lacroix publie le roman. Zola et son éditeur tirent de cette affaire une publicité certaine.

Toujours à la recherche de collaborations plus durables, Zola est entré en juin 1868 à *La Tribune*, hebdomadaire opposé à l'Empire, organe de la bourgeoisie libérale, républicaine et anticléricale. Si ses positions politiques et morales plaisent à la direction du journal, celle-ci ne partage pas ses choix littéraires et artistiques. Soixante-deux « causeries » traitant des livres, des événements littéraires, des théâtres, paraissent jusqu'au 9 janvier 1870, date de la disparition du journal, avec une interruption de quatre mois, de février à juillet 1869, en raison de la campagne électorale. Le journal n'est plus seulement un gagne-pain, il devient une tribune dont Zola se sert pour désigner les vrais maîtres de la littérature du siècle (Flaubert et *L'Éducation sentimentale*, Balzac, Sainte-Beuve) et fustiger les fastes et les dissipations de la société impériale, la politique des grands travaux, la misère du peuple. Zola a haussé le ton. Le critique est devenu pamphlétaire.

Dans le même temps – nécessité oblige –, Zola donne au *Gaulois*, depuis le 4 janvier 1869, des articles bibliographiques, « Livres à naître », qu'il consacre aux œuvres de Victor Hugo et de Paul Meurice, élargissant ainsi le cercle de ses relations utiles. Sa collaboration à ce quotidien mondain de tendance modérément libérale cesse en octobre 1869 quand le directeur lui demande de ne plus parler de livres « irréligieux ». Au total, cinquante-huit articles auront paru, du 4 janvier au 30 septembre 1869, reprise de la rubrique inaugurée dans *L'Événement* en 1866.

Pendant l'interruption forcée de sa collaboration à *La Tribune*, Zola apprend le lancement prochain du *Rappel* par la famille Hugo. Peut-être introduit par Manet auprès de Paul Meurice, Zola est connu des fondateurs par ses articles et par ses critiques littéraires à *La Tribune* comme au *Gaulois*, où il a publié des extraits des deux premiers chapitres de *L'Homme qui rit* de Victor Hugo dans son premier article, du 4 janvier 1869. *Le Rappel*, organe républicain d'un radicalisme plus intransigeant et plus combatif que celui de *La Tribune*, est fondé le 4 mai 1869. Zola y est chargé de la chronique littéraire et y fait paraître sept articles ironiques, virulents, polémiques, du 15 mai 1869 au 13 mai 1870 (un seul article en 1869, six en 1870). On lui refuse le Salon, qui est confié à Philippe Burty, titulaire de la chronique des arts. Un article sur Balzac publié le 13 mai 1870 déplaît aux Hugo et marque la fin de sa brève et mince collaboration au quotidien. Zola n'avait pas trouvé sa place dans l'équipe du journal : il allait trop loin, au goût des fondateurs, dans ses attaques contre la bourgeoisie et il leur était suspect par ses idées littéraires et le style de ses romans.

Le radicalisme de Zola s'est accentué. Hostile à l'Empire, partisan des réformes, il entre pour une collaboration régulière à *La Cloche*, un quotidien républicain fondé le 19 décembre 1869 par Louis Ulbach, qui veut en faire l'organe de « la majorité radicale de Paris » et mener « une lutte inexorable contre le régime personnel ». Du 2 février au 17 août 1870, Zola y publie vingt-trois articles critiquant les mœurs de la société impériale – en particulier le cléricalisme mondain –, le régime et l'empereur même, l'entrée en guerre enfin : « Ah ! Quelle curée que le Second Empire », s'exclame-t-il le 13 février 1870. Il est assigné à comparaître. La guerre et la victoire de la Prusse interrompent l'affaire. Ulbach suspend la publication du journal le 18 août 1870.

Tout en écrivant dans les journaux, Zola établit le plan de sa fresque, *Les Rougon-Macquart*, qu'il remet à la fin de l'année 1868 à l'éditeur Lacroix. Il confie le premier volume, *La Fortune des Rougon*, au quotidien *Le Siècle*, qui le publie en feuilleton à partir de juin 1870. La publication est suspendue le 11 août et reprendra le 18 mars 1871. Sans travail à Paris et sous la pression des événements, Zola part pour Marseille, avec sa femme et sa mère, le 7 septembre 1870. Émile Barlatier, directeur du grand quotidien régional, *Le Sémaphore de Marseille*, a été un ami de son père et Zola connaît Léopold Arnaud, le propriétaire du *Messager de Provence*, qui a publié *Les Mystères de Marseille*. Pour survivre, il a son métier de journaliste. Il fonde avec Arnaud et son ami d'enfance Marius Roux un journal à cinq centimes, *La Marseillaise*, dont le premier numéro sort le 27 septembre et qui paraîtra jusqu'au 16 décembre 1870. Zola y écrit jusqu'au 20 novembre[8]. Il collabore également à *La Vraie République*; il est chargé d'y commenter la politique générale. Dans ses articles, où il traite de l'armistice, de la garde nationale, de la guerre, l'analyse politique est toujours dramatisée et tourne à l'analyse psychologique.

Vivre de sa plume ne suffisant pas, Zola renonce provisoirement au journalisme pour un emploi administratif stable. Il part pour Bordeaux, siège du gouvernement provisoire, afin d'obtenir une nomination de préfet ou de sous-préfet dans le Midi, si possible à Aix. Il échoue malgré ses efforts et ses appuis et devient le secrétaire d'Alexandre Glais-Bizoin, l'un des cofondateurs de *La Tribune*, ministre sans portefeuille du gouvernement de la Défense nationale. Après la démission du gouvernement provisoire, Zola reprend son activité de journaliste. Depuis Bordeaux, où siège l'Assemblée nouvellement élue, il adresse à *La Cloche*, qui reparaît le 6 février 1871, ainsi qu'au *Sémaphore de Marseille*, les comptes rendus quotidiens des débats. Ces chroniques parlementaires, qui paraissent sous le titre de « Lettres de Bordeaux » du 19 février au 15 mars 1871, deviennent « Lettres de Versailles » dès le 20 mars, lorsque Zola, suivant le gouvernement, rentre à Paris. Elles ne sont pas de simples comptes rendus des débats; on y trouve des portraits, des caricatures, des anecdotes, des réflexions personnelles et des analyses politiques.

Lorsque le journal *La Cloche* est supprimé par la Commune, Zola continue à envoyer au *Sémaphore de Marseille* des « Lettres de Paris » quotidiennes, toujours non signées. *Le Sémaphore de Marseille*, devenu après 1871 un journal républicain modéré, jouit d'une puissance considérable sur le plan local. La collaboration de Zola durera plus de

six ans. C'est un succès, dès le début. Lorsque la situation politique se stabilise, à partir de 1874, Zola aborde d'autres sujets. Ses chroniques décrivent l'actualité parisienne et la vie littéraire et artistique, rendant compte des Salons et des expositions de peinture, ce qu'il ne peut plus faire dans les journaux parisiens : en tout, dix-sept cents articles entre le 17 février 1871 et le 24 mai 1877, date où il met fin à sa collaboration, après le succès financier de *L'Assommoir*, pour se consacrer entièrement au roman. Il a abordé tous les sujets; on retrouve dans ses chroniques son expérience de la vie parisienne et cette masse de « choses vues » qu'il utilisera dans ses romans.

À *La Cloche*, il continue son travail de chroniqueur parlementaire du 6 juin 1871 au mois de mai 1872. Abandonnant une rubrique dont il s'est lassé, il tient celle des « Lettres parisiennes » jusqu'à la disparition du journal, en décembre 1872. Il y présente des scènes de la vie parisienne, aborde les questions littéraires et s'attaque à l'ordre moral, s'élevant en particulier contre la commission des grâces. Ulbach, effrayé, lui prêche à plusieurs reprises la prudence. La publication de *La Curée* en feuilleton, à partir du 29 septembre 1871, avait déjà entraîné de nombreuses et violentes protestations de la part de lecteurs réprouvant l'immoralité du roman tandis que Zola était traité de « communard » par des journalistes de droite. Afin d'éviter les poursuites judiciaires et la saisie du journal, Zola avait dû accepter qu'Ulbach en interrompe la publication, le 5 novembre 1871, après vingt-huit épisodes.

Avant la disparition de *La Cloche* (où il a publié trois cent soixante-huit textes), Zola a négocié son entrée au *Corsaire*, quotidien de la gauche républicaine radicale qui fait paraître en feuilleton *Les Mystères de Marseille* sous le titre « Un duel social » (signé Agrippa) du 12 novembre 1872 au 12 mai 1873. Zola doit y tenir une « causerie » du dimanche, plus littéraire que politique, à partir du 3 décembre 1872. Il ne publie que quatre articles : celui du 22 décembre, intitulé « Le lendemain de la crise », dénonçant l'injustice sociale et attaquant la droite, contraint le directeur, Édouard Portalis, à lui demander sa démission. Le journal est néanmoins suspendu le 23 décembre. L'affaire fait un bruit énorme, la presse s'en empare, des lettres d'ouvriers reconnaissants lui arrivent. Le journal reparaît le 23 février 1873 sans la collaboration de Zola. Mais Portalis, qui rachète *L'Avenir national*, lui propose d'y tenir la critique théâtrale. Zola donnera vingt et un articles du 25 février au 10 juin 1873. Comme à son habitude, il utilise comme tribune la rubrique qui lui est confiée, cette fois pour faire passer ses idées sur le théâtre contemporain. Le journal, qui a été suspendu en juin, reparaît en juillet sans la collaboration de Zola.

---

8 Aucun exemplaire de ce journal radical n'a été retrouvé à ce jour. Quelques textes, repris par *Le Messager de Provence*, ont pu arriver jusqu'à nous.

**Journaliste et romancier
(10 juin 1873 - 22 septembre 1881)**

L'activité journalistique régulière de Zola se termine provisoirement à Paris ; il la reprendra au *Bien public* en 1876. Il va se consacrer essentiellement, durant trois ans, au roman et au théâtre, réservant désormais au *Sémaphore de Marseille*, auquel il collabore jusqu'en 1877, et au *Messager de l'Europe* de Saint-Pétersbourg, à partir de 1875, ses comptes rendus de la vie littéraire et artistique. C'est par l'entremise de Tourgueniev que Zola, déjà connu en Russie par la traduction de ses romans, entre en contact avec Michel Stasjulevic, directeur d'une revue libérale mensuelle de Saint-Pétersbourg, *Le Messager de l'Europe*. Il accepte d'adresser chaque mois une correspondance de vingt-quatre pages consacrée à la vie française et d'y faire paraître ses romans. Soixante-quatre «Lettres de Paris» seront publiées de mars 1875 à décembre 1880. Zola y décrit la société française, critique l'actualité théâtrale, littéraire et artistique, propose ses réflexions sur de multiples sujets contemporains. Il fait œuvre de «reporter» à l'occasion de l'Exposition universelle de 1878[9]. Il défend ses idées sur la peinture contemporaine : «L'école française de peinture à l'Exposition de 1878[10]». L'étude intitulée «Les romanciers contemporains en France», qui aura une forte répercussion, paraît en septembre 1878. Zola fait paraître des extraits de certaines de ces «Lettres de Paris» dans la presse française : *Le Bien public*, *Le Sémaphore de Marseille*.

Plusieurs romans sont publiés en feuilleton, traduits, dans *Le Messager de l'Europe*, tels *La Faute de l'abbé Mouret* de janvier à mars 1875 ou *Son Excellence Eugène Rougon* du 25 janvier au 11 mars 1876 (en même temps que dans *Le Siècle*).

Les «Lettres de Paris» ont connu un grand succès en Russie. Zola n'a pas considéré cette collaboration comme un simple gagne-pain : il y développe la théorie naturaliste. Toutefois, lorsqu'il peut à nouveau mener campagne dans la presse française, l'intérêt de cette tribune s'estompe. Accaparé par ses activités de romancier, qui lui ont apporté le succès et une amélioration notable de sa situation financière, lassé peut-être aussi par quelques différends entre lui et Stasjulevic – qui n'approuve pas entièrement ses théories et ses préférences littéraires –, Zola cesse sa collaboration au *Messager de l'Europe* à la fin de l'année 1880.

En 1876, Zola a retrouvé une collaboration à un journal parisien conforme à ses idées politiques, *Le Bien public*. Ce quotidien vient d'être racheté par l'industriel Émile Menier, qui sert avec vigueur la cause républicaine. Le rédacteur en chef, Yves Guyot, qui partage les idées littéraires de Zola, lui propose d'y tenir la rubrique de critique dramatique. Zola s'en sert comme d'une tribune. Il donne cent seize textes pour la «Revue dramatique et littéraire», du 10 avril 1876 au 24 juin 1878. Les chapitres I à VI de *L'Assommoir* y paraissent du 13 avril au 7 juin 1876 et *Une page d'amour* du 11 décembre 1877 au 4 avril 1878.

L'Assommoir a été lancé par une importante campagne de publicité (affiches, crieurs dans les rues). Le feuilleton est cependant interrompu en juin pour des raisons politiques et en réponse à des réactions outragées des abonnés. Une partie de la gauche l'accuse de calomnier le peuple et d'insulter les ouvriers, tandis qu'à droite on lui reproche son immoralité. *La République des lettres* de Catulle Mendès publie les chapitres VII à XIII du 9 janvier 1876 au 7 janvier 1877. Albert Millaud, journaliste au *Figaro*, déclare : «Ce n'est pas du réalisme, c'est de la malpropreté ; ce n'est plus de la crudité, c'est de la pornographie» et il entame avec Zola un violent débat. Traité d'«écrivain démocratique et quelque peu socialiste», Zola répond : «J'entends être un romancier tout court, sans épithète ; si vous tenez à me qualifier, dites que je suis un romancier naturaliste, ce qui ne me chagrinera pas. Mes opinions politiques ne sont pas en cause[11].» Lors de la sortie de l'ouvrage, non expurgé, chez Charpentier en janvier 1877, le gouvernement interdit sa vente dans les gares. Les journaux conservateurs applaudissent ; les radicaux de *La République française* de Gambetta sont plus féroces encore que les champions de l'ordre moral ; brochures, pamphlets, caricatures se multiplient. Zola répond à ses détracteurs de gauche dans une lettre ouverte à Yves Guyot le 13 février 1877. Le scandale est favorable au roman, qui connaît un énorme succès et relance la vente des romans précédents. Zola cesse sa collaboration au *Sémaphore de Marseille* et achète Médan. Les journalistes surveillent ses faits et gestes ; les caricaturistes s'emparent de sa personne et de ses œuvres.

Le Bien public cesse de paraître le 30 juin 1878. Menier le remplace, le 5 juillet, par *Le Voltaire*, farouchement républicain et anticlérical, mais aussi mondain, parisien et léger. Zola y poursuit la rubrique dramatique et littéraire du *Bien public*. Il publie cent quatre-vingt-douze textes du 9 juillet 1878 au 31 août 1880 et *Nana* y paraît en feuilleton du 16 octobre 1879 au 5 février 1880. Le feuilleton est lancé par une campagne publicitaire d'une envergure sans précédent. Louanges et critiques se manifestent dans la presse avant même la fin de la parution. Menacé d'une saisie qui n'est pas exécutée, le volume paraît le 14 février 1880. Tout ce tumulte agit une fois encore au bénéfice de Zola.

Depuis le succès de *L'Assommoir*, ses relations avec la presse ont changé. Il n'a plus besoin des journaux pour

---

9 Numéros de juin, juillet et décembre 1878. 10 Numéro de juillet 1878. 11 Lettre à Albert Millaud, 9 septembre 1876.

gagner sa vie et entend profiter de cette liberté pour s'exprimer à sa guise. Des extraits de l'étude sur «Les romanciers contemporains en France», qu'il avait donnée au *Messager de l'Europe* en septembre 1878, paraissent en traduction dans une revue suisse, ce qui provoque à Paris de violentes réactions dans le monde littéraire. *Le Figaro* publie le 15 décembre 1878 un article signé «Un romancier» et intitulé «M. Zola critique», qui accuse l'écrivain de se livrer à des attaques impardonnables contre des célébrités du temps. Zola publie l'étude entière dans *Le Figaro* du 22 décembre. On lui reproche de régler ses comptes à l'étranger ; les insultes pleuvent dans divers journaux. Mais il a aussi gagné des admirateurs. Zola fait paraître sa réponse et met un point final à l'affaire dans *Le Voltaire* du 31 décembre 1878.

La rupture avec *Le Voltaire* se produit en septembre 1880. En effet, son directeur, Jules Laffitte, ne peut approuver les propos sur les relations entre littérature et politique que contient la rubrique de Zola[12]. Le 3 septembre, il se désolidarise, dans l'éditorial du journal, d'une déclaration de Zola réprouvant «la haine de la littérature» dont la presse fait preuve. Zola lui télégraphie : «Désormais pour moi, vous êtes mort», et rédige une lettre ouverte que *Le Voltaire* refuse de publier. Il contacte alors *Le Figaro*, quotidien conservateur, où paraît la lettre, et signe un contrat avec son directeur, Francis Magnard, qui l'approchait depuis décembre 1879. Considérant qu'il ne peut plus écrire librement dans les «journaux républicains», il se tourne vers les «journaux réactionnaires». Mais il prévient : «C'est un républicain qui entre au *Figaro* et qui vous y demandera beaucoup d'indépendance personnelle.» Il s'engage toutefois, à traiter avec considération les «scrupules légitimes» du «grand public» du journal[13]. Zola compte utiliser *Le Figaro* pour faire passer ses idées auprès d'un public dix fois plus important que celui du *Voltaire*. Ses attaques contre le gouvernement républicain en place pourront aussi être beaucoup plus efficaces. Cette décision est abondamment critiquée.

Zola tient donc dans *Le Figaro* une chronique hebdomadaire en première page durant un an. Après avoir violemment attaqué, au début, les hommes politiques, il traite essentiellement de société, de littérature et de théâtre. En même temps, il fait paraître, en cinq volumes chez Charpentier, les articles de critique littéraire et dramatique qu'il a publiés dans les journaux français et étrangers au cours des cinq années écoulées : *Le Roman expérimental* (octobre 1880) et *Les Romanciers naturalistes* (juin 1881) ; *Le Naturalisme au théâtre* (février 1881), *Nos auteurs dramatiques* (avril 1881) et un recueil d'articles sur des sujets variés,

Documents littéraires (octobre 1881). La presse reçoit *Les Romanciers naturalistes* avec hostilité. Paul Alexis décide de riposter, dans *Le Henri IV*, où il vient d'entrer, attaquant particulièrement Aurélien Scholl et Albert Wolff. Dans *Le Figaro*, où il est rédacteur comme Zola, Wolff s'en prend directement à celui-ci et éreinte Alexis. Zola lui répond par une lettre publiée malgré Magnard dans *Le Figaro* du 18 juillet 1881, en annonçant sa décision de quitter le journal à la fin de son contrat. La collaboration se termine d'un commun accord entre Zola, qui a publié cinquante-cinq articles (*Une campagne*), et Magnard, qui accepte mal que *Le Figaro* serve à l'apologie du naturalisme, même si Zola s'attaque aussi à Gambetta. Dans l'article *Adieux*, qu'il adresse aux abonnés du *Figaro* le 22 septembre 1881, Zola déclare que ce sont aussi ses adieux au métier de journaliste.

Romancier à plein temps. Les nouveaux liens avec la presse (septembre 1881 – décembre 1895)

Écœuré par les attaques dont il ne cesse d'être l'objet, Zola abandonne le journalisme, qui n'est plus indispensable à sa sécurité matérielle, pour se consacrer entièrement à son œuvre romanesque et au théâtre. «Actuellement je ne suis plus qu'un romancier», écrit-il à Numa Coste le 5 novembre 1881. Il ne s'absente pourtant pas totalement de la presse. Il y fait paraître des articles, des contes, des poèmes publiés antérieurement, notamment dans *Le Messager de l'Europe*, et donne tous ses romans en feuilleton. Il continue à utiliser la presse comme une tribune. Enfin, il se prête volontiers à une pratique nouvelle, l'interview, apparue dans les années 1870 et «entrée dans les mœurs du journalisme d'une façon triomphante[14]».

Pot-Bouille est presque achevé en septembre 1881 et paraît, en feuilleton, dans *Le Gaulois* à partir du 23 janvier 1882. Les romans, au rythme d'un par an, paraissent d'abord en feuilleton dans les quotidiens parisiens et dans les grands journaux étrangers, en traduction, avant leur sortie en librairie chez Charpentier. *Gil Blas* publie : *Au Bonheur des Dames*, *La Joie de vivre*, *Germinal*, *L'Œuvre*, *La Terre*, *L'Argent* ; *La Revue illustrée* : *Le Rêve*. Dans *La Vie populaire* paraissent *La Bête humaine* et *La Débâcle* et, dans *La Revue hebdomadaire*, *Le Docteur Pascal*. *Lourdes* sort dans le *Gil Blas*, *Rome* et *Paris* dans *Le Journal*. *Paris* fait l'objet d'un grand lancement publicitaire par affiches et prospectus. C'est *L'Aurore* qui publie les *Évangiles*. La contrainte du feuilleton demeure pesante à Zola : «Il n'y a pas de supplice pareil à entendre un feuilleton galoper derrière vous et toujours menacer de vous rattraper[15].» Et à propos de *La Terre* : «Imaginez que

---

12 N'ayant pu faire du *Voltaire* l'organe de propagande naturaliste qu'il souhaitait, Zola soutient le projet, lancé par Huysmans, de création d'un organe du naturalisme, *La Comédie humaine*, dont le premier numéro doit sortir le 6 novembre 1880. L'affaire ne se fait pas à la suite d'une brouille entre Huysmans et l'éditeur, Derveaux. **13** Lettre à Francis Magnard, 16 septembre 1880. **14** Henry Fouquier dans *Le xixe siècle* du 1er octobre 1891. **15** Lettre à Hector Giacomelli, 1er janvier 1886.

j'en suis aux deux tiers à peine et que le *Gil Blas* m'en dévore trois cents lignes par jour[16]!» Il n'en mésestime toutefois pas les avantages : des contrats importants et de la publicité pour les volumes. Depuis *Nana*, en 1880, les journaux se disputent le droit de publier ses romans. Connu depuis longtemps en Russie, il est traduit en Allemagne, en Angleterre, en Espagne, en Hollande, en Italie, où il a des correspondants[17]. *Pot-Bouille* paraît dans la *Neue Freie Presse* de Vienne. Des représentants du *People* de Londres viennent à Médan pour acheter les droits de *Germinal* aux conditions de l'auteur. *La Débâcle* paraît à Rome et à Londres, *Rome* est publié dans *La Tribuna*, à Rome, en même temps qu'à Paris.

Les romans de Zola suscitent toujours dans la presse parisienne de multiples critiques, voire des «affaires» qui contribuent à la publicité de l'ouvrage. Lorsque *Le Gaulois* commence la publication de *Pot-Bouille*, un avocat parisien auprès de la cour d'appel, Duverdy, qui porte le même nom que le juriste du roman, exige que Zola rebaptise son personnage. Zola refuse. Duverdy engage une procédure judiciaire. Zola ameute l'opinion, au nom de la liberté du romancier, dans une série de lettres ouvertes que publie *Le Gaulois* en janvier et février 1882. Le public achète le journal autant pour le feuilleton que pour la polémique et les comptes rendus d'un procès que perd Zola. *La Terre* fait se déchaîner la critique avant la fin de la parution du feuilleton dans *Gil Blas*; Ferdinand Brunetière dans *La Revue des deux mondes* parle de la «banqueroute du naturalisme»; Anatole France évoque dans *Le Temps* «les Géorgiques de la crapule»... jusqu'au «Manifeste des cinq», publié dans *Le Figaro* du 18 août 1887. Lors de la publication, dans *La Vie populaire*, de *La Débâcle*, Zola est accusé de manquer de patriotisme tandis que la critique littéraire est généralement élogieuse (par exemple Anatole France dans *Le Temps*). Avec *Les Trois Villes* et la mise à l'Index de *Lourdes*, les critiques obéissent à des consignes plus idéologiques que littéraires. La polémique que Zola engage dans *Le Figaro*, en juin 1896, avec Gaston Deschamps pour son article du *Temps* met fin à la nouvelle collaboration de Zola au journal de Fernand de Rodays. Cette politisation de la lecture de Zola s'accentue avec l'affaire Dreyfus.

La presse satirique, qui vit son âge d'or à la fin du siècle, s'est emparée de Zola, de ses théories et de ses personnages. Les caricaturistes ont commencé à se déchaîner avec *L'Assommoir*, puis avec *Nana* : André Gill (*L'Éclipse*, *Les Hommes d'aujourd'hui*, *La Lune*, *La Mascarade*), Hix (*Le Grelot*), Léandre (*Le Rire*), Albert Robida (*La Caricature*, *La Vie parisienne*), Steinlen (*Gil Blas illustré*), etc.

Zola est bientôt rendu responsable d'une «épidémie pornographique». Les dessins sont violents et scatologiques (l'égoutier et le vidangeur, le pot de chambre, le cochon et le maquereau, la pétomanie...). La notoriété venue – l'écrivain était décoré de la Légion d'honneur depuis 1888, puis président de la Société des gens de lettres depuis 1891[18] –, ce sont les échecs de Zola à l'Académie française qui seront brocardés.

D'autre part, Zola est devenu «l'homme le plus interviewé de France». Il reçoit avec bienveillance admirateurs ou adversaires. Il suscite souvent les entretiens, veille au choix du journal et du journaliste, est attentif à la date de publication. Il sait utiliser habilement l'interview pour s'expliquer, lancer une idée ou un livre, redresser les idées fausses, brosser de lui le portrait qu'il veut donner. Il commente l'actualité politique et les faits de société. Il réaffirme ses principes scientifiques, littéraires, esthétiques. Il évoque ses œuvres, sa vie, ses projets. Dans *Le Matin* du 7 mars 1885, au moment de la sortie de *Germinal*, paraît l'interview donnée le 6 mars à un journaliste du quotidien : «Émile Zola. Une conversation avec l'auteur de Germinal». Il aborde sa collaboration avec Bruneau dans *Le Journal* du 24 novembre 1893. Lorsque la presse ironise sur ses échecs à l'Académie française, Zola s'explique lors d'un entretien avec Louis de Robert dans *L'Écho de Paris* du 3 juin 1892, ou encore dans *Le Gaulois* du 30 mai 1896 sous la plume d'Ange Galdemar : «L'échec de M. Zola au fauteuil de Dumas raconté par lui-même». Il accepte que l'on s'intéresse à sa vie privée – officielle –, présente sa maison de Médan, son appartement parisien, évoque l'organisation de ses journées : «M. Émile Zola chez lui» dans *Le Temps* du 5 décembre 1889; «Une après-midi à Médan. Chez M. Émile Zola» dans le *Le Figaro. Supplément littéraire* du 14 septembre 1889; «Émile Zola intime» par Fernand Xau dans *L'Écho de la semaine* du 22 février 1891; «Les habitudes de travail de nos écrivains», enquête d'André Maurel dans *Le Figaro. Supplément littéraire* du 6 février 1892. De nombreux portraits et la représentation de son cadre de vie accompagnent les interviews et les articles le concernant. De son côté, la presse illustrée, apparue à la fin du siècle, s'intéresse elle aussi à Zola, devenu un personnage en vue : *La Vie moderne* (1877), *L'Illustration* (8 mars 1890), *Gil Blas illustré* (22 avril 1894), *Le Cri de Paris* (11 juin 1899), *La Vie illustrée* (octobre 1902).

Retour au journalisme (1895-1900)

Après quatorze années d'interruption, Zola redevient chroniqueur. Il avait souvent annoncé, au cours des

---

16 Lettre à J. K. Huysmans, 1er juin 1887. **17** Jacques Van Santen Kolff pour la Hollande et l'Allemagne, Ernest Vizetelly pour l'Angleterre, Felix Ziegler pour l'Autriche. **18** C'est en sa qualité de président de la Société des gens de lettres, mais aussi comme ancien journaliste que Zola est invité au congrès annuel de l'Institut des journalistes anglais, à Londres, du 21 au 26 septembre 1893. Le 24 novembre 1893, il préside le banquet de l'Association de la presse étrangère à Paris.

années précédentes, son intention de reprendre son œuvre critique dans un grand journal. *Le Figaro*, dirigé alors par Fernand de Rodays et Antonin Périvier, s'assure sa collaboration régulière pour une critique hebdomadaire inédite, en août 1895. Zola entame une «nouvelle campagne». Son premier article, intitulé «L'opportunisme de Léon XIII», paraît le 1er décembre 1895. Dans ses chroniques de 1895 et 1896, il parle de son métier de romancier, de ses romans, de ses projets ; il traite de la littérature contemporaine. Le 16 mai 1896, «Pour les juifs» dénonce les propos antisémites de la presse, notamment ceux que tient *La Libre Parole* de Drumont. Dans *Dépopulation*, le 23 mai, il s'inquiète de la baisse de la natalité en France. Il défend ses idées et répond à ceux qui lui reprochent son succès et ses gains. Il polémique avec Gaston Deschamps, critique littéraire au *Temps*, qui l'accuse d'emprunts, voire de plagiat, pour la rédaction de son dernier roman, *Rome*. Rodays refusant de faire paraître sa dernière réponse, Zola démissionne au bout de six mois après avoir publié dix-sept articles.

C'est l'affaire Dreyfus qui le conduit à reprendre la plume dans les colonnes du *Figaro*, que lui a ouvertes Fernand de Rodays. Le 25 novembre 1897, il consacre un article à Scheurer-Kestner. Il y lance ce qui va devenir le cri de guerre des dreyfusards : «La vérité est en marche et rien ne l'arrêtera.» Le 1er décembre 1897, il s'attaque au mythe d'un «syndicat juif», à la presse qui propage ces rumeurs et aux services de l'État qui les soutiennent. Un troisième article, le 5 décembre, intitulé «Procès-verbal» est autorisé de mauvais gré par le journal, menacé de désabonnements massifs. Zola poursuit sa campagne dans deux brochures au ton très véhément, *Lettre à la jeunesse* le 14 décembre et *Lettre à la France* le 7 janvier 1898. Enfin, *L'Aurore* publie *J'accuse...!* le 13 janvier 1898. La presse antidreyfusarde s'acharne contre lui. Une campagne de calomnies visant la mémoire de son père, mettant en cause son passé militaire et l'accusant de malversations en Algérie, est menée par Ernest Judet, rédacteur en chef du *Petit Journal*. Le premier article, «Zola père et fils», paraît le 23 mai 1898 ; deux autres articles suivent, le 25 mai et le 18 juillet, jalonnant les étapes du procès de Zola à Versailles. Zola riposte le 28 mai dans *L'Aurore*, en rappelant la carrière d'ingénieur civil de son père. Le procès que lui intente Judet, alors qu'il est à Londres, se conclut le 31 janvier 1900 par l'acquittement de Zola qui révèle les dessous de cette affaire Judet dans trois articles parus dans *L'Aurore* du 23 au 31 janvier 1900. La campagne d'injures graphiques renaît. Forain et Caran d'Ache, notamment, reprennent des thèmes pornographiques déjà utilisés. Zola est aussi représenté en homme-orchestre, en joueur d'orgue de Barbarie, en paon.

Reprenant la plume après onze mois d'interruption, il informe les lecteurs de *L'Aurore* de son retour d'Angleterre, le 5 juin 1899, dans son article intitulé «Justice». Enfin, il exprime, dans *L'Aurore* encore, sa stupeur après le procès de Rennes et la nouvelle condamnation de Dreyfus, le 12 septembre, par un article intitulé «Le cinquième acte». Mais après une ultime protestation, en décembre 1900, au moment de la loi d'amnistie, il se consacrera jusqu'à sa mort à son métier d'écrivain.

Les rapports de Zola avec la presse ont été orageux. Jamais, cependant, il n'a renié le métier de journaliste, qui lui a beaucoup apporté et lui a permis de vivre et d'écrire ses romans. Dans les journaux, il s'est entraîné à écrire rapidement. Il a travaillé son style. Il a abordé les sujets les plus divers, qui ont nourri son inspiration de romancier. Il s'est fait connaître par le feuilleton. Il a orchestré dans la presse sa publicité, y compris par les «affaires», gérées le plus souvent à son avantage. Il s'est fait des relations qu'il a su utiliser avec habileté et intelligence.

Surtout, il a perçu l'audience grandissante de la presse. Usant de ses chroniques régulières comme d'une tribune, il a défendu avec vigueur ses idées artistiques et littéraires d'une part, politiques et sociales de l'autre.

Écrivain engagé, il a donné des coups, mais il en a aussi reçu beaucoup. Journalistes et caricaturistes ne se sont pas privés d'attaquer ses œuvres, ses idées, sa personne. Le succès et la notoriété internationale venus, il a su utiliser à son avantage l'intérêt nouveau que lui portait la presse. On le sollicitait pour la publication de ses romans en feuilleton (les scandales et les affaires font vendre...). On souhaitait avoir son avis sur de nombreux sujets, on était curieux de sa personne, de sa carrière, de sa production littéraire. Il gérait en professionnel de la presse les interviews qu'il accordait.

Si Zola s'est servi de la presse, il a aussi servi la presse «par la lucidité de ses analyses politiques et esthétiques, par la diversité de ses curiosités, par la carrure et la vigueur de ses polémiques, et aussi par le retentissement de ses interventions. Ses articles les plus éclatants ont accru l'emprise du journal sur l'opinion, et l'ont rendu redoutable pour les pouvoirs [19]».

19 Henri Mitterand, *Zola journaliste. De l'affaire Manet à l'affaire Dreyfus*, Armand Colin, 1962, p. 6.

Un républicain nommé Zola

Maurice Agulhon

Comme Victor Hugo, Émile Zola appartient presque autant à l'histoire politique de la France qu'à son histoire littéraire.

Il est surtout célèbre comme romancier (qui ne connaît *L'Assommoir*, *Germinal* ou *Nana*?) mais c'est tout de même la politique qui lui a valu la consécration suprême, celle du Panthéon, après Voltaire et Rousseau, après Victor Hugo, Lazare Carnot et le Dr Baudin[1], en attendant Jaurès, Schoelcher, Jean Moulin, et les autres.

La récompense s'adressait au rôle qu'il avait joué, étant déjà au seuil de la vieillesse, dans l'affaire Dreyfus. Mais il avait d'autres titres, qu'il faut évoquer d'abord.

À l'option républicaine, il était assez normalement prédestiné. Fils d'un immigré italien devenu un brillant et actif ingénieur[2], il sortait d'un milieu entreprenant, instruit, passant aisément de Paris à la province, épris de succès et de modernité plutôt que de fidélité à des racines ou à des traditions. Quand, bientôt, la mort de son père fait tomber la famille au seuil de la pauvreté, Émile vit à Paris dans une petite bourgeoisie intellectuelle liée aux nouveaux métiers de l'édition, voisine à la fois de la bohème et de «la jeunesse des écoles», milieu remuant et, du moins à Paris, déjà largement déchristianisé. Or, dès le milieu du XIXᵉ siècle, quand on n'a ni tradition conservatrice provinciale, ni tradition napoléonienne, ni imprégnation catholique, qu'est-ce qui peut vous rattacher aux monarchies? On est républicain, ne serait-ce que par soustraction, et virtuellement. Républicain, alors, pour le dire en trois mots, c'était être du côté du peuple, du droit et de la liberté, et on tenait pour évident que l'Empire en constituait l'exacte antithèse. Zola n'est pas seul à avoir pensé que la République à rétablir se définirait contre le Second Empire et quasiment par lui, qu'elle verrait en lui un véritable repoussoir. Son premier lien personnel avec l'histoire de la République consiste à avoir donné à cette croisade presque banale une ambitieuse traduction romanesque, alors qu'Eugène Ténot, par exemple, l'exprimait en enquêtes historiques, Victor Hugo en imprécations politiques et Léon Gambetta en plaidoiries[3].

La Fortune des Rougon, premier roman de la série des *Rougon-Macquart (histoire naturelle et sociale d'une famille*

Caricature anonyme, représentant Gambetta s'efforçant de séduire l'Assemblée (voir notice n° 90).

sous le Second Empire), inaugure cette histoire par le récit du coup d'État du 2 décembre 1851, de la tentative malheureuse de résistance en province et de la répression qui s'en est suivi. Avec une grande hardiesse anticipatrice, Zola écrit ce volume alors que l'Empire est encore intact, renvoyant le régime «dans l'histoire» avant que cette histoire soit en fait advenue! *La Fortune des Rougon* va paraître ainsi en coïncidence exacte avec l'avènement de la Troisième République, celle du 4 septembre 1870, dont l'ouvrage exalte les malheureux précurseurs de 1848-1851.

La Fortune des Rougon n'est pas seulement républicaine par l'histoire de décembre 1851, qu'elle raconte avec une exactitude appréciable à travers la transposition des noms de lieux[4]; et pas seulement républicaine non plus par l'éloge émouvant et par la pitié que Zola accorde aux victimes; elle l'est aussi – ce que l'on dit moins – par l'expression symbolique. Car dès *La Fortune des Rougon* l'histoire évoquée par Zola voit s'affronter, au-delà des groupes humains, des objets puissamment significatifs: du côté de Louis Napoléon figurent tous les notables, les possédants, les bien-pensants, tout l'énorme «parti de l'ordre», et ce camp des valeurs établies, ce camp tout défensif, en profondeur, Zola nous le montre avec insistance claquemuré derrière les anachroniques *remparts* de Plassans; du côté républicain au contraire, on se réunit d'un village à l'autre, on se rassemble pour aller au combat, on défile, et c'est la fameuse *colonne* qui marche quatre jours des forêts de «la Seille» au plateau de «Sainte-Roure», en évidente allégorie du progrès. Ainsi Zola, avec les remparts, place-t-il du côté des droites (alors toutes monarchistes) les valeurs du conservatisme, et du côté de la république, avec la colonne en marche, le parti du mouvement. Le Zola de 1870 traduit dans son langage une intuition absolument centrale du républicanisme de son temps[5].

Il le traduit, disions-nous, dans son langage, celui des grands objets symboles, les remparts et la colonne, donc, en attendant les Halles, l'alambic, ou la locomotive[6], et cela aussi a quelque chose de très hugolien. Dans son célèbre *Journal*, si méchant pour Émile Zola, Edmond de Goncourt ne cessera de se plaindre: nous (mon frère et moi) avons inventé le roman naturaliste, Zola est notre cadet, notre successeur, notre élève, et pourtant il est plus célèbre que nous, c'est injuste! Ce que Goncourt ne savait pas voir, c'est que Zola n'était pas seulement leur élève et leur émule en naturalisme, il avait aussi retenu et appris à reproduire l'art, hugolien bien sûr, de donner aux réalités inertes ou abstraites quelque chose comme de la vie.

Mais revenons au naturalisme, et aux Rougon-Macquart dans leur ensemble. Cette famille a une histoire, «naturelle» et «sociale». On suit ses différents membres dans la diversité de leurs destins, qui n'efface pas le mystérieux apparentement de leurs caractères, tandis que cette diversité d'histoires individuelles permet de parcourir d'un roman à l'autre tous les milieux, toutes les professions, tous les étages de la société. Chaque roman peut se lire pour lui-même, mais l'ensemble brosse la fresque annoncée, dénonçant le régime impérial, ses fonctionnaires et ses profiteurs, mais exposant aussi des tares sociales que la République n'a pas toutes corrigées dans les années où Zola écrit.

Que la dénonciation du régime impérial soit républicaine, et perçue comme telle, c'est l'évidence. Mais la peinture naturaliste du peuple tel qu'il fut, et tel qu'il est encore, dans *L'Assommoir*, *Germinal* ou *La Terre*, cette sévérité, est-elle républicaine aussi? Certains en ont douté, mais Zola s'est défendu[7]. Le roman naturaliste, pour lui, relève d'un esprit scientifique, celui de la psychologie (du savoir médical) d'un côté, celui de la sociologie de l'autre; étant scientifique, il ne peut être que républicain, alors que l'idéalisation complaisante du peuple ne le serait pas. Zola se sent, en somme, républicain jusque dans son scientisme.

Zola, enfin, se révèle imprégné de culture républicaine dans le détail même de sa symbolique – d'autres diraient de son folklore. Dès *La Fortune des Rougon*, dans le récit, terminal, de la bataille provençale de décembre 1851, il ne manque pas de placer Miette, vêtue d'une pelisse rouge, dans le rôle de porteur du drapeau, rouge aussi, de la troupe insurgée[8]. Une vingtaine d'années plus tard,

---

1 Représentant du peuple, tué par des soldats de Bonaparte en essayant de résister au coup d'État du 2 décembre. Porté au Panthéon en 1889. **2** Nous suivons le commode résumé biographique établi par Henri Mitterand pour l'édition en collection «Folio» de *La Fortune des Rougon* (Gallimard, 1981), que nous avons commenté dans sa préface. **3** Tout ceci, connu, est utilement rassemblé par Georges Weill, *Histoire du parti républicain en France, 1814-1870*, Félix Alcan, 1928, réimpr. Genève, Slatkine, 1980. **4** L'insurrection racontée est celle de la partie centrale du département du Var, relatée par Tenot, puis par Noël Blache en 1869. Récit et analyse plus récente dans Maurice Agulhon, *La République au village*, Plon, 1970. Commencée dans le massif des Maures, l'insurrection a traversé le département du sud au nord et a été battue à Aups. La seule liberté, importante, prise par Zola avec les faits, est d'avoir donné à la petite ville «blanche» de Lorgues (Var), rebaptisée Plassans, bien des traits provenant de la ville d'Aix-en-Provence, qu'il connaissait mieux et à laquelle il a emprunté les féroces portraits de notables et l'existence d'anciens remparts. **5** C'est en tous cas la thèse que nous avons soutenue dans le commentaire cité ci-dessus, en note 2 (*La Fortune des Rougon, op. cit.*). **6** «Personnages» du *Ventre de Paris*, de *L'Assommoir*, et de *La Bête humaine*. **7** Pour les polémiques et controverses autour de l'œuvre romanesque de Zola dans les années 1880, renvoyons une fois pour toutes à Henri Mitterand, *op. cit.* **8** Le fait est exact, la militante du Var prise pour porte-drapeau a existé, elle s'appelait Césarine Ferrier. Mais – Zola dramatise – c'était une femme mariée, et non une sauvageonne, et elle ne fut pas tuée. Ce qui est avéré, en revanche, c'est la tendance à faire jouer aux rares femmes présentes dans les batailles populaires un rôle ambigu d'exhibition, à la fois porte-drapeau et «déesse de la liberté». Cette analyse est développée et défendue dans *La République au village*, déjà cité, pour l'épisode provençal et dans *Marianne au combat* (Flammarion, 1979) à l'échelle nationale.

Les Rougon-Macquart achevés, il entreprend la série des *Quatre Évangiles*, qui vise à transfigurer la tradition chrétienne en un évangélisme laïque, optimiste et philanthropique. La famille, cette fois, s'appelle Froment (beau nom de nourriture), les quatre frères, Mathieu, Marc, Luc et Jean, et Mathieu, le héros de *Fécondité*, a pour épouse…

Marianne[9]! Leurs enfants sont au nombre de douze, tous beaux, sains et prospères. Le bonheur du couple s'y transmue en véritable religion.

«Marianne […] était servie et adorée par lui [Mathieu], le soir dans leur chambre, ainsi qu'une divinité. C'était, plus haut et plus vrai que le culte de la Vierge, le culte de la mère, la mère

Théophile Alexandre Steinlen, *Le Quatorze Juillet 1889* (voir notice n° 98).

aimée et glorifiée, douloureuse et grande, dans la passion qu'elle souffre, pour l'éternelle floraison de la vie. »

Ainsi, du culte de la république en femme, qui traverse tout le siècle, depuis les «déesses de la liberté» et femmes porte-drapeaux héritées de la Révolution jusqu'à la récupération du mythe de la déesse-mère par la république

optimiste des Victor Hugo, des Jules Ferry et des Puvis de Chavanne, Zola romancier aura tout retenu.

Il gardait cependant les pieds sur terre, car la République n'avait pas que des dévots, des temples et des fêtes. Elle avait aussi ses crises, et ses contradictions internes. L'affaire Dreyfus – nous y arrivons – ne fut-elle pas d'abord un conflit entre républicains? du côté de ce qu'on aurait bientôt à stigmatiser comme une erreur judiciaire, dans le camp qui tenait Dreyfus pour coupable, on trouvait tout l'«*establishment*», présidence, gouvernement, Parlement, armée, justice. En face, pour dénoncer l'erreur, des isolés, parfois venus de l'anarchie (Bernard Lazare). Jouant l'éthique de la république (le culte du droit) contre ses institutions, s'en prenant même au président (Félix Faure), l'auteur de *J'accuse…!* a eu alors quelque chose de subversif, et la République installée le lui a bien fait sentir. Condamnation, exil. Puis est venu le basculement. Lorsque les nationalistes antidreyfusards, en attaquant le nouveau président (Émile Loubet), ont pris une allure de néo-bonapartistes, à leur tour subversifs, le camp républicain s'est ressaisi, a fait sienne la croisade dreyfusarde, Dreyfus et Zola sont rentrés en vainqueurs.

Le hasard a fait bénéficier la gloire d'Émile Zola de la chance supplémentaire (si l'on peut dire) d'une mort brutale et prématurée. Ce genre d'émotion a toujours aidé à l'héroïsation. En 1908, donc, Clemenceau étant au gouvernement, Émile Zola entre au Panthéon.

On a un peu oublié aujourd'hui à quel point le Panthéon «d'avant l'autre guerre» était «républicain». Les partis de droite (anciens monarchistes, ou républicains d'esprit conservateur et nationaliste ayant basculé vers la droite) détestaient le Panthéon. C'est aux Invalides, véritable anti-Panthéon, que dormaient leurs héros. Le Panthéon à la belle époque était en quelque sorte républicain au sens où ce mot désignait seulement les républicains réputés authentiques, amis de la Révolution, épris du progrès, populaires et anticléricaux.

C'est cette république-là, moins consensuelle que celle d'aujourd'hui, que Zola avait servie et qui se reconnaissait en lui. Celle qui avait été «belle sous l'Empire[10]», ce qui nous ramène aux *Rougon-Macquart*…

9 Là encore, Zola reflète la tendance générale. Commentée dans notre *Marianne au pouvoir* (Flammarion, 1989), qui fait suite au précédent ouvrage cité. **10** «Que la République était belle sous l'Empire!» c'est la formule bien connue des républicains de la fin du XIXᵉ siècle, quand ils étaient désabusés pour telle ou telle raison.

1871-1897 # Décrire

Le temps de l'analyse

« Sans doute [Zola] a-t-il été sous l'Empire un républicain atmosphérique, grand lecteur de Littré, Taine et Michelet, hostile au pouvoir absolu, convaincu au reste de l'inévitable fin du régime. Lorsqu'il écrit *La Conquête*, il tient pour définitive la République, toute vagissante qu'elle soit encore. Mais c'est sans enthousiasme. La nouveau-née l'a déjà déçu : en 1871, le parquet a mis des obstacles à la publication de *La Curée*, et Zola s'est indigné qu'un procureur de la République ait pu s'offenser d'un livre qui est une féroce satire de l'Empire. Mais le désenchantement vient de plus loin encore, comme si la vieille obsession française du régime politique était elle aussi partie en fumée dans l'incendie de Plassans. Il est né de la certitude que la forme républicaine, désormais assurée et relativement indifférente, va bientôt cesser d'être un enjeu romanesque. » (Mona Ozouf, *Les Aveux du roman. Le dix-neuvième siècle entre Ancien Régime et Révolution*, Fayard, 2001, p. 259.)

De février 1871 à août 1872, Zola écrit deux cent soixante et une chroniques parlementaires. Cette expérience lui servira pour la rédaction de *Son Excellence Eugène Rougon*. S'il abandonne ensuite le journalisme politique, il fait de fréquentes allusions à l'actualité, ne se privant pas de critiquer l'assemblée conservatrice.

Deux romans sont directement inspirés par la crise du 24 mai 1873, qui provoque le remplacement de Thiers par Mac-Mahon et la formation par Albert de Broglie d'un gouvernement « d'Ordre moral ». Ce sont *La Conquête de Plassans* et *La Faute de l'abbé Mouret*.

Publiée en 1873, *La Conquête de Plassans* décrit les intrigues d'un prêtre envoyé à Plassans pour convertir la ville légitimiste au bonapartisme dans les premières années de l'Empire, alors que le régime s'appuie sur l'Église catholique en échange de faveurs et de prérogatives accordées à cette dernière. Vingt ans plus tard, le cléricalisme est à nouveau à l'ordre du jour. Certes, le pouvoir appartient depuis 1871 aux conservateurs, mais Thiers, s'il est du côté de l'ordre, reste un libéral dont l'attachement au catholicisme relève de la tactique et non de la conviction. En 1873, on assiste à une nouvelle offensive d'une Église romaine crispée sur la condamnation de la société issue de la Révolution. Elle est soutenue par le pouvoir en place : multiplication des pèlerinages (Lourdes, Paray-le-Monial, La Salette), vote de la construction du Sacré-Cœur le 23 juillet, censure des ouvrages jugés anticatholiques (la commission de colportage interdit la vente de *La Conquête de Plassans* dans les gares).

Deux ans plus tard, *La Faute de l'abbé Mouret* attaque directement l'idéal de chasteté valorisé par le culte marial, alors en plein essor, et le personnage d'Archangias ressemble beaucoup à ces « frères ignorantins » dénoncés et caricaturés depuis la Restauration par les anticléricaux, de Béranger à André Gill.

Par ailleurs, au moment où l'amnistie des communards – parmi lesquels Jules Vallès, que Zola appuie dans ses démarches auprès des éditeurs – fait l'objet d'âpres débats, Zola décrit, dans *Le Ventre de Paris*, les réactions de peur et de haine que provoque, chez « les honnêtes gens » des Halles, le retour de Florent, l'insurgé de 1848 échappé du bagne.

89

Ernest Meissonier, *Les Ruines des Tuileries*

Ce tableau a été peint d'après une des nombreuses photographies des ruines de Paris. En effet, l'ombre de la défaite pèse sur les premières années du nouveau régime : « [...] personne à l'Hôtel de ville, dont on a cependant arrêté les nouveaux plans et devis ; personne aux Tuileries, personne au Conseil d'État, personne au Grenier d'Abondance. Les ruines s'émiettent sous la pluie, racontent toujours l'année terrible par toutes leurs blessures ouvertes. » (Émile Zola, article publié dans *La Cloche* du 14 juin 1872, voir *Œ. C.*, t. IV, p. 84.)

1871
Huile sur toile, 136 × 96 cm
Musée national du château de Compiègne

**90
Anonyme, caricature représentant
Gambetta s'efforçant de séduire
l'Assemblée**

« Commis de la République », Gambetta est
représenté en marié menant à l'autel
républicain l'assemblée royaliste, une dame
mûre vêtue à la mode de la Restauration ;
ils sont précédés de Thiers en angelot.

1874
Dessin, 24 × 32 cm
BNF, Estampes, Qb1 1874
(Reproduit p. 70)

**92
Anonyme, lettre d'une lectrice au journal
*La Cloche***

La Curée provoqua de violentes réactions
des lecteurs dès le début de sa parution en
feuilleton, le 29 septembre 1871. Louis
Ulbach, directeur de *La Cloche*, envoya
cette lettre-ci à Zola pour qu'il accepte
l'interruption de la publication le 5 novembre
1871, le journal étant menacé de saisie.

Manuscrit autographe, 202 × 265 mm
BNF, Manuscrits, NAF 25524, f. 328 v°-329
(Non reproduit)

**93
Anonyme, « Un effet de situation »**

Cette caricature, imprimée sur un mouchoir
de soie, porte une fausse adresse : « imprimé
à Tombouctou ». On y voit la République
agenouillée, la tête sur le billot, tenue aux
cheveux par le pape, devant Mac-Mahon
armé d'une hache. En bas, à gauche : Thiers,
Grévy et Gambetta ; à droite : Albert
de Broglie.

1877
Soie, 42 × 42 cm
BNF, Estampes, Qb 1877

**91
Anonyme, Zola à trente ans**

Photographie, 19 × 12,7 cm
Médan, Maison d'Émile Zola

Zola supportait assez bien les attaques des journaux conservateurs, auxquelles il était habitué
depuis ses débuts, mais il fut blessé par l'incompréhension des critiques républicains. En 1877, lors
de la publication de *L'Assommoir*, qui connut un immense succès, les éditorialistes paraprotestants
du *Temps*, le groupe des proches de Hugo et surtout Arthur Ranc et Charles Floquet dans le journal
de Gambetta, *La République française*, l'accusèrent d'avoir donné une vision négative du Peuple,
dont l'image officielle demeurait celle des *Misérables*.

Aussi accueillit-il le triomphe des républicains après le départ de Mac-Mahon, en 1879, avec
un enthousiasme mitigé. Ses amis littéraires, Flaubert, Goncourt et Daudet, étaient des hommes
de droite et l'idéalisme moralisateur du nouveau régime ne s'accordait pas avec la peinture sans
concession de la réalité revendiquée par le naturalisme. Diverses pressions obligèrent Zola à quitter
Le Voltaire et, lorsqu'il entra au *Figaro* en septembre 1880 pour une « campagne » qui devait
s'achever un an plus tard, il fut accusé d'avoir « trahi la République ». Le romancier réagit alors
en critiquant violemment les « boutiques républicaines » et la médiocrité de la « cuisine »
politicienne. Il prédit à Gambetta qu'il serait « dévoré par ses créatures », tout comme Eugène
Rougon l'avait été, sous l'Empire, dans *Son Excellence Eugène Rougon* (publié en 1876).

Cette mésentente de l'écrivain avec la jeune République laïque et pédagogue, mais qui s'obstine
à demeurer hugolienne, étonne un peu. Leurs retrouvailles se feront quelque dix ans plus tard
et seront scellées par le grand reclassement provoqué par l'affaire Dreyfus. En attendant,
la République opportuniste de Gambetta et Ferry n'est pas naturaliste.

94

Jean Béraud, *La Sortie du Salon au Palais de l'industrie*

Une foule de visiteurs se pressait chaque année, depuis 1857, au Palais de l'industrie pour le « Salon ». « Le dimanche, écrit Zola en 1875, lorsque l'entrée est libre on compte jusqu'à trente mille visiteurs. Les autres jours, le chiffre va de huit mille à dix mille et cela pendant six semaines. » Contrairement aux attentes des peintres, les jurys de la IIIe République – qui avait joint l'administration des Beaux-Arts à celle de l'Instruction publique – allaient être plus frileux que leurs prédécesseurs, excluant tout ce qui avait trait à la Commune, privilégiant la peinture d'histoire, refusant *La Femme couchée* de Courbet, éliminant Guillaumin et… multipliant les médailles, ce que Zola trouvait ridicule. L'écrivain est revenu à la critique d'art pour *La Cloche*, puis

pour *Le Messager de l'Europe* et *Le Sémaphore de Marseille*. Il commente en particulier le Salon de 1874, que Guillemet et Manet refusent de quitter pour le Salon des impressionnistes, et celui de 1875. Il continue à louer ses amis impressionnistes, mais aussi Jongkind et Puvis de Chavannes. Lors du Salon de 1879, le premier qui suit la chute du régime « d'ordre moral », Zola remarque que « le jury invité à la sévérité se trompe et sévit souvent contre les artistes auxquels appartient l'avenir au lieu de flétrir la tourbe des nullités ». L'année suivante, il rédige, à la demande de Cézanne et de ses amis, quatre articles pour *Le Voltaire*, sous le titre « Le naturalisme au Salon », dans lesquels il se fait l'écho des plaintes des peintres.

Huile sur toile, 33 × 55,5 cm
Paris, musée Carnavalet

95

Maurice Delondre, *Dans l'omnibus*

Vers 1885
Huile sur toile, 66 × 94 cm
Paris, musée Carnavalet

96

Joris Karl Huysmans, lettre à Zola, 1er octobre 1880

Le 20 septembre 1880, dans *Le Figaro*, Zola avait violemment attaqué Arthur Ranc, incarnation de la médiocrité du personnel politique républicain. Le 27 septembre suivant, il répondait aux accusations de trahison en interrogeant comiquement : « Ainsi me voilà parjure et renégat. J'ai trahi la République. Un seul mot : laquelle ? » avant d'énumérer les « trente-six républiques » celles de Gambetta, de Rochefort, d'Adrien Hébrard, d'Edmond About, de Clemenceau, de Victor Hugo enfin et surtout, « le baiser universel des peuples, la fin des guerres, Hernani en pourpoint abricot bénissant le monde, tout le rêve superbe et innocent d'un bon vieillard ». Huysmans l'en félicita chaleureusement :
« Votre article des 36 républiques vous a concilié bien des sympathies. J'ai entendu dire de tous les côtés, Zola a eu le courage de dire ce que personne n'ose dire. Il y a plus de personnes que nous pensons qui sont dégoûtées des palinodies actuelles et qui sont enchantées de le voir enfin mettre les pieds dans le plat. *Le Figaro* doit être ravi car ç'a été un grand et véritablement beau succès. Les radicaux bouillonnent. »

Manuscrit autographe, 155 × 100 mm
BNF, Manuscrits, NAF 24520, f. 342 v°
(Non reproduit)

97
Jean Béraud, *La Soirée*

Huile sur toile, 35 × 27 cm
Paris, musée Carnavalet

98
Théophile Alexandre Steinlen, *Le Quatorze Juillet 1889*

La *Marseillaise* redevient hymne national en 1879.
L'année suivante, le 14 Juillet devient la fête nationale.
Le Vaudois révolutionnaire Steinlen peint un 14 Juillet
bon enfant, plus populaire que national, où rôde encore
l'ombre légère d'une Gervaise heureuse.

Huile sur toile, 190 × 272 cm
Paris, Petit Palais
(Reproduit p. 72)

99
Alfred Dehodencq, *La Descente des ouvriers*

Le premier 14 Juillet portait symboliquement un grand
espoir : l'amnistie complète des communards devait
permettre au peuple révolutionnaire de réintégrer le camp
républicain. Or le mouvement ouvrier venait de se définir,
au congrès d'octobre 1879, contre le pouvoir en place
quelle que fût sa couleur : trop de sang avait été répandu
et Thiers le fondateur était aussi, et pour longtemps, Thiers
le massacreur. Les forces économiques se rallièrent vite
au nouveau régime, qui fut investi par les « patrons ».
La République était « bourgeoise » et le fossé se creusa
d'autant plus que la dépression économique des
années 1880 provoqua le cycle infernal du chômage,
de la grève et de la répression. Lorsqu'en 1886, un an
après la publication de *Germinal*, les mineurs de Decazeville
défenestrèrent l'ingénieur Watrin, la réalité dépassa
la fiction. En 1885, la censure de l'adaptation de *Germinal*
au théâtre fut une affaire politique.

Huile sur toile, 34,5 × 50 cm
Lyon, musée des Beaux-Arts

Harmonies

Lié depuis 1868 avec les Goncourt, Zola rencontre après 1871 Flaubert puis, chez ce dernier qui réunit ses amis
le dimanche, Alphonse Daudet et Ivan Tourgueniev. L'écrivain russe l'introduit auprès de Michel Stassioulevitch, directeur
du *Messager de l'Europe*, la grande revue libérale de Saint-Pétersbourg. Toute sa vie, Zola gardera la nostalgie du
« petit groupe », qu'il évoque en ces termes en mai 1880 après la mort de Flaubert : « C'était, de trois heures à six heures,
un galop à travers les sujets ; la littérature revenait toujours, le livre ou la pièce du moment, les questions générales,
les théories les plus risquées ; mais on poussait des pointes dans toutes les matières, n'épargnant ni les hommes, ni les
choses. Flaubert tonnait, Tourgueniev avait des histoires d'une originalité et d'une saveur exquise, Goncourt jugeait avec
finesse et son tour de phrase si personnel, Daudet jouait ses anecdotes avec ce charme qui en fait un des compagnons
les plus adorables que je connaisse. » (*Œ. C.*, t. XI, p. 131.) Les cinq auteurs se rencontrent encore dans le salon de
Marguerite Charpentier, brillante épouse de leur éditeur, et instituent le 14 avril 1874 le dîner mensuel des « auteurs
sifflés ». De décembre 1874 à 1879, Zola participe en outre aux dîners du « Bœuf nature » avec ses amis aixois, mais aussi
avec Paul Bourget et François Coppée. Il conserve par ailleurs l'amitié des peintres qu'il défend depuis plusieurs années :
Monet, qu'il aide financièrement à plusieurs reprises, Pissarro, Renoir, Sisley, Jongkind, Cézanne, l'ami de toujours, et
surtout Manet, qui le met en contact en 1874 avec Mallarmé dont l'esthétique est si différente de la sienne mais qui le lit
fraternellement, en poète, sous le coup d'une admiration réciproque.
Plusieurs jeunes écrivains que Zola a rassemblés autour de lui, Paul Alexis, Henry Céard, Léon Hennique, Guy
de Maupassant, Joris Karl Huysmans et Octave Mirbeau, offrent à leurs « maîtres », Flaubert, Goncourt et Zola, le fameux
« dîner Trapp » (du nom du restaurateur) le 16 avril 1877. Zola lance une campagne dans *Le Bien public* et surtout dans
Le Voltaire, où il définit en octobre 1879 le « roman expérimental » avec une assurance que n'apprécie guère Flaubert.
Entre-temps *L'Assommoir*, publié en 1877, connaît un phénoménal succès, encore amplifié par son adaptation pour
le théâtre en janvier 1879. Zola fait désormais figure de chef de l'école naturaliste, encore qu'il ait toujours refusé ce titre.
Le naturalisme devient la cible des chansonniers et des caricaturistes tandis que les critiques se multiplient dans les
milieux littéraires. Mais Zola est enfin délivré des soucis matériels qui pesaient sur lui depuis sa jeunesse. Il achète
à Médan une « cabane à lapins » qu'il ne cessera plus d'agrandir et d'aimer. Il y reçoit ses émules, ses amis, ses proches
et y passe de plus en plus de temps à travailler loin des mondanités parisiennes, où il ne s'est jamais senti à l'aise.

100
**Ernst Friedrich von Liphart,
portrait de Zola**

Dessin au crayon exécuté pour *La Vie
moderne* (1ʳᵉ année, n° 29, 25 octobre
1879) et reproduit en tête des *Notes
d'un ami* de Paul Alexis (1882).

50 × 30 cm
Collection F. Labadens

101
**Eugène Giraud, portrait charge
de Flaubert**

Vers 1860
Aquarelle sur crayon gouaché,
52 × 37,6 cm
BNF, Estampes, Na 87 Rés

102

**Edmond de Goncourt, lettre à Émile Zola,
juillet 1870**

Jules de Goncourt était mort le 20 juin. Une semaine
plus tard, Zola écrivait à Edmond : « Il est mort n'est-ce
pas, beaucoup de l'indifférence du public, du silence
qui accueillait ses œuvres les plus vécues. L'art l'a tué.
Quand je lus *Madame Gervaisais*, je sentis bien qu'il y
avait comme un râle de mourant dans cette histoire
ardente et mystique ; et quand je vis l'attitude étonnée
et effrayée du public en face du livre, je me dis que
l'artiste en mourrait. Il était de ceux-là que la sottise
frappe au cœur… Vous avez toute la jeunesse,
entendez-vous, tout l'art de demain, tous ceux qui
vivent de la vie nerveuse du siècle. "Jules de Goncourt
est mort !" et j'ai vu des larmes monter aux yeux ;
j'ai mis par ces paroles beaucoup de tristesse autour
de moi. Il n'est pas mort tout entier et vous, vous
ne restez pas seul. » Goncourt fut extrêmement touché
et répondit immédiatement par cette longue lettre.

Manuscrit autographe, 207 × 130 mm
BNF, Manuscrits, NAF 24519, f. 363 et 364
(Non reproduit)

103

**Louis Montégut, *Alphonse Daudet
et Julie Allard son épouse***

1883
Huile sur toile ovale, 44,5 × 50 cm
Paris, musée Carnavalet

104

**Eugène Carrière, portrait de Goncourt
sur *Germinie Lacerteux***

Paul Gallimard, père de l'éditeur, s'offrit le luxe de faire imprimer
et illustrer de dix eaux-fortes originales de Raffaelli *Germinie
Lacerteux*, le roman fondateur de l'école naturaliste, en trois
exemplaires seulement : pour lui-même, pour le critique Gustave
Geffroy et pour Edmond de Goncourt. Ce dernier fit orner la
couverture du sien d'« un admirable portrait où se voit, dans le
fond, le médaillon de bronze de Jules et dans lequel Carrière a
merveilleusement exprimé la vie fiévreuse des yeux de l'auteur »
(*Journal*, 14 décembre 1894). Dans le « grenier » d'Edmond
de Goncourt, cet exemplaire figurait dans une vitrine, aux côtés
des autres portraits de ses amis écrivains, représentés sur celui
de leurs ouvrages qu'il appréciait le plus. B. V.

Illustrations de Jean-François Raffaelli, préface de Gustave Geffroy. Paris,
imprimé pour M. P. Gallimard par G. Chamerot, 1890. Édition tirée à trois
exemplaires sur papier whatman. Exemplaire offert à Edmond de Goncourt,
contenant trois états des eaux-fortes
21 × 25,5 cm
BNF, Réserve des livres rares, Z. Audéoud 284, premier plat
avec un portrait à l'huile sur vélin signé et daté de juillet 1892

105

Paul Bourget, lettre à Émile Zola, 2 février 1877

Contrairement à Flaubert ou à Tourgueniev, choqués par
l'œuvre, et à Goncourt, jaloux des seize mille exemplaires
vendus en un mois, Paul Bourget fut enthousiasmé par
L'Assommoir : « Je vous admire, moi, et je vous assure que
la conquête de mon imagination par votre talent a été longue
[…]. Faites-nous encore quelques livres de cette force-là,
et vous serez le Balzac de la fin du siècle. »

Manuscrit autographe, 215 × 135 mm
BNF, Manuscrits, NAF 24511, f. 284
(Non reproduit)

106

**Auguste Renoir, *Premier portrait
de Madame Charpentier***

Georges Charpentier succède à son père, l'éditeur
Gervais Charpentier, en 1871. L'année suivante
il rachète les droits des deux premiers *Rougon-
Macquart* à Lacroix et signe avec Zola un contrat
lui assurant les cinq cents francs mensuels dont
l'écrivain rêvait depuis plusieurs années. Commence
une longue et indéfectible amitié. Les Zola deviennent
des familiers du salon de Marguerite Charpentier –
grande bourgeoise qui intimide un peu Alexandrine –,
où se rencontrent écrivains, artistes et hommes
politiques. Les deux couples partent ensemble en
vacances : sur la côte vendéenne en 1876, puis à
Royan en 1888. Zola est le parrain du deuxième fils
des Charpentier.

Voir Colin B. Bailey, *Renoir's Portraits. Impressions of an Age*,
New Haven, Yale University Press, 1997, p. 161-167,
notice n° 31.
1876-1877
Huile sur toile, 46 × 39 cm
Paris, musée d'Orsay

107

Les Soirées de Médan

La publication d'un recueil de nouvelles est plus facile
à réaliser que la revue naturaliste dont rêvaient les
jeunes amis de Zola : Henry Céard, Léon Hennique,
Joris Karl Huysmans, Guy de Maupassant et Paul
Alexis. Œuvre de promotion et de combat,
Les Soirées de Médan sont précédées d'une préface
agressive : « Nous nous attendons à toutes les
attaques, à la mauvaise foi et à l'ignorance dont la
critique courante nous a déjà donné tant de preuves.
Notre seul souci a été d'affirmer publiquement
nos véritables amitiés et, en même temps, nos
tendances littéraires. » Dans *Le Gaulois* du 17 avril
1880, Maupassant raconta, en la romançant,
la naissance du projet pendant les soirées d'été
à Médan.

Exemplaire dédicacé par les auteurs à Mme François Zola,
mère d'Émile Zola
Collection É.-Z.
(Non reproduit)

108

Joris Karl Huysmans, *Émile Zola et « l'Assommoir »*

C'est en 1876 qu'Émile Zola reçut les premières
visites de Joris-Karl Huysmans, Henry Céard et Léon
Hennique, qui seront, avec Paul Alexis et Guy de
Maupassant, ses amis et disciples des *Soirées
de Médan*. Du 11 mars au 1ᵉʳ avril 1877, Huysmans
fit paraître dans l'hebdomadaire littéraire bruxellois,
L'Actualité, dirigé par l'écrivain Camille Lemonnier,
un vibrant plaidoyer en faveur de Zola – « le buveur
de sang, le pornographe, est tout simplement
le plus exquis des hommes et le plus bienveillant
des maîtres » –, des premiers romans de la série
des *Rougon-Macquart* et de *L'Assommoir*. Huysmans
se détacha ensuite progressivement du groupe
jusqu'à son roman *À rebours* (1884) qui marqua
sa rupture définitive avec le naturalisme. B. V.

Bruxelles, Imprimerie de Brogniez et Vande Weghe, [1877]
24 cm
BNF, Réserve des livres rares, Rés. m Y² 874,
première page avec la dédicace de l'auteur à Henry Girard.
(Non reproduit)

109

Eugène Delâtre, portrait de Joris Karl Huysmans

Dessin au crayon, 21,5 × 29,3 cm
BNF, Manuscrits, NAF 15761, f. 2 v°

110

Camille Pissarro, *Portrait de Paul Cézanne*

Pissarro avait rencontré à l'Académie suisse Cézanne, qui lui présenta Zola. Il faisait partie du groupe qui se réunissait chez l'écrivain sous le Second Empire.

1874
Eau-forte, état unique, épreuve sur chine volant avec cachet de l'artiste, 27 × 21,4 cm
BNF, Estampes, Dc419

111

Paul Cézanne, lettre à Zola, 24 septembre 1878

Cézanne a été témoin au mariage de Zola, le 31 mai 1870. Il demeure ensuite à L'Estaque ou au Jas de Bouffan, d'où il entretient une correspondance régulière avec son ami d'enfance. Paul est en situation difficile, il vit avec Hortense Fiquet et, en 1872, devient père d'un petit garçon sans que son terrible père le sache. Installé près de Pontoise en 1872, avec Pissarro, il séjourne parfois à Médan et fait souvent appel à la bourse d'Émile ; celui-ci lui envoie ses livres, que son ami lit distraitement, avec, peut-être, un léger agacement devant le succès et la prospérité de son cadet qui, en retour, ne lui porte pas la même admiration qu'à Manet (« Le jour où Monsieur Paul Cézanne se possédera tout entier, il produira des œuvres tout à fait supérieures », 1877) : « J'ai rencontré le nommé Huot architecte, qui m'a fait grand éloge de ton œuvre des Rougon-Macquart entière, et m'a dit que c'était très estimé par des gens qui s'y connaissent. Il m'a demandé si je te voyais : j'ai dit dernièrement. Stupéfaction et j'ai haussé dans son estime. »

Manuscrit autographe, 206 × 130 mm
BNF, Manuscrits, NAF 24516, f. 534 v°-535
(Non reproduit)

112

Paul Gauguin, *Portrait de Stéphane Mallarmé*

Janvier 1891
Gravure originale sur cuivre à l'eau-forte et à la pointe sèche.
Épreuve unique du premier état reliée en tête de la seconde édition des poèmes d'Edgar Poe traduits par Mallarmé avec des illustrations de Manet.
18,3 × 14,3 cm
BNF, Estampes, Rés. Ta-759-4

113

Stéphane Mallarmé, lettre à Zola, 3 février 1877, « Notre ami Manet »

Mallarmé vient de relire *L'Assommoir*, déjà lu en feuilleton, que Zola lui a envoyé en volume. Il lui dit son enthousiasme et sa joie de voir que le succès du livre rejaillit sur les précédents : « Voilà une bien grande œuvre, et digne d'une époque où la vérité devient la forme populaire de la beauté ! Ceux qui vous accusent de n'avoir pas écrit pour le peuple se trompent dans un sens, autant que ceux qui regrettent un idéal ancien ; vous en avez trouvé un qui est moderne, c'est tout. » Il se propose d'aller au prochain « jeudi » de Zola : « J'ai retrouvé un exemplaire du *Corbeau* que je vous porterai, de la part de Manet que vous aimez et de moi qui vous aime. »
Le 5 octobre 1890 à propos de *La Bête humaine* : « J'admire avec tout mon esprit et de longue date, cet art, le vôtre, qui est la littérature et quelque chose d'autre, capable de satisfaire la foule et étonnant toujours le lettré ; et je crois que jamais torrent de vie n'a circulé comme dans ce ravin creusé par votre drame entre Paris et Le Havre. »

Manuscrit autographe, 205 × 133 mm
BNF, Manuscrits, NAF 24521, f. 468 v°-469
(Non reproduit)

115
Paul Merwart, *Le Cabaret du Chat Noir*

Fondé en 1881 par Rodolphe Salis, au 84 du boulevard Rochechouart, le cabaret *Le Chat Noir* avait emménagé en juin 1885 dans un hôtel particulier situé 12, rue de Laval (rue Victor-Massé). Cette gravure montre la salle des fêtes du cabaret. Outre le portrait de Salis par La Gandara, on distingue à droite le théâtre d'ombres construit sur les plans de l'artiste japonisant Henri Rivière, qui fut à l'origine de spectacles baptisés « ombres japonaises ». On peut dater cette image de décembre 1886, probablement pour la première de *L'Épopée* de Caran d'Ache. Autour de Zola, on reconnaît le général Boulanger, les journalistes Francisque Sarcey, Albert Wolff et Henri Rochefort, les écrivains Alphonse Daudet et Ernest Renan, ainsi que des habitués, tels le poète Mac-Nab, les comédiens Coquelin cadet et Coquelin aîné et la musicienne Augusta Holmès. Émile Zola connut en 1894 les honneurs de ce théâtre avec une adaptation du *Rêve* en dix tableaux par Jules Jouy. J.-D. W.

1886
Dessin à la plume et au lavis, 58 × 73 cm
Paris, musée Carnavalet

Discordances

L'année de la publication des *Soirées de Médan* est aussi celle des deuils. Le 9 avril 1880 disparaît Duranty, à qui Zola consacre un hommage dans *Le Voltaire* du 12 avril.

Le 8 mai suivant, Flaubert succombe à une attaque d'apoplexie. Zola, averti par un télégramme de Maupassant, en demeure selon sa propre expression « tout idiot de chagrin ». Les obsèques se déroulent à Rouen dans une atmosphère lugubre d'indifférence. Après la mort du « vieux », les relations des « auteurs sifflés », Goncourt, Daudet, Tourgueniev et Zola, vont se distendre et parfois s'envenimer.

Le 17 octobre 1880, Zola perd sa mère, qui s'éteint à Médan au terme d'une longue et douloureuse maladie dont il évoquera les angoisses dans *La Joie de vivre*.

Les amitiés s'effilochent : Tourgueniev, malade, s'éloigne, Goncourt et Daudet sont irrités par le succès de Zola.

Les jeunes romanciers évoluent : Huysmans rompt avec le naturalisme en publiant *À Rebours* en 1884, Édouard Rod suit une pente semblable, qui le conduira au catholicisme. En 1885, cinq jeunes écrivains publient dans *Le Figaro* un réquisitoire agressif contre Zola. Ont-ils agi à l'instigation de Goncourt et Daudet ? Il n'y aura pas de franche rupture entre ces derniers et Zola, qui s'accroche aux vestiges d'une amitié peut-être rêvée. Cependant, rien ne sera jamais plus comme avant.

116
Mélandri, portrait d'Émilie Aubert, Mme François Zola

À l'exception de quelques mois en 1861, 1862 et 1866, la mère de Zola vécut toujours avec son fils, qui la prit totalement en charge. Autoritaire et possessive, elle acceptait mal sa belle-fille et le passage de *La Joie de vivre* où Mme Chanteau, agonisante et soignée avec dévouement par Pauline, accuse cette dernière de l'empoisonner, est probablement inspiré de la réalité. Zola supporta très mal la douloureuse agonie de sa mère et sa disparition.

Vers 1878
Photographie, 10 × 6 cm
Médan, Maison d'Émile Zola

114
Edmond de Goncourt, *Journal*, mardi 11 mai 1880

« Et l'eau bénite jetée sur la bière, tout ce monde assoiffé dévale vers la ville avec des figures allumées et gaudriolantes. Daudet, Zola et moi nous repartons, refusant de nous mêler à la ripaille qui se prépare pour ce soir et revenons en parlant pieusement du mort. »

275 × 233 mm
BNF, Manuscrits, NAF 22446, p. 11
(Non reproduit)

117

Norbert Goeneutte, *Le Dernier Salut*

« Lorsqu'on déboucha devant l'église
Saint-Pierre, et qu'on transporta le cercueil, là-haut,
il domina un instant la grande ville. C'était par
un ciel gris d'hiver, de grandes vapeurs volaient,
emportées au souffle d'un vent glacial… »
(*L'Œuvre*, Pléiade, t. IV, p. 354.)

Voir François Fossier, *Il Fiore dell'impressionismo*,
Milan, Fabbri editore, 1990, p. 350.
Vers 1879
Pointe sèche, état unique, épreuve sur chine
appliquée dédicacée à Buhot, 11 × 18 cm
BNF, Estampes, D 452 (1)

118

**Ivan Tourgueniev, lettre à Émile Zola,
23 mai 1880**

Tourgueniev remercie Zola de lui avoir écrit
à l'occasion de la mort de Flaubert : « Ça a été
comme un serrement de main d'ami… Je n'ai pas
besoin de vous parler de mon chagrin : Flaubert
a été l'un des hommes que j'ai le plus aimés
au monde. Ce n'est pas seulement un grand
talent qui s'en va – c'est un être d'élite –
et un centre pour nous tous. »
Après la mort de Flaubert, les relations entre
les deux écrivains se distendirent ; Tourgueniev
était déjà très malade et faisait de sérieuses
réserves sur les romans de Zola, *Nana* en
particulier ; mais il avait de l'affection pour son
cadet, qui lui garda une vive reconnaissance pour
ses bons services en Russie.

Manuscrit autographe, 212 × 135 mm
BNF, Manuscrits, NAF 24524, f. 182

120

François Flameng, lettre avec dessin adressée à Edmond de Goncourt

Flameng remercie Goncourt de l'envoi de son dernier roman, *Les Frères Zemganno*, publié en mai 1879. Il le représente signant une « préface à mon ami Zola » tout en envoyant un coup de pied à ce dernier. Le bal de la centième de *L'Assommoir* a eu lieu le 29 avril 1879. Goncourt, exaspéré par le triomphe de son « ami », n'y a pas assisté. Le 6 et le 13 mai, Zola rend hommage à l'auteur des *Frères Zemganno* dans *Le Voltaire*. Mais le 1er il a manifesté par lettre son désaccord à Goncourt : « […] après y avoir bien réfléchi, je regrette profondément votre préface. Vous m'avez dit un soir qu'on faisait de grands efforts pour jeter des ferments de rupture dans le petit groupe que nous formons. Eh bien ! voyez ce que la presse commence à faire de votre préface : on la jette au nez de jeunes gens qui vous aiment et qu'on vous accuse de renier, au moment où ils auraient besoin de tout votre puissant patronage. » Mais Goncourt a protesté de la pureté de ses intentions et Zola a reculé le jour suivant : « Maintenant le branle est donné et on va vouloir vous séparer de nous. Voila ce qui m'a fait de la peine, sans que je vous accuse en rien. »

Manuscrit autographe, encre et aquarelle, 157 × 103 mm
BNF, Manuscrits, NAF 22462, f. 189

121

Lettre à Alphonse Daudet, 26 juillet 1885

Le 25 avril 1886, dans le « grenier » de Goncourt, Daudet raconte le duel de Drumont, à qui il servait de témoin, avec Arthur Meyer (pris à partie dans *La France juive*). Zola proteste, Daudet le lui reproche dans une lettre écrite le jour même. Zola lui répond : « M'est-il défendu de juger librement Drumont, qui, vingt fois, a écrit sur moi sans mesure ni dignité ? Il est votre ami, je le sais ; mais ne suis-je pas le vôtre ? et je ne crois pas m'être encore oublié devant vous jusqu'à l'accuser de "travailler dans les latrines". Il y a quelque chose de plus grave : c'est un malentendu qui va croissant, une impossibilité de nous dire ce que nous pensons sans nous blesser, une divergence enfin dans les idées et dans les mots qui nous écarte de plus en plus. Votre lettre me fait une peine infinie, car elle est une preuve nouvelle du mal dont le "trio" est en train de mourir. »

Manuscrit autographe, 205 × 130 mm
BNF, Manuscrits, NAF 24545, f. 8
(Non reproduit)

119

J.-H. Rosny (pseudonyme de Joseph-Henri Boex), lettre à Isaac Pavlovsky [1887]

Familier, depuis la parution de *Nell Horn* en 1886, du « grenier » de Goncourt et ami de Daudet, Rosny signa l'année suivante avec quatre autres jeunes romanciers (Paul Bonnetain, Lucien Descaves, Gustave Guiches et Paul Margueritte) le « manifeste des Cinq », violente attaque contre l'auteur de *La Terre* qui parut dans *Le Figaro* du 18 août 1887. S'en prenant à la documentation « de pacotille » de Zola et à son « ignorance médicale et scientifique profonde », le pamphlet concluait : « Nous sommes persuadés que *La Terre* n'est pas la défaillance éphémère du grand homme, mais le reliquat de compte d'une série de chutes, l'irrémédiable dépravation morbide d'un chaste […]. Il est des compromissions impossibles : le titre de naturaliste, spontanément accolé à tout livre puisé dans la réalité, ne peut plus nous convenir […] nous

refusons de participer à une dégénérescence inavouable. » Quelque peu gêné, Rosny tenta de se justifier auprès de son ami Isaac Pavlovsky : « Voilà que j'ai attaqué Zola, malgré l'affection que j'ai pour lui. Mais aussi *La Terre* est absolument impossible : c'est vraiment finir par se moquer de nous tous et par se faire marchand de papier à un degré insupportable. J'aimerais bien ne pas vous avoir pas trop déplu, car les sentiments d'amitié que vous m'exprimez dans votre lettre, je les partage. Qu'est-ce que vous voulez, pourtant. Ça devait finir comme ça : Zola est sans scrupules littéraires de plus en plus. Il a l'air de croire que sa position acquise lui permet tout, même de déshonorer en bloc ceux qui font de la vérité en littérature. Ça ne se pouvait pas, il a fallu se dégager, et du moment que la chose devait se faire, autant qu'elle fût vigoureuse. »

Manuscrit autographe, 180 × 113 mm
BNF, Manuscrits, fonds Pavlovsky, non folioté
(Non reproduit)

122
Edmond de Goncourt, lettre à Émile Zola, 14 octobre 1887

En 1884, Goncourt accusa Zola d'avoir copié *Chérie*, le livre sur lequel il travaillait et dont il lui avait lu un chapitre. Daudet servit d'intermédiaire à leur réconciliation. À la veille de la parution de *L'Œuvre*, Goncourt sous-entendait dans *Le Figaro* que Zola avait plagié *Manette Salomon*… Quelques jours plus tard, le journal publiait la réponse de ce dernier, datée du 22 juillet 1885 : « Il ne s'agit nullement d'une suite de tableaux sur le monde des peintres, d'une collection d'eaux-fortes et d'aquarelles accrochées à la suite les unes des autres. Il s'agit simplement d'une étude de psychologie très fouillée et de profonde passion. » Plus de deux ans plus tard, Goncourt commence une lettre rédigée dans un état de colère dont témoignent ratures et fautes d'orthographe, reprochant à Zola de l'avoir traité de « pauvre petit faiseur d'aquarelles et d'eaux-fortes, incapable d'une psycologie [*sic*] fouillée ». Tout en jurant n'être pour rien dans le « manifeste des Cinq » (il était malade ce jour-là), il lui fait grief d'avoir tenu des propos ambigus aux journaux « dont le sens pas mal machiavélique » permettait aux journalistes d'accuser Goncourt de jalousie (« Allons donc ! est-ce que je suis jaloux de l'argent gagné par Daudet qui en gagne au moins autant que vous ? »).

Manuscrit autographe, 180 × 115 mm
BNF, Manuscrits, NAF 24519, f. 369 v°
(Non reproduit)

123
Lettre à Edmond de Goncourt, 14 octobre 1887

« […] il me semble que les centaines de pages que j'ai publiées sur vous en vingt ans, pages d'absolu dévouement et d'absolue admiration, auraient dû peser dans votre mémoire et suffire… »

Manuscrit autographe, 180 × 115 mm
BNF, Manuscrits, NAF 22478, f. 209-210
(Non reproduit)

124
Jean-François Raffaelli, portrait de Zola sur *L'Assommoir*

Dans le « grenier » harmonieusement aménagé où Edmond de Goncourt recevait ses amis écrivains et artistes, une vitrine rassemblait les portraits de vingt-neuf habitués du lieu, peints sur le livre de chacun d'eux qu'il préférait : Eugène Carrière avait ainsi peint Daudet, Raphaël Collin Coppée, Rochegrosse Banville, Chéret Burty, Stevens Rodenbach, Rodin dessina Mirbeau, etc. Jean-François Raffaelli, peintre de la banlieue industrielle de Paris et de ses habitants, était apprécié des naturalistes. En 1889, le peintre, que Zola s'était contenté de citer dans son Salon de juillet 1879, avait illustré un volume de nouvelles, *Les Types de Paris*, pour lequel Zola avait écrit « Bohèmes en villégiature. Une farce ». Il exécuta ce portrait en 1892, comme indiqué de la main d'Edmond de Goncourt à l'intérieur du volume, qui contient également la dédicace « à Edmond de Goncourt, son ami, Émile Zola ». Goncourt évoque dans son *Journal* (18 août 1892) « l'aspect méchant de la tête de Zola, en sa seconde manière » et, le 14 décembre 1894, il le décrit comme « un peu matérialisé, *naturalisé* ». En fait, le peintre a réussi un bon portrait psychologique d'un Zola fatigué, à l'air triste. B. V.

Paris, Charpentier, 1877
Exemplaire non rogné, sur hollande, n° 7
14 × 19,5 cm
BNF, Réserve des livres rares, Smith Lesouëf Rés-7956,
couverture avec un portrait à l'huile sur vélin

125

Paul Cézanne, lettre à Zola, 6 juillet 1885

En mai 1883, Cézanne a confié à Zola une copie de son testament, dont Mme Cézanne mère possède un double. C'est une belle preuve de confiance et pourtant les deux amis s'éloignent doucement l'un de l'autre. Cézanne agace Alexandrine avec son franc-parler et le laisser-aller de sa tenue et lasse un peu Zola de continuelles sollicitations. De plus il déteste Busnach, l'adaptateur au théâtre de *L'Assommoir* et de *Nana*. Le malaise s'est installé et, lorsque *L'Œuvre* paraît, le peintre ne peut que se reconnaître dans le personnage de Claude, déjà présent dans *Le Ventre de Paris* (voir la lettre du 24 septembre 1878 : « Je reçois

ta lettre au moment où je confectionne une soupe aux vermicelles à l'huile, si chère à Lantier. »). À la réception du livre, il envoie à Zola une lettre, datée du 4 avril 1886, d'une singulière froideur : « Je remercie l'auteur des *Rougon-Macquart* de ce bon témoignage de souvenir, et je lui demande de me permettre de lui serrer la main en songeant aux anciennes années. Tout à toi sous l'inspiration des temps écoulés. » Cette lettre est la dernière retrouvée dans les papiers de l'écrivain. La rupture a-t-elle été brutale ? Les deux amis, en tout cas, ne se reverront plus.

Manuscrit autographe, 210 × 135 mm
BNF, Manuscrits, NAF 24516, f. 597
(Non reproduit)

126

Claude Monet, lettre à Émile Zola, [1886]

Antonin Guillemet écrivait à Zola le 4 avril : « Pourvu mon Dieu que la *petite bande* comme dit Madame Zola n'aille pas se reconnaître dans vos héros – si peu intéressants car ils sont méchants par dessus le marché. »
La « petite bande » se reconnut sans doute et Monet envoya une lettre sèche à Zola pour le remercier de l'envoi de son livre : « Vous avez pris soin avec intention que pas un seul de vos personnages ne ressemble à l'un de nous, mais malgré cela j'ai peur que dans la presse et le public, nos ennemis ne prononcent le nom de Manet ou tout au moins les nôtres pour en faire des ratés, ce qui n'est pas dans votre esprit, je ne veux pas le croire. »

Manuscrit autographe, 174 × 227 mm
BNF, Manuscrits, NAF 24522, f. 225 et 226
(Non reproduit)

127

Paul Cézanne, *Mme Cézanne au jardin*

À peu près à la même époque, Cézanne avait commencé, lors d'un séjour à Médan, un portrait de Mme Zola au jardin, qu'il déchira dans un accès d'impatience.

1880
Huile sur toile, 80 × 63 cm
Paris, musée de l'Orangerie

Regain

Les photographies de la fin des années 1880 montrent un Zola fatigué, empâté, prématurément vieilli.
Goncourt, dans son journal, évoque ses tendances dépressives et son caractère hypocondriaque. Les deuils,
le surmenage intellectuel, l'absence d'enfants aussi, ravivent les troubles nerveux dont il souffre depuis
l'adolescence. Et à Goncourt il confie : « Ma femme n'est pas là... Eh bien, je ne vois pas passer une jeune fille
comme celle-ci sans me dire : "Ça ne vaut-il pas mieux qu'un livre ?" »
En 1888 sa vie bascule, il s'éprend d'une toute jeune fille, Jeanne Rozerot, qu'Alexandrine a engagée comme
lingère et qui accompagne les Zola en vacances à Royan. À la fin de l'année, il l'installe dans un appartement
à proximité de son domicile parisien. Leur idylle demeure d'abord secrète : Alexandrine ne la découvre
qu'en 1892 alors que deux enfants sont nés : Denise le 20 septembre 1889 et Jacques deux ans plus tard.

128
Ébauche du *Rêve*

Zola rédige ces notes dans l'hiver 1887-1888. Elles sont significatives :
« Moi, le travail, la littérature qui a mangé ma vie, et le bouleversement la crise,
le besoin d'être aimé, tout cela à étudier psychologiquement. » Et, plus loin,
l'ébauche d'une intrigue abandonnée qui reparaîtra dans *Le Docteur Pascal* :
« Un homme de quarante ans n'ayant pas aimé, jusque-là dans la science, et qui
se prend de passion pour une enfant de seize ans... Cette enfant bouleversant
tout l'inconnu, étant la revanche de la réalité, de l'amour. Après toutes les
recherches, il n'y a que la femme. C'est l'aveu. Des sanglots, une vie manquée.
La vieillesse qui arrive, plus d'amour possible, le corps qui s'en va. »

Manuscrit autographe, 205 × 155 mm
BNF, Manuscrits, NAF 10323, f. 222
(Non reproduit)

129
Anonyme, *Villégiature à Royan*

Les Zola étaient partis séjourner dans la villa de Georges
Charpentier avec leurs cousins Laborde. Zola a maigri ; tout de
blanc vêtu, il semble rajeuni. Durant ces mémorables vacances,
le maire de Royan l'initie à la photographie, vite devenue une
passion dont il ne se déprendra pas, prenant en particulier
d'innombrables clichés de Jeanne et des enfants.

Août 1888
Photographie, 10,5 × 16 cm
Collection particulière

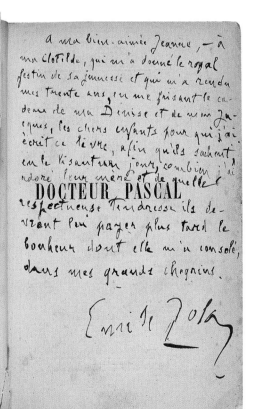

130
Le Docteur Pascal

Dans ce dernier roman de la série des Rougon
Macquart, le docteur Pascal porte un regard
détaché sur l'hérédité de sa famille dont il dresse
l'arbre généalogique. Résumé et conclusion
de l'œuvre tout entière, *Le Docteur Pascal* est
aussi la transposition des amours d'Émile Zola
et de Jeanne Rozerot : à cinquante-neuf ans,
le docteur Pascal, épuisé par trente ans
de recherches, retrouve une seconde jeunesse
en vivant une idylle avec sa nièce Clotilde

qui, après sa mort, lui donnera un enfant.
La dédicace de cet exemplaire à son inspiratrice
constitue sans doute le plus bel hommage
rendu par Zola à la mère de sa fille Denise
et de son fils Jacques. B. V.

Exemplaire sur japon avec dédicace à Jeanne Rozerot :
« À ma bien-aimée Jeanne, à ma Clotilde, qui m'a
donné le royal festin de sa jeunesse et qui m'a rendu
mes trente ans, en me faisant le cadeau de ma Denise
et de mon Jacques... »
Paris, G. Charpentier et E. Fasquelle, 1893
19 cm
Collection É.-Z.

Mardi Paris 16 août 92

Chère femme, me voici à Paris, d'où je puis enfin t'écrire longuement. Je viens de faire un voyage de dix jours, en coup de vent, pour nous remettre un peu de la terrible crise qui s'est produite, après les événements que tu sais. Après trois jours passés au Havre, à Honfleur et à Trouville, nous sommes allés chez la cousine et chez les Fasquelle. Mais je n'aime guère ni Fécamp ni Étretat, car j'ai horreur des plages de galets. Vous êtes beaucoup mieux à Cabourg. – Nous avons quitté Médan ce matin, et nous repartons jeudi soir, pour six ~~deux~~ semaines cette fois. Nous resterons huit à dix jours à Lourdes ; puis, nous irons à Marseille et à Aix-en-Provence, en nous arrêtant un peu dans chaque ville en chemin ; enfin, nous passerons une semaine dans les environs de Nice ; et nous ne rentrerons à

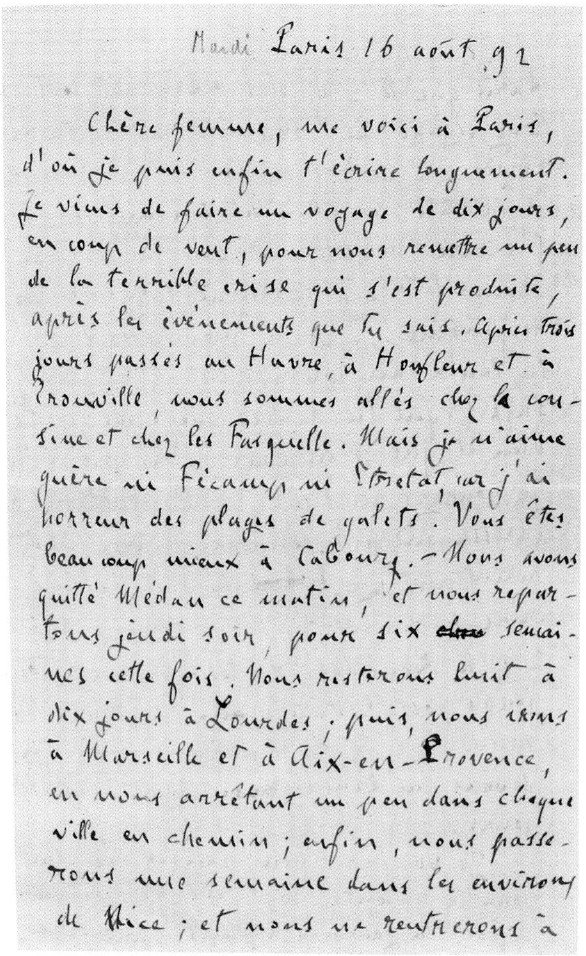

131

Lettre à Jeanne Rozerot, 16 août 1892

Zola vivait déchiré entre deux foyers : ses lettres à Jeanne sont souvent rédigées au crayon, car il n'était pas question pour lui de s'installer pour lui écrire à son bureau, où il disposait d'un encrier, en présence d'Alexandrine. Le 30 août 1892, il est à Lourdes : « Je me suis échappé dans la campagne, et je t'écris assis sur l'herbe » ; et un peu plus loin : « Vous êtes ma prière. » Les enfants surtout lui manquent : « J'ai eu la consolation de vous voir avec la lunette », écrit-il le 14 juin 1893 à Jeanne, qui loge à portée de jumelles de son bureau de Médan, et il ajoute : « Je n'ai que vous au monde qui m'aimiez comme je désire être aimé. »

Manuscrit autographe, 205 × 135 mm
Collection É.-Z.

132

Lettre à Henry Céard, 8 septembre 1891

Voyageant dans les Pyrénées avec Alexandrine, Zola chargea Céard de veiller sur Jeanne, qui était sur le point d'accoucher, et de lui annoncer la naissance et le sexe de l'enfant : « Tout ce que vous ferez sera une bonne action, car je ne suis pas heureux. »

Manuscrit autographe
205 × 132 mm
BNF, Manuscrits, NAF 25582, f. 96 et 97

96

Paris 8 sept. 91

Mon vieil ami, j'aurais en effet bien vivement désiré vous voir, car ~~ma~~ j'avais des services à vous demander.

Après le 20 de ce mois, lorsque vous serez de retour, montez donc une après-midi voir ma pauvre J. Elle n'aura sans doute besoin de rien. Mais je serai tranquillisé, en sachant qu'elle a près d'elle, à sa disposition, un cœur solide et discret comme le vôtre.

J'envoie au docteur votre adresse, pour qu'il vous lance une dépêche, dès que les couches seront faites. Vous aurez l'obligeance d'aller avec lui déclarer

97

l'enfant : Jacques, Émile, Jean, si c'est un garçon ; Germaine, Émilie, Jeanne, si c'est une fille. Et, comme second témoin, vous prendrez Alexis ou une autre personne que J. vous désignera. – Dans le cas d'un malheur, vous me remplaceriez, et vous tâcheriez de me prévenir le plus tôt possible.

Je vais songer au moyen de vous donner une adresse.

Nous partons demain matin, pour Bordeaux et les Pyrénées.

Et merci de tout mon cœur, mon vieil ami, et tout ce que vous ferez sera une bonne action, car je ne suis pas heureux.

Affectueusement. Émile Zola

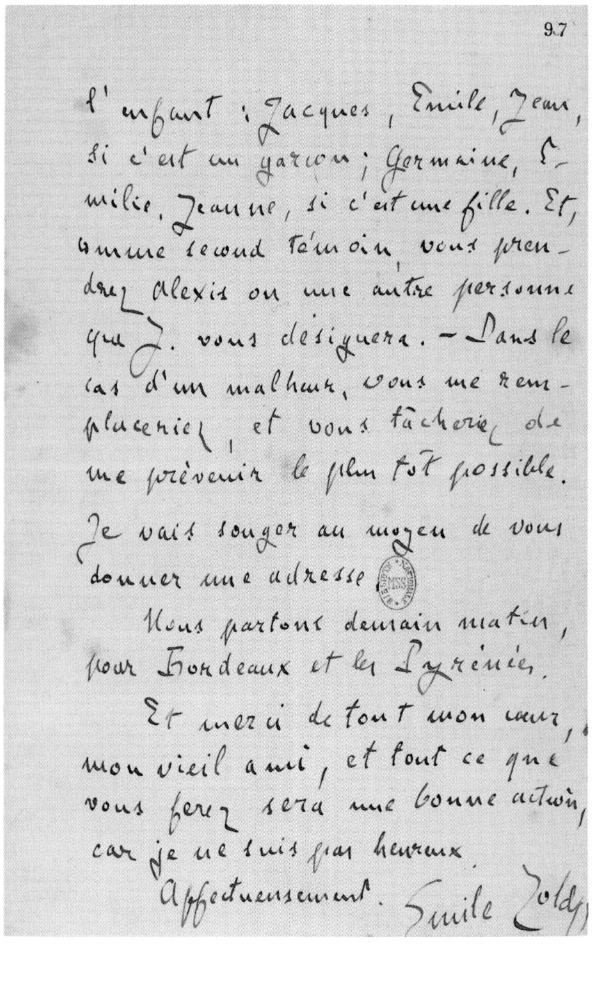

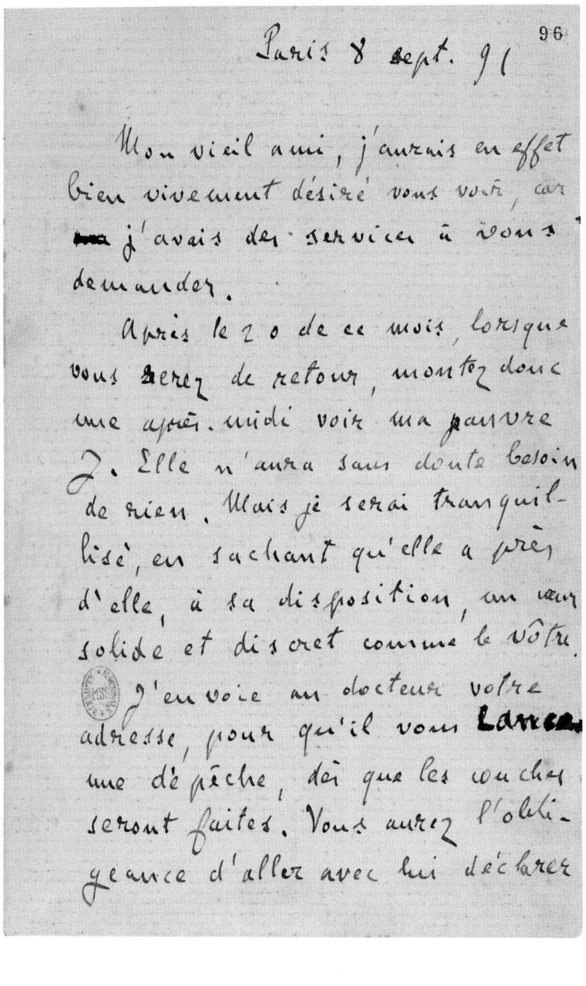

133
Lettre à Alexandrine, 5 novembre 1895

La découverte de la liaison de Zola a profondément
bouleversé Alexandrine, qui passe peu à peu de la colère
et du désespoir à une espèce de résignation amère. Zola
ne veut pas quitter sa femme, il le répète dans plusieurs
lettres adressées à Jeanne. La maison de Médan, domaine
d'Alexandrine, demeure un des points d'ancrage de leur
couple : « Tu n'as pas idée comme notre maison d'ici me plaît
et comme j'en aime l'arrangement. Je ne puis y rentrer sans
être heureux d'y être », écrit-il à sa femme le 5 novembre
1895. Rassurée sur sa sécurité matérielle, l'épouse délaissée
s'émancipe : à partir de 1895, elle passe l'automne en Italie.
Zola lui écrit chaque jour, lui parlant de son travail,
de ses rencontres, du jardin de Médan et de leurs animaux
familiers et… des enfants, auxquels elle s'intéresse de plus
en plus, leur rapportant des jouets de ses voyages.

  Manuscrits autographes, 210 × 290 mm
  Collection É.-Z.
  (Non reproduit)

134
Jeanne à la mandoline

Née en 1867, orpheline de mère et originaire d'un village
de Bourgogne, Jeanne était pieuse et douce. Zola
s'efforça dans les débuts de l'initier à la musique,
à la littérature. Contrairement à Alexandrine, compagne
des jours difficiles puis épouse active d'un romancier
en vue, elle vécut dans l'ombre, lui ayant donné
les enfants dont il rêvait. Zola prit d'innombrables
photographies de Jeanne.

  Photographie, 23,8 × 18 cm
  Paris, musée d'Orsay

L'écriture des *Rougon-Macquart* : le travail et l'imaginaire

La « fabrique » des *Rougon-Macquart*

Nulla dies sine linea, la célèbre devise qui orne le bureau de l'écrivain à Médan, rend compte de la régularité du travail
de l'homme qui écrit au paresseux Henry Céard, le 24 juin 1881 : « J'avance avec ma lenteur accoutumée, trois pages par
jour et cinq jours seulement par semaine, sans compter les tuiles. Vous vous plaignez de ne pas aller vite. Vous voyez
que les camarades en sont tous là. C'est la continuité de l'effort qui fait les gros monuments. »
Il y a chez Zola une constante volonté de transparence. Très tôt il s'ouvre aux journalistes de ses projets et
du déroulement de l'entreprise *Rougon-Macquart*. Pour rendre accessible la « fabrique » de sa saga, il conserve les
dossiers préparatoires aussi bien que les manuscrits définitifs, les communiquant aux journalistes et aux jeunes auteurs
qui viennent nombreux lui demander des conseils, tel Louis Desprez travaillant à la rédaction de *L'Évolution naturaliste*
(1884). C'est en montrant de façon tangible le sérieux de son travail et l'abondance de ses sources qu'il veut répondre
à ceux qui mettent en doute le sérieux de sa « méthode ». Aussi laisse-t-il Jules Lermina publier, en 1884, dans
son *Dictionnaire universel et illustré, biographique et bibliographique de la France contemporaine*, les premiers plans
et l'arbre généalogique donnés à Lacroix en 1868-1869. Dès 1890, certains de ses dossiers passent en vente, avec
son accord, lors de la dispersion de la collection Louis Ulbach.
Les dossiers préparatoires sont de plus en plus volumineux : d'une centaine de feuillets pour *La Fortune des Rougon*,
ils passent à mille deux cent quarante-quatre feuillets pour *La Débâcle*. À partir du *Ventre de Paris*, ils sont ordonnés
en sections intitulées par Zola « ébauche », « plans », « personnages », « notes ».

L'« ébauche » est un texte programmatique, de longueur variable, qui donne le thème puis la tonalité générale de l'œuvre : ainsi l'ébauche de la *La Joie de vivre* indique que le roman doit être « trempé de tendresse ». Au cours de cette première étape Zola écrit au fil de la plume, se livrant à une exploration des possibles avec une espèce de jubilation : « Je ne prépare pas la phrase toute faite ; je me jette en elle comme on se jette à l'eau, je ne crains pas la phrase ; en face d'elle je suis brave, je fonds sur l'ennemi, j'attaque la phrase, laissant à l'euphonie le soin de l'achever » (« Réponse à l'enquête du Dr St Paul », supplément littéraire du *Figaro*, 10 décembre 1892, *Œ. C.*, t. XII, p. 676*)*. Le Zola sérieux, celui de « l'observation exacte » est toujours précédé par un Zola poète, celui du « saut dans les étoiles », qui joue tantôt aux échecs, déplaçant ses pions en tacticien, tantôt aux osselets, les jetant au hasard pour en étudier ensuite les combinatoires. De la documentation qu'il rassemble, il ne retient que ce qui va dans le sens de sa vision première, pliant s'il le faut le réel à sa volonté.

Pour citer un exemple, les notes de lecture de *Germinal*, particulièrement riches et documentées aux meilleures sources, sont précédées d'un résumé de deux feuillets et demi intitulé « Ma crise » (NAF 10308, f. 326-328) dans lequel Zola s'approprie l'histoire pour inventer vrai.

Vient ensuite la section « personnages », constituée de fiches individuelles et de listes précisant l'âge, les liens de parenté, le métier de chacun. Le choix des patronymes est effectué avec le plus grand soin. Rougon-Macquart par exemple évoque à la fois le sang (Rougon, rouge) et la tache (Macquard, maculé).

Intervient alors un premier plan du roman avec, après relecture, la distribution des personnages par chapitre au moyen d'ajouts. Puis Zola rédige un deuxième plan détaillé, qui précède immédiatement la rédaction. Croquis et plans enfin lui ont permis de planter le décor et de scénographier l'intrigue.

135
Ébauche de *L'Argent*

Zola définit d'emblée le thème du roman (dépasser « la question juive qui rapetisse tout ») et annonce le retour de personnages présents dans *La Curée* (Saccard, Maxime, Sidonie) et dans *Son Excellence Eugène Rougon*.

Manuscrit autographe, 200 × 160 mm
BNF, Manuscrits, NAF 10268, f. 378

136
Ébauche de *L'Assommoir*

L'ébauche situe le roman géographiquement (« le roman des Batignolles ») et sociologiquement (« rien que des ouvriers dans le roman »).

Manuscrit autographe, 200 × 160 mm
BNF, Manuscrits, NAF 10271, f. 21
(Non reproduit)

Accusé de plagiat lors de la publication de *Rome*, Zola répond en donnant ses sources et conclut : « J'admets trois sources d'informations : les livres qui me donnent le passé ; les témoins qui me fournissent, soit par des œuvres écrites, soit par la conversation, des documents sur ce qu'ils ont vu ou sur ce qu'ils savent ; et enfin l'observation personnelle, directe, ce qu'on va voir, entendre ou sentir sur place. À chaque nouveau roman, je m'entoure de toute une bibliothèque sur la matière traitée, je fais causer toutes les personnes compétentes que je puis approcher, je voyage, je vais voir les horizons, les gens et les mœurs. » (*Le Figaro*, 6 juin 1896, *Œ. C.*, t. XIV, p. 798.)
La partie documentaire des dossiers préparatoires constitue le matériau du roman en chantier : coupures de journaux, notes de lecture, notes de voyages (à Anzin pour *Germinal*, à Sedan pour *La Débâcle*), correspondance avec divers informateurs : Henry Céard, Joris Karl Huysmans et Gabriel Thyébaud pour *Pot-Bouille* par exemple. L'information rassemblée est très variée : historique, juridique, architecturale, botanique (*La Faute de l'abbé Mouret*), géographique ou lexicale (l'argot de *L'Assommoir*).

137

Jacques Van Santen Kolff, lettre à Émile Zola, sans date

Ce journaliste hollandais (1848-1896) fut un des premiers admirateurs de Zola, avec qui il échangea, à partir de 1880, une correspondance qui fournit de précieux renseignements sur les projets et la méthode du romancier. Lors de la rédaction de *La Débâcle*, Van Santen Kolff renseigna Zola sur les uniformes de l'armée prussienne.

Manuscrit autographe et gravures coloriées et découpées,
180 × 110 mm et 115 × 152 mm
BNF, Manuscrits, NAF 24524, f. 485 et 487
(Non reproduit)

138

Dossier préparatoire du *Rêve* : Franz Jourdain, façade de la maison des Hubert

Le futur architecte de *La Samaritaine* (1905) avait pris contact avec Zola en 1880. Il se chargea de la documentation architecturale des *Rougon-Macquart*, dessinant les plans d'un grand magasin pour *Au Bonheur des Dames*, puis ceux de la maison des parents adoptifs d'Angélique, l'héroïne du *Rêve*. C'est à lui qu'on doit le tombeau de Zola au cimetière Montmartre.

Dessin au crayon, 24 × 14 cm
BNF, Manuscrits, NAF 10324, f. 412

On a donc avec la fresque les couleurs, les pinceaux et l'échafaudage. Qu'en est-il des esquisses ?
la question reste posée car les repentirs et les brouillons sont rarement conservés. Quelques pages
du manuscrit définitif sont constituées de fragments collés. Par ailleurs, on retrouve des états antérieurs
au verso des dossiers du roman suivant.

L'exemple de *Pot-Bouille* est éclairant. On conserve, entre autres fragments, les états successifs de la fin
du chapitre XVII, c'est-à-dire l'entretien du docteur Juillerat et de l'abbé Mauduit quittant ensemble la
maison après la mort de Josserand, la tentative de suicide de Duveyrier et les bordées d'injures de Rachel,
la bonne que renvoie Berthe, la bourgeoise adultère. Le médecin sceptique et républicain et le prêtre
légitimiste commentent les événements : « Malgré leurs croyances opposées, ils s'entendaient parfois
sur l'infirmité humaine. Tous deux étaient dans les mêmes secrets : si le prêtre recevait la confession
de ces dames, le docteur, depuis trente ans, accouchait les mères et soignait les filles. » Paradoxalement
le personnage du prêtre, torturé de doutes (« … l'heure sonnait-elle de ne plus couvrir du manteau
de la religion les plaies de ce monde décomposé ? »), est plus fort que celui du praticien, voltairien honnête
mais plat. Tenté d'abord de faire du docteur Juillerat un docteur Pascal avant la lettre et le porte-parole
de ses propres convictions scientistes, Zola s'est souvenu qu'il avait prévu pour lui un rôle de médiocre,
incarnant cette bonne conscience républicaine et voltairienne nourrie de clichés, raillée par Flaubert
dans son *Dictionnaire des idées reçues*.

139
Ébauche de *Pot-Bouille*

« Le prêtre et le médecin sont descendus,
peuvent entendre la fin de la scène.
Puis leur conversation à eux qui savent
tout. Surtout le médecin expliquant
l'hystérie. Détraquement cérébral,
pas de plaisir. Le prêtre disant son mot,
jouant son rôle logique. »

Manuscrit autographe, 200 × 160 mm
BNF, Manuscrits, NAF 10321, f. 206
(Non reproduit)

140
Ébauche de *Pot-Bouille*

Au verso de l'ébauche du chapitre XVIII,
un premier état donne le passage
sur l'hystérie annoncé dans l'ébauche
du chapitre XVII.

Manuscrit autographe, 200 × 160 mm
BNF, Manuscrits, NAF 10321, f. 216 vº

mères et soignait les filles.
— Dieu les abandonne, reprit le premier.
— Non, dit le second, ne compromettez pas Dieu là dedans. Elles sont mal élevées ou mal portantes, voilà tout... Ce qui m'exaspère, c'est qu'elles n'aient pas même de plaisir dans le crime.
Le point de vue inquiéta l'abbé Mauduit. Il fournit une explication.
— Moi, je finis par croire à leur inconscience.
Très frappé, le docteur répéta le mot.
— Des inconscientes, parfait! toutes des inconscientes!... Vous êtes terrible, vous, mon cher abbé!
Ils quittèrent la maison, ils suivirent doucement la rue Neuve-Saint-Augustin. Le médecin revenait sur les femmes, les unes dont une névrose pervertissait les sentiments et les passions, les autres qu'une éducation imbécile corrompait ou abêtissait; il ne se montrait d'ailleurs pas plus tendre pour les hommes, des gaillards qui achevaient de gâcher la vie, sous l'hypocrisie de leur belle tenue; et

642
Mais il n'entendait pas, il était tout entier à sa rêverie désolée. Après un silence, il murmura:
— S'ils sont inconscients, que le ciel les prenne en pitié!
Alors, ils quittèrent la maison, ils suivirent doucement la rue Neuve-Saint-Augustin. Une peur d'avoir trop parlé les tenait muets, car ils avaient l'un et l'autre bien des ménagements à garder, dans leurs positions. Comme ils arrivaient au bout de la rue, ils aperçurent, en levant la tête, madame Hédouin qui leur souriait, debout sur la porte du Bonheur des Dames. Derrière elle, Octave souriait également. Le matin même, après une conversation sérieuse, tous deux avaient décidé leur mariage. Ils attendraient l'automne. Et ils étaient dans la joie de cette affaire conclue.
— Bonjour, monsieur l'abbé! dit gaiement madame Hédouin. Toujours en course, docteur?
Et comme le docteur la félicitait sur sa belle mine, elle ajouta:
— Oh! s'il n'y avait que moi, vous ne feriez pas vos affaires.
Ils causèrent un instant. Le médecin ayant parlé des couches de Marie, Octave parut enchanté d'apprendre l'heureuse délivrance de son ancienne voisine. Lui, quand il sut qu'elle venait d'avoir une troisième fille, il s'écria:

mères et soignaient les filles.
— Dieu les abandonne, reprit le premier.
— Non, dit le second, ne compromettez pas Dieu là dedans. Elles sont mal portantes ou mal élevées, voilà tout... Mais ce qui m'exaspère, c'est qu'elles n'aient pas même de plaisir dans le crime.
Le point de vue inquiéta l'abbé Mauduit. Il fournit une explication.
— Moi, je finis par croire à leur inconscience.
Alors, très frappé, le docteur répéta le mot.
— Des inconscientes, c'est cela! toutes des inconscientes!... Vous êtes terrible, mon cher abbé.
Ils quittèrent la maison, ils suivirent doucement la rue Neuve-Saint-Augustin. Le médecin revenait sur les femmes, les unes qu'une éducation de poupée corrompait ou abêtissait, les autres dont une névrose héréditaire pervertissait les sentiments et les passions; d'ailleurs, il ne se montrait pas plus tendre pour les hommes, des gaillards qui achevaient de gâcher l'existence, sous l'hypocrisie de leur belle tenue; et

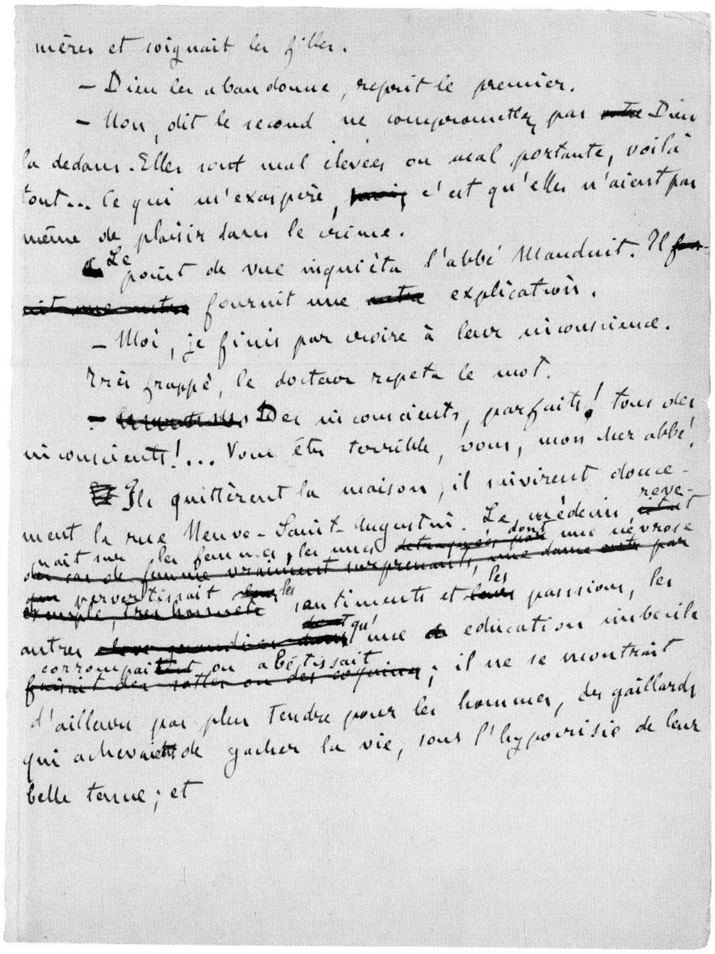

141
Ébauche de *Pot-Bouille*

Dans cet état, conservé au verso des notes sur Anzin du dossier de *Germinal*, le mot « hystérie » a été remplacé par « névrose ».

Manuscrit autographe, 200 × 160 mm
BNF, Manuscrits, NAF 10308, f. 199 v°

142
Ébauche de *Pot-Bouille*

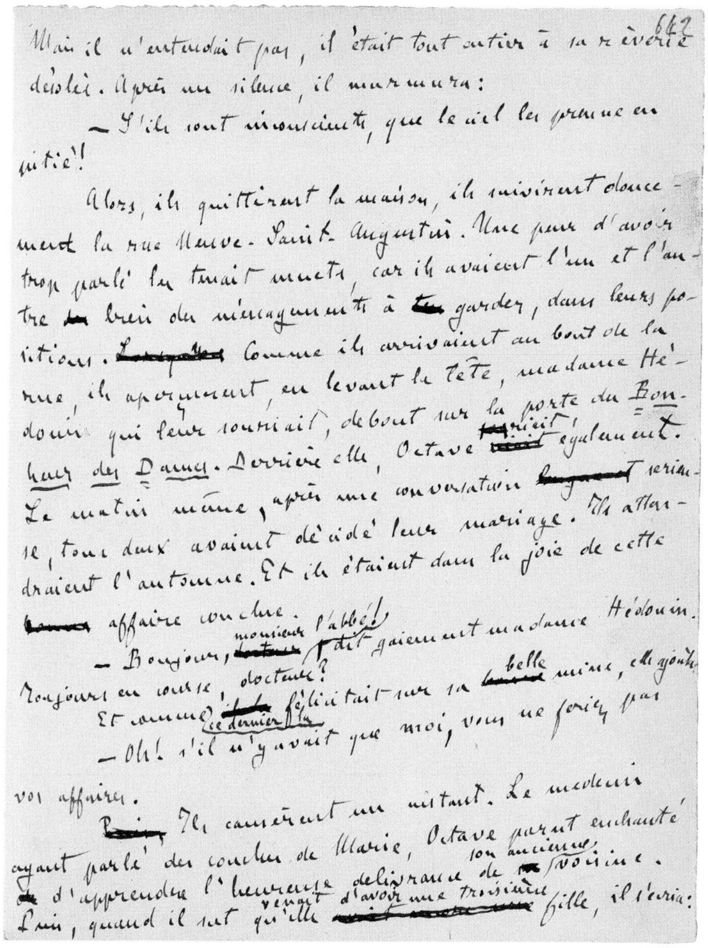

Zola ne parle plus de névrose.

Manuscrit autographe, 200 × 160 mm
BNF, Manuscrits, NAF 10321, 217 v°

143
Ébauche de *Pot-Bouille*

Texte définitif très corrigé. Le personnage du médecin a été considérablement réduit par rapport à celui du prêtre, dont la prière désespérée magnifie la fin du chapitre.

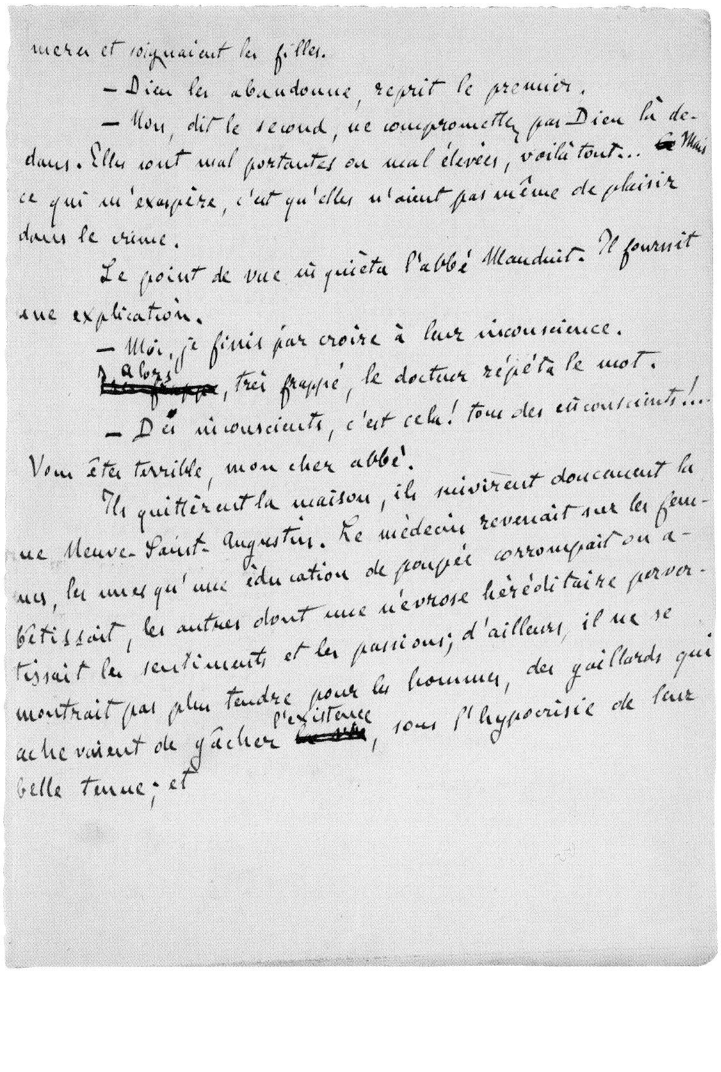

Manuscrit autographe, 200 × 160 mm
BNF, Manuscrits, NAF 10320, f. 642

Zola retravaille énormément le texte paru en feuilleton avant de le laisser publier en volume.

144
***Nana* : placards corrigés du chapitre x**

Le roman parut dans *Le Voltaire*, du 16 octobre 1879 au 5 février 1880. Le manuscrit définitif est conservé à la Pierpont Morgan Library de New York.

Épreuves avec corrections autographes, 310 × 205 mm
BNF, Manuscrits, NAF 10312 *bis*, f. 344-345
(Non reproduit)

Charles Marpon fut le dernier éditeur breveté par l'Empire en 1870. En 1875, il s'associa avec l'un de ses employés, Ernest Flammarion, frère cadet du célèbre astronome. À partir de 1883, la librairie Marpon et Flammarion entra, pour une part de plus en plus importante, dans le capital de l'entreprise de Georges Charpentier, l'éditeur exclusif des *Rougon-Macquart* et l'ami de Zola. Très grand libraire, possédant un réseau de boutiques qui pratiquaient la vente en soldes, Charles Marpon s'était spécialisé dans l'édition de vulgarisation scientifique et de romans sociaux. Ses éditions illustrées de neuf des principaux romans de la série des *Rougon-Macquart*, sorties peu après la publication originale, ont paru en livraisons de huit pages avec une ou deux illustrations en couverture, réunies en séries pour former un volume. Leur grand tirage (dix à quinze mille exemplaires), leur large diffusion, directe ou par souscription, et leur prix relativement modique (cinq à sept francs) en permettaient l'accès à un large public.

Ce somptueux tirage de l'édition courante est ouvert sur une gravure d'Auguste Renoir, témoignage de l'engagement résolu de Zola aux côtés des impressionnistes.

Bernard Vouillot

145
L'Assommoir : Auguste Renoir,
« Nana et ses amies »

Édition illustrée par André Gill, Georges Bellenger, Auguste
Renoir, etc.], Paris, C. Marpon et E. Flammarion, [1878], 28 cm.
Exemplaire n° 9 non rogné, sur hollande, avec double suite
des illustrations sur chine, couverture illustrée et envoi
autographe de l'auteur.
P. 369 : les filles d'ouvriers se promenant sur le boulevard
extérieur, « elles s'en allaient, se tenant par les bras, occupant
la largeur des chaussées » (chapitre XI), par Auguste Renoir.
BNF, Réserve des livres rares, Rés. g-Y2-545

146

Pot-Bouille : Georges Bellenger, « La cour des cuisines vue de haut en bas »

Dans *Pot-Bouille*, satire particulièrement mordante de la petite bourgeoisie, l'immeuble nouvellement bâti à Paris est à l'image de ses habitants : Zola oppose son luxe et sa respectabilité de façade à la saleté de ses cours intérieures, où les domestiques déversent ordures et propos désobligeants sur leurs maîtres. Georges Bellenger (1847-1918) est surtout connu pour ses lithographies. Il fut l'un des illustrateurs les plus féconds des éditions Marpon et Flammarion. B.V.

[Édition illustrée par Georges Bellenger et Kauffmann], Paris, C. Marpon et E. Flammarion, [1883], 28 cm
BNF, Littérature et Art, 4-Y2-799, p. 137

147

Fernand Desmoulin, *Zola écrivant à son bureau*

Collaborateur de *La Vie moderne*, fondée par Georges Charpentier, Fernand Desmoulin (1853-1914) rencontra Zola en 1887 et devint un de ses familiers et un de ses plus fidèles soutiens pendant l'affaire Dreyfus. Il fit plusieurs portraits de l'écrivain, qui possédait quelques-unes de ses œuvres.

1887
Dessin à la plume, 47 × 61 cm
Médan, Maison d'Émile Zola

148
Paul Cézanne, *Pastorale*

Sur le même thème que *Le Déjeuner sur l'herbe* de Manet,
Cézanne réalise une œuvre paroxystique qui a pu être
une des sources d'inspiration de Zola pour le tableau,
à jamais inachevé, sur lequel Claude s'épuise
dans *L'Œuvre*.

Voir Sir Lawrence Gowing, *Cézanne. Les années de jeunesse,
1859-1872*, RMN, 1988, p. 146, notice n° 52.
Vers 1870
Huile sur toile, 65 × 81 cm
Paris, musée d'Orsay

149

Dossier préparatoire de *L'Œuvre* : liste des titres

Lorsqu'il s'agit d'évoquer les douleurs de la création / enfantement, Zola est Claude le peintre, éternellement insatisfait de son travail, presque autant que Sandoz, le romancier raisonnable. Ne confie-t-il pas à Van Santen Kolff, le 26 janvier 1892 : « Ne vous ai-je pas dit que je n'étais jamais content d'un livre pendant que je l'écrivais ? Je veux tout mettre, je suis toujours désespéré du champ limité de la réalisation. L'enfantement d'un livre est pour moi une torture parce qu'il ne saurait contenter mon besoin impérieux d'universalité et de totalité. »

Manuscrit autographe, 200 × 160 mm
BNF, Manuscrits, NAF 10316, f. 317-318

150

Théophile Alexandre Steinlen, *Portrait d'Émile Zola*

Arrivé en 1881 à Paris, Steinlen avait fait ses débuts dans *Le Chat noir* de Rodolphe Salis, mais, profondément marqué par la lecture de *L'Assommoir*, il abandonna vite l'esprit montmartrois pour se consacrer à la critique sociale.

Dessin à la mine de plomb, 32,3 × 24,9 cm
Paris, musée du Louvre, département des Arts graphiques

Inventions zoliennes

Colette Becker

Depuis quelques années, on a pris l'habitude de distinguer deux types d'écrivains, en fonction de leur manière de composer : les écrivains à programme et les écrivains à processus. Zola ferait partie des premiers. N'a-t-il pas, en effet, rassemblé de copieux dossiers préparatoires sur les sujets qu'il a choisi de traiter, n'a-t-il pas mis en place le canevas de ses projets dans des «ébauches» (pour employer son terme), dressé une fiche pour chacun de ses personnages, établi deux plans, dont l'un détaillé, pour chaque chapitre, soliloqué, en un mot, la plume à la main, avec un «Je», «sujet régisseur et raisonneur. Le contraire, apparemment, de l'improvisation et de la dérive[1]»?

Son travail étant si poussé, si méthodique, si réfléchi, il n'aurait pas eu besoin de brouillons. Ce qui est faux : on en trouve quelques pages dans les dossiers, on peut lire au verso d'un grand nombre de leurs feuillets des débuts de rédaction des romans précédents, voire du roman en cours d'écriture; de plus, les manuscrits donnés à l'imprimeur sont faits, très souvent, de morceaux collés appartenant à des rédactions antérieures. Ainsi, qu'il n'ait fait de brouillons que pour certaines scènes (la descente du cheval Trompette dans *Germinal*, l'accouchement d'Adèle ou l'abandon de Marie Pichon dans les bras d'Octave dans *Pot-Bouille*, par exemple), ou qu'il les ait détruits, comme l'ont fait des leurs Victor Hugo ou les Goncourt, afin d'imposer une idée de sa «méthode de travail[2]», Zola est bien passé par cette étape.

Car rien n'a été, pour lui, aussi simple, aussi méthodique, aussi concerté qu'il l'a affirmé ou qu'après lui on l'a affirmé[3]. Il n'y a là rien d'étonnant. Zola est, d'abord, non un «Homais des lettres», un «bœuf de labour», un «tâcheron des lettres», enfermé dans un système, mais un inventeur de fictions, qui n'a jamais cessé de revendiquer pour le créateur la libre expression de son tempérament.

On voit, certes, en lisant les dossiers préparatoires, comment, déplaçant tel ou tel bloc, tel ou tel épisode, il soigne la composition d'ensemble d'une œuvre ou d'un chapitre, assurant ainsi rythme et intérêt du lecteur, comment il vise aussi à une fictionalisation vraisemblable et adroite de ses informations. Dès 1884, Louis Desprez lui a reproché ce goût de la construction. «M. Zola bâtit trop, l'amour de la composition, le souci des lignes donne à

quelques-uns de ses romans une apparence architecturale et factice[4].» Zola lui rétorque qu'il ne comprend pas une œuvre «sans l'étude complète du sujet et sans la solidité indestructible de la forme[5]». Mais il ne s'agit là que d'un aspect de son travail créateur, le plus apparent, celui de la mise en place de l'intrigue et des personnages à partir du sujet choisi et de la documentation rassemblée. Il faut aussi l'écouter quand il regrette qu'on le fasse «tout d'une pièce» – «l'inepte critique courante», ajoute-t-il[6]. Il faut l'écouter et le relire.

Un des premiers, Auguste Dezalay, dans son bel ouvrage significativement intitulé *L'Opéra des Rougon-Macquart. Essai de rythmologie romanesque*[7], a montré la finesse de ses constructions, qui s'apparentent, par le rythme, la modulation, la variation, le jeu des ouvertures et des finals, la construction en fugue et en contrepoint, à des compositions musicales. Jacques Allard, de son côté, a montré l'importance, dans *L'Assommoir*, du chiffre *3*, qui commande la construction des lieux, des personnages, de l'intrigue. La famille Coupeau occupe dans la maison de la rue Neuve-de-la-Goutte-d'Or, qui a trois logements, un appartement de trois pièces. Le roman se compose de trois grandes scènes, le drame des Bijard est découpé en trois épisodes, de même que le delirium de Coupeau[8]... S'agit-il d'un laisser-aller de l'écrivain? Zola ne jouerait-il pas plutôt avec les rythmes? Ce jeu est-il gratuit? ou signifiant? En tout cas, un tel exemple n'est pas unique dans son œuvre. *Thérèse Raquin* est ainsi bâti sur un jeu subtil entre le pair et l'impair[9].

Une étude plus poussée des dossiers préparatoires et une analyse attentive des œuvres révèlent également un écrivain explorateur de genres et de formes qui, loin de canaliser et de maîtriser sa «fantaisie créatrice», selon l'expression du Dr Toulouse, a laissé souvent libre cours à une imagination romanesque ou mélodramatique, a aimé jouer avec les modèles ou les contraintes, qu'elles lui soient imposées ou qu'il se les donne, a trouvé plaisir dans l'invention de stratégies ou d'intrigues compliquées.

Un expérimentateur d'écritures et de formes

Quand on pense à Zola, on évoque aussitôt le romancier qui, hanté par un «besoin impérieux d'universalité et de

1 Henri Mitterand, «Programme et préconstruit génétiques : le dossier de *L'Assommoir*», dans *Essais de critique génétique*, Flammarion, 1979, p. 199. 2 C'est le titre du chapitre IX de l'ouvrage de Paul Alexis, *Émile Zola. Notes d'un ami*, Charpentier, 1882. 3 Ainsi le Dr Toulouse : «Tout se fait tranquillement, sans fièvre, comme la construction d'une maison ou la poursuite de recherches de laboratoire. La fantaisie artistique est maîtrisée, canalisée.» (*Enquête médico-psychologique sur les rapports de la supériorité intellectuelle avec la névropathie*, t. I., *Introduction générale, Émile Zola*, Société d'éditions scientifiques, 1896.) 4 *L'Évolution naturaliste*, p. 109. 5 Lettre du 9 février 1884 (Émile Zola, *Correspondance*, Montréal / Paris, Presses de l'Université de Montréal / Éditions du CNRS, 1978-1995, t. V, p. 70). 6 Lettre à Louis Desprez, 6 novembre 1882 (Émile Zola, *Correspondance*, *op. cit.*, t. IV, p. 340). 7 Klincksieck, 1983. 8 Jacques Allard, *Le Chiffre du texte*, Grenoble, Presses Universitaires de Grenoble, 1978. 9 Colette Becker, *Les Apprentissages de Zola*, PUF, 1993, p. 332 et suiv.

totalité[10] », a abordé, à travers l'étude de toutes sortes de milieux, les questions qui se posaient à la société et à l'homme de son temps. L'œuvre est, certes, un très bon documentaire sur l'époque, bourré d'intuitions novatrices. Elle est aussi et surtout, en particulier sur le plan de l'écriture, inventive. La réduire à un seul type de romans et à un seul type d'écriture – « C'est du Zola ! » entend-on encore pour commenter une histoire sordide – est oublier la grande variété de formes et de tons de ses romans, et le jeu, à l'intérieur du même roman, avec les genres et les tons. Zola a voulu tenter, il l'a affirmé plusieurs fois, « toutes les notes ». Après *L'Assommoir*, *Une page d'amour*, roman « nuance cuisse de nymphe », « un peu jean-jean », selon ses termes ; après *La Terre*, qui prend le contre-pied du « roman honnête » qu'il ne cesse de vilipender depuis 1865, ou du roman psychologique, alors défendu par Bourget, *Le Rêve*, un « conte bleu », un « roman honnête » à la Feuillet ou à la Sandeau, un roman qu'il veut « psychologique » : « Puisqu'on m'accuse de ne pas faire de psychologie, je voudrais forcer les gens à confesser que je suis un psychologue. De la psychologie donc, ou ce qu'on appelle ainsi (!)[11] ».

Zola s'est essayé, sa vie durant, à toutes sortes d'écritures, poésie lyrique, contes de fées, nouvelles, chroniques, critique littéraire, artistique, dramatique, analyses politiques, romans, théâtre, livrets d'œuvres lyriques… Ces livrets, rappelons-le, il les composa en prose, à l'encontre de ce qui se faisait alors, et comme il avait envisagé de le faire dès 1891, dans un article qui montre bien sa recherche de renouvellement : « Les livrets que j'écrirai seront en prose rythmée, une tentative qui reste à faire et qui, je crois, ne manquera pas d'intérêt[12]. » Là est l'essentiel.

Après le succès énorme rencontré par *L'Assommoir*, Zola sait qu'*Une page d'amour* aura moins de lecteurs. « Vendons-en dix mille, et déclarons-nous satisfaits », écrit-il à Marguerite Charpentier, la femme de son éditeur, le 21 août 1877. Non qu'il ne soit pas intéressé par les gains réalisés. Il vit de sa plume ! Mais il confie à Théodore Duret le 2 septembre, en parlant du roman qu'il est en train d'écrire : « C'est tout autre chose que *L'Assommoir*, et même la note de cette œuvre est si bourgeoise et si douce, que je finis par être inquiet. Si cela allait être ennuyeux et plat ! Enfin, j'ai voulu cette opposition et je n'ai plus qu'à avoir la force de ma volonté. Ce qui me soutient, c'est la pensée de la stupéfaction du public, en face de cette douceur. J'adore dérouter mon monde. »

Les jeux de la réécriture

Ce jeu avec différents types d'écriture, Zola s'y livre sur ses propres œuvres comme sur celles qu'il lit pour se documenter – le texte réaliste est, par définition, réécriture de documents – ou sur des modèles. Il le rappelle lui-même : « On est toujours le fils de quelqu'un[13] », disait Musset.

Il aime ainsi transposer une de ses œuvres d'un genre à l'autre. On sait, par sa correspondance, la part très active qu'il a prise à l'adaptation à la scène, par William Busnach, de *L'Assommoir* ou de *Germinal*, ou à la composition, par Louis Gallet, des livrets du *Rêve* et de *L'Attaque du moulin*, mis en musique par Alfred Bruneau. *Thérèse Raquin* offre un autre exemple de ces jeux. Zola a commencé par tirer, en 1866, d'un roman feuilleton d'Adolphe Belot et Ernest Daudet, *La Vénus de Gordes*, une nouvelle intitulée « Dans Paris. Un mariage d'amour ». L'année suivante, il reprend l'histoire pour écrire le roman célèbre qu'il adaptera au théâtre, en 1873, sous la forme d'un drame en quatre actes. Dernier exemple, *La Curée* est une réécriture du mythe de Phèdre : Zola a relu la tragédie de Racine avant de se mettre à son roman, dont il a tiré en 1887 une pièce en cinq actes, *Renée*.

Cette réécriture peut aller jusqu'au pastiche, voire à l'auto-dérision. Ainsi de la nouvelle « La Fête à Coqueville », publiée en 1880 dans *Le Voltaire*, le journal où il était en train de mener campagne pour le naturalisme : elle raconte comment deux branches rivales issues d'une même souche – on songe aux Rougon-Macquart – se réconcilient autour de la cargaison perdue par un navire en détresse, des tonneaux d'alcools divers, longuement énumérés et décrits – comme le sont plantes, nourritures, marchandises dans *Le Ventre de Paris*, *La Faute de l'abbé Mouret*, *Au Bonheur des Dames*. Le récit se termine par une joyeuse kermesse flamande, une scène d'ivresse collective, où poules, chats, chiens, aussi saouls que les humains, cuvent à leurs côtés, sur la plage. On pourrait citer d'autres exemples d'auto-dérision.

Par ailleurs, Zola ne se contente pas d'insérer dans ses œuvres un savoir, des fiches ou des notes de lecture. Il joue avec ses sources. Il les transforme en fiction, il les « dramatise », aux deux sens de ce terme qu'il ne cesse d'utiliser : il en fait de véritables scènes, au sens théâtral du mot ; il les tire vers le poignant, le touchant, le sublime, voire la drôlerie, bref, il fait d'une page de traité scientifique, ou d'un fait divers, de l'humain, avec son mélange de tonalités diverses, de « notes » diverses, écrirait-il, au sens musical du terme.

Deux exemples permettront, là encore, de voir comment il sait jouer de ce qui pourrait apparaître comme un

10 Lettre à Jacques Van Santen Kolff, 26 janvier 1892 (Émile Zola, *Correspondance*, op. cit., t. VII, p. 244). **11** Dossier préparatoire, ébauche, BNF, MSS, NAF 10323, f. 218 / 2. **12** *L'Écho de Paris*, supplément littéraire illustré, 7 juin 1891. Voir aussi son article sur le drame lyrique, *Le Journal*, 24 novembre 1893. **13** « Le Naturalisme », *Le Figaro*, 17 janvier 1881, article recueilli dans *Une campagne*.

procédé. *L'Assommoir* s'achève sur les crises de delirium tremens de Coupeau. Zola a lu le traité du Dr Magnan, *De l'alcoolisme, des diverses formes du délire alcoolique, de leur traitement*, où il a trouvé une description clinique des manifestations physiologiques et psychologiques de la maladie. En faisant passer la description par le regard de Gervaise, saisie devant ce qu'est devenu son mari, « un vrai polichinelle », disloqué, hurlant, faisant « des sauts de carpe comme [s'il] avait avalé une poudrière », Zola dégage le comique de ces moments tragiques, un comique grinçant : « C'étaient des risettes le long des côtes, un essoufflement de la berdouille, qui semblait crever de rire. Et tout marchait, il n'y avait pas à dire : les muscles se faisaient vis-à-vis, la peau vibrait comme un tambour, les poils valsaient en se saluant », etc.

Il utilise le même procédé dans un des épisodes les plus tragiques de *La Bête humaine*, l'accident de chemin de fer. Il a lu l'article « Chemin de fer » du *Grand Dictionnaire universel du XIXe siècle* de Pierre Larousse. Il y a trouvé la relation de catastrophes récentes qui avaient frappé l'opinion, rapporté en « beau style », emphatique, et naïvement moralisateur, cherchant à frapper par l'utilisation d'images apocalyptiques. Il note dans son dossier : « La machine s'écrabouille, tout s'éventre, description. Excellent pour ça les grosses pierres [14]. » « Les cris, les morts, les mourants. Les épisodes terribles [15]. » On sent, dans ces notes, le contentement du romancier à l'idée de la scène à faire, mais aussi celui de l'homme qui aime poursuivre des rêveries fantasmatiques autour du sang et de la mort.

Mais, lorsqu'il rédige l'épisode, entraîné par l'élan de l'écriture qui se fait alors mimétique de l'émotion des personnages, Zola compose un récit fait d'une succession de petites scènes fortes, suggérant le drame, plus qu'il ne le décrit, à travers les regards, les attitudes, les réactions de témoins horrifiés, jouant également des couleurs et surtout de la personnification de la Lison : il en raconte longuement l'agonie, en une sorte de mise en abyme de la catastrophe, la mort de la locomotive suggérant celle des hommes. On voit donc comment le choix habile des témoins et des procédés donne à l'épisode une coloration différente, en accentuant sa justesse et son humanité.

Les fantaisies de l'imaginaire

Zola ne réfrène pas toujours, pour autant, son imagination et ses fantasmes. Un geste, celui du couteau entrant dans un cou blanc, et la vue du sang qui coule, quelques mots concernant un puits de mine abandonné ou un puits en feu relevés dans une étude technique, peuvent être le point de départ de rêveries qui se nourrissent de lieux, de scènes, de personnages, de clichés du roman noir ou du mélodrame. Le traitement de plusieurs des grands épisodes de *Germinal* (le Tartaret, l'inondation, l'éboulement du

Jules Chéret, *L'Argent* (voir notice n° 186).

Voreux, la lutte au fond de la mine entre Étienne et Chaval pour la possession de Catherine…) peut être considéré comme une réécriture de ce type d'œuvres qui ont informé l'imaginaire du jeune Zola. «Pour qui voit les choses avec quelque attention, on retrouve plus qu'on ne trouve», pense Flaubert.

Si l'écrivain tend à maîtriser cet imaginaire lorsqu'il rédige le texte à donner à l'impression, il n'en est pas de même dans les dossiers. Les cinq traits en zigzag qui terminent la mise en place de cinq scènes de *Germinal* (le retour de Maheu, le lavage et le «dessert» qu'il prend avec sa femme ; la bataille sanglante qui oppose Étienne et Chaval devant Catherine chez Rasseneur ; le défilé des mineurs qui descendent à la mort, devant Souvarine qui vient de scier le cuvelage ; le meurtre de Cécile par Bonnemort ; la nuit de noces d'Étienne et de Catherine au fond de la mine et la mort de la jeune femme), ne sont-ils pas autant de signatures, de *Z*, témoignant du plaisir pris par le romancier, de la satisfaction de certaines zones secrètes du moi ? L'exemple de *Germinal* est loin d'être unique. Certaines mises en place de scènes de *La Débâcle*, entre autres, particulièrement dramatiques (prise de Bazeilles, amour naissant entre Jean blessé et Henriette, blessure mortelle faite à Maurice par Jean durant les combats de la Commune…) sont pareillement «signées».

Zola ne rêve pas, d'ailleurs, que de mort et de sang. Il a, aussi, une âme de midinette, qui se laisse aller, par exemple, dans la mise en place du «premier jet» de l'intrigue du *Rêve*, lorsque, d'une écriture large, la plume courant allègrement, il imagine un dénouement digne des *Veillées des chaumières* : «Et alors la jeune fille sauvée. L'hosanna. La cérémonie du mariage, avec le chant d'allégresse des orgues. Tout l'amour triomphant. Beaucoup de beauté, d'argent et de santé. Et la porte, à la sortie, grande ouverte sur le monde, ouverte sur une place ensoleillée[16].» Ne note-t-il pas, peu après, à propos de Félicien dont il fait un «prince charmant» : «Pendant que j'y suis, pourquoi ne pas me payer une fortune colossale[17]?»

Ces rêves de prince charmant, de bonheur, de pluie d'or, de société meilleure… Zola les poursuit, dans ses romans, mais de manière oblique, en les donnant à ses personnages, y compris dans des œuvres où on s'y attendrait le moins. Dans *L'Argent*, le roman de la Bourse, des chiffres, de la technicité aride, presque tous les personnages se laissent aller à rêver, Saccard le premier, «le poète du million», qui voit le Moyen-Orient se mettre à vivre grâce à ses millions. Zola est pris, lui aussi, tel son personnage, par le vertige des gros chiffres, il fait «valser les millions», le capital de l'Universelle passe de 25 à 50, puis à 100, à 150 millions… Ses 3 000 titres, cotés 3 000 francs, représentent 900 millions. Car le jeu est le contraire de la platitude, affirme-t-il. «C'est un désert d'une platitude extrême que l'existence, un marais où toutes les forces dorment et croupissent ; tandis que, violemment, faites flamber un rêve à l'horizon, promettez qu'avec un sou on en gagnera cent, offrez à tous ces endormis de se mettre à la chasse de l'impossible, […] les gens arrivent parfois à faire des enfants, je veux dire des choses vivantes, grandes et belles.» (Chapitre IV.) Le jeu est le sang, la vie, et Zola aime jouer, comme son personnage.

De la désinvolture au jeu avec les contraires

Tout est loin d'être bien réfléchi, étroitement concaténé dans les plans et les œuvres. Non seulement Zola se livre, volontairement, à des anachronismes, la fiction primant toujours sur la *mimèsis*[18], mais il fait, non sans désinvolture, au mépris de la vraisemblance, se rencontrer, habiter, mourir ses personnages, selon les nécessités du récit, et il le souligne.

Dans *L'Argent*, Eulalie, la femme avec laquelle vit le jeune Victor, meurt juste au moment où celui-ci doit entrer à l'Œuvre du Travail : «Dans la nuit, brusquement, la mère Eulalie était morte, sans que le médecin eût pu dire au juste de quoi, une congestion, peut-être quelque ravage du sang gâté.» (Chapitre V.) Dans *L'Assommoir*, les Boche viennent tenir la loge de la grande maison de la rue de la Goutte-d'Or juste au moment où Gervaise y loue une boutique. Et le romancier de constater, au début du chapitre V, avec un sourire : «Comme ça se rencontrait, tout de même !» Il y a du jeu, aux deux sens du terme, dans la construction zolienne !

Bâtir une intrigue est un exercice qui plaît à Zola, parce qu'il peut combiner, jouer avec les possibles. Pourquoi, lorsqu'il a songé à sa fresque, s'est-il appuyé sur le *Traité philosophique et physiologique de l'hérédité naturelle* du Dr Lucas ? Parce qu'à partir du principe de l'hérédité (reproduction, imitation), il offrait la possibilité d'un nombre extrêmement important de combinaisons. Les longues notes qu'il a prises montrent bien que son intérêt est d'abord allé à cette combinatoire. Il a dressé une liste-résumé d'une quarantaine de possibilités : «Combinaison sans ressemblance / Combinaison morale, ressemblance physique au père / Combinaison morale, ressemblance physique à la mère[19]», etc.

14 BNF, MSS, NAF 10274, f. 227. Ajouts au 1er plan du chapitre. **15** *Ibid.*, f. 219, 2e plan du chapitre. **16** BNF, MSS, NAF 10323, f. 240/24. **17** *Ibid.*, f. 299/82. **18** Rappelons cet aveu du dossier préparatoire de *L'Assommoir* : «Gervaise, en "raccrochant", va de l'abattoir (qui n'existe pas mais je pourrai le laisser) à l'hôpital… » (BNF, MSS, NAF 10271, f. 80.) Même aveu dans la préface ironique à la première édition illustrée d'*Une page d'amour*, où il répond à des détracteurs qui ont relevé des anachronismes dans ses descriptions de Paris : «J'avoue la faute, je livre ma tête… », etc. **19** Voir la liste complète dans *Les Rougon-Macquart*, Robert Laffont, coll. «Bouquins», t. I, p. XXI.

Zola joue, pareillement, dans ses ébauches, avec les schémas narratifs que lui offre la tradition : «C'est une femme qui fait tuer son mari par son amant. Ou peut-être son amant tue son mari. À moins que ce ne soit le mari qui tue l'amant», lit-on dans le dossier de *La Bête humaine*[20]. La mise en place de l'intrigue est recherche de la meilleure stratégie, Zola ressemble à Saccard qui, dans *L'Argent*, est constamment comparé à Napoléon engageant de grandes batailles.

La Fortune des Rougon, La Curée, L'Argent, pour ne citer que ces trois romans, s'organisent autour d'une seule et même figure, celle du spéculateur, toujours tourné vers l'avenir sur lequel il mise, d'un monteur de machines, parfois très compliquées[21]. Que veut Saccard ? «Rouler les

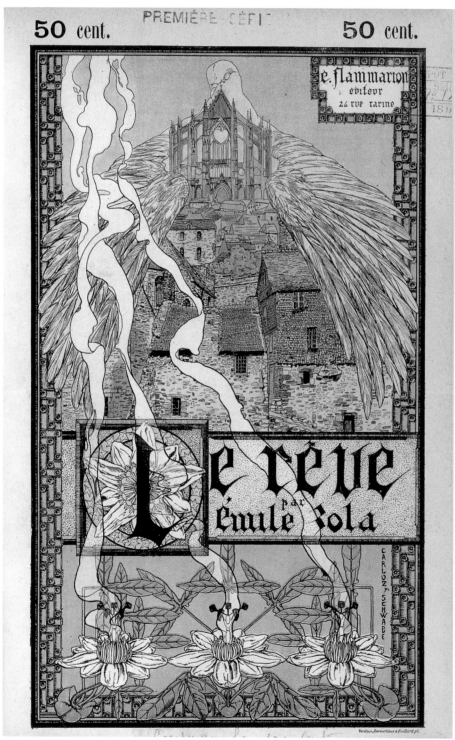

151   Carloz Schwabe, illustration de couverture pour *Le Rêve* dans l'édition Flammarion de 1892-1893.
       BNF, Littérature et Art, Smith Lesouef Rés-7959.

autres dans la farine», les mener où il veut, les manipuler comme des marionnettes, les faire croire à ce qu'il dit, faire sortir de terre, par le seul pouvoir des mots, ports et villes, transformer une affaire d'argent en un fascinant conte de poète, un véritable conte des mille et une nuits. Il y a, dans ce jeu du personnage, qui est aussi celui du romancier, le «rêve d'être roi», d'être dieu.

Il y a aussi pour Zola le plaisir de se donner des contraintes, autres que celles de la série, et d'en triompher. Bâtir, par exemple, *Une page d'amour* comme une tragédie, en cinq parties, chacune étant composée de cinq chapitres de longueur à peu près égale, et se terminant par un panorama de Paris vu des hauteurs de Passy. Mais ces cinq descriptions diffèrent les unes des autres : ce sont cinq plages de liberté, qui constituent, en fait, des descriptions des états d'âme d'Hélène, de ses obsessions, du désir qui la brûle et qu'elle réfrène longtemps ; elles permettent le laisser-aller à la fantaisie et aux fantasmes.

Autre exemple : le défi de bâtir, pour *La Bête humaine*, une intrigue cohérente à partir de trois sujets différents, le crime par hérédité, le monde de la justice, celui des chemins de fer. Aussi, lorsqu'il a réussi, Zola est-il particulièrement heureux «de la construction du plan», qu'il juge «peut-être le plus ouvragé» qu'il ait fait, «celui dont les diverses parties se commandent avec le plus de complication et de logique [22]».

À la suite d'Éric Auerbach, on a fait du «sérieux» une des caractéristiques fondamentales du naturalisme et de Zola un écrivain sérieux, enfermé dans un système visant à donner une photographie du réel la plus exacte possible. Et pourtant, le romancier a maintes fois rejeté cette vision, affirmant constamment qu'il n'était ni savant, ni historien, mais romancier, qu'il avait pour les documents le même mépris que Flaubert, «les notes [n'étant] que les moellons dont un artiste doit disposer à sa guise le jour où il bâtit son monument», qu'il usait «sans remords de l'erreur volontaire, quand elle s'impose, par une nécessité de construction [23]».

Zola aime jouer, non avec les mots, comme certains de ses contemporains, mais avec les formes et les contraintes ; et aussi avec ses rêves. Il faut souligner, ne serait-ce que parce qu'il a été toujours sensible à «l'air du temps», son esprit de découvreur et d'expérimentateur, qui ne va pas sans gaieté ni ironie.

Il a le goût des constructions complexes, des combinaisons de rythmes subtils, même s'il sait qu'elles peuvent l'éloigner du réel. Il se cache alors souvent derrière des personnages auxquels il les prête : ainsi Saccard dans *La Curée* et *L'Argent*, ou Clorinde, l'excentrique italienne qui, dans *Son Excellence Eugène Rougon*, ne cesse de monter des intrigues secrètes et compliquées à l'image de sa propre vie et qui reste une énigme, même pour le tout-puissant ministre. Voulant une fois de plus renouveler sa manière en écrivant les *Évangiles*, Zola affirme : «L'imparfait évité, l'indicatif employé le plus souvent, et tous les rêves, toutes les effusions permises. De la sorte je puis contenter mon lyrisme ; me jeter dans la fantaisie, me permettre tous les sauts d'imagination dans le rêve et l'espoir [24].» En fait, ce renouvellement qu'il envisage n'en est pas véritablement un. Toute son œuvre, en effet, est parcourue par la fantaisie et les «sauts» d'imagination, est riche d'inventions et de libertés de toutes sortes.

20 BNF, MSS, NAF 10274, f. 347/10. **21** Colette Becker, «Les "machines à pièces de cent sous" des Rougon», *Romantisme*, n° 40, 1983, p. 141-152. **22** Lettre à Jacques Van Santen Kolff, 6 juin 1889 (Émile Zola, *Correspondance*, *op. cit.*, t. VI, p. 395). **23** «Les droits du romancier», *Le Figaro*, 6 juin 1896, recueilli dans *Nouvelle campagne*. **24** Première ébauche des *Quatre Évangiles*, texte publié par Maurice Le Blond, «Les projets littéraires d'Émile Zola au moment de sa mort d'après des documents et manuscrits inédits», *Le Mercure de France*, 1er octobre 1927, p. 5-25.

L'écriture et la vie : l'invention des personnages

Chantal Pierre-Gnassounou

Une famille éclatée...

L'arbre généalogique des *Rougon-Macquart* fait partie du pittoresque zolien, auquel le romancier a lui-même beaucoup contribué en faisant publier un état de l'arbre en 1878, en tête d'*Une page d'amour*, et un second en 1893, en tête du *Docteur Pascal*. Le procédé, sur lequel on ne manqua pas d'ironiser (Daudet, Pontmartin...), témoigne en fait d'une volonté de planification et de maîtrise jamais démentie. En ce sens, Zola distingue son entreprise romanesque de celle de Balzac, le génial mais encombrant prédécesseur qui emploie près de trois mille figures. En projetant une série de romans correspondant aux différentes ramifications d'une seule famille (branches légitime et illégitime issues de l'ancêtre Adélaïde Fouque), Zola imposait un cadre restreint à l'invention. Il évitait ainsi que les personnages ne prolifèrent comme dans l'univers balzacien, toujours en expansion et, à terme, inachevé.

En 1869, dans le projet remis à l'éditeur Lacroix, dix épisodes sont prévus. Mais la série, comme si elle était elle-même emportée par la « bousculade des ambitions et des appétits » (« Notes générales sur la marche de l'œuvre ») qui caractérise le Second Empire, ne saura se maintenir dans ce cadre étroit. L'arbre des *Rougon-Macquart* se modifiera et de nouveaux membres de la famille naîtront, faisant passer la série de dix romans à vingt romans. Ainsi Sidonie Rougon, l'intrigante de *La Curée* (1871), ne devait avoir aucune descendance ; or Zola, bien plus tard, en 1887, lui donne une fille, Angélique, pour les besoins de son roman sur l'au-delà, *Le Rêve*. Pour *La Bête Humaine*, il invente même un troisième fils à Gervaise, Jacques Lantier, le criminel né. Au fond, ces générations inopinées gênent peu Zola ; nul besoin pour lui de réécrire *L'Assommoir* pour y faire une place à Jacques Lantier. Car, contrairement à ce qui se passe chez Balzac, les romans de la série communiquent peu entre eux de même que les membres de cette famille se fréquentent peu. Gervaise, blanchisseuse à la Goutte-d'Or, ne rencontre jamais sa sœur Lisa, charcutière aux Halles. Nana, la lorette, n'entretient aucune relation avec son frère Claude, le peintre... Dans l'univers de Zola, les personnages ne reviennent pas, ou peu. L'auteur a tendance à les cantonner dans le roman pour lequel ils ont été créés. Les personnages de *La Curée* pourraient pourtant très bien passer dans *Nana* ; pourquoi pas Maxime Saccard dans la loge de la fille de Gervaise ? Les personnages, ainsi dotés d'une survie, gagneraient en « réalité ». De toute évidence, Zola ne recherche pas cet effet, préférant sacrifier l'illusion de vie au profit d'un cadrage plus méthodique. À l'enterrement de Claude Lantier, le peintre, dans le dernier chapitre de *L'Œuvre*, le lecteur retrouve cependant des personnages de sa connaissance : Sidonie Rougon, toujours aussi louche, et Octave Mouret, l'heureux patron du Bonheur-des-Dames. Mais ceux qui tenaient la vedette dans *La Curée* et *Au Bonheur des Dames* ne sont déjà plus que des figurants dont Zola néglige même de donner le nom. Certains membres de la famille ont pourtant le privilège d'apparaître deux fois dans des rôles de premier plan : Jean Macquart, successivement « héros » paysan (*La Terre*) puis « héros » militaire (*La Débâcle*), ou bien Saccard, qui revient dans *L'Argent* (en fin de cycle) après avoir déjà été au centre de *La Curée* en début de cycle. Mais, à proprement parler, il ne s'agit plus des mêmes personnages, car, dans le monde de Zola, « revenir » équivaut toujours à tirer un trait sur son passé. Aussi, de l'aveu même de l'auteur, le Saccard de *L'Argent* est-il un « Saccard nouvelle forme », accompagné, pour l'occasion, de nouveaux comparses.

Il faut attendre *Le Docteur Pascal* pour que reviennent les personnages des dix-neuf romans précédents. Non pas en chair et en os, comme on l'attendrait plutôt d'un romancier réaliste, mais mis en dossiers, inscrits sur des fiches et un arbre généalogique que Pascal, double du romancier, tient soigneusement à jour. Ceux que l'œuvre avait méthodiquement dispersés au fil des volumes se retrouvent symboliquement rassemblés, dans l'ultime roman, mis côte à côte sur les pages d'un dossier, rangés sur les étagères d'une armoire à Plassans. Par ce stratagème, les personnages de la série sont renvoyés à leurs origines : origine organique, certes, car ils proviennent tous de la fêlure matricielle (la tante Dide) ; mais origine sémiotique également car ils sont tous nés de signes tracés sur du papier – tous ces plans et notes préliminaires, ces arbres généalogiques, cette paperasse que Zola élaborait aux premiers temps de l'œuvre et qu'il a léguée, pour finir, au docteur Pascal. Du papier, les personnages retournent au papier... Le cycle est accompli.

La fabrique du personnage

C'est dans l'ébauche (texte programmatique rédigé par Zola pour chacun de ses romans en chantier) que naissent les principaux personnages. Zola les traite alors surtout comme des fonctions, liées à un « milieu » à décrire, dont il s'efforce de régler l'action dans l'intrigue. Souvent, il ne

---

1 Ébauche de *La Bête humaine* (BNF, MSS, NAF 10274, f. 347). **2** Ébauche de *Nana* (BNF, MSS, NAF 10316, f. 216 et 227). **3** Zola note sur un feuillet tardif de l'ébauche : « Il serait beau de faire ceci. Prendre Étienne et lui donner un rôle plus central, en en faisant un des chefs, même le chef de la grève. » (BNF, MSS, NAF 10307, f. 492.)

leur donne même pas de nom, se contentant de les identi-fier par leur rôle thématique («le mari», l'«amant» pour *La Bête humaine*…) ou leur métier («mon Directeur» pour *Germinal*). Les personnages, encore à peine esquissés, sont soumis à des combinaisons scénariques diverses : «C'est une femme qui fait tuer son mari par son amant. Ou peut-être son amant tue son mari. À moins que ce ne soit le mari qui tue l'amant […]. C'est le mari qu'il faut tuer décidément, parce que cela fait une veuve et rend la scène libre. Admettons encore un instant que ce soit le mari qui tue l'amant : voilà la femme affolée et faisant tout pour sauver son mari[1].» À ce stade, on n'a encore affaire qu'à un personnel mis au service d'un projet d'écriture, et non à des personnages pourvus d'une vie autonome. Il en résulte une grande instabilité. Jugés insuffisamment ren-tables, certains peuvent disparaître en cours de route : ainsi la jeune maîtresse du docteur Pascal, que Zola finira par confondre avec le personnage de la nièce. D'autres subissent des modifications plus ou moins significatives, souvent motivées par le souci d'échapper aux stéréotypes. «Ne pas refaire» est une consigne régulière des ébauches zoliennes, qui vise à atténuer les possibles effets intertex-tuels (et intratextuels car Zola veille à ne pas se répéter au fil de la série). Ainsi, dans l'ébauche de *Nana*, Sabine Muf-fat, d'abord construite sur le modèle de l'épouse martyre incarnée par la baronne Hulot de *La Cousine Bette*, est pro-gressivement «débalzacianisée» par Zola qui, pour ne pas «courir les risques d'un rapprochement», la transforme en femme «légère qui aura des amants[2]». Le personnage n'est, en définitive, nullement le produit d'une soudaine évidence, il est le résultat de montages successifs où se combinent diversement les traits qualifiant son être et son faire : Étienne passe, dans l'ébauche de *Germinal*, du sta-tut de suiveur à celui de meneur[3] (*ill. 152*, BNF, Manus-crits, NAF 10308, f. 12); inversement, Lisa, l'honnête charcutière, passe, dans l'ébauche du *Ventre de Paris*, du statut de méchante active, complotant contre l'innocent, à celui de méchante passive, assistant sereinement à l'œuvre du Mal…

Le souci du nom fait partie de ce montage, même s'il intervient plus tardivement. Ce n'est pas pour autant un souci secondaire : «Nous mettons toutes sortes d'inten-tions littéraires dans les noms. Nous nous montrons très difficiles, nous voulons une certaine consonance, nous voyons souvent tout un caractère dans l'assemblage de certaines syllabes […] au point qu'il devient à nos yeux

152 *Germinal* : fiche d'Étienne. BNF, Manuscrits, NAF 10308, f. 12.

L'Œuvre : fiche de Christine. BNF, Manuscrits, NAF 10316, f. 250 (voir notice n° 212).

l'âme même du personnage [...] ; changer le nom d'un personnage, c'est tuer le personnage[4]. » C'est que le nom, tout en devant faire vrai, doit aussi produire du sens, soit en confirmant, par redondance, l'être et le faire du personnage, soit en le contestant, par ironie[5]. Cabuche, ouvrier carrier dans *La Bête humaine*, est/a bien une drôle de caboche. En revanche, Dejoie, dans *L'Argent*, est un pauvre courtier poursuivi par la malchance. L'investissement sémantique dont les noms et prénoms sont l'objet explique pourquoi les personnages en changent souvent au cours de leur gestation dans les dossiers. Pour commencer, Zola emploie souvent des noms et prénoms passe-partout, de pure commodité (les Maheu de *Germinal* s'appelle d'abord les Durand), qu'il abandonne ensuite pour une onomastique plus signifiante. Ainsi Marguerite devient plus justement Angélique dans *Le Rêve*, conformément à sa nature éthérée. Marjolin, qui vit au milieu des plantes et des légumes dans *Le Ventre de Paris*, s'appelait platement à l'origine Jacques Duval…

Reste le portrait, avec ses composantes physiques et biographiques – la chair et le vécu qui donnent l'illusion de vie. Si l'ébauche ne s'y attarde pas, les fiches «Personnages» (qui font partie de chaque dossier préparatoire) sont en revanche le lieu privilégié où Zola transforme son personnel romanesque en simulacres de personne. On y trouve même des personnages historiques (Karl Marx dans le dossier de *L'Argent*) et des animaux (la chatte Minouche et le chien Mathieu dans *La Joie de vivre* [*ill. 154*, BNF, Manuscrits, NAF 10311, f. 226], les chevaux Bataille et Trompette dans *Germinal*). Ces notices font intervenir un code physiognomonique certes peu élaboré (où les lèvres charnues signifient la bonté, tandis que la mâchoire large et la rousseur certifient la violence…) mais que le romancier agence toujours de façon à produire des portraits dissonants : le positif y est toujours gâté par du négatif et le négatif corrigé par du positif. «Le haut d'une grande douceur mais le bas est passionnel, la mâchoire trop forte», note Zola à propos de Christine dans le dossier de *L'Œuvre* (*ill. p. 107*, BNF, Manuscrits, NAF 10316, f. 250). Cependant, plus que la description physique qui tend à reproduire les protagonistes à l'identique, l'invention biographique constitue efficacement le personnage en personne puisque, grâce à elle, il est doté d'une existence pleine, commençant en amont de la fiction. Cette pratique de l'étoffement est particulièrement remarquable lorsque, d'une part, elle porte sur des protagonistes tout à fait secondaires et que, d'autre part, elle est

annulée par le texte romanesque. Dans le texte de *Germinal*, Zola ne gardera ainsi quasiment rien de la fiche qu'il a rédigée pour tel personnage de délégué syndical : «40 ans, a été pion, est un petit avocat sans cause. Figure correcte de notaire, très bien tenu [...]. Il tient école de socialisme, est un chef de région dans l'Internationale. Donne toute sa vie à la propagande sans qu'on sache de quoi il vit. A une petite femme qu'on ne voit jamais, qu'on dit bonne et fait des chapeaux à Lille. Peut-être lui a-t-elle apporté de l'argent[6]. » Si le romancier a besoin de tout se dire sur ses personnages dans le secret de ses dossiers, il retranche certaines informations au moment de les faire passer dans le domaine public. En ce sens, les fiches «Personnages» de Zola sont bien autre chose que d'austères fiches signalétiques ; elles produisent un effet de chauffe nécessaire à la mise en vie du personnage avant sa mise en texte.

Préposés au réel et préposés à la fiction

Chez Zola, le personnage est toujours très occupé ; il n'est pas seulement chargé de jouer un rôle dans une intrigue ; il hérite de fonctions qui sont généralement imparties au narrateur. Entre autres, celle d'énoncer le réel que l'auteur a mis en fiches au cours de son travail préparatoire. Cette activité encyclopédique s'effectue selon trois modalités : en parlant, en regardant et en travaillant, les personnages distribuent dans le récit romanesque les documents en fonction de leurs compétences[7]. Maheu, le mineur expérimenté, explique le fonctionnement de la mine à Étienne, le novice ; Claude le peintre, par son regard, compose une représentation picturale des Halles que Zola a esquissée dans les notes du *Ventre de Paris* ; et Gervaise, en repassant dans sa boutique, fait défiler tous les types de fers qu'il a répertoriés dans le dossier de *L'Assommoir*. C'est le côté Jules Verne de Zola : même en plein drame, le document trouve encore moyen de s'énoncer, avec un entêtement qui pourrait passer parfois pour de l'incongruité. Toutefois, ce sérieux encyclopédique a ses limites, contrairement à la réputation que la vulgate répand. Par une sorte d'ironie, les dispensateurs de savoir ne trouvent pas toujours des destinataires bien disposés – Gervaise ne «compren[d] pas bien» le travail du chaîniste Lorilleux, que Zola décrit pourtant à grand renfort de détails. De surcroît, les préposés à la fiction abondent dans le roman zolien : utopistes, affairistes, mythomanes, rêveuses, femmes d'intrigues ou commères en mal d'histoires à dormir debout… Tous ces petits et grands chimériques, qui font «le saut dans les étoiles» sans passer par «le tremplin

4 Lettre à É. de Cyon, 29 janvier 1882. **5** Voir Philippe Hamon, *Le Personnel du roman. Le système des personnages dans Les Rougon-Macquart*, Genève, Droz, 1983. **6** «Personnages», dossier préparatoire de *Germinal* (BNF, MSS, NAF 10308, f. 87). **7** Voir Philippe Hamon, *op. cit.* **8** «J'ai l'hypertrophie du détail vrai, le saut dans les étoiles sur le tremplin de l'observation exacte» est une des définitions que Zola donnait de son esthétique (lettre à Henry Céard, 22 mars 1885). **9** «Si je me mets en scène, je voudrais compléter Claude, ou lui être opposé [...] moins absolu, cédant à ma nature et produisant, tandis que Claude se bute… » (Ébauche de *L'Œuvre*, BNF, MSS, NAF 10316, f. 276.) **10** «Me mettre tout entier là-dedans. » (Ébauche de *L'Argent*, BNF, MSS, NAF 10268, f. 406.)

de l'observation exacte[8]», créent au cœur du document zolien des poches d'imaginaire au statut ambigu : elles servent autant de repoussoirs que de diversions opportunes à la simplicité et à la rigueur du roman naturaliste. D'ailleurs, les personnages vont souvent par deux, le raisonnable raisonneur et l'imaginatif délirant : la Maheude et Étienne dans *Germinal*, Saccard et Mme Caroline dans *L'Argent*, Claude et Sandoz dans *L'Œuvre*... Ce couple polémique ne cesse de se reconstituer au fil des romans, comme si ces personnages étaient chargés de dramatiser par leur aventure personnelle (déclenchement d'une grève ou création d'une banque...) les conflits d'un certain romanesque zolien et de la méthode naturaliste. À vrai dire, les plans trop compliqués du banquier véreux ou du révolutionnaire en herbe fascinent Zola, qui parle alors de

ses personnages comme s'il s'agissait de confrères en écriture : les spéculations foncières de Saccard relèvent du «mélodrame financier» et le complot de Florent dans *Le Ventre de Paris* est un «scénario de drame [...] écrit sur des bouts de papier, raturés, montrant les tâtonnements de l'auteur». Même s'ils appartiennent indiscutablement à leur époque, ces inventeurs de la modernité sont du côté de la littérature, de connivence avec le romancier. Car il ne suffit pas à Zola de se représenter en méthodique dépositaire des choses et des mots et de se contempler à travers Sandoz, le solide écrivain de *L'Œuvre*[9], ou Mme Caroline, l'intellectuelle de *L'Argent* réfractaire aux outrances de l'imagination[10] ; il lui faut aussi appréhender ses propres vertiges d'artiste en Claude, Saccard et tant d'autres de ces imprudents visionnaires qui perdent le sens du réel.

153 *Le Ventre de Paris*, édition Mapon et Flammarion.
     BNF, Littérature et Art, 4 Y2 491, livre VII, p. 49.

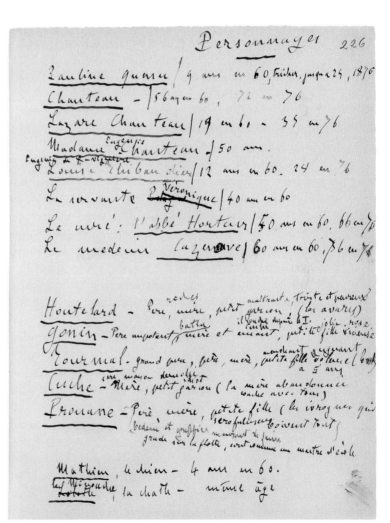

154 *La Joie de vivre* : liste des personnages.
     BNF, Manuscrits, NAF 10311, f. 226.

Zola topographe

Olivier Lumbroso

*« Il y a deux choses dans une œuvre telle que
je la comprends : il y a les documents et la création*[1]. *»*

Les images accompagnent l'œuvre romanesque de Zola. Pour s'en convaincre, il suffit de rappeler son activité de critique d'art engagé, sa passion pour la photographie, les caricatures dont il est l'objet, ou encore son travail sur les décors de ses pièces de théâtre avec Alfred Bruneau[2]. Pourtant, en dépit de nombreuses études, les dessins de la main de Zola, qui accompagnent la genèse des œuvres, ont suscité peu d'analyses[3]. Deux raisons expliquent cette désaffection. D'abord, la qualité estimée du corpus a pu susciter un désintérêt. Une approche finaliste des dessins, sans doute erronée, présuppose qu'un dessin d'écrivain, orienté pourtant vers la production d'une fiction, possède une valeur esthétique intrinsèque : il doit être digne de figurer dans une exposition, tels les dessins de Hugo, de Valéry ou de Proust. De ce fait, près de deux cents « croquis » de l'avant-texte des *Rougon-Macquart* ont été relégués dans la documentation brute. Circonstance aggravante, les critères de classement choisis par l'écrivain incitent, à tort, à isoler les documents graphiques dans des sections, qui créent une forme de ségrégation. Ils sont en effet rassemblés sous diverses rubriques : « Les rues autour des Halles » (*Le Ventre de Paris*), « Topographie » (*Une page d'amour*), « Cartes et plans » (*Germinal*). Il faut donc que le « classement » statique du dossier laisse place au « circuit » génétique et que des méthodes soient proposées afin de reconstruire les « sentiers de la création » et de comprendre quand, comment et pourquoi Zola s'entoure de dessins pour écrire ses romans.

Dans un second temps, la quantité des documents iconiques a sûrement constitué un obstacle important, d'autant que ces dessins posent des problèmes multiples : les informateurs de Zola sont parfois mal identifiés ; les sujets varient, allant d'un point de détail à la topographie générale du roman ; les croquis prennent la forme de plans, mais aussi d'arbres généalogiques ou de tableaux analytiques réclamant chacun des méthodes d'analyse appropriées ; enfin, la plupart appartiennent à des séries dans lesquelles l'attention se focalise progressivement sur des zones de plus en plus petites (le quartier, la rue, la maison, la pièce).

Étudier la « cartographie » zolienne suppose donc une approche d'ensemble de l'acte de création, du croquis gribouillé au coin d'un feuillet au dessin final tracé à l'encre. Que dire de tel document et, s'il est isolé, comment le replacer dans son contexte ? La question ne se réduit plus à classer l'ensemble hétérogène des dessins dans un souci génétique, il faut encore proposer une interprétation générale de la production graphique impliquée dans la genèse des vingt romans du cycle des *Rougon-Macquart*.

Dessins documentaires et fonction mimétique

La fonction des dessins zoliens, souvent évoquée, renvoie au discours didactique du roman naturaliste. L'écrivain accumule une encyclopédie en réduction, illustrée de dessins techniques fournis par des spécialistes, ingénieurs ou architectes. Les divers lexiques concernant la mine dans *Germinal*, la broderie dans *Le Rêve* ou les pièces d'artillerie dans *La Débâcle* sont émaillés de croquis didactiques destinés à aider le romancier dans sa découverte de milieux inconnus[4]. Les dessins peuvent aussi procéder des sources livresques de Zola. C'est ainsi qu'il esquisse des croquis, à partir des articles « créneau », « courtine » ou « mâchicoulis » du *Grand Dictionnaire Universel* de Pierre Larousse pour inventer le château du *Rêve*. Cette réécriture sur le mode iconique éclaire l'économie des dessins documentaires : ils appuient les descriptions en « donnant à voir » selon le précepte de l'*Ut pictura poesis*. De plus, ils sont les garants de la fiabilité de l'information et de son appropriation. Cette fidélité au modèle peut conduire à l'utilisation du calque, ainsi pour le plan du Palais-Bourbon lors de la préparation de *Son Excellence Eugène Rougon* (BNF, Manuscrits, NAF 10291, f. 210).

Des expériences vécues sont à l'origine d'autres dessins. Lors de la préparation de *Pot-Bouille*, Huysmans, qui connaissait bien l'église Saint-Roch, adresse au romancier un long descriptif du lieu. Après son voyage dans l'Est pour préparer *La Débâcle*, déplacement largement couvert par la presse régionale, Zola reçoit d'un professeur de mathématiques, engagé volontaire en 1870, un manuscrit intitulé « Notes et Impressions. Août et septembre 1870 »[5]. Ce journal, accompagné de cartes maladroitement tracées, donne le point de vue du simple soldat emporté dans le cours ordinaire d'une guerre.

1 *Le Matin*, 7 mars 1885. **2** Voir François Émile-Zola et Massin, *Zola photographe*, Denoël, 1979, et, sur les rapports de Zola avec la caricature, Bertrand Tillier, *Cochon de Zola*, Séguier, 1998 ; sur les liens de Zola avec la peinture, voir l'édition des *Écrits sur l'art* de Jean-Pierre Leduc-Adine parue chez Gallimard en 1991. Pour une synthèse, voir les actes du colloque « Zola en images » (4-7 octobre 1990), *Les Cahiers naturalistes*, nᵒ 66, 1992. **3** Citons cependant, sans prétendre à l'exhaustivité : Philippe Hamon, « Génétique du lieu romanesque. Sur quelques dessins d'Émile Zola », dans *Création de l'espace et narration littéraire*, Sophia-Antipolis, université de Nice Sophia-Antipolis, 1997, p. 27-43 et Henri Mitterand, « Genèse de *La Faute de l'abbé Mouret* », dans *Les Manuscrits des écrivains*, Hachette / CNRS Éditions, 1993, p. 184. **4** Voir Henri Mitterand, *Émile Zola. Carnets d'enquêtes. Une ethnographie inédite de la France par Émile Zola*, Plon, coll. « Terre humaine », 1987. **5** BNF, MSS, NAF 10287, f. 306 et suiv.

Le document graphique se réduit parfois à un simple diagramme. Le développement de la statistique avait popularisé les tableaux à plusieurs entrées. Zola les apprécie pour leur vision d'ensemble et leur intégration des variables. C'est ainsi qu'il reçoit du secrétaire général du Bon-Marché un tableau de la croissance des rayons de 1865 à 1882 et un autre de l'origine géographique des marchandises.

Du décalcage aux décalages

Cette dimension documentaire du dessin zolien, bien qu'essentielle, ne correspond qu'à l'une de ses nombreuses fonctions. Si les sources livresques de chacun d'eux sont aisément identifiables, il n'empêche qu'un examen rapide prouve que le «décalcage» graphique équivaut à un décalage voire un «décadrage». En effet, la comparaison des plans, du Bon-Marché, de la Bourse, de l'hémicycle du Palais-Bourbon et de leurs réécritures fictionnelles révèlent des altérations, qui éloignent le dessin de fiction de son modèle. Comparer une carte officielle de Paris avec le plan de la Goutte-d'Or, pour *L'Assommoir*, et avec celui de Passy pour *Une page d'amour*, rapprocher un plan d'Aix-en-Provence et celui de Plassans (*La Fortune des Rougon*) ou superposer une carte de l'Alsace au plan dessiné par le romancier (*La Débâcle*) prouvent que le travail cartogra-

phique zolien ne se limite pas au décalcage. À divers degrés, le dessin de fiction figure, défigure ou transfigure le dessin documentaire. La question ne porte pas sur sa valeur esthétique mais sur sa fonction génétique. Il s'agit de découvrir les constantes qui conduisent de la copie brute du réel aux remodelages des tracés. Cela, sur fond de paradoxe : pourquoi tant d'enquêtes documentaires parfois dangereuses sur le terrain – au fond d'une mine (*Germinal*) ou sur une locomotive (*La Bête humaine*) – si, au bout du compte, cette fidélité au réel doit être altérée ? Objet du mépris esthétique, le dessin zolien bat pourtant en brèche la réduction du naturalisme à un réalisme plat en nous situant au centre des processus créatifs de l'écrivain.

Les dessins documentaires font l'objet d'une triple stylisation graphique, visant à simplifier, transformer et transfigurer. La simplification repose sur l'usage de l'ellipse cartographique. Le plan de l'Est parisien, dans le dossier préparatoire de *L'Assommoir*, se polarise sur la croisée formée par l'intersection de la ligne des Boulevards et de la rue des Poissonniers, figure spatiale sans doute inspirée du remodelage haussmannien de la «grande croisée de Paris». À l'exception de la Goutte-d'Or, le plan efface les rues des quartiers contigus. Dans le plan des Halles, une semblable focalisation valorise la symétrie de deux carrefours où déambule Florent, le bagnard évadé du

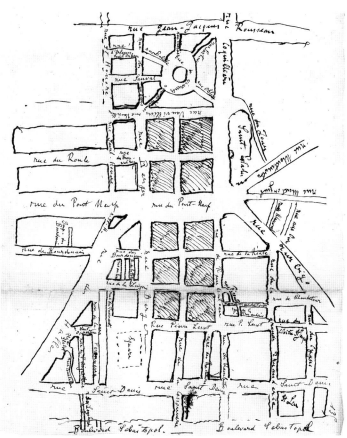

155   *Le Ventre de Paris* : plan des Halles. BNF, Manuscrits, NAF 10338, f. 135.

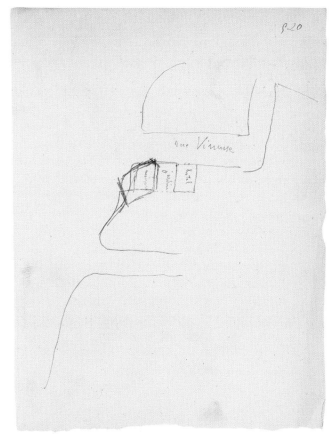

156   *Une page d'amour* : coude de la rue Vineuse.
BNF, Manuscrits, NAF 10269, f. 150.

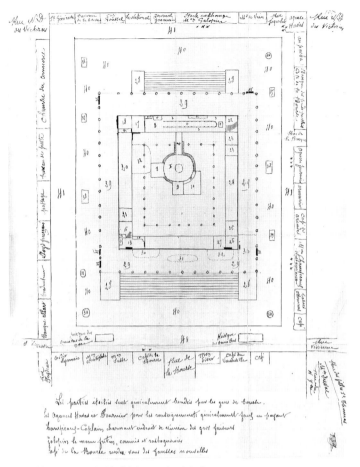

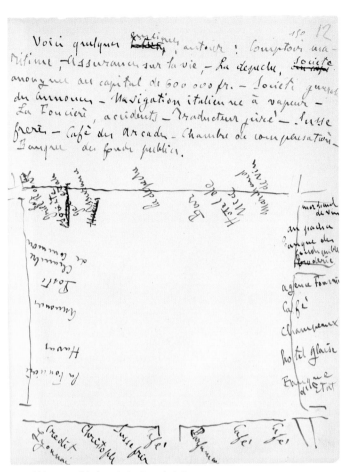

157   *L'Argent* : croquis détaillé du quartier de la Bourse.
BNF, Manuscrits, NAF 10269, f. 137.

158   *L'Argent* : périmètre de la place de la Bourse.
BNF, Manuscrits, NAF 10269, f. 150.

Ventre de Paris (*ill. 155*, BNF, Manuscrits, NAF 10338, f. 135). Par un procédé encore plus radical, le croquis détaillé du quartier de la Bourse, réalisé par un spécialiste (*ill. 157*, BNF, Manuscrits, NAF 10269, f. 137) est simplifié suivant l'opposition du dedans et du dehors. Le romancier redessine le périmètre de la place et supprime le bâtiment central : il déboîte ce que les informateurs empilent (*ill. 158*, BNF, Manuscrits, NAF 10269, f. 150). Le processus de simplification oriente l'information du dessin, le focalise sur une zone, et en extrait une ligne, un cadre, une structure spatiale adaptée à la fiction et qui stimule l'«imagibilité» des lieux[6].

Ces formes génériques peuvent résulter moins d'une simplification que d'une schématisation des données du réel. Le dessin de Passy, pour *Une page d'amour*, illustre la propension de l'écrivain à géométriser «naturellement» les configurations urbaines irrégulières. La logique de son œil relève d'un fonctionnement «structuralisant», puisqu'elle tire les formes vers des figures archétypales ou des rapports mathématiques : Zola redresse volontairement le

coude de la rue Vineuse en angle droit, alors que les notes sont beaucoup moins schématiques (*ill. 156*, BNF, Manuscrits, NAF 10318, f. 520). De nombreux autres dessins témoignent d'une même stylisation, cette fois à visée stratégique. Les villes alsaciennes, dans le plan de *La Débâcle*, s'inscrivent dans un quadrillage mental de l'espace cartographique. La réécriture signale la recherche des formes pures, vers lesquelles tend la pensée abstraite. Dire le réel, ce n'est pas seulement énumérer le «magasin du monde» mais en dégager aussi les formes et les proportions, afin d'en atteindre les structures organisatrices. C'est là un premier palier vers la créativité graphique, qui peut se distancier encore davantage des données brutes du document. Un croquis du dossier préparatoire de *La Débâcle* stylisant en un triangle les positions de Belfort, Mulhouse et Dannemarie montre jusqu'où va la schématisation de la carte, devenue graphe mathématique pour valoriser un rythme ternaire. Ainsi l'esquisse du Paradou se résume-t-elle à un système géométrique de lignes entrecroisées. De toute évidence, le degré de transfiguration du dessin documentaire

6 Kévin Lynch, *L'Image de la cité*, Paris, Dunod, 1976 (traduit de *The Image of the city*, 1960). **7** BNF, MSS, NAF 10303, f. 31 et suiv. **8** Voir, sur ces grands tropismes, Auguste Dezalay, *L'Opéra des Rougon-Macquart. Essai de rythmologie romanesque*, Paris, Klincksieck, 1983. **9** Lettre à Henry Céard, du 22 mars 1885, citée par Henri Mitterand dans Pléiade, t. III, p. 1868.

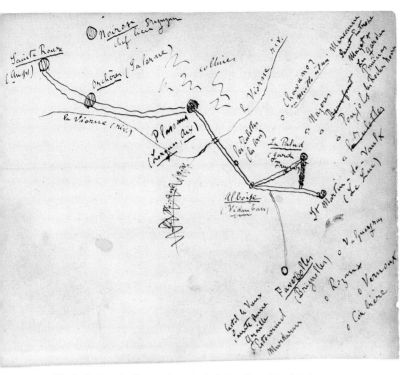

159   *La Fortune des Rougon* : la route de Sainte-Roure à La Palud.
BNF, Manuscrits, NAF 10303 [vol. II], f. 2.

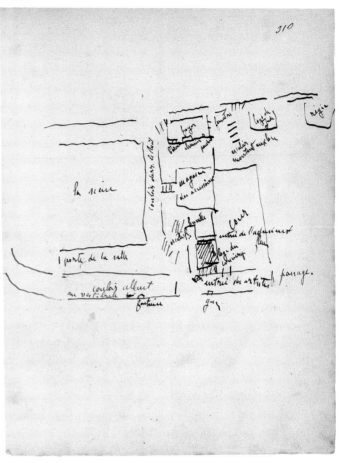

160   Le théâtre des Variétés.
BNF, Manuscrits, NAF 10313, f. 310.

signale l'écart qui sépare la réalité et les visées de la fiction. Lorsque le réel ne s'adapte plus aux exigences internes du scénario, quand le redressement des tracés ne suffit plus à bâtir un espace imaginaire autonome, le romancier « tord le cadre à sa fantaisie[7] ». Ainsi l'allure générale du plan topographique de *La Fortune des Rougon* respecte-t-elle le tracé imaginaire d'une route droite joignant Sainte-Roure à La Palud. Afin de régler sans complications les marches et les contre-marches des insurgés, Zola centre le dessin sur une voie unique, ponctuée par les « stations » qui scandent l'itinéraire des insurgés. Les schèmes figuratifs, telle la ligne, suppléent aux insuffisances du réel et projettent sur le dessin les images mentales cinétiques du romancier : élans, oscillations et rebroussements[8] (*ill. 159*, BNF, Manuscrits, NAF 10303 [vol. II], f. 2). Ainsi que Zola l'avouait à Henry Céard : l'observation exacte n'est que le tremplin du « saut dans les étoiles[9] ».

Ces formes d'altérations, de la simplification à la schématisation, reflètent non seulement le besoin de l'écrivain de s'approprier un espace imaginaire propre mais aussi celui de fabriquer un cadre spatial consubstantiel à la fiction. Dans le roman naturaliste, l'espace, loin de s'assimiler à un décor greffé au récit, se situe au carrefour de visées descriptives, narratives et idéologiques. La stylisation graphique permet de construire une topographie vraisemblable, même si elle n'est jamais une copie référentielle, et de prendre en compte le jeu complexe de ces contraintes diverses auxquelles l'espace se voit inféodé. Cette adaptabilité graphique s'affiche nettement dans les dossiers du *Bonheur des Dames*. Des emboîtements de cadres, sans rapport avec les plans du Bon-Marché, figurent géométriquement, en la clarifiant, l'exposition encyclopédique des rayons qui accompagne la ronde inaugurale d'Octave Mouret. Il s'agit ici de satisfaire au cahier des charges des espaces romanesques en gestation.

Au plus haut niveau de cette logique d'assimilation se trouve le plan singulier du théâtre des Variétés de *Nana*, qui, pour représenter les parcours dans le labyrinthe des escaliers, utilise deux opérations graphiques : la stylisation et le collage. C'est une construction de l'esprit, la soudure baroque d'esquisses prises sur le vif. Zola a croqué les pièces du théâtre (la loge, le foyer, la cour) puis les a reliées par les escaliers, dont il a relevé l'emplacement dans ses notes. Ainsi, au lieu d'établir des plans par étage comme pour l'hôtel Saccard de *La Curée* ou la maison des Hubert du *Rêve*, le plan du théâtre juxtapose des pièces situées à

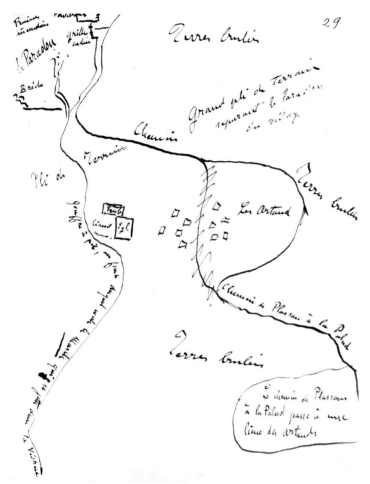

161   *La Faute de l'abbé Mouret* : le chemin de Plassans à La Palud.
BNF, Manuscrits, NAF 10294, f. 29.

différents niveaux en éliminant les lieux que l'intrigue n'utilise pas. On ne se trouve plus devant une série de dessins à focalisation progressive, tels les plans signalés plus haut, mais devant un concentré qui clarifie les va-et-vient entre les étages et les passages du quartier (*ill. 160*, BNF, Manuscrits, NAF 10313, f. 310).

Feuilleté graphique et « mondes virtuels »

Les ratures portées sur les dessins marquent une distanciation supplémentaire vis-à-vis de la simple compilation documentaire. Elles gardent la mémoire des ajustements qui stratifient les ébauches de la spatialité, comme le montrent les interrogations consignées sur le croquis du Voreux de *Germinal* : « Échelles verticales, par où Souvarine descend (dangereuse) », « Échelles brisées par Jeanlain. Comment se sauver ? » Devant les formes graphiques en mouvement, l'esprit de l'écrivain, en ébullition, joue avec les potentialités de son scénario : « On voyait, raconte De Amicis, que Zola s'y était amusé pendant des heures,

oubliant peut-être jusqu'à son roman, et plongé dans sa fiction comme dans un souvenir personnel[10]. »

Dès lors, faut-il imaginer une troisième fonction de la production graphique ? Aux dessins documentaires et aux dessins de fiction s'ajoutent le dessin des scénarios « virtuels », censurés, altérés. Le croquis topographique ne constitue pas la réponse singulière à un faisceau de contraintes figées. Les scénarios successifs engagent une refonte du système des visées qui pèsent sur l'espace, depuis la forme des lieux jusqu'aux emplacements et aux déplacements des personnages, comme l'illustre clairement la transformation du cadre féodal du *Rêve* en quartier religieux cloîtré. Sur les dessins topographiques d'ensemble, deux types de rature – ou d'ajout – s'actualisent : la rature verbale, qui modifie la toponymie, et la rature graphique, qui déplace, supprime ou remplace un tracé. Elles possèdent deux fonctions : intensifier une situation ou la neutraliser, au profit d'un scénario de substitution. Dans le plan varois de *La Fortune des Rougon*, Zola amplifie la convergence épique des différentes colonnes, issues de villages voisins, vers un point de rencontre unique. La ligne arborescente, totalement imaginaire, dominant les tracés du dessin, sert à construire le croisement de flux en mouvement. Inversement, lorsque tardivement Zola introduit le docteur Pascal dans *La Faute de l'abbé Mouret*, il biffe le tronçon de la route de La Palud, qui traverse les Artaud, afin qu'elle contourne le village à une lieue : il semblait contradictoire de faire se rencontrer la « tribu biblique » et le représentant de la science contemporaine (*ill. 161*, BNF, Manuscrits, NAF 10294, f. 29).

Les ratures qui touchent la distribution spatiale des lieux et des personnages relèvent d'une même intensification des ressorts dramatiques. Elles surgissent dans les plans des habitations et, plus surprenant, dans les plans de table des dossiers préparatoires. Certaines ratures accentuent la fermeture ou l'ouverture des lieux, le rapprochement ou l'éloignement de convives, selon les aléas des évolutions scénariques. Dans les deux cas, l'objectif central reste le même : élaborer avec pertinence l'espace des valeurs conflictuelles de la fiction. Le repas « échangiste » organisé par Nana a suscité un nombre important de déplacements, suivant l'évolution des intrigues matrimoniales, tandis que, pour annoncer au lecteur le destin de Gervaise, Zola a séparé, sur le plan de table raturé de *L'Assommoir*, le bienveillant Goujet et la blanchisseuse, au profit de Poisson. La distribution des invités témoigne des progrès d'une expulsion croissante de l'héroïne. Dans l'esprit de Zola, le plan de table se dessine comme un champ de bataille. Selon un même réglage des tonalités, le roman-

10 Propos rapportés par Paul Alexis dans *Émile Zola, notes d'un ami*, Charpentier, 1882, p. 161. **11** Voir Daniel Ferrer, « Le matériel et le virtuel : du paradigme indiciaire à la logique des mondes possibles », dans Daniel Ferrer et Michel Contat (dir.), *Pourquoi la critique génétique. Méthodes, théorie*, Paris, CNRS Éditions, 1998, p. 11-30. **12** BNF, MSS, NAF 10271, f. 169. **13** BNF, MSS, NAF 10271, f. 102.

cier a dramatisé la légèreté des idylles dans *La Fortune des Rougon* en raturant systématiquement «les petites portes» dans le dessin du faubourg de Plassans. Les essais graphiques qui distribuent les fils du vieux Fouan, père dépossédé de *La Terre*, ressemblent aux stratégies d'un général en campagne, qui tâtonnerait dans la disposition de ses forces. La partition spatiale de Rognes, grâce aux ajustements successifs, construit un échiquier significatif, structuré par une «croisée», qui, pour ce roi Lear en quête d'un logis, ressemble à un chemin de croix s'achevant, après plusieurs «stations», au cimetière.

Toutefois, les ratures ne témoignent pas toujours d'une progression linéaire du scénario. Elles permettent parfois un contrôle rétroactif qui freine des options narratives en cours d'invention[11]. Le plan de la maison de la Goutte-d'Or fournit l'exemple le plus significatif. Dès la fin de l'ébauche de *L'Assommoir*, le romancier prévoyait de finir par un drame «terrible». Il songe au suicide de Gervaise puis préfère «quelque chose de plus banal» : une bataille au couteau, en présence de tous les personnages, dans la cour fermée. «Il faut, écrit Zola, disposer la maison pour tout cela[12].» Il applique cette consigne en privilégiant l'espace clôturé : un porche étroit près de la loge, des cadres aux allures carcérales. Il hésite à supprimer cette fin dramatique, digne des feuilletons de Ponson du Terrail, jusqu'au moment où il se rabat sur une clausule d'un laconisme poignant. La suppression de cet épisode allège les contraintes pesant sur le plan de la maison et ouvre sur des dispositifs spatiaux nouveaux. Ainsi le romancier neutralise-t-il la clôture, en créant des passages entre la boutique, la rue et la cour et entre les pièces du logement. L'espace domestique n'est plus réglé par une logique binaire mais ternaire, qui fait de la boutique une «interface» poreuse, reliant l'intérieur et l'extérieur de la maison : «On fait la cuisine dans la boutique, mais on mange dans la chambre», note Zola sur le croquis[13]. Le plan et le croquis, mémoire vive des mondes virtuels et de leurs recyclages conservent, tel un palimpseste, les desseins abandonnés ou croisés du projet romanesque (*ill. 162*, BNF, Manuscrits, NAF 10271, f. 102).

«L'œuvre d'art est un coin de la création vu à travers un tempérament», écrit Zola dès 1864 : les dessins, qui accompagnent l'acte d'invention, le prouvent à leur manière. Ils s'appuient sur la réalité perçue, s'en imprègnent, mais ne la copient pas servilement. Ils se veulent l'écran singulier d'une vision interprétative du réel. Le prisme graphique diffracte le dessin documentaire suivant deux réflexions : l'esprit de géométrie de Zola, invariant cognitif de son regard et de son geste, qui stylise les formes à l'aide de figures, et le filtre variable des données fictionnelles, qui ajuste ces formes et les complète au moyen des ratures, suivant les errances, étonnantes à suivre, du scénario en marche. Au réel l'écrivain impose doublement son imagination créatrice, et le dessin, boîte noire du créé et du censuré, en constitue un point nodal, l'un des foyers centraux de la créativité du romancier naturaliste.

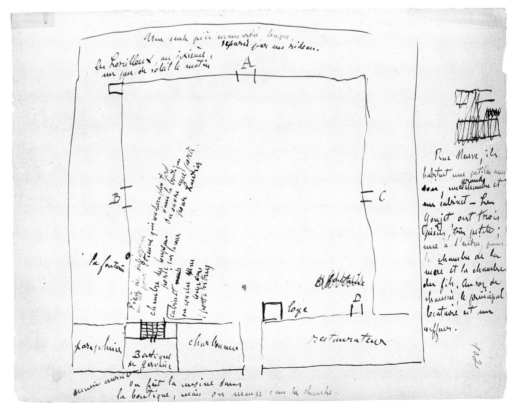

162   *L'Assommoir* : plan de la maison de la Goutte-d'Or. BNF, Manuscrits, NAF 10271, f. 102.

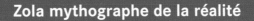

« … je mens pour mon compte dans le sens de la vérité.
J'ai l'hypertrophie du détail vrai, le saut dans les étoiles
sur le tremplin de l'observation exacte. La vérité monte
d'un coup d'aile jusqu'au symbole. »

Lettre à Henry Céard, 22 mars 1885

Les mondes créés par Zola participent d'un univers symbolique qui, dans un foisonnement d'images puissamment évocatrices, s'appuie sur de grands mythes réinventés. « Nana tourne au mythe, écrit Flaubert à Zola le 15 février 1880, cette création est babylonienne. » Et Roger Ripoll fait justement remarquer que « le mythe est un des moyens utilisés par le romancier pour construire l'objet romanesque qu'il nomme réalité ». Onirisme et réalisme se répondent sans s'exclure : sans schizophrénie, Zola se revendique comme romancier naturaliste *et* comme poète.

Paris

Zola a occupé dix-huit adresses différentes à Paris, sur la rive gauche, puis sur la rive droite près de la gare Saint-Lazare. Il a connu le Paris des démolitions haussmanniennes, des grands magasins et des Boulevards, celui du Siège et de la Commune aussi, celui des cris de haine antisémites enfin. Comme beaucoup de ses contemporains, il croit à la mission de Paris, ville du progrès et de la lumière. Il y a situé l'intrigue de onze des vingt *Rougon-Macquart* (en comptant la fin de *La Débâcle*). Du passage du Pont-Neuf, où Thérèse Raquin s'ennuie, à la rue de la Goutte-d'Or, où meurt Gervaise, et de Passy aux Halles, Paris a inspiré le romancier qui vit la ville, la voit avec les yeux de ses amis les peintres, et la restitue transmuée : c'est aussi le Paris de Zola que peignent Manet, Pissarro, Monet, Van Gogh…

163
Anonyme, *Vue panoramique de Paris depuis l'Hôtel de Ville*

Conservée dans les « Notes sur l'œuvre » prises en 1868-1869, cette photographie témoigne de la place que Zola assignait à Paris dans son grand projet.

Photographie, 13,5 × 25,7 cm
BNF, Manuscrits, NAF 10345, f. 131
(Reproduit p. 120)

164
Camille Pissarro, *Les Boulevards extérieurs, effet de neige*

Zola porte un regard de peintre sur Paris. Dès ses premiers romans, la ville apparaît saisie dans un cadre, fenêtre ou tableau – celui que Claude peint dans *L'Œuvre* –, comme elle le sera plus tard dans l'objectif de l'appareil photographique du romancier. Paris est souvent vu d'un étage élevé, celui des pauvres ; parfois un jour de neige, pareil à celui où Gervaise affamée tente de racoler sur les Boulevards. De Pissarro, qu'il avait connu par Cézanne dans les années 1860 et dont il admirait la puissance, Zola écrit, à propos du Salon de 1879, que ses « recherches scrupuleuses produisent parfois une impression de vérité hallucinante » (Émile Zola, *Écrits sur l'art*, J.-P. Leduc-Adine éd., Gallimard, 1991, p. 399).

1879
Huile sur toile, 54 × 55 cm
Paris, musée Marmottan

165
Vincent Van Gogh, *Guinguette à Montmartre*

Très jeune, Van Gogh fut profondément marqué par
la lecture des romans de Zola, par *La Joie de vivre*
en particulier, qu'il plaça en contrepoint devant une
grande bible calviniste dans un tableau d'octobre 1885.
À propos du *Portrait du vieux paysan provençal*, il écrit
à son frère en août 1888 : « … les bonnes personnes
ne verront dans cette exagération que de la caricature.
Mais qu'est-ce que cela nous fait, nous avons lu
La Terre et *Germinal*, et si nous peignons un paysan,
nous aimerions montrer que cette lecture a un peu fini
par faire corps avec nous. » (Cité par A. Pagès et
O. Morgan, *Guide Émile Zola*, Ellipses, 2002, p. 478.)

1886
Huile sur toile, 49,5 × 64,5 cm
Paris, musée d'Orsay

Saccard montrant à sa femme, depuis les hauteurs de Montmartre, la ville qu'il s'apprête à éventrer (*La Curée*, Pléiade, t. I, p. 388) a de Paris une vision cartographique, conquérante, phallique. Elle contraste avec le panorama changeant contemplé par Hélène dans *Une page d'amour* depuis sa fenêtre de Passy, et que Zola décrit en cinq « tableaux », cinq peintures d'âme dont la présence absente fait songer aux paysages d'arrière-plan des primitifs flamands.

166

La Curée

« Regarde là-bas du côté des Halles, on a coupé Paris en quatre… Et de sa main étendue, ouverte et tranchante comme un coutelas, il fit signe de séparer la ville en quatre parts […]. Angèle avait un léger frisson, devant ce couteau vivant, ces doigts de fer qui hachaient sans pitié l'amas sans bornes des toits sombres. Depuis un instant, les brumes de l'horizon roulaient doucement des hauteurs, et elle s'imaginait entendre, sous les ténèbres qui s'amassaient dans les creux, de lointains craquements, comme si la main de son mari eût réellement fait les entailles dont il parlait, crevant Paris d'un bout à l'autre, brisant les poutres, écrasant les moellons, laissant derrière elle de longues et affreuses blessures de murs croulants. »

Manuscrit autographe, 205 × 155 mm
BNF, Manuscrits, NAF 10282, f. 104-106
(Non reproduit)

167

Une page d'amour

« Que de fois, à pareille heure, l'inconnu de la grande ville, dans le calme d'un beau soir, l'avait bercée d'un rêve attendri ! Cependant, devant elle, Paris s'éclairait des coups de soleil. Au premier rayon qui était tombé sur Notre-Dame, d'autres rayons avaient succédé, frappant la ville. L'astre à son déclin faisait craquer les nuages. Alors les quartiers s'étendirent, dans une bigarrure d'ombres et de lumières. Un moment toute la rive gauche fut d'un gris de plomb, tandis que des lueurs rondes tigraient la rive droite, déroulée au bord du fleuve comme une gigantesque peau de bête. »

Manuscrit autographe, 205 × 155 mm
BNF, Manuscrits, NAF 10318, f. 75
(Non reproduit)

Dans l'œuvre de Zola, la capitale est vouée à l'embrasement. À l'incendie qui termine *La Débâcle* répond l'illumination de Paris à la fin du roman éponyme : « Paris flambait, ensemencé de lumière par le divin soleil, roulant dans sa gloire la moisson future de vérité et de justice. » (Stock, 1998, p. 458.)

168

Camille Corot, *Le Rêve : Paris incendié*

Ce tableau, peint à la fin de sa vie par Corot, porte au revers l'inscription : « 10 7bre 70 Paris supposé incendié par les Prussiens ».

Septembre 1870
Huile sur toile, 30,5 × 54,5 cm
Paris, musée Carnavalet

Le Paris vécu et romanesque de Zola

Alfred Fierro

Depuis Balzac, la littérature s'est approprié la description sociale de Paris. Victor Hugo, Eugène Sue, Alphonse Daudet, les frères Goncourt s'y sont essayés. Zola y a consacré la majeure partie de son œuvre et a modifié le cadre topographique et sociologique de ses romans en fonction de la progression de sa fortune et de l'évolution de ses idées.

Le point de vue : de la mansarde au panorama

Arrivé pauvre à Paris en 1858, Zola y vit jusqu'en 1867 dans de modestes logements tous situés sur la rive gauche[1], souvent dans des hôtels meublés, dans des mansardes. De cette existence précaire, le jeune écrivain tire une expérience qui l'amène à dépoétiser la vie de bohème célébrée quelques années auparavant par Henri Murger :

> « Ah ! que la mansarde de nos songes était blanche ! comme la fenêtre s'égayait au soleil, comme la pauvreté et la solitude y rendaient la vie studieuse et paisible ! La misère avait pour nous le luxe de la lumière et du sourire. Mais savez-vous combien est laide une vraie mansarde ? Savez-vous comme on a froid lorsqu'on est seul, sans fleurs, sans blancs rideaux où reposer les yeux ? Le jour et la gaîté passent sans entrer, n'osant s'aventurer dans cette ombre et dans ce silence[2]. »

On retrouve l'observateur à la fenêtre de sa mansarde à plusieurs reprises dans ses romans, notamment dans *Le Ventre de Paris*[3]. Mais Zola n'entend pas se limiter au rôle d'un observateur de la ville. Il a « voulu peindre le panorama de Paris. Ce que tout écrivain romantique a fait au moins une fois, il l'a fait une dizaine de fois[4] ». Dans *La Curée*[5], Saccard et Angèle dînent au sommet de la butte Montmartre. Dans *Le Ventre de Paris*[6], Florent surplombe les Halles de sa fenêtre. Dans *Son Excellence Eugène Rougon*[7], ce sont les Champs-Élysées qui sont décrits sous l'orage. Dans *L'Assommoir*[8], le jour du mariage de Gervaise Macquart et de Louis Coupeau, la noce fait l'ascension de la colonne Vendôme. Dans *Une page d'amour*[9], c'est à cinq reprises que Zola se livre à de longues descriptions de la ville – elles occupent près du cinquième du roman – qui lui valurent de sévères critiques. L'auteur se

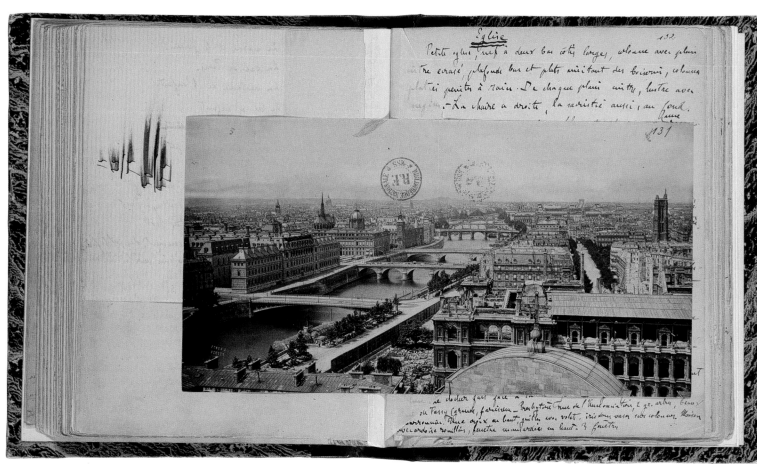

Anonyme, *Vue panoramique de Paris depuis l'Hôtel de Ville* (voir notice n° 163).

justifie dans une lettre insérée en tête de l'édition illustrée de ce roman parue en 1884 :

« Ce qu'on a surtout reproché à *Une page d'amour*, ce sont les cinq descriptions de Paris qui reviennent et terminent les cinq parties symétriquement. On n'a vu là qu'un caprice d'artiste d'une répétition fatigante, qu'une difficulté vaincue pour montrer la dextérité de la main. J'ai pu me tromper, et je me suis trompé certainement, puisque personne n'a compris ; mais la vérité est que j'ai eu toutes sortes de belles intentions, lorsque je me suis entêté à ces cinq tableaux du même décor, vu à des heures et dans des saisons différentes. Voici l'histoire.

Aux jours misérables de ma jeunesse, j'ai habité des greniers de faubourg, d'où l'on découvrait Paris entier. Ce grand Paris, immobile et indifférent, qui était toujours là, dans le cadre de ma fenêtre, me semblait comme le confident tragique de mes joies et de mes tristesses. J'ai eu faim et j'ai pleuré devant lui : et, devant lui, j'ai aimé, j'ai eu mes plus grands bonheurs. Eh bien ! dès ma vingtième année, j'avais rêvé d'écrire un roman dont Paris, avec l'océan de ses toitures, serait un personnage, quelque chose comme le chœur antique. Il me fallait un drame intime, trois ou quatre créatures dans une petite chambre, puis l'immense ville à l'horizon, toujours présente, regardant avec ses yeux de pierre rire et pleurer ces créatures. C'est cette vieille idée que j'ai tenté de réaliser dans *Une page d'amour*.

Je ne défends donc pas mes cinq descriptions : je tiens uniquement à faire remarquer que, dans ce qu'on nomme notre fureur de description, nous ne cédons presque jamais au seul besoin de décrire ; cela se complique toujours en nous d'intentions symboliques et humaines. La création entière nous appartient, nous tâchons de la faire entrer en nos œuvres, nous rêvons l'arche immense[10]. »

L'auteur dévoile ici son intention profonde : sa description ne vise pas à relater ce qu'il voit mais à transfigurer la réalité dans une vision lyrique et quasi mystique. Il faut donc bien prendre garde à distinguer dans les textes de Zola le réel de l'imaginaire.

Zola a fréquenté les peintres de son temps et consacré de nombreux articles à la critique d'art. On retrouve donc dans ses descriptions le goût de la peinture. C'est à de véritables tableaux en prose qu'il s'essaie, notamment dans *L'Œuvre*, dont le héros, Claude Lantier, est artiste peintre, en décrivant les Champs-Élysées[11], la Seine, les îles Saint-Louis et de la Cité, les quais[12], Montmartre[13],

les Batignolles[14] (où il habite à partir de 1867), la place du Carrousel[15].

Le logement : de l'hôtel particulier au taudis
L'hôtel particulier
Longuement décrit de l'extérieur comme de l'intérieur, c'est le cadre de *La Curée*[16]. Issu dans son principe d'une tradition remontant au XVIᵉ siècle, l'hôtel particulier parisien a connu son apogée à l'époque classique avec la formule du bâtiment situé entre cour et jardin dont le Marais conserve quelques exemples prestigieux. Au cours du XIXᵉ siècle, l'architecture de l'hôtel s'éloigne de ce modèle, pour économiser un terrain de plus en plus coûteux, et se contente d'espaces réduits, s'introduisant dans la bordure continue des immeubles, adoptant des formules compactes sur trois ou quatre niveaux ayant le volume de l'immeuble collectif tout en conservant la distribution des pièces de l'hôtel particulier selon un habile compromis. Il subsiste néanmoins des hôtels entre cour et jardin à la périphérie du parc Monceau. C'est le cas de l'hôtel Saccart dans *La Curée*, le jardin étant en réalité le parc lui-même. Au-delà du traditionnel porche d'entrée vient la cour avec, au fond, l'hôtel et une cour de service latérale destinée aux écuries, ainsi qu'une serre ou jardin d'hiver. L'hôtel de *Nana*[17], avenue de Villiers à l'angle de la rue Cardinet, ceux d'Irma Bécot et du peintre Fogerolles, dans *L'Œuvre*, sont plus modestes et conviennent aux demi-mondaines et aux artistes parvenus[18]…

L'immeuble bourgeois
Pot-Bouille[19] se déroule dans une maison bourgeoise de quatre étages édifiée sur la rue de Choiseul vers 1850 selon les indications de Zola – un immeuble préhaussmannien, donc, auquel l'auteur prête cependant le « luxe violent[20] », le « faux luxe parisien[21] » qu'il dénonce dans le Second Empire. Ce type de construction va passer rapidement de quatre à cinq puis à six étages avec Haussmann. Il se caractérise par « le puits étroit d'une cour intérieure[22] » et exploite le comble brisé en étage de service, indice d'une redistribution des volumes qui « se conjugue d'ailleurs avec l'égalisation des étages – autre indice de la nouvelle répartition sociale de l'immeuble, reflet d'une ségrégation géographique en germe[23] », bien mise en évidence dans le roman. « C'est ainsi que la hiérarchie des

1 Lire Colette Becker, « Du garni à l'hôtel particulier : quelques aperçus sur la vie et l'œuvre de Zola à partir des calepins cadastraux », *Les Cahiers naturalistes*, nᵒ 43, 1972, p. 1-24. **2** *La Confession de Claude*, Œ. C., t. I, p. 12-13. Toutes les citations de cet essai sont prises dans cette édition. **3** *Ibid.*, t. II, p. 660, 693 et 789. **4** Pierre Citron, « Quelques aspects romantiques du Paris de Zola », *Les Cahiers naturalistes*, nᵒ 24-25, 1963, p. 49. **5** Œ. C., t. II, p. 368-370. **6** *Ibid.*, t. II, p. 660. **7** *Ibid.*, t. III, p. 559. **8** *Ibid.*, t. III, p. 662. **9** *Ibid.*, t. III, p. 1006-1012, 1051-1060, 1103-1111, 1152-1160 et 1201-1208. **10** *Ibid.*, t. III, p. 1219-1220. **11** *Ibid.*, t. V, p. 491 et 527-528. **12** *Ibid.*, t. V, p. 513-518, 608-610, 613, 624-626 et 715-717. **13** *Ibid.*, t. V, p. 602. **14** *Ibid.*, t. V, p. 603. **15** *Ibid.*, t. V, p. 603 et photographie de cette place par Zola, p. 604. **16** *Ibid.*, t. II, p. 323-326, 330, 337-339 et 341-344. Notes de Zola comprenant le plan des différents étages, BNF, MSS, NAF 20282, f. 267-272. Cet hôtel évoque celui qui fut édifié en 1872 au 5, avenue Van Dyck par l'architecte Henri Parent pour l'industriel du chocolat Émile Menier. **17** *Ibid.*, t. IV, p. 234-236. **18** *Ibid.*, t. V, p. 641 et 656. **19** *Ibid.*, t. IV, p. 375-379. Plans des différents étages dans le dossier préparatoire, BNF, MSS, NAF 10321, f. 394 et 399. **20** *Ibid.*, t. IV, p. 375. **21** *Ibid.*, t. IV, p. 555. **22** *Ibid.*, t. IV, p. 379. **23** François Loyer, *Paris XIXᵉ siècle, l'immeuble et la rue*, Hazan, 1994, p. 138.

classes héritée de l'Ancien Régime se transpose sans rupture à l'intérieur d'une nouvelle échelle sociale qui est celle de la bourgeoisie[24]. »

Les logis des pauvres

L'Assommoir décrit les différents types d'habitat populaire, d'abord le sordide hôtel meublé Boncour[25] à deux étages, puis la chambre dans une maison individuelle à un seul étage dans la rue Neuve-de-la-Goutte-d'Or, au 12 de l'actuelle rue des Islettes[26]. C'est ensuite le grand immeuble de rapport de six étages loué aux ouvriers de la rue de la Goutte-d'Or[27], construction massive et de mauvaise qualité caractéristique des faubourgs en voie d'urbanisation rapide, qui n'a pas existé là où Zola la situe mais correspond vraisemblablement à la cité Napoléon[28] du 58 de la rue de Rochechouart, la plus ancienne des cités ouvrières, construite dès 1849 sur l'ordre du Prince-Président, futur Napoléon III. Premier exemple d'habitat social, elle correspond assez bien à la description qu'en

169   L'immeuble de la Goutte-d'Or dans *L'Assommoir*, éd. Marpon et Flammarion. BNF, Réserve des livres rares, Rés. g-Y2-545, p. 26.

donne l'écrivain, avec ses quatre corps de bâtiments autour d'une cour centrale, ses onze fenêtres sur rue et ses deux cents logements.

La modernité : les Halles et le « grand magasin »
Les Halles

Le Ventre de Paris décrit l'activité foisonnante des Halles. Elles fascinent Zola, qui voit en elles le triomphe de la bourgeoisie, du « ventre boutiquier » et qui conclut son roman par : « Quels gredins que les honnêtes gens[29] ! »

Les halles de Baltard symbolisent la modernité. La construction des dix pavillons débute en 1854 et s'étale sur vingt ans. Lorsque Zola rédige *Le Ventre de Paris* en 1871 et 1872, elles ne sont pas encore achevées. Les pavillons un et deux, prévus dans le projet initial, ne sortiront de terre qu'en 1935 et ne recevront leur aménagement final qu'en 1948. Cette opération est d'une importance exceptionnelle, même pour le Paris haussmannien en permanent bouleversement. Plus de trois cents maisons doivent être détruites et le marché central de la capitale occupe plus de trois hectares. À l'est se trouve la poissonnerie, à l'ouest la boucherie, au centre les légumes. À l'intérieur de chaque pavillon, une trame fixe de six mètres divise l'espace de vente : la taille des boutiques est généralement de deux mètres sur deux, mais atteint trois mètres sur trois pour les boucheries.

Mais ce qui frappe d'abord les contemporains, c'est la structure en fer des immenses « parapluies » (le mot est de Haussmann) que constituent les toitures des pavillons. Leur légèreté est louée même par les adversaires de Baltard. Ainsi, la *Revue générale de l'architecture*, qui avait soutenu son concurrent Hector Horeau, reconnaît que « l'aspect général est très satisfaisant et, que dans cette circonstance, on peut louer sans réserve l'emploi de la fonte. Les colonnes sont minces, délicates, légères et l'œil en est satisfait [...]. L'ensemble de chaque pavillon a un air suffisamment monumental, sans perdre le caractère de construction légère qui doit appartenir à un marché qui, en définitive, rappelle le souvenir d'une vente en plein air[30] ».

Les premiers pavillons à peine achevés, les Halles figurent dans les guides de Paris et les visiteurs provinciaux ou étrangers s'y précipitent pour admirer ces « véritables cathédrales de fonte et de verre, sveltes et légères, dans leur immuable solidité, lumineuses et aériennes, comme le Palais de Cristal, qu'elles rappellent sans qu'il semble pourtant avoir été pris pour modèle[31] ».

Le Ventre de Paris n'évoque qu'accessoirement les pavillons en fonte qu'admirait pourtant Zola[32]. Les descriptions générales[33] sont plus abondantes. Mais c'est surtout sur l'activité du marché que s'appesantit l'auteur, qui y consacre un bon quart du livre[34]. Car Zola entend opposer les «maigres» et les «gras» et se pose ici en contempteur de la bourgeoisie favorable à la dictature de Napoléon III :

«Les Halles géantes, les nourritures débordantes et fortes, avaient hâté la crise. Elles lui semblaient la bête satisfaite et digérant, Paris entripaillé, cuvant sa graisse, appuyant sourdement l'Empire. Elles mettaient autour de lui des gorges énormes, des reins monstrueux, des faces rondes, comme de continuels arguments contre sa maigreur de martyr, son visage jaune de mécontent. C'était le ventre boutiquier, le ventre de l'honnêteté moyenne, se ballonnant, heureux, luisant au soleil, trouvant que tout allait pour le mieux, que jamais les gens de mœurs paisibles n'avaient engraissé si bellement.[35]»

S'il critique les hommes, Zola admire les édifices de Baltard :

«Depuis le commencement du siècle, on n'a bâti qu'un seul monument original, un monument qui ne soit copié nulle part, qui ait poussé naturellement dans le sol de l'époque ; et ce sont les Halles centrales, entendez-vous, Florent, une œuvre crâne, allez, et qui n'est encore qu'une révélation timide du vingtième siècle… C'est pourquoi Saint-Eustache est enfoncée, parbleu ! Saint-Eustache est là-bas avec sa rosace, vide de son peuple dévot, tandis que les Halles s'élargissent à côté, toutes bourdonnantes de vie… Voilà ce que je vois, mon brave[36] !»

Le «grand magasin»

Alors que le jugement de Zola sur les Halles est mitigé, son enthousiasme à l'égard du grand magasin est sans partage. L'action d'*Au Bonheur des Dames*, publié en 1883, est située par son auteur entre 1864 et 1869. Pour écrire son livre, il a eu recours au mémoire que lui avait fourni Karcher, secrétaire général du Bon-Marché, mais il a aussi, ainsi que le montre le dossier préparatoire du roman, fait de très nombreuses visites au Louvre et au Bon-Marché. Il a même interrogé des employés de grands magasins. Le Bonheur-des-Dames ouvre sur la place Gaillon, «à l'encoignure de la rue de La Michodière et de la rue Neuve-Saint-Augustin[37]», mais ses modèles se trouvent ailleurs, rue de Sèvres pour le Bon-Marché et rue de Rivoli pour le Louvre.

C'est sous le Second Empire que le magasin de nouveautés de la fin du XVIIIe siècle se métamorphose en grand magasin. Boucicaut fait bondir le chiffre d'affaires du Bon-Marché de cinq cent mille francs en 1852 à cinq millions en 1860 et vingt millions en 1870. Créé en 1855, par Chauchard, Hériot et Faré, le Louvre commence avec cinq millions de recettes, dépasse treize millions en 1865 et atteint quarante et un millions en 1875. Le bazar de l'Hôtel-de-Ville, le Printemps, la Samaritaine apparaissent plus tard, en 1857, 1865, 1870, et ne s'affirment comme grands magasins qu'après 1870.

Le succès du grand magasin repose sur plusieurs spécificités : entrée libre, affichage des prix, pratique des «rendus», qui garantit la reprise de l'article acheté en cas d'insatisfaction du client, vente à prix très bas, le profit étant fondé sur la quantité vendue et non sur une marge bénéficiaire élevée, commandes de grosses quantités permettant d'abaisser les coûts de fabrication, etc., ainsi qu'Octave Mouret, patron du Bonheur-des-Dames, l'explique au baron Hartmann – un pseudonyme transparent pour le préfet Haussmann[38].

La division du travail, l'organisation presque militaire de plusieurs centaines d'employés, contribuent encore à accroître l'efficacité du grand magasin. Si les salaires des employés sont faibles, la guelte[39] leur procure le moyen de les doubler ou de les tripler. C'est un courtage identique par comptoir mais variant suivant les rayons afin d'établir un certain équilibre : deux pour cent seulement pour la coûteuse soie, mais cinq pour cent pour la toile bon marché. Un vendeur habile peut ainsi gagner quatre mille francs par an alors que son voisin peu persuasif ou indolent doit se contenter de la moitié.

Une partie du personnel est logée sous les combles, dans de minuscules pièces mansardées[40]. Une cantine[41] permet de réduire le temps passé à déjeuner et le coût des repas, grâce à quoi le patron peut diminuer le salaire tout en augmentant la durée de la journée de travail.

Dix ans séparent *Le Ventre de Paris* (1873) de *Au Bonheur des Dames* (1883) : alors que, dans le premier, Zola exprimait la thèse de la lutte entre Gras et Maigres, dans le second il se fait le disciple de Darwin et de sa théorie de la «lutte pour la vie». Denise Baudu, la vendeuse qui épousera Octave Mouret, son patron, finit par se rallier aussi à ce point de vue :

«Mon Dieu ! que de tortures ! des familles qui pleurent, des vieillards jetés au pavé, tous les drames poignants de la ruine ! Et elle ne pouvait sauver personne, et elle avait conscience que cela était bon, qu'il fallait ce fumier de misère à la santé du Paris de demain[42].»

24 *Ibid.*, p. 139. **25** *Œ. C.*, t. III, p. 602 et 623. **26** *Ibid.*, t. III, p. 674 et 680. Voir Marc Breitman et Maurice Culot dir., *La Goutte d'Or, faubourg de Paris*, Hazan / Archives d'architecture moderne, 1988, p. 94-97. **27** *Ibid.*, t. III, p. 633-634, 640-642, 648, 697. **28** Selon Philippe Hamon, «Les lieux de *L'Assommoir*», dans *La Goutte d'Or, faubourg de Paris, op. cit.*, p. 64-75. **29** *Œ. C.*, t. II, p. 812. **30** *Revue générale de l'architecture*, 1857, colonne 104. **31** Édouard Fournier, «Les Halles centrales», *L'Illustration*, t. XXX, 1857, p. 138. **32** *Œ. C.*, t. II, p. 578, 718-719 et 789. **33** *Ibid.*, p. 583-585, 587-589, 674 et 789-790. **34** *Ibid.*, p. 577-578, 580, 582, 586, 590-595, 618-620, 647-652 (pavillon de la marée), 672-673, 704-706, 709-710, 710-712 (pavillon des fromages), 712 (triperie), 714-715, 719-720, 725, 727-729, 751-754 (pavillon des fruits), 755-757 (à nouveau le pavillon des fromages), 761-762 et 792-793. **35** *Ibid.*, p. 677. **36** *Ibid.*, p. 733. **37** *Ibid.*, p. 709. **38** *Ibid.*, p. 762-766. Pour les tractations avec les fabricants, p. 737-738. **39** *Ibid.*, p. 735. **40** *Ibid.*, p. 775. **41** *Ibid.*, p. 743 et 777-778. **42** *Ibid.*, p. 997.

« Machineries »

Fasciné par la gestation des temps nouveaux, Zola est de ceux qui voient « la poésie des gares ». Dès le 15 mai 1867, au moment où s'ouvre l'Exposition universelle, il écrit dans *Le Figaro* : « Paris me fait, en ce moment, l'effet d'une énorme et puissante machine, fonctionnant à toute vapeur avec une furie diabolique. Les pistons plongent et s'élèvent violemment, le volant tourne, pareil à la roue d'un char gigantesque ; les engrenages se mordent de leurs dents de fer. Tout le mécanisme est secoué par un labeur de géant. » (*Œ. C.*, t. IX, p. 292.) La métaphore mécaniste, avec ses images de rouages et de tuyaux déborde le cadre strictement technique et industriel : l'alambic, la mine, le grand magasin, les Halles, la Bourse, la maison de rapport, et même Paris tout entier sont des « machineries » aliénantes où l'humain s'altère et se perd.

170

Louis-Laurent Simonin, *La Vie souterraine ou les Mines et les mineurs*

Pour la rédaction de *Germinal*, Émile Zola s'est documenté à Anzin où il est descendu dans un puits de mine et il a lu cet ouvrage de Louis-Laurent Simonin (1830-1886), ingénieur des mines de Saint-Étienne, titulaire de la chaire de géologie à l'École centrale d'architecture et auteur de nombreux articles et ouvrages sur les mines et le monde souterrain. La gravure représentant la descente d'un cheval dans un puits de mine correspond parfaitement à la description faite par Zola de la descente du cheval Trompette dans la fosse du Voreux au chapitre v de la première partie du roman. B. V.

Paris, Hachette, 1867, 27 cm
BNF, Sciences et Techniques, S-8739, p. 126-127

171

Dossier préparatoire de *Germinal* : coupe de puits de mine et notes de la main de Zola

Zola tira de son voyage à Anzin et de sa descente dans la fosse Renard, en mars 1884, un ensemble de notes intitulé « Mes notes sur Anzin » ; y figure ce croquis dont il fit le « Voreux » qui « avale des hommes par bouchées de vingt et de trente » (Pléiade, t. III, p. 1153).

Manuscrit autographe, 204 × 155 mm
BNF, Manuscrits, NAF 10308, f. 111
(Non reproduit)

172

François Sylvain Bruneau, maquette de machine à vapeur verticale

1867
Bois, acier, cuivre, étain et laiton, H. 47 × L. 45 × l. 37 cm
Paris, Conservatoire national des arts et métiers
(Non reproduit)

173

Louis Béroud, *Intérieur de la galerie des machines à l'Exposition universelle de 1889*

Huile sur toile, 46 × 48 cm
Paris, musée Carnavalet
(Reproduit p. 131)

174

Gustave Caillebotte, esquisse pour *Le Pont de l'Europe*

Œuvre de l'ingénieur Jullien, le pont de l'Europe recouvrait les voies ferrées de la gare Saint-Lazare. Outre Caillebotte, son impressionnante architecture métallique inspira Claude Monet, Norbert Goeneutte, Louis Anquetin et Jean Béraud. Zola connaissait bien le quartier, qu'il habita, à diverses adresses, à partir de 1867.

1876-1877
Huile sur toile, 32 × 45 cm
Rennes, musée des Beaux-Arts

175

Joris-Karl Huysmans, lettre à Émile Zola, sans date [1885]

Zola avait posé d'emblée dans l'ébauche de *Germinal* l'image symbolique du capital « tabernacle reculé, du dieu vivant et mangeant les ouvriers dans l'ombre » (NAF 10307, f. 410). Huysmans, enthousiasmé – en dépit de leurs divergences – par la lecture du livre, lui écrit : « Je voyais revenant par-dessus le lamentable site, cette terrible image que vous évoquez du Dieu inconnu, dans un tabernacle comme une idole hindoue [...] comme les Halles, la Mine se dresse maintenant, animée d'une âme particulière dans un corps spécial. »

Manuscrit autographe, 196 × 151 mm
BNF, Manuscrits, NAF 24520, f. 366 v°

176

Edgar Degas, *À la Bourse*

Dans l'ébauche de *L'Argent*, Zola décrit « la Bourse au milieu de Paris comme une caverne mystérieuse et béante, où se passent des choses auxquelles personne ne comprend rien. » (NAF 10268, f. 105.) Zola n'avait pas pour Degas la même admiration que pour Manet. Leurs œuvres s'influencent pourtant réciproquement, qu'il s'agisse des nombreuses *Repasseuses* du peintre ou de *L'Absinthe* (1876), qui précède d'un an la publication de *L'Assommoir*.

Vers 1878-1879
Huile sur toile, 100 × 82 cm
Paris, musée d'Orsay

177
Maximilien Luce, *Les Terrils de Sacré-Madame*

La publication de *Germinal* en 1885, l'année de la création du parti ouvrier belge, eut un grand retentissement en Belgique tant auprès des écrivains, tels Camille Lemonnier et Émile Verhaeren, que des artistes : ainsi Constantin Meunier, qui dirigea vers l'art social Maximilien Luce. On songe, devant ce tableau, à Montsou apparaissant à Étienne Lantier au début du roman : «... il n'apercevait, très loin, que les hauts fourneaux et les fours à coke. Ceux-ci, des batteries de cent cheminées plantées obliquement, alignaient des rampes de flammes rouges ; tandis que les deux tours, plus à gauche, brûlaient toutes bleues en plein ciel, comme des torches géantes. C'était d'une tristesse d'incendie, il n'y avait d'autres levers d'astres, à l'horizon menaçant, que ces feux nocturnes des pays de la houille et du fer. » (Pléiade, t. III, p. 1137.)

Huile sur toile, 54 × 81 cm
Paris, Petit Palais

178
***Germinal* : l'arrivée d'Étienne à Montsou**

Début du roman et description du Voreux.

Manuscrit autographe, 204 × 155 mm
BNF, Manuscrits, NAF 10308, f. 1 et 5
(Non reproduit)

179
Claude Monet, *La Gare d'Argenteuil*

Les gares sont un sujet de prédilection des peintres impressionnistes. Zola n'échappe pas à la fascination générale. Lorsqu'il achète Médan, au bord de la ligne Paris-Le Havre, il devient un habitué de la gare Saint-Lazare ; il confie alors au critique italien Edmondo De Amicis son intention d'écrire «... un roman, le plus original de tous, qui se déroulera sur un réseau de chemin de fer...» et en 1882 à Paul Alexis : «...ce que je veux rendre vivant et palpable, c'est le perpétuel transit d'une grande ligne entre deux gares colossales [...] je voudrais que mon œuvre elle-même fût comme le parcours d'un train considérable, partant d'une tête de ligne pour arriver à un débarcadère final, avec des ralentissements et des arrêts à chaque station, c'est-à-dire à chaque chapitre. » En 1889, il commence à travailler sur *La Bête humaine*, se renseignant auprès de l'ingénieur Pol Lefèvre, voyageant sur une locomotive entre Paris et Mantes, trajet immortalisé par une gravure de *L'Illustration*, et décrivant dans l'ébauche : «La gare de tête à Paris, et cet être, ce serpent de fer, dont la colonne vertébrale est la ligne, les membres les embranchements avec leurs rameaux nerveux ; enfin les villes d'arrivée qui sont comme les extrémités d'un corps, les mains et les pieds. » (NAF 10274, f. 48.)
La gare d'Argenteuil est une de celles qu'aperçoit Roubaud de sa fenêtre au début de *La Bête humaine*.

1872
Huile sur toile, 47,5 × 71 cm
Luzarches, collection du conseil général du Val-d'Oise

180
Dossier préparatoire de *La Bête humaine*

À la fin du mois de février 1889, Zola se rend à la gare Saint-Lazare pour assister au départ du Paris-Le Havre de 18 h 30, s'imprégnant de l'atmosphère, des mouvements, des odeurs et des bruits, qu'il restitue dans seize pages de notes, décrivant «les coups de sifflet des locomotives pour les manœuvres. Tout un langage. Elles parlent, demandent, répondent. Elles demandent la voie, elles répondent qu'elles ont compris, après un signal. Elles ont des impatiences quand on semble les oublier dans une manœuvre. Des personnes, d'un déplacement dangereux». Il vient de rencontrer sa *Lison*.

Manuscrit autographe, 204 × 160 mm
BNF, Manuscrits, NAF 10274, f. 173
(Reproduit p. 129)

181
Pol Lefèvre, *Les Chemins de fer*

Particulièrement bien documenté, le roman *La Bête humaine* a pour cadre la ligne Paris-Le Havre. Cette machine de la Compagnie de l'Ouest évoque la *Lison*, la locomotive de Jacques Lantier. Pol Lefèvre était sous-directeur du mouvement à la compagnie de l'Ouest ; il venait de publier cet ouvrage sur les chemins de fer, qu'il fit parvenir à Zola au moment où celui-ci commençait à se renseigner auprès de son directeur. Par la suite, il lui communiqua les plans des principales gares de la ligne en 1868, lui fit visiter plusieurs dépôts et lui fournit de multiples renseignements. Quand la Compagnie accorda à Zola l'autorisation d'effectuer un voyage de Paris à Mantes sur une locomotive haut le pied, il se proposa pour l'accompagner. Les «Notes Pol Lefèvre» constituent la partie la plus fournie des documents préparatoires du romancier ; la description de la *Lison* se trouve à la page 27 du livre. B. V.

Paris, Quantin, «Bibliothèque des sciences et de l'industrie», [1889]
BNF, Philosophie, Histoire, Sciences de l'homme, 8-R-9032 (2), p. 127,
« Locomotive à voyageurs pour le service des grandes lignes (Ouest) »
(Non reproduit)

Zola, images et mythe de la machine

Jacques Noiray

Un des principaux caractères du regard nouveau que les écrivains naturalistes ont porté sur le monde, et du projet romanesque qui accompagne ce renouvellement, peut se résumer par un seul mot, un verbe d'action pour lequel Zola éprouvait une prédilection particulière : « élargir ». L'entreprise naturaliste en effet ne vise pas seulement à approfondir notre connaissance des hommes et des choses (ce que Zola appelle « creuser », « fouiller » le réel), mais aussi à étendre, à ouvrir au maximum le champ littéraire. Les romanciers naturalistes ont poussé à l'extrême cette exploration panoramique du monde qui est à l'origine du projet réaliste et que Balzac avait commencée, une génération plus tôt. Ce qui auparavant n'était pas montré, parce que cela était jugé indigne d'être montré, ou simplement parce que cela restait inaperçu (trop nouveau, trop différent, trop insolite), entre enfin dans l'espace du roman, devient digne d'attention et de curiosité. L'envers de la société bourgeoise, « basses classes » et bas-fonds, ouvriers et bagnards, l'envers de la psychologie traditionnelle, perversions et pathologies, la maladie, la folie, deviennent matière romanesque. La technique, produit du monde moderne, fait partie au XIXᵉ siècle de ces réalités nouvelles que la littérature peine à apercevoir et à assimiler. Un des mérites du naturalisme, et de Zola en particulier, est d'avoir fait entrer la machine dans le roman, d'en avoir donné, pour la première fois, une image totale, aussi bien comme objet réel que comme objet imaginaire, support de mythes et de rêves.

La machine apparaît d'abord à Zola comme un élément essentiel de la grande description du réel entreprise par les écrivains naturalistes. Elle fait partie, au même titre que l'architecture du fer ou les grandes percées du Paris haussmannien, d'un décor qu'il faut admettre parce qu'il est le cadre nécessaire et la forme même de la vie moderne. Zola l'exprime fortement dans la conclusion d'un article sur Théophile Gautier, publié en 1879, dans lequel il reproche aux écrivains romantiques leur refus de « l'esprit du siècle » :

> « Nous devons accepter l'architecture de nos halles et de nos palais d'exposition, les boulevards corrects et clairs de nos villes, la puissance géante de nos machines, de nos télégraphes et de nos locomotives. Tel est le cadre où l'homme moderne fonctionne, et il ne saurait y avoir une littérature, une expression sociale, en dehors de la société dont on fait partie et du milieu où l'on s'agite[1]. »

Ainsi la technique et ses créations doivent entrer dans le champ littéraire, dès lors que la littérature a pour vocation de représenter dans sa totalité le mécanisme de l'activité moderne. Mieux encore : parce que la technique est fille de la science, et que l'esprit scientifique inspire le siècle entier, la machine ne se bornera pas à être un élément parmi d'autres dans le décor de la vie contemporaine : elle en deviendra l'objet typique, et comme l'emblème. La rencontre du romancier naturaliste et de l'objet technique était donc doublement programmée : d'abord parce le naturalisme se revendique comme une littérature de la modernité et que la machine lui propose le plus évident des signes de modernité ; ensuite parce que le naturalisme s'est fait une idole de la science, qu'il a institué la méthode scientifique en modèle universel de toute activité intellectuelle et artistique et que la machine doit lui apparaître comme une incarnation, une figuration animée de la science : la science, pour ainsi dire, faite personnage de roman. Si « l'esprit scientifique du siècle », comme l'écrit encore Zola dans le même article, est « la matière géniale, dont les créateurs de demain tireront leurs chefs-d'œuvre », la machine, fruit de l'esprit scientifique, trouvera nécessairement dans cette création une place essentielle.

Ce n'est donc pas un hasard si l'œuvre de Zola présente pour la première fois un panorama complet de l'univers industriel de son temps, dans les trois aspects fondamentaux qui constituent ce que Lewis Mumford appelle la phase « paléotechnique » de l'industrialisation, dominante au XIXᵉ siècle : charbon, vapeur, fer. Zola est le premier parmi les romanciers et le seul de son époque à consacrer un roman entier à chacun de ces aspects : *Germinal* pour la mine (1885), *La Bête humaine* pour le chemin de fer (1890), *Travail* pour la métallurgie (1901). Ainsi peut-il être considéré comme le plus complet des romanciers de la machine en même temps que le plus puissant, celui qui a su incarner les différents types d'objet technique dans des figurations romanesques fortes : le Voreux (la mine) dans *Germinal*, la *Lison* (la locomotive) dans *La Bête humaine*, l'Abîme et la Crêcherie (forge mauvaise contre forge de vie) dans *Travail*. C'est par cette attention nouvelle, cet effort très conscient de « naturalisation » littéraire de la technique de son siècle, que l'œuvre de Zola manifeste une partie de son originalité et mérite notre intérêt.

La représentation de l'univers technique commence, en régime naturaliste, par un tableau général de l'activité industrielle. Les lecteurs de Zola se souviennent de l'apparition nocturne de la mine au début de *Germinal*, du

1 « Théophile Gautier », article publié d'abord à Saint-Pétersbourg dans *Le Messager de l'Europe*, juillet 1879, et repris dans *Documents littéraires*, Charpentier, 1881, et dans Œ. C., t. XII, p. 370. 2 *La Bête humaine*, Pléiade », t. IV, p. 1020.

panorama de la gare Saint-Lazare au début de *La Bête humaine*, de la vision ténébreuse de l'Abîme au début de *Travail*. Chaque fois, le procédé est le même : un témoin observe le spectacle et s'y absorbe, soit qu'il s'approche et découvre peu à peu la totalité du paysage industriel (Étienne dans *Germinal*, Luc dans *Travail*), soit que, comme Roubaud dans *La Bête humaine*, il contemple de haut, par une fenêtre, la gare en mouvement. Ce que cherche le romancier dans ce tableau préliminaire, c'est à donner d'abord une impression globale de l'univers des machines, perçu comme un vaste système en activité dans lequel pénètre le personnage-témoin, et le lecteur avec lui. Les composantes sensorielles de ce panorama, construit comme un tableau et comme une symphonie, sont toujours semblables : ténèbres trouées de lumières, vapeurs et fumées, chocs et grondements sourds, trépidations, mouvements confus. L'impression d'ensemble est celle d'un univers complexe et chaotique, agité d'une vie propre, mystérieuse et cachée, incompréhensible pour l'étranger. Étienne, au début de *Germinal*, ne saisit que peu à peu le sens du spectacle qu'il perçoit vaguement autour de lui, masses obscures, feux dans la nuit, mouvements incertains, parce que les ténèbres l'empêchent de maîtriser la structure de l'espace et la signification des objets, qui se réduisent à une «apparition fantastique». Au crépuscule, la gare Saint-Lazare donne la même impression générale d'indistinction, de complexité vague et fuyante :

> «Les signaux se multipliaient, les coups de sifflet, les sons de trompe ; de toutes parts, un à un, apparaissaient des feux, rouges, verts, jaunes, blancs ; c'était une confusion, à cette heure trouble de l'entre chien et loup, et il semblait que tout allait se briser, et tout passait, se frôlait, se dégageait, du même mouvement doux et rampant, vague au fond du crépuscule[2]. »

Cette complexité, cette confusion, ne sont pas sans beauté. Zola est sans doute, parmi les écrivains de son temps, celui qui a le mieux ressenti et rendu ce qu'il y a d'esthétiquement neuf dans ce tableau synesthésique de l'activité technique : beautés visibles des contrastes, des clairs-obscurs, des taches de couleurs dans les ténèbres ; beautés musicales des rythmes et des chocs, des mouvements violents ou glissés, d'une énergie partout sensible, même lorsqu'elle est dissimulée. C'est sur ce fond synthétique, véritable opéra du travail moderne, que se détachera la machine, comme entité individualisée, comme personnage de roman.

Représenter l'objet technique, pour un romancier naturaliste, n'ira pas sans une évocation des liens qui s'établissent entre l'homme et la machine, et des problèmes du travail industriel. Le mineur, le cheminot, l'ouvrier pudd-

leur sont montrés dans l'exercice de leur métier, entourés de leurs outils, dans un perpétuel face-à-face avec les machines dont ils sont à la fois les maîtres (mais des maîtres toujours menacés, comme Jacques Lantier sur sa locomotive, par la violence latente contenue dans l'objet technique) et les servants aliénés (mécanisés, réduits eux-mêmes, comme au début de *Travail*, à l'état de prolongement, de simple appendice de la machine). Mais Zola va plus loin encore. Le rapport unissant Jacques Lantier à sa locomotive (dans *La Bête humaine*), Bonnaire à son four à puddler et Morfain à son haut fourneau (dans *Travail*) dépasse le seul savoir-faire, la simple maîtrise technique, pour aboutir à une véritable liaison, une relation affective vécue dans l'inquiétude et dénouée dans la douleur. L'ouvrier attaché à la machine investit dans son travail une part profonde de lui-même. La haine qui dans *Germinal* anime l'anarchiste Souvarine contre le Voreux, qu'il va saboter, est de même nature : il s'agit toujours d'un état passionnel dans lequel la machine, animée, érotisée même, accède au statut de véritable personnage, partenaire ou ennemi. Il en va de même pour les grands mouvements collectifs qui

Dossier préparatoire de *La Bête humaine* (voir notice n° 180).

rassemblent autour de leurs outils les ouvriers de la Crê-cherie unis dans le même effort créateur (à la fin de *Travail*), ou qui jettent contre les machines, pendant la grève, les mineurs révoltés de *Germinal*. La représentation romanesque de l'objet technique ne se sépare pas chez Zola de l'évocation des formes et des crises du travail mécanisé, ainsi que des problèmes humains liés à la fréquentation toujours inquiétante et dangereuse des machines.

Cependant, Zola ne s'est jamais contenté de donner de l'univers industriel une description simplement réaliste, à visée technique ou sociale. Avant même d'entreprendre les grands tableaux de la mine ou du chemin de fer qui n'apparaissent que dans la seconde moitié de son œuvre, à partir de 1885, le romancier s'était intéressé à la machine sous un autre angle, celui de la transposition métaphorique. L'objet technique, parce qu'il est riche d'implications imaginaires, s'impose comme un modèle général auquel se réfèrent d'autres objets du monde réel, même de nature non technique et situés en dehors de la sphère industrielle. Saisie, transfigurée par la vision techniciste de l'auteur des *Rougon-Macquart*, toute création du génie moderne devient machine, dès lors qu'elle se présente comme un objet artificiel (construit en fer, assemblé, structuré) et qu'elle accède à un niveau suffisant de complexité et de fonctionnement. C'est le cas des Halles (*Le Ventre de Paris*), du grand magasin (*Au Bonheur des Dames*), de la Bourse et de la banque Universelle (*L'Argent*). La métaphore mécaniste apparaît bien souvent comme le moyen le plus efficace de faire ressortir tout ce qui relève de la modernité, substantielle et fonctionnelle, dans tous les domaines de l'activité humaine. Il n'est donc pas étonnant que Paris, ville moderne par excellence, Paris centre du travail manuel et intellectuel, lieu où le progrès s'élabore et se manifeste, apparaisse aussi comme la ville-forge (dans *Lourdes*), la ville-moteur (dans *Paris*) chargée de produire l'Histoire[3] et de fabriquer l'avenir meilleur de l'humanité.

Cette fécondité imaginaire de la machine est telle, sa force d'attraction est si active, qu'elle se charge vite chez Zola d'exprimer des rêves, des fantasmes liés aux grandes pulsions de vie et de mort. Elle est assimilée, pour ainsi dire naturellement, à un être vivant, non seulement parce qu'elle est douée d'un mouvement autonome (privilège qui n'appartient à aucune autre création du génie humain), mais parce qu'elle se fait le réceptacle d'une énergie cachée, perceptible dans les frémissements, les grondements, les souffles et les râles, la trépidation profonde qui l'agitent. L'animation des machines est un lieu commun chez les écrivains (nombreux après 1850, de Hugo à Daudet, de Jules Verne à Villiers de L'Isle-Adam)

qui se sont intéressés à la technique et à ses objets. Mais jamais mieux que chez Zola la machine n'a acquis cette puissance, cette présence qui lui confèrent tous les attributs, toute l'évidence de la vie. Vie fruste sans doute, et quelque peu monstrueuse, comme d'un être légendaire ou mythologique, colosse, ogre des contes, cyclope, Vulcain. Mais vie puissante et menaçante, parce qu'elle est dépourvue de toute sensibilité, de toute spiritualité, et qu'elle se réduit, plus encore que la vie animale, à une vitalité pure, une sorte d'absolu de la vie physique. La machine, privée d'âme (du moins tant que l'électricité n'est pas venue l'animer de son fluide abstrait), se fait corps gigantesque, pesanteur obscure et brutale de la matière. On pourrait détailler ce corps, comme Zola le fait lui-même : la machine a des «membres», des «muscles» et des «articulations» comme la *Lison* ou comme le Voreux; elle a, comme les outils perfectionnés de *Travail*, «des jambes, des bras, des pieds, des mains, pour marcher, pour embrasser, pour étreindre et manier le métal, avec des doigts souples, agiles et forts[4]»; elle a, surtout, des viscères apparents ou cachés, tout un enroulement de tuyaux, un «bedon de cuivre», une «fressure de métal» comme l'alambic de *L'Assommoir*, des «boyaux géants» comme le Voreux, une panse, un ventre comme la locomotive de *La Bête humaine* ou le haut fourneau de *Travail*. Elle en arrive même à se faire ventre, à n'être plus que ventre, un ventre gigantesque, obsédant, comme les Halles, «ventre de Paris», chargées d'incarner les appétits d'une ville «entripaillée», «cuvant sa graisse» et digérant.

Cette prédominance du ventre est une des caractéristiques fondamentales de la machine chez Zola. C'est dans le ventre que se concentre sa vitalité primitive, c'est là que s'opère la contagion monstrueuse du mécanique et du vivant. Le ventre est à la fois le point sacré et le point faible de la machine, celui que l'on adore et que l'on attaque, comme Gervaise, rêvant de «crever le ventre» de l'alambic, ou Souvarine, acharné à «éventrer» le cuvelage du Voreux. Pour exalter ce ventre mécanique, Zola met en place tout un cycle biologique en trois temps, qui se retrouve, d'un roman à l'autre, avec une stabilité remarquable. Le premier temps, c'est celui de l'engloutissement. L'estomac de la machine «dévoratrice» réclame sa ration, qui peut être de charbon (la locomotive), de minerai et de coke (le haut fourneau), ou tout simplement de chair humaine, comme le grand magasin qui engloutit tout un peuple de clientes, ou comme le Voreux, le bien nommé, sans cesse occupé à «avaler» les mineurs «par bouchées de vingt et de trente, et d'un coup de gosier si facile, qu'il semblait ne pas les sentir passer[5]». C'est seule-

---

3 Pour éviter toute équivoque, nous choisissons ici de distinguer typographiquement l'«Histoire», mécanisme général des faits historiques, de l'«histoire», enchaînement des éléments fictifs de l'intrigue romanesque. **4** *Travail*, *Œ. C.*, t. VIII, p. 928. **5** *Germinal*, Pléiade, t. III, p. 1153. **6** *Le Ventre de Paris*, Pléiade, t. I, p. 868.

ment quand le ventre est plein, quand la machine est «repue» (le mot est employé pour le Voreux aussi bien que pour les Halles), que peut commencer le deuxième temps du cycle, celui de la digestion. C'est l'étape la plus difficile, tant l'opération est gigantesque, et toujours menacée. Le rêve d'une digestion parfaite, d'une «digestion de flammes», évoquée à propos de l'alambic de *L'Assommoir* et du haut fourneau de *Travail*, qui transformerait le travail de la machine en une opération alchimique entièrement réussie, sans déchet ni scorie, tourne souvent au cauchemar. Ce qui domine, c'est plutôt l'impression d'un malaise, d'une lourdeur, d'une opacité douloureuse. Comme le Voreux apparaît à Étienne pour la première fois «gêné par sa digestion pénible de chair humaine», comme les Halles enveloppent Florent de leur souffle «épais encore de l'indigestion de la veille», toute machine chez Zola est menacée d'engorgement, et la congestion est l'état nécessaire et comme la malédiction du corps

mécanique. C'est pourquoi il faut un troisième temps au cycle du ventre, celui du «dégorgement», de la délivrance, qui prend souvent chez Zola l'allure puissante et triviale d'une défécation. Ainsi les Halles sont-elles montrées «vautrées au fond de l'ombre, toutes nues, en sueur encore, dépoitraillées, montrant leur ventre ballonné et se soulageant sous les étoiles[6]». L'accroupissement, position typique de la machine, désigne sans équivoque cette opération. Le Voreux, dieu barbare accroupi, le haut fourneau, «colosse accroupi» au «ventre incendié», proposent des images frappantes de monstres inertes et sourds, introvertis, accaparés par leurs propres catastrophes d'entrailles. Car l'opération de défécation, pour la machine, n'est pas plus heureuse que celle de la digestion, et le ventre mécanique, ballonné, encombré, malheureux, semble incapable d'échapper au cauchemar de l'engorgement qui risque même, comme dans le cas du haut fourneau, de le conduire à sa perte.

Louis Béroud, *Intérieur de la galerie des machines à l'Exposition universelle de 1889* (voir notice n° 173).

Ce qui domine l'univers mécanique chez Zola, on le voit bien avec le cycle du ventre, c'est moins l'euphorie du fonctionnement que l'angoisse du détraquement. On en trouverait facilement d'autres exemples. Toutes les machines du premier âge industriel, celui de la vapeur et du charbon, vivent sous la menace d'un dérèglement de leurs fonctions vitales. Comme le corps humain, le corps mécanique est voué à la mort, mais à une mort plus spectaculaire, plus effrayante encore parce que la vie qui lui est retirée est une vie gigantesque, plus puissante, plus résistante semblerait-il, que la vie de l'homme. Le cas de la *Lison* dans *La Bête humaine* est particulièrement éclairant. La locomotive est un type accompli de machine-corps, douée d'appétits, d'une vitalité animale, de forces en apparence infinies. Mais elle ajoute au cycle habituel du ventre une fonction nouvelle, qu'elle est la seule à posséder entièrement chez Zola, et qui contribuera encore à l'aggravation des menaces qui pèsent sur elle : la fonction érotique. La *Lison* est à la fois machine et femme, elle joue, pour son mécanicien Jacques Lantier, le rôle de substitut de la femme réelle que celui-ci ne peut posséder sans vouloir aussi la tuer. Elle est donc à la fois une illusion rassurante, parce qu'en elle se subliment et s'annulent les pulsions de mort que l'amour de la femme de chair ne peut qu'exaspérer (c'est pourquoi Jacques aime sa machine «en mâle reconnaissant[7]»), mais elle se fait aussi le réceptacle de toutes les forces de mort que les passions humaines entraînent avec elles, celles de Jacques et de sa maîtresse Séverine, celles de Roubaud assassin du président Grandmorin, celle de Flore amoureuse de Jacques et jalouse de sa rivale. C'est pourquoi la *Lison*, enveloppée, saturée par les forces de destruction, se fera à son tour instrument de mort, avant de mourir elle aussi, de mort violente, entraînée dans la grande catastrophe provoquée par la jalousie de Flore. La machine, que son statut d'objet artificiel aurait dû tenir à l'écart des crimes humains, innocente, indifférente, se laisse contaminer par les passions destructrices au point d'en devenir la complice, l'agent, et finalement la victime.

Cette familiarité de la technique avec les forces de mort, on la retrouverait encore à bien d'autres reprises dans les romans de Zola, sous des formes variées, mais convergentes. C'est elle qui conduit à la mort violente la plupart des grandes machines, le Voreux englouti dans l'inondation de la mine, la *Lison* éclatée contre les pierres du fardier, la banque Universelle conduite à l'explosion par la surchauffe de la spéculation boursière, l'Abîme dévoré par les flammes de l'incendie purificateur. Il y a d'autres exemples encore. Le corps humain, cette machine impar-

faite toujours menacée de dérèglement (ce sera, dans *La Joie de vivre*, le thème des angoisses de Lazare Chanteau), est voué à la mort par détraquement, à une fin mécanique d'«horloge qui se casse». L'Histoire elle-même, cette grande machine à fabriquer le progrès, ne peut fonctionner qu'à travers les spasmes et les crises, les guerres ou les révolutions, et la marche en avant ne peut se poursuivre qu'à travers des cycles destructeurs, puisque «l'œuvre invincible de la vie [...] veut la mort pour continuelle semence[8]» : c'est la leçon d'*Au Bonheur des Dames*, de *La Bête humaine*, de *La Débâcle*. On voit l'universalité de cette vision mécaniste, qui s'applique au microcosme des corps comme au macrocosme de l'Histoire, et son caractère pessimiste. La machine, qu'elle soit pur objet technique comme la *Lison* ou machine métaphorique comme les Halles, le grand magasin ou l'Universelle, vit de la mort, donne la mort, finit dans la mort. Il semble qu'il n'y ait pas d'autre horizon, pour le corps mécanique et ses équivalents symboliques, que la catastrophe du dérèglement et du détraquement.

Il ne faut pas s'arrêter, cependant, à cette conclusion. Il reste, à la fin de l'œuvre de Zola, un texte capital qui vient nuancer cette interprétation pessimiste, et l'inverser même complètement : c'est *Travail*, le deuxième des *Quatre Évangiles*, paru en 1901. Dans ce curieux roman utopique, Zola rêve l'avènement de la «Cité idéale de justice et de vérité». Il prend pour point de départ le point d'arrivée de *Germinal*, les ouvriers reprenant le travail après l'échec d'une longue grève, non plus dans une mine de charbon, mais dans une grande fonderie de canons, l'Abîme, dont le nom révèle bien le caractère maléfique et pervertisseur. Grâce à l'action de deux êtres héroïques, l'ingénieur Luc Froment et le savant Jordan, l'Abîme va être peu à peu concurrencé, puis remplacé par une usine nouvelle, la Crêcherie, la «bonne forge de la paix» qui fabrique des rails de chemin de fer. Gérée selon les principes de l'utopie fouriériste, fondée sur l'association du travail, du capital et du talent, utilisant intelligemment les passions humaines à des fins productives, et surtout les forces de l'amour libre et créateur, la Crêcherie va réussir à fédérer autour d'elle toutes les énergies, à remplacer peu à peu l'ancienne ville empestée du travail maudit par une Cité nouvelle, celle du travail régénéré et du bonheur des hommes dans la fraternité retrouvée. À la fin, l'œuvre de Luc accomplie, l'humanité ne formera plus qu'une seule famille, maîtresse d'elle-même et du monde, «remplissant enfin sa destinée de vérité, de justice et de paix». Dans cette entreprise de rénovation radicale, la technique joue un rôle fondateur indispensable. C'est elle qui produit les

---

7 *La Bête humaine*, Pléiade, t. IV, p. 1128. **8** *Au Bonheur des Dames*, Pléiade, t. III, p. 760. **9** *Travail*, Œ. C., t. VIII, p. 855. **10** *Ibid.*, p. 920. **11** *Ibid.*, p. 668.

nouveaux outils industriels et domestiques, fours et moteurs électriques, instruments divers (jusqu'à de petites voitures automobiles) nécessaires à la fondation et au fonctionnement de la Cité future. C'est elle aussi qui propose le modèle général selon lequel va s'organiser le mécanisme de la Cité tout entière. Car c'est bien de cela qu'il s'agit dans *Travail* : d'une réponse à toutes les angoisses de l'œuvre antérieure, d'une fin (au moins rêvée) des engorgements et des dérèglements, de l'avènement sans violence, hors de toute crise de l'Histoire, d'un mécanisme social harmonieux, réglé pour l'éternité. Si *Les Rougon-Macquart* peuvent être lus comme une épopée du détraquement, Zola apporte *in extremis* avec *Travail* le rêve compensateur, l'utopie de la régulation universelle.

Ce désir de régulation peut s'observer à trois niveaux dans *Travail*, dans l'objet technique proprement dit, dans la machine humaine individuelle et dans la machine sociale. Dans l'univers industriel et technique, la grande innovation réside dans l'usage généralisé de l'électricité, qui, grâce aux travaux de Jordan, anime à la fin tous les appareils de la Cité nouvelle. On peut dire sans exagération que l'électricité, plutôt que l'idéologie de Fourier, est ici la condition nécessaire, l'énergie première de l'utopie. C'est elle qui donne au roman, par le rêve anticipateur qu'elle autorise, son curieux aspect de récit de science-fiction. Propres, silencieuses, abstraites finalement comme l'agent qui les anime, les machines de *Travail* remplacent partout les objets monstrueux de l'âge paléotechnique, pesantes machines à vapeur, fours dévorants de l'Abîme, haut fourneau de l'ancienne Crêcherie, dont la saleté, la lourdeur, la barbarie primitive et menaçante disaient assez l'imperfection. Déjà amorcée à la fin de *Paris* avec le «petit moteur» inventé par Guillaume Froment, ce passage du concret à l'abstrait, de la machine au moteur, caractéristique du deuxième âge industriel, correspond aussi à une humanisation de la machine. D'un maniement simple, mues par des femmes et même des enfants, ces machines électriques devenues dociles et «enfin amies» manifestent un nouvel état de la relation entre l'homme et l'objet technique, non plus de sujétion ou d'aliénation, mais de fraternité et d'amitié. On les verra, dans les grandes fêtes du Travail qui rythment la vie de la Cité nouvelle, couronnées de fleurs et de feuillages, adorées comme les idoles, les bonnes divinités du travail sauveur. La limite entre le travail et le loisir, entre le travail et le plaisir, est ainsi peu à peu abolie, par la magie d'une énergie salubre et pure alliée aux forces naturelles, un fluide vital circulant à travers l'usine et la ville nouvelle, «comme l'eau des fleuves, comme le vent du ciel[9]». Grâce à l'électricité, le travail est non seulement réorganisé, mais légitimé et moralisé. De là, dans *Travail*, un constant éloge de l'électricité et de ses

applications, un curieux lyrisme chargé d'exalter «la force du nouvel âge», la «puissance bienfaisante dont la Cité tir[e] le meilleur de sa prospérité et de sa joie[10]». C'est une découverte inattendue de voir Zola céder lui aussi, autour de 1900, aux prestiges de la nouvelle énergie, de cette Électricité que ses contemporains ont célébrée un peu naïvement comme la bonne fée du siècle à venir.

La régulation de l'univers technique, permise par l'emploi généralisé de l'électricité, s'accompagne dans *Travail* d'une régulation parallèle de la machine humaine. Le corps de l'homme, voué aux détraquements par les anciennes conditions de travail et de vie sociale, va se régénérer en même temps que le travail lui-même sera, dans la Cité nouvelle, rendu à ses fonctions naturelles. *Travail* voit l'épanouissement d'une théorie esquissée dans *Le Docteur Pascal* et reprise dans *Paris*, celle du travail «régulateur de l'univers vivant». Fondée sur les idées de Maurice de Fleury, un médecin ami de Zola, cette théorie considère le corps comme une machine à transformer les sensations puisées dans le milieu ambiant, en mouvement physique (actions) et en mouvement psychique (idées). Ainsi la perfection de la vie résidera dans l'équilibre exact entre la sensation reçue et le mouvement rendu, seul capable d'éviter les engorgements et les gaspillages d'énergie. Le rôle vital du travail sera donc d'être le régulateur de la machine humaine, de façon à organiser cet équilibre, et à produire la santé qui n'en est que le résultat. C'est ce qui permet à Jordan d'affirmer dans *Travail* :

> «J'ai vécu parce que j'ai travaillé, un équilibre s'est fait entre le monde et moi, je lui ai rendu en œuvres ce qu'il m'apportait en sensations, et je crois que toute la santé est là, des échanges bien réglés, une adaptation parfaite de l'organisme au milieu… Et, tout fluet que je suis, je vivrai très vieux, c'est certain, du moment que je suis une petite machine montée avec soin et qui fonctionne logiquement[11].»

Régler le travail, ce sera donc nécessairement régler aussi le corps humain, et cela pour chaque sexe dans son domaine spécifique : pour l'homme, libéré dans son travail intellectuel et manuel, pour la femme, délivrée du détraquement hystérique et rendue, par le travail de l'enfantement et de la maternité, à son statut naturel et légitime d'épouse et de mère. Dans l'univers puritain qui est celui de Zola, la libération du travail ne saurait aboutir qu'à cette moralisation.

Enfin, le rêve utopique de régulation devra s'accomplir aussi dans la société. La machine sociale, dont les *Rougon-Macquart* ont étudié le détraquement et les crises, sera dans les *Évangiles* ramenée à son fonctionnement régulier. Au début de *Travail* encore, on n'entend guère que les «grincements» et les «heurts» de la vieille société moribonde. La réforme entreprise par Luc devra s'attaquer d'abord aux causes de ce détraquement, aux «rouages inutiles» de la machine sociale, fonctionnaires parasites, commerçants «mangeurs de richesse et de force», afin d'éliminer toute perte d'énergie. Mais il faudra aussi (c'est ce que Zola retient surtout de Fourier) utiliser pour l'œuvre commune toutes les forces disponibles dans l'être humain : non seulement la force de travail, jusque-là gaspillée, mais aussi la force de désir, jusque-là censurée. C'était déjà le projet du docteur Pascal, de parvenir «à la cité future de l'universel bonheur par le juste emploi de l'être entier». L'entreprise de *Travail* poursuivra ce même rêve, en installant «les passions libérées et agissantes», et d'abord la passion amoureuse, au cœur de la Cité nouvelle. Luc n'est pas seulement l'ingénieur, l'organisateur de l'usine régénérée, il est aussi le grand Aimant, le grand Aimé, celui qui fait de l'amour de la femme élue, Josine, et de la tendresse de deux saintes femmes sacrifiées, Sœurette et Suzanne, la condition nécessaire de sa victoire. Le travail et l'amour ne constitueront plus désormais deux principes différents, souvent opposés, mais deux formes complémentaires que prendra tour à tour la même énergie vitale. Machine individuelle et machine sociale seront unies dans un fonctionnement supérieur qui les dépasse, un rapport organique nécessaire à l'intérieur d'un corps ultime et parfait, qui est celui de l'univers vivant.

Un mot s'impose alors, celui d'«harmonie», maître-mot de l'utopie fouriériste que Zola reprend à son compte. La conception de la Cité future dans *Travail* a cela de vertigineux qu'elle culmine dans une vision totalisante, qui replace le fonctionnement enfin réglé de l'objet technique, de la machine humaine et du mécanisme social à l'intérieur d'un fonctionnement général qui les englobe tous. Le signe de cette harmonie retrouvée à la fin de l'œuvre, c'est le rapprochement symbolique opéré avec une étonnante insistance entre la machine et le soleil. Dans *Les Rougon-Macquart*, la représentation de l'univers technique se fait le plus souvent en régime nocturne, au fond des ténèbres, sous un ciel d'encre, de suie ou de cendres. À partir des *Trois Villes*, elle se fait en régime diurne, ou plutôt solaire. La machine, nimbée de lumière, proclame ses affinités avec l'astre symbole de force et de vie. À la fin de *Lourdes*, après l'illusion du pèlerinage et les ténèbres de la croyance, la locomotive ramène les pèlerins à la réalité, c'est-à-dire à Paris, sous le grand soleil qui baigne la ville-forge, «toujours en enfantement de la vie de demain». À la fin de *Paris*, Zola réunit dans la même éclatante lumière le «petit moteur» de Guillaume, «vivant et fort comme le soleil», l'enfant nouveau-né, espoir de la race future, et la ville immense. Dans *Travail*, alors que les anciennes machines de l'Abîme sont toujours associées aux ténèbres, les machines glorieuses de la Crêcherie sont toujours repré-

sentées dans la splendeur du rayonnement solaire, brillantes «comme des joyaux» sous les «hauts vitrages inondés de soleil». Ce soleil, c'est sans doute celui de la raison et de la vie triomphantes. Mais c'est aussi, plus profondément, le signe d'une harmonie retrouvée, d'une fusion de la technique humaine avec les forces cosmiques, dont le soleil apparaît à la fois comme le régulateur et comme le foyer. La dernière machine, dans l'œuvre de Zola, c'est le cosmos, et l'objet technique, comme toutes les créations humaines, ne sera justifié que lorsqu'il s'intégrera dans le fonctionnement du tout. C'est chose faite à la fin de *Travail*, et il n'est pas indifférent que l'électricité qui anime alors toutes les machines soit aussi d'origine solaire, réalisant enfin l'alliance définitive de la technique avec le principe universel.

Tel est donc le curieux itinéraire qui conduit Zola du drame sombre des machines de l'ancien monde à l'apothéose lumineuse des outils parfaits de la Crêcherie. Certes, c'est seulement dans l'utopie, dans le rêve d'une technique par miracle exonérée de ses pouvoirs meurtriers, que le romancier a pu se délivrer de ses angoisses et proclamer sa confiance dans les forces de la vie. La conversion bénéfique de la machine à laquelle on assiste à partir de *Paris* et qui culmine dans *Travail*, cet hymne au travail régénéré, à la machine «enfin amie», à l'homme et à la société réglés dans le même fonctionnement, cachent peut-être encore bien des doutes. En même temps, l'abstraction, la moralisation qui accompagnent cette réconciliation euphorique de l'homme avec les instruments de son travail entraînent aussi, nécessairement, une baisse de la qualité esthétique du traitement romanesque de l'objet technique, un glissement vers la fadeur et l'attendrissement. Le «petit moteur» de Guillaume Froment, les «petits fours électriques» de Jordan ne vaudront jamais, littérairement parlant, les grandes machines barbares de *Germinal* ou de *La Bête humaine*. Mais ce qu'il faut reconnaître, à travers toute l'œuvre de Zola, c'est la variété, la richesse, l'étonnant pouvoir de représentation et d'évocation, la plasticité métaphorique de l'image de la machine. Au même titre que l'objet d'art, autre création du génie humain, mieux même peut-être, l'objet technique se charge de tous les rêves, assume toutes les obsessions, révèle toutes les angoisses. Le mérite de Zola, comme celui de Jules Verne ou de Villiers (autres poètes de la technique), mais plus complètement encore et plus profondément, est d'avoir senti cette richesse nouvelle et d'avoir su l'exprimer, d'avoir élevé la machine au rang de mythe moderne, analogue aux grands mythes dont s'est nourri depuis Homère l'imaginaire de l'humanité.

Saisons

Plusieurs œuvres de Zola, *Les Quatre Journées de Jean Gourdon*, une nouvelle écrite en 1866, *Une page d'amour*, *La Terre*, suivent le rythme des saisons. C'est que, comme décor, comme actant et comme mythe, la nature est passionnément présente chez ce Provençal, auteur des *Contes à Ninon*, qui déclare dans *Le Roman expérimental* (1880) : « La passion de la nature nous a souvent emportés, et nous avons donné de mauvais exemples, par notre exubérance, par nos griseries du grand air. Rien ne détraque plus sûrement une cervelle de poète qu'un coup de soleil. On rêve alors toutes sortes de choses folles, on écrit des œuvres où les ruisseaux se mettent à chanter, où les chênes causent entre eux, où les roches blanches soupirent comme des poitrines de femme à la chaleur de midi. Et ce sont des symphonies de feuillages, des rôles donnés aux brins d'herbe, des poèmes de clartés et de parfums. S'il y a une excuse possible à de tels écarts, c'est que nous avons rêvé d'élargir l'humanité et que nous l'avons mise jusque dans les pierres des chemins. » Très tôt, en dépit de ses propres angoisses, qui inspirent la noirceur de certains textes, Zola se place du côté de la vie par un effort constant de volonté. La métaphore de la moisson, qui donne son titre à *Germinal*, se retrouve à la fin de *Paris*, puis dans *Messidor* et dans *Fécondité*. À l'effritement du temps, des êtres et des choses, à l'écoulement fatal du sang noir – le sang de Charles, l'héritier débile et hémophile des Rougon, dans *Le Docteur Pascal* – répond le jaillissement des fluides vitaux. La sève et le sang irriguent l'univers imaginé par le fils du constructeur du canal Zola.

182
**Alfred Sisley, *Printemps aux environs de Paris.
Pommiers en fleurs***

1879
Huile sur toile, 45 × 61 cm
Paris, musée Marmottan

183
Printemps, journal d'un convalescent

Cette nouvelle, dont les manuscrits sont conservés avec les dossiers préparatoires de *La Faute de l'abbé Mouret*, a probablement été rédigée entre 1865 et 1868. « Dans ces quelques pages, écrit Roger Ripoll, se trouvent rassemblés plusieurs des grands mythes qui organiseront l'univers romanesque de Zola, mythe de la lutte de la vie et de la mort, mythe de la terre mère et d'une naissance terrestre qui assimile la vie humaine à la naissance végétale, mythe du souterrain, qui, en prenant appui sur les prétextes réalistes qu'offrent la mine et le chemin de fer, se développera dans *Germinal* et dans *La Bête humaine*. » (*Contes et nouvelles*, Pléiade, p. 1286.) Le cauchemar de l'enterré vivant, récurrent chez Zola et d'ailleurs fréquent chez nombre de ses contemporains, se retrouve dans des nouvelles comme *Le Sang* (1862) ou *La Mort d'Olivier Bécaille* (1879). Ce texte a surtout directement inspiré la description de la convalescence de Serge au début de la deuxième partie de *La Faute de l'abbé Mouret*. Il en existe deux versions, dont seule la seconde est optimiste, débouchant sur une guérison-résurrection qui coïncide avec l'arrivée du printemps. On y trouve, associée au thème de la montée de la sève, la métaphore de la circulation sanguine. « La verdeur s'est noircie du sang épais de la sève, et la santé m'aveugle. Je ne sens plus en moi le printemps doux et faible ; j'ai rapporté de la ville tous les soucis humains. Hélas ! je me porte bien, il faut vivre. » (NAF 10294, f. 149.) Une même tentation apathique s'exprime dans *Lazare*, le premier livret rédigé par Zola pour Bruneau.

Manuscrit autographe, 203 × 158 mm
BNF, Manuscrits, NAF 10294, f. 149
(Non reproduit)

8
vais connu la douceur de l'absolu repos, il n'est que dans la tombe. Enfin, je dormais, je me reposais dans les infinies délices de la nuit et du silence.
Rien ne venait plus de la terre, ni l'écho d'un bruit, ni un frisson du jour. Et j'étais immobile, ah! de l'immobilité éternelle, la béatitude sans fin, si divine, dans l'anéantissement du monde.
O Maître, pourquoi donc m'as-tu réveillé? Pourquoi cette cruauté d'arracher le pauvre mort à sa joie de goûter l'éternité du sommeil? Cela commençait à peine, j'avais des mille ans et des mille ans à dormir. Et c'était si bon, c'était si bon!
Jésus
Pauvre être, ce sont tes amis, ce sont les tiens qui l'ont voulu, pour leur bonheur. Tu vas revivre.
Lazare
Revivre, oh! non, oh! non! N'ai-je pas payé à la souffrance ma dette affreuse de vivant! Je suis né sans savoir pourquoi, j'ai

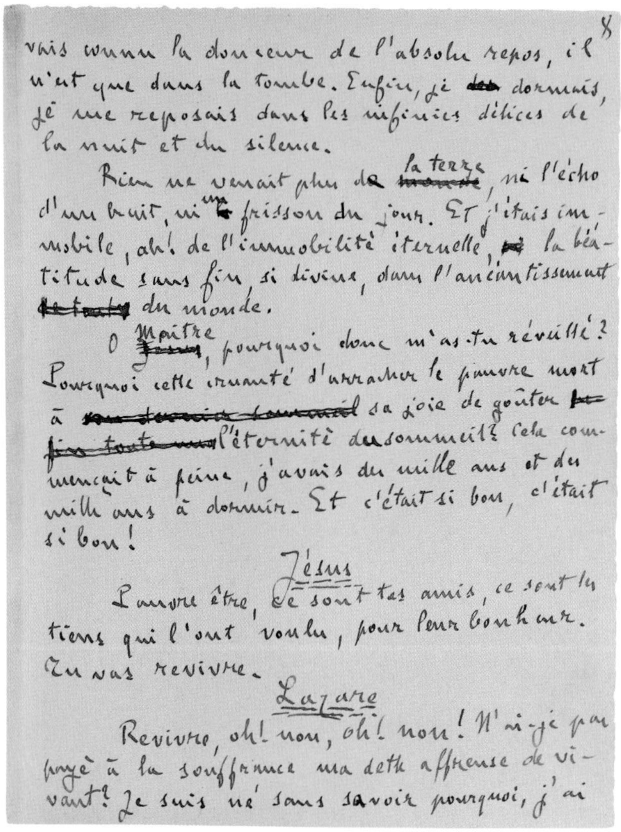

184
Lazare

Ce poème en prose, rédigé en décembre 1893, ne fut mis en musique par Alfred Bruneau qu'en 1903, sous la forme d'un oratorio. Reprochant à Jésus de l'avoir tiré du tombeau, Lazare s'écrie : « Rien ne venait plus de la terre, ni l'écho d'un bruit, ni un frisson du jour. Et j'étais immobile, ah ! de l'immobilité éternelle, la béatitude sans fin, si divine, dans l'anéantissement du monde. »

Manuscrit autographe, 200 × 155 mm
BNF, Manuscrits, A. 2001.08, f. 8

266
La vallée de larmes
La joie de vivre
L'espoir du néant
Le vieux cynique
La sombre mort
Le tourment de l'existence
La misère du monde
Le repos suivi du néant
Le triste monde.

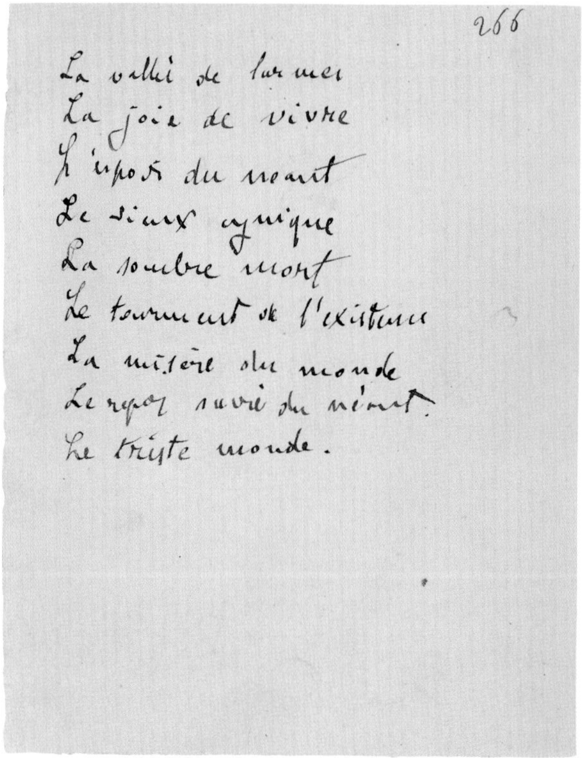

185
Dossiers préparatoires de *La Joie de vivre* : essais de titres

Zola choisit le seul titre lumineux dans une liste où domine une tonalité macabre et oppressante (« La vallée de larmes / La joie de vivre / L'espoir du néant / Le vieux cynique / La sombre mort / Le tourment de l'existence / La misère du monde / Le repos suivi du néant / Le triste monde »). Ce choix consacre le triomphe de Pauline, qui incarne la santé, l'équilibre, la vie (« Pas de peur de l'au-delà, pas de troubles nerveux », NAF 10311, f. 228), sur « l'émiettement par le pessimisme » (f. 235) et « la fêlure artistique » (f. 236) d'un Lazare schopenhauerien. Ce sursaut volontariste d'optimisme, qui annonce *Le Docteur Pascal* et les cycles ultérieurs, ne fut pas compris des critiques, de Maupassant en particulier, qui écrit dans un article intitulé « La jeune fille » : « Dans l'ironie amère de *La Joie de vivre*, Zola a fait entrer une prodigieuse somme d'humanité [...]. Et sur le livre entier plane, oiseau noir aux ailes étendues : la mort. » (*Le Gaulois*, 27 avril 1884.)

Manuscrit autographe, 200 × 155 mm
BNF, Manuscrits, NAF 10311, f. 266

186

**Jules Chéret, affiches de *La Terre*
et de *L'Argent***

Les deux affiches de Chéret magnifient deux
métaphores vitales récurrentes dans l'œuvre
de Zola : pour *La Terre* la germination, que l'on
retrouve à la fin de *Germinal* et dans les dernières
œuvres, *Messidor* et *Fécondité*, et, pour *L'Argent*,
la circulation sanguine, commerciale
ou monétaire.
L'affiche de *La Terre* concerne la parution
du roman chez C. Marpon & E. Flammarion,
celle de *L'Argent* annonçant sa publication
dans le journal *Gil Blas*. A.-M. S.

> Lithographie en couleurs, imprimerie Chaix, 1889 et 1890
> 222 × 81 cm et 233 × 82 cm
> BNF, Estampes, Chéret-Rouleau nᵒˢ 100 et 44
> (*L'Argent* reproduit en p. 102)

187

Joris-Karl Huysmans, *À Rebours*

Dans la bibliothèque de Des Esseintes, Huysmans
place Zola entre Goncourt et Baudelaire, pour la
seule *Faute de l'abbé Mouret*, échappée poétique
hors du naturalisme : « Le jour où lui aussi avait
été obsédé par cette nostalgie, par ce besoin qui
est en somme la poésie même, de fuir loin de ce
monde qu'il étudiait, il s'était rué dans une idéale
campagne, où la sève bouillait, au grand soleil,
il avait songé à de fantastiques ruts de ciel,
à de longues pâmoisons de terre, à des pluies
fécondantes de pollen tombant dans les organes
haletants des fleurs ; il avait abouti à un
gigantesque panthéisme, avait, à son insu peut-
être, créé avec ce milieu édénique entrevu dans
son *Eléonora* par Edgar Poe, et où il plaçait son
Adam et son Ève, un prodigieux poème Indou… »

> Manuscrit autographe, 285 × 220 mm
> BNF, Manuscrits, NAF 15761, f. 97 vᵒ
> (Non reproduit)

188

**Hippolyte Taine, lettre à Émile Zola, 20 avril
[1875]**

« *La Faute de l'abbé Mouret* dépasse le ton
et les proportions du roman ; c'est un poème ;
le parc à vingt lieues de tout : c'est l'Éden,
une vallée du Cachemire, rien de plus enivrant ;
cela fait penser à un poème persan, aux rêves
intenses et éblouissants de Heine,
à des morceaux des Épopées indiennes. »

> Manuscrit autographe, 170 × 110 mm
> BNF, Manuscrits, NAF 24524, f. 44
> (Non reproduit)

189
Dossiers préparatoires de *La Faute de l'abbé Mouret* : plan du Paradou

Le « Paradou » édénique de *La Faute de l'abbé Mouret* est le plus célèbre des jardins zoliens. Ce parc enclos, où Albine et Serge s'aiment et se perdent, a pour modèle le domaine de Gallice, près d'Aix. Il rappelle bien davantage encore, avec son insularité, sa forme circulaire et les sources qui l'irriguent et le divisent, les mappemondes médiévales (voir ill. 191).

Manuscrit autographe, 201 × 155 mm
BNF, Manuscrits, NAF 10294, f. 44

190
Ébauche de *La Faute de l'abbé Mouret*

« Ève et Adam s'éveillant au printemps dans le paradis terrestre […]. C'est la nature qui joue le rôle du Satan de la Bible ; c'est elle qui tente Serge et Blanche et qui les couche sous l'arbre du Mal par une matinée splendide. Or, j'ai toute la nature, les végétaux, arbres, fleurs, etc., les oiseaux, les insectes, l'eau, le ciel, etc. Je calque le drame de la Bible, et à la fin je montre sans doute Frère Archangias apparaissant comme le dieu de la Bible et chassant du paradis les deux amoureux. »

Manuscrit autographe, 200 × 155 mm
BNF, Manuscrits, NAF 10294, f. 3
(Non reproduit)

191
La Terre des hommes

Dans le *Commentaire sur l'Apocalypse* attribué à Beatus.

Fin XIIᵉ – début XIIIᵉ siècle
Manuscrit sur parchemin, diamètre : 34 cm
BNF, Manuscrits, NAL 2290, f. 13 vᵒ-14

192
Maître de la *Légende dorée* de Munich, livre d'heures

L'illustration de la Genèse (f. 14 vᵒ) fait face à l'Annonciation (f. 15), formant un diptyque qui résume l'histoire de la Rédemption : chute d'Adam et Ève à gauche, conception du Sauveur à droite.
À l'abri des volutes végétales ornant les marges apparaissent, de haut en bas : la création d'Adam, celle d'Ève et la scène où Dieu interdit au premier couple de manger du fruit de l'arbre de la Connaissance. La peinture occupant le centre de la page représente le paradis terrestre, jardin verdoyant et fleuri, protégé par une solide muraille. Au milieu, la fontaine de Vie, en forme de cuve baptismale, répand son eau salutaire en quatre fleuves : le Géon, le Phison, le Tigre et l'Euphrate, qui s'écoulent pour aller irriguer la terre.
Derrière la fontaine, entre Adam et Ève, se dresse l'arbre de la Connaissance, identifiable grâce à la présence du tentateur, le serpent cornu à visage humain, qui s'enroule autour du tronc. La Bête vient de persuader Ève ; à son tour celle-ci persuade Adam, qui mord dans le fruit, d'un rouge éclatant. Au premier plan, c'est l'expulsion du paradis, consécutive à la faute : un ange brandit une épée en repoussant vigoureusement Adam et Ève vers la porte, l'Éden devenant l'image du bonheur perdu. M.-T. G.

Paris, vers 1430-1440
Parchemin, 171 f., 212 × 148 mm
Reliure moderne en velours bois de rose
BNF, Manuscrits, Rothschild 2535, f. 14 vᵒ
(Reproduit page suivante)

Le jardin dans le roman des *Rougon-Macquart*

Marie-Thérèse Gousset

Tantôt sereine, tantôt inquiétante, la nature avec ses couleurs, ses odeurs, ses atmosphères est omniprésente dans cette fresque épique retraçant «l'histoire naturelle et sociale d'une famille sous le Second Empire». L'attention que Zola porte à la nature se focalise à plusieurs reprises et avec insistance sur l'une de ses formes spécifiques, le jardin. Si l'auteur subit en cela, plus ou moins à son insu peut-être, l'influence de la mode, il sait en revanche que le jardin est révélateur de celui qui le cultive. Utilitaire, d'agrément ou les deux à la fois, le jardin est le lieu où l'homme essaye toujours de recréer son paradis perdu, un endroit où il cherche à concrétiser ses rêves, à se construire un nouvel Éden à sa mesure, selon ses moyens, ses aspirations et son tempérament, faisant de son ouvrage une transposition de lui-même[1].

Zola appartient à une époque où l'on a vu, sous le pinceau de nombre d'artistes, et des impressionnistes en particulier, se multiplier les perspectives de jardins, qu'elles servent de cadres à des scènes diverses ou qu'elles soient traitées en tant que paysages à part entière. Si l'on considère uniquement la production des peintres de renom, contemporaine de la rédaction des *Rougon-Macquart*, c'est-à-dire de 1872 à 1893, on constate que le thème du jardin y est très largement représenté. Jouant audacieusement avec les ombres, les artistes éclairent d'une vibrante poésie ce coin de nature domestiquée, expression éloquente de nos goûts et de nos mentalités. Zola y est sensible : il laisse libre cours à son admiration dans le commentaire qu'il écrit pour *L'Événement illustré* à propos des *Femmes au jardin à Ville d'Avray*, de Monet : «Claude Monet aime d'un amour particulier la nature [...]. Il a peint une série de toiles prises dans des jardins. Je ne connais pas de tableaux qui aient un accent plus personnel, un aspect plus caractéristique[2].» Cette phrase, Zola aurait pu se l'appliquer à lui-même. Les jardins, il les a peints avec des mots mais ses descriptions s'impriment comme des images dans la mémoire et pénètrent les sens avec autant de vigueur qu'un tableau.

Cinq œuvres, dans la série des *Rougon-Macquart*, concèdent au jardin une place de choix. Ce sont, dans l'ordre chronologique : *La Curée* (1872), *La Conquête de Plassans* (1874), *La Faute de l'abbé Mouret* (1875), *Le Rêve* (1888) et *Le Docteur Pascal* (1893). À chaque fois, le visage du jardin est différent : serre, potager, jardins d'agrément, de paradis ou en friche, reflétant, à la manière d'un miroir, le monde dans lequel il a éclos. Si tel est le rôle du jardin pour le lecteur, pour les héros de Zola il existe entre ce lieu pri-

Illustration de la Genèse (voir notice 192).

vilégié et le caractère de chacun un lien très fort qui peut aller jusqu'à l'osmose. *La Curée*, peinture sans concession de la déchéance physique et morale de riches parvenus, offre une frappante illustration de ce phénomène. Dans l'hôtel particulier des Saccard donnant sur le parc Monceau, la serre a pris des proportions gigantesques. Il fallait une nature luxuriante mais prisonnière pour camper le personnage de Renée, la «belle Madame Saccard». S'inspirant de la grande serre du Jardin des plantes, Zola restitue avec une vérité saisissante l'atmosphère de ce domaine clos où la chaleur humide ne cesse de faire proliférer la verdure intense aux puissantes odeurs de sève, mêlées au parfum suave de la vanille et des orchidées. Renée est dans la vitrine de cette «haute» société parisienne comme ces plantes pulpeuses et sauvages, enfermées et exposées sous les vitres de la serre. Comme les lianes exubérantes aux formes torses, elle devient monstrueuse à son tour, recher-

1 Voir Henri Brunon dir., *Le Jardin, notre double. Sagesse et déraison*, Autrement, coll. «Mutations», 1999. **2** Ce célèbre tableau, aujourd'hui conservé au musée d'Orsay, fut refusé au Salon de 1867. La critique de Zola est parue le 24 mai 1868 dans *L'Événement illustré*. Voir Émile Zola, *Écrits sur l'art*, Jean-Pierre Leduc-Adine éd., Gallimard, 1991, p. 209.

chant dans l'inceste l'ultime sensation capable de l'arracher au néant de son existence. La morsure décisive dans une feuille de tankin, arbre générateur de poison[3], ressemble à un geste initiatique. Renée semble vouloir devenir vénéneuse à son tour et mieux s'identifier à cette végétation qui l'entoure et la pénètre de sa moiteur tropicale et malsaine. La délocalisation des scènes d'amour avec Maxime, de la chambre à la serre, est à ce titre très significative[4].

Confinée, repliée sur elle-même dans la serre, la végétation explose littéralement dans le jardin du Paradou, Éden réinventé où se déroule en grande partie *La Faute de l'abbé Mouret*. La place à part que ce roman occupe dans la série des *Rougon-Macquart*[5] semble avoir été pour l'auteur l'occasion de développer le thème du paradis terrestre avec toute l'ampleur que requiert un tel sujet. Un immense jardin, semi-abandonné, où la nature a totalement repris ses droits, n'épargnant que quelques traces de son ordonnance passée, constitue le cadre édénique de cette Genèse repensée. S'il possède encore des aspects inquiétants : antres sombres, eaux dormantes et glauques rappelant la serre, il offre, en revanche, la protection et l'abondance d'une terre-mère au sein généreux. Serge-Adam et Albine-Ève, tels des fleurs s'épanouissant au soleil, s'y ouvrent progressivement à la vie des sens sous l'unique égide de la Nature, en explorant le jardin à l'abri de ses hauts murs.

D'inspiration biblique, le Paradou renoue avec la tradition iconographique médiévale où l'on voit ces paradis terrestres ceints de remparts, irrigués par les quatre fleuves émanant d'une fontaine environnée d'arbres abondamment chargés de fruits[6]. Le croquis accompagnant le dossier préparatoire de l'œuvre présente une évidente analogie avec les cartes du monde qui apparaissent dès l'époque romane, ces *mappae mundi* où figure le paradis en tant que lieu géographique de nos origines[7].

Muni d'une solide documentation botanique, Zola a pourvu le Paradou de toutes les essences d'arbres qu'il a pu répertorier et d'une fantastique profusion de plantes allant de nos familières fleurs des champs aux espèces les plus exotiques. Fragrances et couleurs se marient au mépris des saisons. Avec une fougue lyrique, les noms s'accumulent pour traduire la richesse, la beauté et la force vive de ce jardin, image d'un monde neuf, fraîchement créé, où tout peut de nouveau commencer. Six siècles

auparavant, le *Roman de la Rose* offrait semblable procédé pour évoquer l'aspect paradisiaque du jardin de Déduit[8], ajoutant aux plantes de nos régions une surenchère de noms tirés d'une culture livresque[9].

Quelques romans plus tard, le Paradou a presque disparu, il n'est plus qu'un but de promenade pour le docteur Pascal, l'oncle de Serge, témoin du drame d'Albine. Le jardin du docteur, autour de La Souléiade, est aussi un domaine bien diversifié. Verger, potager, pinède, oliveraies, champs d'amandiers, bordure de cyprès, aire, bouquet de platanes et salon de verdure autour d'une fontaine lui gardent son caractère de royaume, capable de celer derrière sa clôture le secret des amours de l'oncle et de la nièce.

Même si le jardin n'est plus une vaste propriété offrant d'accueillantes chambres de verdure aux amants, il n'en demeure pas moins un paradis, aussi modeste soit-il. Simple jardin nourricier, ceinturé de berceaux, partagé entre fleurs, arbres fruitiers et légumes, méthodiquement quadrillé de plates-bandes bordées de hauts buis, le verger-potager de François Mouret est, dans *La Conquête de Plassans*, l'objet de toute sa fierté. Cultivé avec amour et un soin maniaque, ce jardin propret est son œuvre de bourgeois de province un peu mesquin et elle lui ressemble. D'ailleurs, l'homme sombre au plus noir de la folie au moment où il se trouve séparé de son épouse et dépossédé de son jardin[10]. Ironie du sort, le jardin de Mouret, qui se dit républicain, est mitoyen à droite avec le jardin à l'anglaise des Rastoil, représentant la «fine fleur de la Légitimité» et à gauche avec le jardin, au charme administratif, de la sous-préfecture, bastion des «gros bonnets de l'Empire». Trois jardins ont suffi à Zola pour brosser le portrait de la petite société de Plassans.

Semblable mimétisme se retrouve dans *Le Rêve*. Le parc de l'archevêché aux grands arbres droits et robustes évoque le caractère inflexible de Mgr de Hautecœur, tandis qu'au bord du clair ruisseau de la Chevrotte, l'ancien verger des moines, redevenu sauvage, le Clos-Marie, avec ses lilas odorants, ses fleurs, son lierre et ses herbes folles promises à la faux, est à l'image de l'amour pur et de la vie éphémère d'Angélique.

Le thème du jardin chez Zola vérifie à quel point l'auteur répond lui-même à sa propre définition de l'art : «un coin de création vu à travers un tempérament».

---

3 Le tanghin de Madagascar, *Tanghinia venenifera*, donne des fruits (drupes rouges et jaunes) dont l'amande vénéneuse sert à fabriquer un poison violent. 4 «Ils entraient dans le rut de la serre.» Voir Émile Zola, *La Curée, op. cit.*, p. 218. 5 Voir Émile Zola, *La Faute de l'abbé Mouret*, Henri Mitterand éd., Gallimard, 1991, p. 11, préface de Jean-Philippe Arrou-Vignod. 6 Voir Andrew Sinclair, *Jardins de gloire, de délices et de paradis*, J.-C. Lattès, 2000 ; Marie-Thérèse Gousset, Nicole Fleurier, *Éden. Le Jardin médiéval à travers l'enluminure, XIIIᵉ-XVIᵉ siècle*, Albin Michel / BNF, 2001. 7 De telles images se rencontrent tantôt dans les commentaires exégétiques comme celui de Beatus de Liebana († 798) sur l'Apocalypse, tantôt dans des encyclopédies, tel le *Liber floridus* de Lambert de Saint-Omer, composé vers 1120. 8 Commencé par Guillaume de Lorris, l'œuvre fut achevée par Jean de Meun vers 1274. À propos de cette description du jardin de Déduit (allégorie du Divertissement), voir Marie-Thérèse Gousset, «Le jardin du cœur», dans le catalogue de l'exposition sur le thème du jardin médiéval du musée national du Moyen Âge, *Sur la terre comme au ciel* (sous presse). 9 Voir Henri Brunon dir., *op. cit.* 10 «Il chercha Marthe dans le jardin, mais il ne reconnaissait plus le jardin. Il lui semblait plus grand, et vide, et gris, et pareil à un cimetière [...]. Qui donc avait tué les buis ? Quelle faux avait passé là, rasant tout, bouleversant jusqu'aux touffes de violettes qu'il avait plantées au pied de la terrasse ? Un sourd grondement montait en lui, en face de cette ruine.» Voir Émile Zola, *La Conquête de Plassans, op. cit.*, p. 1065.

Fêlures, folies

« Aux charlatans scientifiques qui nient l'importance et la gravité de l'alcoolisme, ses liens avec le crime et la dégénération, *L'Assommoir* est peut-être la meilleure des réponses ; *Germinal* et *La Fortune des Rougon* nous donnent la démonstration de cette cruauté, qui naît dans la foule et à cause de la foule, et de l'influence des criminels et des fous dans les rébellions [...]. Pour *La Bête humaine*, je devrais être encore plus partial, car, avec une générosité qui n'est pas très fréquente chez les savants, M. Zola a avoué avoir puisé souvent dans mon *Homme criminel* pour le canevas de son roman [...]. Ses criminels m'ont l'air indécis et faux de certaines photographies prises d'après des portraits et non d'après l'original. »
(Cesare Lombroso, « *La Bête humaine* et l'anthologie criminelle », *La Revue des revues*, juin 1892. Reproduit dans *Les Rougon-Macquart*, C. Becker éd., Robert Laffont, coll. « Bouquins », t. V, p. 1410-1415.)

Le thème de la « fêlure » traverse le cycle des *Rougon-Macquart*. La folie de l'aïeule, Adélaïde, ouvre la geste qui s'achève sur la débilité fatale de l'arrière-petit-fils de « tante Dide », Charles, indiqué dans le tableau général comme possédant la « ressemblance physique et morale d'Adélaïde ». Le véritable héritier des Rougon est bien ce malheureux, fils bâtard du décadent Maxime, et non l'enfant posthume de Pascal – un garçon évidemment – pourtant Rougon par ses deux parents. Il a de nombreux « frères » et « sœurs » dans l'œuvre zolienne : enfants malades, idiots, fous ou criminels : Jeanlin dans *Germinal*, « le total dégénéré de tous les vices des houillères », qui assassine un soldat ; Victor, fils bâtard de Saccard, violeur voué au meurtre, et bien d'autres encore, telles la charnelle Désirée Mouret ou la fragile Jeanne d'*Une page d'amour*.

La dégénérescence est la grande peur des élites au XIXe siècle. On en cherche les manifestations chez certains malades, chez les fous, les criminels et les enfants. Certes, le délire sous toutes ses formes passionne l'opinion depuis Cabanis, mais au moment où Zola commence la rédaction des *Rougon*, la recherche française s'oriente vers la psychologie pathologique prônée par Taine dans la préface de *De l'intelligence* (1870), puis par Théodule Ribot (*La Psychologie anglaise contemporaine*, 1870). La criminologie utilise les découvertes sur l'hérédité avec plus ou moins de bonheur, tandis que la psychologie expérimentale annonce les débuts de la psychiatrie. Zola n'ignore pas les travaux de Charcot sur l'hystérie popularisés par le tableau fameux de Brouillet, *Une leçon clinique à La Salpêtrière*, exposé au Salon de 1887. Cependant, comme la plupart des romanciers contemporains, ne voyant dans l'hystérie que le paradigme de l'expressivité morbide, il néglige l'aspect novateur des conclusions de Charcot, qui contribue à faire passer l'hystérie (masculine *et* féminine) de la neurologie à la psychiatrie en liant ses symptômes au souvenir d'un traumatisme. Féminine uniquement, l'hystérie chez Zola, effet avant tout d'un détraquement dû au milieu, est plus proche des théories de l'école de Nancy, concurrente de l'école de La Salpêtrière, qui participe alors aux débuts de la psychologie sociale. Par ailleurs, certaines scènes de *Germinal*, roman qui parle presque autant des hantises de la bourgeoisie que de la condition ouvrière, anticipent les écrits de Gustave Le Bon (*Psychologie des foules*, 1895).

193
Émile Zola, *L'Assommoir*

Zola consulta l'ouvrage du Dr Valentin Magnan, *De l'alcoolisme...* (Delahaye, 1874), constitué d'une série d'observations de malades traités à l'hôpital Sainte-Anne. Il prit cinq ou six pages de notes, dont il tira le flamboyant delirium tremens de Coupeau – « quatre jours à gigoter et à gueuler » – qui occupe la presque totalité du treizième et dernier chapitre de *L'Assommoir*, tandis qu'une seule page y est consacrée à la fin misérable de Gervaise, alcoolique elle aussi et qui met plusieurs mois à mourir dans l'indifférence générale.

Manuscrit autographe, 200 × 155 mm
BNF, Manuscrits, NAF 10270, f. 796-797
(Non reproduit)

194
**Daniel Vierge, *La Salle des folles
à La Salpêtrière***

Gouache, 47 × 65 cm
Paris, musée de l'Assistance publique

196
Affiche de *La Bête humaine*

Cette affiche, non signée, annonce la publication du roman dans le journal *La Vie populaire*. A.-M. S.

Lithographie en couleurs, imprimerie Champenois, 1889
145 × 100 cm
BNF, Estampes, Champenois-Rouleau n° 3

195
Dossiers préparatoires de *La Bête humaine* : fiche de Jacques

« Il a les cheveux frisés, en touffe, très drus, et il les porte demi-ras. Il n'a que les moustaches épaisses et noires (Robert). Le menton nu est rond, ferme, énergique. L'ensemble est vigoureux, franc, mais toute la physionomie s'assombrit par moments, sous l'empire du rongement de l'idée fixe. – Grand, bien proportionné, et l'air d'un monsieur, quand il est débarbouillé, avec des extrémités très fines relativement. Ce qui peut être un sujet de surprise. *Pourtant ne pas oublier les signes du criminel-né* [c'est Zola qui souligne] dans tout ce portrait physique. Il faudrait garder le type physique du criminel-né et l'embellir. À voir. » Zola a bien du mal à faire entrer la souffrance existentielle de son personnage, ouvrier intelligent et amant passionné, dans le carcan des portraits-robots de la criminologie. Lombroso ne s'y trompe pas, approuvant la caractérisation physique et la place donnée à l'hérédité alcoolique mais reprochant au romancier d'avoir concédé à son héros l'amour et la jouissance, fut-ce brièvement, et, bien plus encore, la « pitié infinie » pour les victimes « que les vrais criminels-nés n'éprouvent jamais ».

Manuscrit autographe, 205 × 155 mm
BNF, Manuscrits, NAF 10274, f. 540
(Non reproduit)

197
Cesare Lombroso, *L'Uomo delinquente in rapporto all'antropologia, giurisprudenza e alle discipline carcerarie. Aggiuntavi la Teoria della tutela penale del prof. [...] F. Poletti. [2a edizione]*

L'Homme criminel du médecin militaire italien Cesare Lombroso (1835-1909), dont la première édition parut en 1876, constitue l'ouvrage fondateur de l'anthropologie criminelle. Réduite actuellement à un simple courant de la criminologie, cette science a connu son apogée à la fin du siècle dernier. Lombroso mit en avant le rôle fondamental de l'hérédité et l'influence des maladies nerveuses pour expliquer la résurgence de certains traits primitifs, cette dégénérescence qui, selon lui, faisait le criminel-né dont il tenta d'établir les caractéristiques anatomiques, physiologiques, psychologiques et sociales.
Son influence, reconnue par Émile Zola, se retrouve dans tout le cycle des *Rougon-Macquart* et particulièrement dans *La Bête humaine*, où le personnage de Jacques a les traits d'un des types de criminels présentés dans les planches de l'ouvrage de Lombroso. B. V.

Torino, fratelli Bocca, 1878 (Nuova collezione di opere giuridiche, 21)
24 cm
BNF, Droit, Économie, Politique, 8-F-105 (21), planche photographique
entre les p. 48 et 49
(Non reproduit)

198

Dossiers préparatoires de *La Bête humaine* : liste de titres

« La seule trace objective de l'instinct de mort est, on le sait, la compulsion de répétition. Or l'anthropologie mythique de Zola est fondée précisément sur la conception d'une violence originaire d'un meurtre primitif qui revient à jamais visiter la race humaine. Il y a un *éternel retour* de la bête humaine, de ce monstre dont nous ne connaîtrons jamais la première apparition. Il faut d'ailleurs remarquer que ce concept prend un sens très proche de celui d'inconscient ou de refoulé. Ce sens est attesté d'abondance par les nombreux titres entre lesquels Zola a hésité pour son roman. » (Jean Borie, *Zola et les mythes ou De la nausée au salut*, Seuil, 1971, p. 69.) Ces titres sont : « Sous le progrès / Le réveil du loup / Hors des bois / Les carnassiers / Les fauves / Détruire / Le coup de dents / Ce qu'on ne voit pas / L'ancien meurtre / La soif du sang / En marche / L'homme mangeur de l'homme / S'entre-égorger / Tous frères / Le monde en marche / Mal faire / En route pour / Ceux qui tuent / L'humanité en marche / La volonté du meurtre / Vouloir et faire / L'homicide / Le droit au meurtre / Le meurtre incompréhensible / La logique du meurtre / Le fauve / L'assassinat / L'instinct / La victime innocente / Sans motif sans cause / Pour le plaisir / Sans vouloir sans raison / Pour rien / Par instinct / Sans volonté / Sans le vouloir / Par instinct / Du sang quand même et toujours / La suée du meurtre / La Bête humaine / L'excuse / Fleur de sang / Bête humaine / La gestation du meurtre / L'excrétion / Le meurtre ancestral / Le sauvage ancêtre / Libre arbitre / L'antique talion / L'impulsion / L'ancêtre commun / Derrière les peuples en marche / L'instinct du meurtre / Le mal du meurtre / L'atavisme du meurtre / L'appétit du meurtre / Pourquoi l'on tue / Ceux qui tuent / L'inconscient / Le mal héréditaire / Le crime héréditaire / Bergerie / Coupable / Le meurtre originel / Le mal originel / Sans remords / Le meurtre impulsif / Les dessous du progrès / Chez les sauvages / Meurtre volontaire / L'idée du crime / L'isolé / Le monstre / Le mal / Le penchant au meurtre / Le cri de la bête / Les griffes de la bête / La vie des autres / D'où vient le crime / La bête qui mord / Mordre / Atavisme / L'homme primitif / L'âge de pierre / Atavisme préhumain / Inversion / L'occasion / L'accident / Avant le meurtre / Le mal de la volonté / L'idée fixe / Le couteau / Civilisation / L'envers du progrès / Ce qui arrive / Pluie rouge / Peau neuve / La passion du meurtre / Au banquet de la vie (de la nature) / L'inévitable / Dans le sang / Sous nos conquêtes / Ce qui demeure / L'immuable / Fond de Bourbe / L'obscure origine / L'éternel meurtre / La grande soulasse / Le sang humain / L'amour du sang / La folie du couteau / Bêtes fauves / Le sang / Le cas / Satan / L'eau qui dort / L'accès / Retour atavique / Bête humaine / Libre arbitre / L'incurable plaie / L'antique sauvage / L'esclave antique / Folie morale / L'homme sauvage / Les sanguinaires / L'étonnement de l'acte / Le droit de tuer / Peuples en marche ».

Jamais Zola n'avait hésité aussi longtemps sur un titre : « Je voulais exprimer cette idée : l'homme des cavernes est resté dans l'homme de notre dix-neuvième siècle, ce qu'il y a en nous de l'ancêtre lointain. D'abord, j'avais choisi : *Retour atavique*. Mais cela était trop abstrait et ne m'allait guère. J'ai préféré *La Bête humaine*, un peu plus obscur, mais plus large ; et le titre s'imposera, lorsqu'on aura lu le livre. » (Lettre à Van Santen Kolff, 6 juin 1889.) Derrière cette hallucinante énumération se dessine la silhouette de Jack l'Éventreur, démultipliée par la presse à sensation, par le roman populaire, et immortalisée en 1886 par Stevenson dans son *Dr Jekyll et Mr Hyde*. Enfin on songe au dénouement terrifiant du roman de H. G. Wells, *The Time Machine*, publié en 1895.

Manuscrit autographe, 205 × 155 mm
BNF, Manuscrits, NAF 10274, f. 297-304
(Non reproduit)

199

La Bête humaine

Séverine vient de raconter à Jacques Lantier comment elle a aidé son mari, Roubaud, à tuer le président Grandmorin, son protecteur et son amant : « Le choc du couteau dans la gorge, la longue secousse du corps, la mort qui est venue en trois hoquets, avec un déroulement d'horloge qu'on a cassée... Oh ! ce frisson d'agonie dont j'ai encore l'écho dans les membres. » Ce récit haletant de sa maîtresse réveille en Jacques, criminel par hérédité, au contraire de Roubaud, criminel d'occasion, d'anciennes obsessions qu'il espérait éteintes : « Il entendait en lui le labeur décuplé du cerveau, un grondement de toute la machine. Cela venait de très loin, de sa jeunesse. Pourtant il s'était cru guéri, car ce désir était mort depuis des mois avec la possession de cette femme ; et voilà que jamais il ne l'avait ressenti si intense, dans l'évocation de ce meurtre, que, tout à l'heure, serrée contre sa chair, liée à ses membres, elle lui chuchotait. »

Manuscrit autographe, 205 × 155 mm
BNF, Manuscrits, NAF 10273, f. 456
(Non reproduit)

200

Georges Saint-Paul sous le pseudonyme « Dr Laupts »
Tares et poisons, perversion et perversité sexuelles, une enquête médicale sur l'inversion, notes et documents, le roman d'un inverti-né, le procès Wilde, la guérison et la prophylaxie de l'inversion

La virilité de Jacques est dominée par la résurgence, incongrue chez un homme du xixe siècle – et chez un mécanicien maîtrisant la technique ! –, d'une scène primitive sauvage qui lie étroitement rut et éventrement, sexualité masculine et violence. À l'inverse, les hésitations érotiques de Maxime Saccard, puis de Hyacinthe Duvillard, « l'homme femme » dans *Paris*, sont la manifestation d'une dégénérescence, tout comme la confusion des sexes est le signe d'une décadence de la civilisation. C'est une idée répandue, et dominante à l'époque de Zola qui, après avoir préfacé en 1879 *Mademoiselle Giraud, ma femme*, d'Adolphe Belot, roman médiocre qui traitait de l'homosexualité féminine, composa une préface, sous la forme d'une lettre datée du 25 juin 1895, pour l'ouvrage du « Dr Laupts ». En 1893, Émile Zola avait en effet autorisé le Dr Georges Saint-Paul (1870-1937) à publier dans les « Archives d'anthropologie criminelle », sous le titre *Le Roman d'un inverti*, la confession qui lui avait été adressée quelques années plus tôt par un homosexuel italien. B. V. et M. S.

Paris, Carré, 1896
14 cm
BNF, Sciences et Techniques, 8-Td86-722, p. 2-3
(Non reproduit)

201

Drs Désiré-Magloire Bourneville et Paul Regnard, *Iconographie photographique de la Salpêtrière (service de M. Charcot)*

Le Dr Bourneville fut l'assistant de Charcot à la Salpêtrière de 1871 à 1879. À ce titre, il se chargea de la rédaction quotidienne puis de la publication des *Leçons sur les maladies du système nerveux*, qui est resté un classique et qui témoigne de l'envergure clinique du fondateur de la neurologie moderne.
Il fut également l'un des pionniers de l'application de la photographie à la médecine dans la *Revue photographique des hôpitaux de Paris* et il illustra certaines des leçons du maître dans cet album photographique, publié par la revue *Le Progrès médical*, qu'il avait fondée en 1873.
Émile Zola avait assisté aux leçons publiques de Charcot et ses principaux ouvrages figurent dans sa documentation médicale. B. V.

Paris, aux bureaux du « Progrès médical », 1876-1880
3 vol., 22 cm
BNF, Sciences et Techniques, T 4-T37-30 = t. II, pl. XXXIII :
attitudes passionnelles, l'extase (photographie)
(Non reproduit)

Les confessions physiologiques d'Émile Zola[1]

Jacqueline Carroy

Comme on sait et comme il voulut le faire savoir, Zola s'est proposé de mettre en œuvre un roman « expérimental » s'appuyant sur l'enquête. Mais, comme on le sait moins peut-être, Zola lui-même s'est offert comme sujet à la médecine et à la psychologie de son époque.

En 1892, il dicta son auto-observation, qui devint la pièce maîtresse d'une thèse de médecine aussitôt publiée avec succès[2], à Georges Saint-Paul, un jeune élève du maître lyonnais de l'anthropologie criminelle, Alexandre Lacassagne. Un questionnaire scientifique était censé permettre aux personnes interrogées d'observer leur langage intérieur, lui-même censé refléter, en quelque sorte en direct, un fonctionnement cérébral[3]. En avant-première de la thèse soutenue fin décembre, Léon Riotor, un publiciste parisien qui avait lancé l'enquête dans les milieux littéraires, publia dans le « Supplément littéraire » du *Figaro* du 10 décembre 1892 les réponses, qualifiées de « confessions physiologiques » des « cerveaux littéraires » questionnés, Émile Zola, François Coppée et Alphonse Daudet.

Les relations entre l'enquêteur et son plus illustre enquêté ne s'arrêtèrent pas là, et Zola fit cadeau à Saint-Paul d'une autre confession, qu'un jeune « inverti » italien lui avait envoyée à titre de documentation pour un futur roman, et qu'il avait laissée dans ses tiroirs. Il accepta même de donner une lettre-préface au livre que Saint-Paul publia sous le pseudonyme de Laupts. En dépit des silences de la critique, ce fut un nouveau succès, grâce à cette préface et grâce au « roman d'un inverti », le document donné par Zola. « Le Laupts » devint un ouvrage médical de référence sur l'inversion, réédité sans discontinuité jusqu'entre les deux guerres[4]. Dans sa lettre-préface du 25 juin 1895, Zola qualifia le texte du jeune Italien de « confession totale, naïve, spontanée, que bien

peu d'hommes ont osé faire » et il en loua le caractère de « sincérité absolue[5] ». Saint-Paul envoya des lettres où il se confondit en remerciements au « maître ». À l'exemple de Zola peut-être, il mena ensuite une carrière littéraire de dramaturge réaliste et de poète sous le pseudonyme d'Espé de Metz. Il rendit hommage à la mémoire de Zola en 1907 : il raconta comment l'enquête de 1892 s'était déroulée et comment leurs relations s'étaient prolongées après 1895 lors de ses retours de Tunisie, où il était médecin-major[6].

Quelques mois plus tard, si ce n'est au même moment[7], Zola s'engagea lui-même dans ce qui pouvait apparaître comme une nouvelle « confession physiologique » et il noua avec un autre jeune médecin une relation analogue. Pendant près d'un an, il accepta de participer à l'enquête médico-psychologique du psychiatre Édouard Toulouse et il se plia à toutes les mesures et aux investigations les plus minutieuses, les plus ennuyeuses et les plus indiscrètes sur son corps et son psychisme[8]. Il était ainsi censé être la tête de file d'une vaste enquête sur les rapports entre névropathie et supériorité intellectuelle concernant des écrivains, des artistes et des savants vivants, qui ne donna lieu finalement qu'à la publication tardive, en 1910, d'un autre livre, consacré à Henri Poincaré, sur qui Toulouse avait mené des investigations en 1897[9].

Si ces investigations, surtout celle de Toulouse, ont servi de matériau biographique dans des études sur Zola, elles ont peu été replacées dans le contexte d'une psychologie scientifique française fin de siècle qui se revendiquait comme expérimentale, physiologique et pathologique. Si l'on voulait asseoir une ou des sciences qui ne reposent plus sur la seule introspection philosophique mais sur l'auto-observation et l'observation contrôlées ainsi que sur l'expérimentation et la mesure, il fallait en

1 Ce texte reprend et prolonge un article déjà publié, « "Mon cerveau est comme dans un crâne de verre" : Émile Zola sujet d'Édouard Toulouse », *Revue d'histoire du XIXᵉ siècle*, n° 20-21, 2000, p. 181-202. Je remercie chaleureusement Colette Becker, qui m'a fait partager sa connaissance inégalée de Zola et qui m'a surtout proposé des pistes de recherches fécondes. Cette étude lui doit beaucoup, ainsi qu'à Jean Borie dont les remarques stimulantes m'ont été d'un grand profit. **2** Georges Saint-Paul, *Essais sur le langage intérieur*, Lyon, Storck, 1892, p. 28-31. **3** Zola se révélait être, selon Saint-Paul, « visuel » et « verbo-auditif ». Sur Saint-Paul et sur ce thème, voir Jacqueline Carroy, « Le langage intérieur comme miroir du cerveau. Une enquête, ses enjeux et ses limites », *Langue française*, n° 132, décembre 2001, p. 48-56. **4** Dʳ Laupts (pseudonyme de Saint-Paul), *Tares et poisons. Perversions et perversité sexuelle. Le roman d'un inverti-né. Le procès Wilde. La guérison et la prophylaxie de l'inversion*, préface d'Émile Zola, G. Carré, 1896. **5** Émile Zola, *Correspondance*, t. VIII (abrégé dans la suite des notes en *COR*), Montréal / Paris, Presses de l'Université de Montréal / Éditions du CNRS, 1991, 25 juin 1895, p. 230. **6** Dʳ Laupts, « À la mémoire d'Émile Zola », *Archives de l'anthropologie criminelle*, n° 22, 1907, p. 825-841. Outre les dix lettres de Zola à Saint-Paul (1893-1896) publiées dans *COR*, un télégramme et sept lettres de Saint-Paul à Zola ont été conservés (1893-1896) dans une collection particulière. **7** Une lettre inédite de Zola en date du 3 novembre 1895 conservée au centre hospitalier Édouard-Toulouse (118, chemin de Mimet, 13917 Marseille CEDEX) permet de dater approximativement le début de l'enquête. Six lettres de Zola à Toulouse ont été publiées (1896-1897) dans *COR*. Les archives de Marseille comportent en outre cinq brefs mots non datés, ainsi que cinq lettres inédites de Zola (3 novembre 1895 ; 9 septembre, 27 et 28 octobre 1896 ; 21 février 1897). Le département des Manuscrits de la BNF conserve vingt-six lettres de Toulouse à Zola (1895-1901 : BNF, MSS, NAF 24524, f. 116-154). J'abrégerai les références aux lettres manuscrites de Toulouse en indiquant seulement leur folio. **8** Édouard Toulouse, *Enquête médico-psychologique sur les rapports de la supériorité intellectuelle avec la névropathie. Introduction générale*, t. I, *Émile Zola*, Société d'éditions scientifiques, 1896. Je citerai d'après une édition ultérieure non remaniée, *Enquête médico-psychologique sur la supériorité intellectuelle. Émile Zola* (Ernest Flammarion, s. d.), que j'abrégerai en *EMP*. **9** *Enquête médico-psychologique sur la supériorité intellectuelle. Henri Poincaré*, Flammarion, 1910. Toulouse contacta également pour son enquête Alphonse Daudet, Puvis de Chavanne, Rodin, Dalou, Saint-Saëns, Berthelot, Lemaître, Edmond de Goncourt, Loti, Mallarmé. **10** Sur cette question, voir Jacqueline Carroy, *Hypnose, suggestion et psychologie. L'invention de sujets*, PUF, 1991.

effet trouver et inventer des sujets donnant matière à publication scientifique [10]. Le terme de sujet doit être pris là dans son acception médicale de cobaye ou de patient, voire dans son acception anatomique de cadavre à disséquer. Les pensionnaires des asiles et des hôpitaux ont fourni une réserve de sujets captifs à la disposition des psychiatres et des psychologues. Mais, comme on le sait moins, certains hommes célèbres et certains écrivains ont servi de sujets volontaires. À cet égard, l'enquête de Saint-Paul et surtout celle de Toulouse, qui eut un grand retentissement, sont caractéristiques d'un programme scientifique du temps. Car Zola n'est pas, tant s'en faut,

202 Photographies anthropométriques de Zola. Hôpital É.-Toulouse.

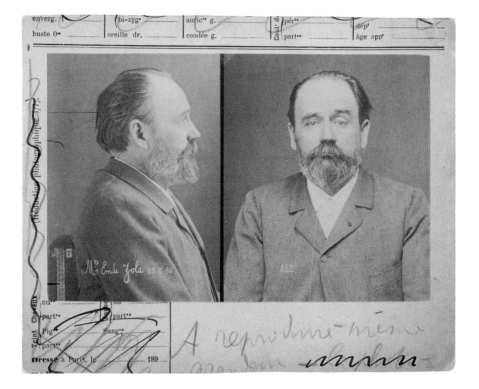

203 Fiche anthropométrique de Zola rédigée par A. Bertillon. Hôpital É.-Toulouse.

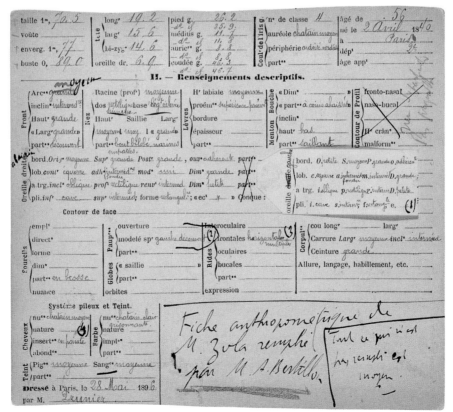

le seul écrivain de l'époque qui ait accepté de s'offrir à la science.

Pourquoi et comment un écrivain célèbre se transmuat-il en sujet ? Il faut évoquer les horizons d'attente de Zola et de Toulouse. Quels enjeux concernant son image et son personnage d'homme de lettres, quels scénarios fictionnels ont donné à Zola le désir de se livrer à l'investigation de Toulouse ? Quels enjeux scientifiques et quelles ambitions ont animé son enquêteur ? Il faut analyser les relations complexes qui se sont nouées entre Toulouse et Zola et qui ont abouti à la publication d'une œuvre elle-même complexe, puisqu'elle pouvait être lue, ainsi qu'on le verra, comme une observation scientifique ou comme une autobiographie naturaliste.

L'homme et son œuvre

Pourquoi Zola accepta-t-il de répondre à Saint-Paul et d'inaugurer l'enquête du Dr Toulouse ? Le naturalisme se réfère, comme on sait, à une conception de la critique littéraire développée par Sainte-Beuve puis par Taine. Derrière l'œuvre il faut trouver l'homme, affirme en substance l'un, tandis que l'autre soutient que l'on peut scientifiquement rendre compte d'une œuvre par la race, le milieu et le moment. Émile Zola, logiquement, ne pouvait que se prêter à des entreprises de mise à nu de l'homme qu'il était.

Avant Saint-Paul et Toulouse, d'autres s'étaient essayés à ce type de tentative, avec ou sans l'aval de l'écrivain.

En 1882, le disciple et ami de Zola Paul Alexis s'appuie sur l'autorité de Sainte-Beuve et de Taine pour brosser un « portrait complet et vivant de l'écrivain ». Après avoir évoqué son développement, il propose de l'homme une vue contrastée et complexe. Dans un souci de ne rien cacher, il aborde le rapport de Zola à l'argent et à la sexualité et il le présente notamment comme un « chaste[11] ». Le portrait d'Alexis se veut sans complaisance, mais de cette vision « naturaliste » l'écrivain sort plus humain.

À la neutralité empathique d'Alexis s'oppose la démystification agressive de cinq jeunes naturalistes qui publient, le 18 août 1887 dans *Le Figaro*, un texte retentissant, aussitôt baptisé « Manifeste des cinq ». L'auteur de *La Terre* n'est plus, selon les cinq, un vrai naturaliste, et ses romans ne sont désormais plus que des symptômes de ses troubles organiques, psychiques et sexuels. Dans un ouvrage qui eut un retentissement européen, *Dégénérescence*, Max Nordau leur emboîte le pas. Se référant au psychiatre italien Cesare Lombroso, qui avait été l'inspirateur scientifique de *La Bête humaine* et dont il se déclare le disciple, il fait de Zola un « dégénéré supérieur ». Zola serait notamment un « psychopathe sexuel » fétichiste du linge et renifleur[12]. À l'homme derrière l'œuvre de Sainte-Beuve

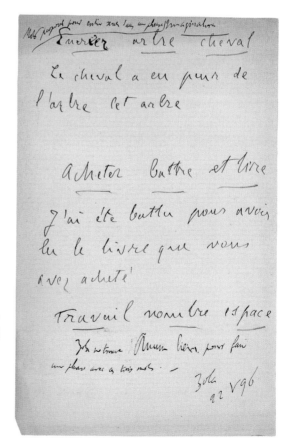

204   Tests faits par Zola pour le Dr Toulouse. Hôpital É.-Toulouse.

s'est ainsi substituée l'œuvre symptôme de l'homme. Avec Nordau la critique littéraire positiviste cède le pas à une psychopathologie qui se veut démystificatrice.

Confronté à ces attaques qui l'affectent profondément, Zola se doit de riposter en rectifiant les caricatures tout en restant fidèle à son idéal naturaliste. Il lui faut trouver un biographe, qui, comme Paul Alexis, l'observe directement et objectivement, mais aussi sans acrimonie. Dans ce contexte, Zola ne peut que bien accueillir deux jeunes médecins qui pourront mener sur lui une recherche censée être objective, mais aussi empathique. Ce souhait peut faire écho à des interrogations et à des recherches plus proprement littéraires.

Tout dire, tout connaître, tout guérir

Évoquons l'une de ces recherches, portant sur la sexualité, plus précisément sur son écriture. Dans un court manuscrit érotique, Zola jette des notes au dos de brouillons de *Son Excellence Eugène Rougon*. Il s'agit de tenir un défi : rendre compte d'une nuit d'amour au coup par coup (il y en a sept), «sans oublier un seul détail», chambre, corps féminin, positions, sensations, conversations : «Eh bien! Tout dire, continuer à décrire et à analyser la jouissance, avec mes procédés de romancier réaliste et coloriste. *Pas un mot cru*[13].» Le manuscrit débute ainsi comme un dossier préparatoire cher à Zola. Puis y fait irruption, lorsque s'engage l'action, une première personne au masculin qui jouit, et cherche à écrire sa jouissance. Ce «je» ne peut s'empêcher de laisser échapper quelques mots crus en entier même s'il en abrège pudiquement plusieurs, et il cherche à maîtriser son récit : «Faire attention à ceci. Si j'analyse trop, je n'ai plus l'air de jouir sérieusement. Les premiers coups sans analyse. Ce n'est que plus tard, lorsque je bande moins, que je puis analyser. L'autre homme qu'on a en soi et qui regarde[14].» Serait-ce une confession autobiographique, dans laquelle auteur, narrateur et personnage seraient identifiés ? Or, coup de théâtre final, le «je» se révèle être «lui», un héros zolien doté d'une fiche : «Qui je suis, état civil – Un employé peut-être[15].» Quelle que soit la date de cette ébauche, Zola y demeure fidèle à son idéal naturaliste, qu'il tente de pousser à la limite du «tout dire». Mais il s'essaie aussi à un nouveau type d'écriture réaliste qui, en fonction des crescendos et des decrescendos du désir masculin, alternerait langage d'action et langage introspectif et passerait de première en troisième personne.

Pour revenir à la fin du siècle, tout en demeurant fidèle à son idéal «expérimental», Zola, sans doute sensible aux critiques de la science qui sont dans l'air du temps, cherche à infléchir et à élargir son naturalisme dans *Le Docteur Pascal*, qui clôt le cycle des *Rougon-Macquart* et qui est rédigé en 1892, au moment où il dicte son auto-observation. Tout se passe comme si la rencontre de Saint-Paul avait suscité ou comblé le scénario romanesque de la relation d'un vieux maître et d'un jeune médecin, en l'occurrence Pascal Rougon et le docteur Ramond.

Le roman propose ainsi un idéal thérapeutique qui combine guérison cathartique par la connaissance et compassion pour la vie. Pascal Rougon, dévoilant à sa nièce le fruit d'un long travail scientifique, l'arbre généalogique de la famille, s'écrie : «Tout dire pour tout connaître, pour tout guérir[16].» Mais il finit par traiter ses patients par ce que nous appellerions un effet *placebo*. Néanmoins Pascal demeure fidèle à un idéal expérimental. Avant sa mort, le «maître» questionne Ramond à propos de son auto-diagnostic : «Et tous deux en arrivèrent à discuter le cas aussi tranquillement que s'ils s'étaient trouvés au chevet d'un malade [...]. Pascal, comme s'il ne se fût pas agi de lui, avait repris son sang-froid, son oubli de lui-même[17].» Comme dans «Scénario d'une scène d'amour», l'apaisement est lié *in fine* à une objectivation de soi.

Une grande enquête en chantier : névropathie et supériorité intellectuelle

En 1895 il existe en France un laboratoire de «psychologie physiologique». Fondé en 1889 et situé à la Sorbonne, il est dirigé par Alfred Binet, un physiologiste de formation. De nouvelles méthodes, calquées sur celles des sciences de la nature, y sont mises en œuvre. Il s'agit de faire varier expérimentalement les réactions d'un sujet à telle ou telle stimulation et de mesurer ses aptitudes, ou encore de mener des enquêtes reposant sur la réponse de multiples personnes à des questionnaires. Toulouse se doit de faire mieux que Saint-Paul et de continuer une recherche sur Zola qui n'avait été que fugace, bien qu'elle ait fait un certain bruit. Il se doit aussi de surpasser scientifiquement Binet, qui s'est contenté, selon lui, de faire sur les écrivains des études «trop passives[18]», sans investigation clinique et sans expérimentation.

Qui est Édouard Toulouse ? Un brillant jeune psychiatre d'à peine trente ans, auteur remarqué en 1896 d'un livre sur les causes de la folie. Après quelques essais litté-

---

11 Paul Alexis, *Émile Zola. Notes d'un ami*, G. Charpentier, 1882, p. 202 et 206. Quelques années plus tard, Zola rassurera Paul Alexis en prenant une maîtresse, Jeanne Rozerot, dont il aura deux enfants. **12** Max Nordau, *Dégénérescence*, Alcan, 1894, t. II, p. 456 et 463. **13** Émile Zola, «Scénario d'une scène d'amour», manuscrit autographe, BNF, MSS, NAF 18896, f. 1. Ce manuscrit non daté a été écrit après 1876. **14** *Ibid.*, f. 11. **15** *Ibid.*, f. 13. **16** Émile Zola, *Le Docteur Pascal*, Le Livre de Poche, 1966, p. 178, 1re éd. en 1893. **17** *Ibid.*, p. 419. **18** *EMP*, p. x. Alfred Binet avait ainsi mené une enquête sur des auteurs dramatiques et publié notamment en 1895, dans le premier numéro de *L'Année psychologique* (n° I, 1895, p. 119-173), la revue qu'il venait de fonder, «François de Curel (notes psychologiques) ». À la fin de cet article, il s'effaçait devant son sujet et il citait longuement, sur plusieurs pages, une auto-observation du dramaturge.

raires dans lesquels il s'est affirmé comme un admirateur de Taine et de Zola, comme ce dernier, il a quitté la Provence pour Paris. Il ne dispose pas encore tout à fait d'une assise institutionnelle : médecin-adjoint à Sainte-Anne, il ne deviendra qu'en 1898 médecin en chef de l'asile de Villejuif. Il y créera alors en 1899 un laboratoire de psychologie expérimentale [19].

Toulouse s'attaque à la vieille thèse, soutenue autrefois avec éclat par l'aliéniste Moreau de Tours, de l'identité du génie et de la folie. Toutefois il la réactualise en termes plus précis de supériorité intellectuelle et de névropathie, entendue comme un excès de sensibilité du système nerveux, à laquelle il rattache la neurasthénie, nouvelle affection nerveuse décrite par le médecin américain Beard et devenue très à la mode. Cesare Lombroso, dont *L'Homme de génie* vient alors d'être traduit en France [20], identifie génie et épilepsie. Il est le principal adversaire de Toulouse, qui lui reproche de surévaluer le rôle de l'hérédité et de la dégénérescence, et de s'en tenir, comme beaucoup de ses confrères, aux témoignages et aux anecdotes invérifiables. Le portrait médico-psychologique rétrospectif de l'écrivain est alors un genre médical prospère. Toulouse oppose à la méthode historique lombrosienne peu fiable sa propre méthode d'observation directe.

Il entend donc innover scientifiquement, et par rapport à Binet, et par rapport à Lombroso. Il veut en effet faire une enquête armée qui ne soit pas un simple questionnaire ou une simple conversation, et il veut aussi évaluer *in vivo* et directement, et non *post mortem* et par ouï-dire, la supériorité intellectuelle dans ses relations à la névropathie.

La circonspection du jeune psychiatre par rapport aux thèmes de la dégénérescence et de l'atavisme ancestral chers à Lombroso s'appuie probablement sur un lamarckisme qui lui permet de souligner l'importance de l'hérédité de l'acquis. Il s'affirme, comme beaucoup de ses confrères et comme Saint-Paul, résolument réductionniste par rapport à la psychologie, qu'il identifie à une physiologie cérébrale certes très imparfaite mais appelée à se développer. Zola, le premier de ses sujets, doit apparaître avant tout comme un organisme, un système nerveux et un cerveau, même si l'exploration de ce cerveau demeure presque inaccessible.

« Mon cher maître » – « Mon cher docteur »

La correspondance de Zola et de Toulouse jette une lumière particulièrement intéressante sur le déroulement et la rédaction de l'enquête et sur la nouvelle relation, destinée à se prolonger comme celle avec Saint-Paul, qui s'engage entre un jeune médecin et un écrivain célèbre.

Par-delà les formules de politesse, Zola est déjà réellement un maître pour un savant qui se pique de littérature réaliste. « Mon cher docteur » : cette adresse banale de Zola est peut-être porteuse d'une demande thérapeutique par rapport à des troubles névropathiques qui le tourmentent de longue date si l'on se réfère à sa lettre du 19 mai 1896 [21]. Zola a pu quêter auprès de Toulouse, comme dans *Le Docteur Pascal*, un oubli de soi-même par l'objectivation de son propre cas, ou une sorte de *catharsis* sous le signe d'un « tout dire pour tout guérir ». C'est peut-être l'une des raisons pour lesquelles il s'est plié patiemment aux multiples et pressantes requêtes de son correspondant, qui l'a assailli d'une rafale de demandes de rendez-vous, de précisions et d'examens complémentaires, en s'excusant à chaque fois d'abuser de son précieux temps.

Au début de l'été 1896, l'enquête est en passe de devenir une « œuvre », pour reprendre un terme employé par Toulouse. Le 2 juillet, il envoie les manuscrits déjà rédigés en demandant à Zola de les relire, de les rectifier et de les compléter, ajoutant non sans fierté : « Je crois avoir réussi à ne jamais m'éloigner de la vérité sans me départir du tact nécessaire. » Zola donne très vite son aval après lecture, le 8 juillet [22]. Les épreuves conservées à Marseille montrent qu'il a effectivement corrigé et complété le texte de Toulouse. Dans un ajout manuscrit au chapitre sur les antécédents personnels, il joue le jeu de parler de lui-même comme d'un cas impersonnel : « À 20 ans, se déclarèrent, particulièrement dans les entrailles, des douleurs nerveuses, sur lesquelles le manque de renseignements exacts nous empêche de nous prononcer. » Mais il n'y réussit pas tout à fait, puisque Toulouse a remplacé dans la version publiée « entrailles » par « intestins », jugé probablement plus neutre et plus médical [23].

L'automne venu, l'écrivain-sujet « veut bien offrir [24] » une lettre-préface qui fera grand bruit, comme on va le voir. Il suit de près la publication et le lancement. Il donne des conseils pour négocier la parution d'extraits du futur

19 Sur « l'homme-orchestre » que deviendra ensuite ce dernier (franc-maçon sympathisant socialiste, vulgarisateur adepte de l'hygiénisme, de l'eugénisme et de la « biocratie », réformateur de la psychiatrie et introducteur de la psychanalyse en France), on peut consulter Annick Ohayon, *L'Impossible Rencontre. Psychologie et psychanalyse en France (1919-1969)*, La Découverte, 1999, Alain Drouard, *L'Eugénisme en question. L'exemple de l'eugénisme « français »*, Ellipses, 1999, Anne-Laure Simonnot, *Hygiénisme et eugénisme au XXᵉ siècle à travers la psychiatrie française*, Seli Arslan, 1999 et Michel Huteau, *Édouard Toulouse (1865-1947). Psychologie, psychiatrie et société sous la Troisième République*, L'Harmattan, 2002. **20** Cesare Lombroso, *L'Homme de génie*, Alcan, 1889. **21** *COR*, p. 322-323. Zola avait notamment déjà attribué en 1884 à Lazare, le héros de *La Joie de vivre*, des symptômes analogues à ceux qu'il décrivait à Toulouse. **22** F. 133-134 ; *COR*, p. 343-344. **23** *EMP*, p. 117. **24** F. 135, 24 septembre **25** Centre hospitalier Édouard-Toulouse, 27 octobre 1896. Ce sera finalement le chroniqueur médical et ami de Zola Maurice de Fleury qui publiera à la une du *Figaro* du 6 novembre 1896 un long article élogieux mais réservé. **26** F. 124, 21 mai 1896. **27** *Revue de Paris*, 3ᵉ année, t. VI, novembre-décembre 1896, 1ᵉʳ novembre, p. 85-125. **28** *EMP*, p. VI et VII ; *COR*, p. 358. **29** *EMP*, p. VIII. **30** F. 123, 13 mai. **31** F. 129, 24 mai ; f. 130, 26 mai. Lorsque Zola se sera engagé dans l'affaire Dreyfus, Bertillon s'illustrera comme un expert antidreyfusard à l'inverse de Crépieux-Jamin.

livre dans *La Revue de Paris* avec Louis Ganderax, directeur de la partie scientifique de la revue, il propose de suggérer pour un article le disciple de Charcot Gilles de La Tourette à Rodays, le directeur du *Figaro*, et il envoie une liste de critiques littéraires à qui adresser l'ouvrage[25]. Toulouse, dans ses lettres, emploie souvent une première personne du pluriel, comme s'il s'agissait d'une œuvre commune. Tout en revendiquant de «faire une excellente impression sur ses confrères du monde scientifique[26]», il se révèle, au fil de ses lettres, avide de faire connaître son travail dans le grand public. Probablement est-ce l'enquête qui l'a lancé et qui lui a mis le pied à l'étrier pour une future carrière de vulgarisateur et de journaliste.

« L'observation de M. Émile Zola »

La lettre offerte par Zola à Toulouse et datée du 15 octobre paraît dans *Le Figaro* du 31 octobre. Le journal présente cette «belle lettre», qui délie par avance Toulouse du secret médical, comme une «profession de foi». Le lendemain, *La Revue de Paris* la republie, suivie de «L'observation de M. Émile Zola[27]», des bonnes feuilles du livre qui paraît un peu plus tard, *Enquête médico-psychologique sur les rapports de la supériorité intellectuelle avec la névropathie. Introduction générale*, t. I, *Émile Zola*. En ouverture de cet ouvrage le lecteur peut lire ou relire la lettre de Zola, ainsi publiée une troisième fois. Le livre comporte, outre une substantielle «Introduction générale» traitant de la question des relations entre névropathie et supériorité intellectuelle évoquée précédemment, «L'observation de M. Émile Zola», détaillant ses «antécédents héréditaires» et «personnels», ainsi que son examen «physique» et «psychologique». Une brève «conclusion» se présente comme un essai prudent de diagnostic.

Dans sa profession de foi liminaire, Zola affirme «contre-signer» les pages de l'ouvrage, et il déclare : «Mon cerveau est comme dans un crâne de verre, je l'ai donné à tous et je ne crains pas que tous viennent y lire.» Il s'agirait donc, comme dans l'enquête de Saint-Paul, de donner à voir *in vivo* et en direct un cerveau en action. Zola poursuit par un aveu : il veut changer une image publique malmenée, rectifier la caricature de «bœuf de labour» et de «malotru» qu'on lui a collée à la peau. Il s'expose au contraire comme un «pauvre écorché», tourmenté par le doute et l'angoisse[28]. Il veut donc qu'on le traite comme il traite des personnages tels que le neurasthénique Pascal Rougon ou l'hystérique Bernadette Soubirous dans *Lourdes*, sans concessions mais avec compassion. À la suite de l'écrivain, le Dr Toulouse présente brièvement la règle qu'il s'est donnée de demander l'autorisation de son sujet et de lui faire lire son observation avant publication. Il conclut qu'il «dira la vérité, simplement[29]». Zola et Toulouse se sont ainsi mis symétriquement et ostensiblement en posture de desservants d'un même idéal : la vérité. Tel est le *leitmotiv* qu'ils

se renvoient en écho, l'un selon le style flamboyant du littérateur et l'autre selon le style sec du savant.

«L'observation de M. Émile Zola» a mobilisé toute une industrie scientifique. L'anthropologue Manouvrier mesure le crâne de Zola. Toulouse lui apprend à bien prendre ses empreintes digitales et il lui demande d'écrire et de signer de la main gauche[30]. Il lui adresse une expertise du graphologue Crépieux-Jamin, et Zola va au palais de justice, chez Bertillon, au service de l'identité judiciaire, se faire photographier anthropométriquement, face et profil, à la manière d'un criminel[31] (*ill. 202*). Le lecteur est informé de la denture et de la myopie de Zola, comme de son besoin fréquent d'uriner, de ses problèmes intestinaux, des pilosités de son thorax, de sa calvitie, de sa sexualité, de ses symptômes morbides, de ses idées philo-

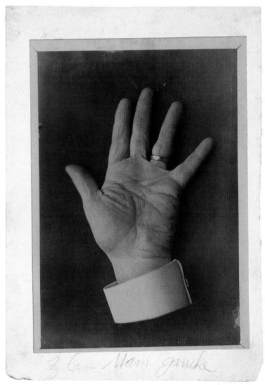

205 Photographie de la main gauche de Zola. Hôpital É.-Toulouse.

206 Signature de la main gauche. Hôpital É.-Toulouse.

sophiques et littéraires, de ses méthodes de travail. Pour Toulouse, obsession symétrique de celle de l'écrivain naturaliste pour les détails et les chiffres, il s'agit de mesurer et mesurer encore et de faire l'inventaire le plus exhaustif et le plus objectif de ce qui constitue une individualité au moral et au physique. Pour le lecteur actuel, il y a quelque étonnement, voire quelque malaise, à découvrir une telle mise à plat aux allures de fatras.

C'est «l'examen psychologique» qui occupe la majeure partie du travail. Contrairement à Lombroso ou à Nordau, Toulouse s'interdit ostensiblement de s'appuyer sur l'œuvre pour comprendre l'homme et d'interpréter des symptômes cachés dans les romans zoliens. Toulouse observe, interroge et surtout, innovation méthodologique, il expérimente. Zola a été ainsi soumis à d'innombrables tests portant sur les «fonctions physiologiques du cerveau» allant du plus élémentaire au plus complexe : mesure des sensations, tests de mémoire[32], d'association des idées, etc. Toulouse veut manifestement damer le pion à Binet sur le chapitre de la psychologie expérimentale, tout en reprenant des épreuves déjà utilisées au laboratoire de la Sorbonne. Mais il en invente aussi d'autres : ainsi, bien avant Rorschach, présente-t-il à Zola des «pâtés d'encre» pour tester sa «faculté d'imagination[33]» (*ill. 204*).

La sexualité de Zola

Bien entendu, l'enquête ne peut passer sous silence le thème, sujet à controverses publiques, de la sexualité de Zola. Toulouse se doit tout à la fois d'en parler et de le faire selon le style sobre et dépassionné du savant. Il en ressort un portrait contrasté. Car si «l'appétit sexuel» n'est pas «très expansif», il n'en demeure pas moins que «les sensations génitales ont toujours eu un grand retentissement dans sa vie psychique[34]». Le lecteur de l'époque pouvait ainsi retrouver le «chaste» décrit par Paul Alexis. Contrairement à Nordau, Toulouse conclut : «L'instinct de la reproduction est chez M. Zola un peu anormal dans son activité, mais nullement dans son objet.» En d'autres termes, s'il «a toujours été très olfactif dans ses sympathies sexuelles», ce n'est pas un pervers, et «le fétichisme en amour lui est inconnu[35]». Ces conclusions et ce diagnostic semblent découler de confidences. Pour vérifier, semble-t-il, la sincérité de celles-ci, Toulouse a glissé un test «d'imagination verbale immédiate», emprunté à Binet, dans lequel il propose à Zola de construire une phrase avec les «substantifs FEMME, SOIE, LINGE». Zola écrit aussitôt : «Je ne demande pas à la femme d'être vêtue de soie, mais j'aime qu'elle ait du beau linge propre, délicat et frais[36].» Ainsi est-il confirmé expérimentalement et discrètement que Zola a bien une sexualité saine… Cette phrase pourrait aussi faire écho à l'idéal érotico-littéraire de «Scénario d'une scène d'amour» : «Le vrai, très sain, très simple[37].»

Alors que le cerveau joue, dans l'enquête, le rôle de référence majeure, si ce n'est incantatoire, la sexualité a, dans le portrait de Zola, une place discrète mais insistante. Sans doute pourrait-on lire rétrospectivement dans l'enquête l'annonce d'une nouvelle psychologie attentive à l'importance de la sexualité. Ultérieurement Toulouse s'intéressera aux «conflits intersexuels», pour reprendre le titre de l'un de ses futurs ouvrages, et il accueillera des psychanalystes dans son service après la guerre de 1914-1918. Néanmoins sa «sexologie» biologisante sera différente de celle de Freud. Il est probable qu'en 1895-1896 il partage avec le futur auteur de *Fécondité* l'idéal hygiéniste, nataliste et eugéniste d'une fonction de reproduction permettant de repeupler la France d'enfants nombreux et vigoureux. Dans cette perspective, les sexualités infécondes suscitent une compassion individuelle et un souci social de prévention, comme le montre la conclusion de la lettre-préface de Zola adressée à Saint-Paul[38].

Un «diagnostic» et ses suites

Toulouse n'oublie pas qu'il est psychiatre et que son enquête doit se conclure sur un diagnostic. En dépit d'une hérédité maternelle «neuro-arthritique[39]» (Toulouse évite de parler d'hystérie) et d'une névropathie avérée et confirmée par des tics et des symptômes nerveux ainsi que par des obsessions, Zola n'est ni épileptique, ni hystérique, ni aliéné, comme le voudraient les théories lombrosiennes. Si l'on veut parler de dégénérescence, tout au plus, selon Toulouse, pourrait-on «ranger M. Zola dans la catégorie des dégénérés supérieurs (Magnan) chez lesquels, à côté de brillantes facultés, il existe des lacunes psychiques plus ou moins grandes. Mais encore où sont ces lacunes ? Sa constitution physique et psychique est en somme pleine de force et d'harmonie[40]». Dans cette conclusion qui ne conclut pas, Toulouse répond probablement à Nordau sans le nommer. Comme le docteur Pascal, Zola est tout à la fois rattrapé et dédouané par rapport à un diagnostic de dégénérescence. Ce «diagnostic» sonne aussi comme une marque d'admiration envers un maître. Le Zola de Toulouse n'est pas très différent, si l'on fait quelque peu abstraction de son style médical, de celui du livre d'Alexis, dont l'enquête s'est du reste largement inspirée. Toulouse accorde en tous les cas à son sujet son lot de sympathie et de complexité.

Néanmoins ces conclusions firent scandale dès leur parution dans *La Revue de Paris*. La presse se montra au mieux favorablement mitigée, au pire scandalisée, sceptique, affriolée ou railleuse face à ce qui était présenté souvent comme une dissection et comme une confession scandaleuse. Zola ne tarda pas alors à entrer en lice. À la une du *Journal* du 24 novembre, il s'attaque à la précipitation et à la légèreté de la presse, il prend la défense de Toulouse et il en découd avec Lombroso et surtout avec

Nordau. Après ces règlements de compte, Zola affirme pour finir que, tant qu'à faire d'être soumis à des discours médicaux posthumes, il a «préféré assister à [sa] dissection, que de livrer [son] ombre à l'inconnu du scalpel[41]». Quant à Binet et à Lombroso, les savants auxquels Toulouse s'en est pris, ils critiquent de façon circonstanciée son ouvrage en 1897[42].

Ce diagnostic eut des conséquences fâcheuses et inattendues pour l'enquêté et l'enquêteur, que l'affaire Dreyfus unit dans un autre combat pour la vérité. Car l'enquête fut exploitée par la polémique antidreyfusarde. Après la mort de Zola, Toulouse éprouva le besoin de revenir sur son investigation de 1896 et de «rectifier» dans la presse. Il en conclut que le perfectible et volontaire Zola était «la preuve qu'une règle de conduite individuelle étroite peut être établie sans le secours d'aucune idée religieuse[43]».

Toujours épris de psychologie expérimentale, il se garda de donner en 1910 sur Poincaré les détails sulfureux qui avaient assuré le succès du livre sur Zola. Toujours intéressé enfin par les rapports de la folie et du génie, il devint en 1920 le protecteur d'Antonin Artaud, qui, contrairement à Zola, refusa de se prêter à une observation médico-psychologique…

Pour singulière qu'elle soit, l'enquête de 1895-1896 met sous les feux de la rampe un contexte scientifique et culturel fin de siècle, et elle permet d'accéder à des coulisses où s'est répété un savoir à visées scientifiques sur le psychisme. Zola, comme on l'a vu, a été pour Toulouse peut-être discrètement un patient, certainement un exemple, un interlocuteur coopérant et patient, un premier lecteur, un collaborateur, un mentor et un protecteur dans le monde littéraire et journalistique, un vecteur promotionnel, un bienfaiteur. Un lien d'observateur-expérimentateur et de sujet, loin d'être une donnée simple et neutre, s'est construit à partir d'attentes diverses et de séductions réciproques qui étaient loin d'être purement scientifiques. La relation nouée en 1895 entre un maître et un jeune médecin mettrait ainsi en lumière comment la constitution d'une psychologie «objective» a été (et est?) tout à la fois rendue possible comme savoir et impossible comme savoir entièrement objectif.

Vue du côté de Zola et du monde des lettres, cette histoire est non moins complexe. On pourrait avancer que, par son style excessivement neutre et à la troisième personne qui s'oppose au style excessivement engagé et à la première personne de la «profession de foi» liminaire, l'ouvrage de Toulouse confortait un projet plus proprement littéraire de Zola : faire mieux et plus que Rousseau, entreprendre une autobiographie à deux, objectivée et authentifiée par la science, et la publier non pas à titre posthume mais de son vivant. Certains lecteurs de l'époque ne s'y sont pas trompés, comme l'ami de Zola Henry Céard, qui identifia le livre de 1896 à de nouvelles *Confessions*[44]. À lire ainsi l'enquête comme un ouvrage à quatre mains masculines passant d'un «je» à un «lui», on pourrait y voir encore une réalisation possible du projet d'écriture ébauché dans «Scénario d'une scène d'amour».

Il y aurait lieu enfin de s'interroger sur l'imaginaire, tout à la fois commun à l'époque et propre à Zola, qui a permis que se rencontrent le côté de la psychologie physiologique et celui de la littérature. Écrivains réalistes et savants ont investi le cerveau de curiosité et de fascination : en imaginant que l'on puisse lire dans le sien comme dans un crâne de verre, Zola a probablement exprimé de façon saisissante des rêves partagés par Saint-Paul et Toulouse. Autour d'un organe devenu synonyme de l'esprit et du moi, gens de lettres et de science ont rivalisé d'expressions frappantes en parlant de «confession physiologique», mais aussi de «vivisection psychologique[45]», ou encore de «dissection», comme le fit Zola à propos de l'enquête.

Or, si la métaphore anatomique était banale, c'était en revanche un scénario plus singulier que celui d'un homme assistant à sa propre autopsie. Spectateur et individu à dépecer, Zola se rêvait comme étant simultanément celui qui surveille le prosecteur et le sujet, au sens anatomique et médical de ce mot. Ce scénario complexe, dont on trouverait des échos dans d'autres textes zoliens évoqués par cette étude, renvoyait tout à la fois à une maîtrise en retrait et à une objectivation implacable. Sans doute dramatisait-il la manière ambiguë dont Zola s'était soumis à l'enquête, corps et cerveau, pour mieux en être, derrière l'écran transparent de son naturalisme, le Grand Auteur caché et affiché.

32 Les archives de l'hôpital Édouard-Toulouse ont conservé quelques feuilles d'épreuves de Zola, notamment un test de «mémoire géométrique». **33** *EMP*, p. 253. Les archives ont conservé l'un de ces pâtés, ainsi que la réponse de Zola, notée au vol par Toulouse : «Très belle dame, nœuds à gigots. Vue de dos […] Chapeau. Les pieds manquent. Manches à la juive.». Le psychiatre suisse Hermann Rorschach élabora son fameux test en 1918 et le publia en 1920. **34** *Ibid.*, p. 178-179 et p. 260. **35** *Ibid.*, p. 260. **36** *Ibid.*, p. 254. **37** BNF, MSS, NAF 18896, f. 13. **38** *COR*, p. 231. Dans une lettre du 4 juin 1899 (f. 252) adressée au moment de l'Affaire, Toulouse exprimera son admiration pour le héros dreyfusard qu'est devenu Zola et pour «l'art magnifique» de *Fécondité*. **39** *EMP*, p. 112. **40** *Ibid.*, p. 279. **41** Émile Zola, «L'enquête du docteur Toulouse», dans *Œuvres complètes*, Cercle du livre précieux, 1969, t. XII, p. 713. Toulouse adressa aussitôt à ce même jour à Zola un télégramme de remerciement et d'admiration, mais aussi de soulagement puisqu'il fit cet aveu rétrospectif : «Je n'étais pas sans quelque appréhension au sujet de votre article. Qu'alliez-vous dire ?» (f. 146.) **42** Alfred Binet, «E. Toulouse. - *Enquête médico-psychologique sur les rapports de la supériorité intellectuelle avec la névropathie. Introduction générale. Émile Zola. - Paris, 1896*», *L'année psychologique*, 1897, p. 620-628 ; Cesare Lombroso, «Émile Zola d'après l'étude du Docteur Toulouse et les nouvelles théories du génie», *La Semaine médicale*, n° 17, 1897, p. 1-5. **43** Édouard Toulouse, «La psycho-physiologie d'Émile Zola», *Le Temps*, 3 octobre 1902. **44** Cité dans «La mort de Zola», *La Chronique médicale. Revue bi-mensuelle de médecine historique, littéraire et anecdotique*, 15 octobre 1902, p. 672. **45** Ce terme fut lancé dans les années 1880 par les physiologistes Henri Beaunie et Charles Richet pour désigner les modes d'investigation de la nouvelle psychologie scientifique française, qui promouvait alors l'hypnotisme comme méthode expérimentale.

Femmes

À première lecture, les femmes chez Zola relèvent des catégories traditionnelles du roman feuilleton :
elles sont anges ou démons, victimes ou destructrices, successivement ou simultanément.
De manière assez inhabituelle chez les romanciers naturalistes, *Nana* est le seul roman du cycle des *Rougon-Macquart* à avoir pour titre un prénom féminin – on pourrait y ajouter *L'Assommoir*, qui devait s'appeler « La simple vie de Gervaise Macquart », cette dernière ayant d'ailleurs donné son nom à un film de René Clément – alors que d'autres héroïnes occupent autant ou plus de place dans le roman qu'elles habitent : Hélène, remarquablement analysée dans *Une page d'amour*, Pauline, qui porte toute la philosophie de Zola dans *La Joie de vivre*, Angélique, sainte de vitrail dans *Le Rêve*. Pourtant, celles qui demeurent dans la mémoire collective sont Gervaise, figure emblématique de l'oppression sociale, et Nana la corruptrice : deux femmes du peuple, la mère et la fille, l'une vengeant l'autre.
La femme présente chez Zola comme chez tous les écrivains de son époque un double visage : elle est victime et tentatrice, agneau ou serpent par nature et par accident, parfois coupable, toujours irresponsable.
Zola par ailleurs distingue les opprimées (Catherine dans *Germinal*, Françoise dans *La Terre*, Adèle, la bonne, dans *Pot-Bouille*) des bourgeoises égarées, perverties ou « détraquées », chez qui l'influence du milieu et, surtout, la déplorable éducation donnée aux filles dans les couvents exacerbent une défaillance hystérique – au sens premier du terme – du tempérament. Une multitude de variantes en résulte, allant de l'idéal type, telles Miette dans *La Fortune des Rougon* ou Albine dans *La Faute de l'abbé Mouret*, à des personnalités composites comme Renée dans *La Curée* ou Séverine dans *La Bête humaine*, qui toutes ont en commun d'être vouées à une mort plus sacrificielle qu'expiatoire.
Des figures positives se dégagent qui annoncent les portraits de femmes idéales des derniers romans : Clotilde à la fin du *Docteur Pascal*, Marie dans *Paris*, Marianne dans *Fécondité*.
Passées les rêveries de l'adolescence, le premier idéal zolien semble être la femme de tête, collaboratrice de son mari, à l'image d'Alexandrine, qui inspire le personnage d'Henriette Sandoz dans *L'Œuvre*. Plusieurs textes de Zola font l'éloge de la commerçante – incarnée par Mme Hédoin dans *Pot-Bouille* ou par Denise dans *Au Bonheur des Dames* – ou de l'intendante, Mme Caroline dans *L'Argent*, Pauline dans *La Joie de vivre*. D'où l'importance de l'éducation de la femme pour la réussite du couple : une idée que le jeune Zola trouve dès 1859 dans Michelet et sur laquelle il reviendra souvent avant de la développer, sur un mode républicain et laïque, dans *Vérité*.
Progressivement l'intérêt de Zola se concentre sur la jeune fille, dont la destinée s'accomplit lorsqu'elle devient mère. Au début de l'œuvre, les mères apparaissent généralement âgées et possessives : Félicité Rougon, gardienne sans scrupule de la légende familiale, et surtout Mme Chanteau, dans *La Joie de vivre*, chez qui l'on retrouve beaucoup d'Émilie Zola. Les jeunes filles en revanche sont souvent sacrifiées avant de pouvoir devenir femmes (Miette dans *La Fortune des Rougon*) ou immédiatement après (Albine dans *La Faute de l'abbé Mouret*). La rencontre avec Jeanne Rozerot, suivie de la naissance des enfants, marque indubitablement un tournant. Le changement a été amorcé dès *La Joie de Vivre* avec Pauline : de la compagne, elle possède l'intelligence et le savoir ; de l'amante, la passion et la tendresse, mais l'acte sexuel et la maternité biologique lui sont refusés. Elle trouve son bonheur dans le sacrifice et assume la responsabilité du fils de la malheureuse Louise, victime de sa névropathie et de son éducation, tandis que le père, le valétudinaire Lazare, est rejeté à l'arrière-plan, étouffé par l'amour de ses trois femmes : la mère, la femme de tête, la femme-enfant. Cette tripartition très victorienne fait à la fois songer à la célèbre gravure – que Zola lecteur de Littré ne pouvait ignorer – représentant Auguste Comte et ses trois anges (sa mère, sa servante et Clotilde de Vaux) et au David Copperfield, pris entre sa tante et ses deux épouses successives, de Charles Dickens. La même thématique, idéalisée, se retrouvera à la fin de *Travail*.
Le cycle des *Rougon-Macquart* s'achève sur le triomphe de Clotilde, mère d'un enfant « rédempteur peut-être ».

207
Jean-Baptiste Millet, *Tête de paysanne*

Peu après la mort du peintre, en 1875, ses tableaux connurent une vogue extraordinaire. Celui-ci figurait dans la vente organisée par Paul Durand-Ruel les 10 et 11 mai 1875. Depuis 1867, Zola appréciait Millet, peintre du réalisme social et précurseur, au même titre que Corot et Courbet, de l'impressionnisme. Cette saisissante physionomie, qui fait figure de type social, évoque par son expression de résignation, le personnage de Françoise dans *La Terre*, « un peu abêtie, très bien portante, lourde et inconsciente, fertile, grasse en odeur » (ébauche, NAF 10328, f. 485).

1872
Huile sur bois, 41 × 37 cm
Paris, Petit Palais

208
Dossier préparatoire du *Ventre de Paris* : fiche de Lisa

« On ne me reprochera plus mes femmes hystériques, et j'aurai fait une "honnête" femme : une femme chaste, économe, aimant son mari et ses enfants ; tout à son foyer, et qui sera socialement et moralement un mauvais ange flétrissant et dissolvant tout ce qu'il touchera […]. Je la place dans sa charcuterie, au milieu de ses viandes avec un tablier blanc. Et c'est là que je place avec elle les lâchetés de la chair, les ramollissements de l'esprit, la détente de la volonté, la chute à la digestion épaisse et satisfaite. » *Le Ventre de Paris* devait être pour Zola le pendant de *La Curée* et Lisa devait répondre à Renée. Dans ce troisième roman de la série, après *La Fortune des Rougon*, le « roman des origines », et *La Curée*, Zola veut montrer comment chaque classe est tenue et pourrie par ses appétits : de pouvoir et de luxe pour la haute société, d'aisance et de bonne chair dans la petite bourgeoisie. En fait, en parcourant le portrait de Lisa, cette « honnête femme », qui pour être chaste n'en est pas moins corruptrice, on s'aperçoit que Zola a dépeint, sans le savoir encore, l'exact contrepoint de Nana : à la pourriture par le sexe correspond la pourriture par l'estomac ; au bas-ventre répond le ventre. Seulement le chancre qui ronge la petite bourgeoisie vient d'elle-même et lui ressemble : Lisa, idole grasse et lisse de la charcuterie, convenable, stupide, égoïste, est finalement plus terrifiante, dans son apparente normalité, que Nana, la « bonne fille » sortie du ruisseau. Comme Nana, Lisa, trônant derrière sa caisse et reflétée à l'infini par les glaces de son magasin, a inspiré Manet (*Le Bar des Folies-Bergère*).

Manuscrit autographe, 205 × 155 mm
BNF, Manuscrits, NAF 10338, f. 49

209
Dossier préparatoire de *Nana* : fiche de Nana

C'est une fiche exceptionnelle (comparable à celle d'Étienne Lantier dans *Germinal*) : comme d'habitude, on y trouve le portrait moral et physique du personnage, sa biographie et ses antécédents familiaux. Mais Nana fait un triomphal retour après *L'Assommoir*, où elle s'était déjà taillé un beau succès, inspirant les peintres (Manet), les caricaturistes et les chansonniers. Elle donne son nom au nouveau roman et sa puissance incantatoire est telle que sa fiche se termine comme un début d'ébauche, en des termes d'une crudité rare dans les dossiers préparatoires de Zola, généralement moins osé dans ses brouillons que Flaubert : il veut écrire avec *Nana* « le poème du cul ».

Manuscrit autographe, 205 × 155 mm
BNF, Manuscrits, NAF 10313, f. 192

211

Nana : Georges Bellenger, « Nana au miroir »

« Nana était toute velue, un duvet de rousse faisait de son corps
un velours ; tandis que, dans sa croupe et ses cuisses de cavale,
dans les renflements charnus creusés de plis profonds,
qui donnaient au sexe le voile troublant de leur ombre, il y avait
de la bête. C'était la bête d'or, inconsciente comme une force,
dont l'odeur seule gâtait le monde. » (*Nana*, Pléiade, t. II,
p. 1271.)

    Paris, C. Marpon et E. Flammarion, [1882]
    28 cm
    BNF, Littérature et Art, 4-Y2-2197, p. 5

210

**Norbert Goeneutte, *Femme au mantelet bordé
de fourrure***

Dans les années 1877 à 1880, l'artiste consacra
une série de gravures aux « trottins » parisiens.
Dans ce dessin, non gravé, la perversité de la femme
est soulignée par le prolongement serpentin de la robe.

    Crayon, rehauts de gouache blanche sur calque
    contrecollé sur carton beige
    31,1 × 20 cm
    BNF, Estampes, B 24

212

Dossier préparatoire de *L'Œuvre* : fiche de Christine

« La face avec le haut d'une grande douceur, d'une grande
tendresse […] mais le bas est passionnel, la mâchoire avance
un peu, trop forte. Les lèvres rouges sont grasses, les dents
grandes très blanches un peu louve. – Toute une puberté
qui gronde. Vierge, une sensuelle pudique. »
L'image de cette héroïne demeure floue car trop hésitante.
Orpheline innocente puis amante passionnée du peintre Claude,
elle est à la fois victime et criminelle, sacrifiant l'enfant malade
à l'époux créateur, dont elle provoque indirectement le suicide
au terme d'une lutte perdue d'avance contre la peinture,
son unique rivale.

    Manuscrit autographe, 205 × 155 mm
    BNF, Manuscrits, NAF 10316, f. 250
    (Reproduit p. 107)

213

Gustave Moreau, *Salomé*

Les *Salomé* de Moreau, exposées au Salon de 1876, avaient inspiré
à Flaubert l'Hérodias des *Trois contes*. Huysmans les plaça dans le cabinet
de Des Esseintes, le héros d'*À rebours*, fasciné par leur « charme de
grande fleur vénérienne ». Pénétré, comme malgré lui, par cette esthétique
décadente, Zola décrit ainsi Clotilde dans le chapitre VIII du *Docteur
Pascal* : « Elle était comme une idole, le dos contre l'oreiller, assise sur son
séant, chargée d'or, avec un bandeau d'or dans ses cheveux, de l'or à ses
bras nus, de l'or à sa gorge nue, toute nue et divine, ruisselante d'or et
de pierreries. » Bien des années plus tard, dans une pièce qui ne fut pas
représentée, *Sylvanire ou Paris en amour*, il fera danser Salomé – celle
d'Oscar Wilde – par son héroïne.

Fusain et pierre noire sur papier, 60 × 36 cm
Paris, musée Gustave Moreau

214

**Gustave Moreau, esquisse pour la tête du sphinx
dans *Le Sphinx deviné***

Zola n'aimait pas Gustave Moreau « talent symboliste et archaïsant qui,
non content de dédaigner la vie contemporaine, propose les plus
bizarres énigmes ». Au Salon de 1878, il détesta ses tableaux et
en particulier *Le Sphinx deviné*, dont il écrit pourtant : « … j'ai quitté
le tableau avec un sentiment d'irritation. Cependant, je suis revenu
quelque temps après. J'avais été attiré par l'étrangeté de la conception
et le Sphinx surtout m'intéressait. Il a une tête à lui, une tête de
femme, ronde et méchante, et la bouche tordue un peu de côté pour
laisser échapper un grand cri. Et je l'ai longuement contemplé et j'ai
senti que le tableau me séduisait presque. » (Émile Zola, *Écrits sur l'art*,
J.-P. Leduc-Adine éd., Gallimard, 1991, p. 391.)

Crayon noir sur papier, 23,1 × 22,2 cm
Paris, musée Gustave Moreau

215

Odilon Redon, *Profil de lumière*

Présentée en 1886, un an avant la rédaction du *Rêve*,
à la dernière exposition impressionniste, cette œuvre fut
vivement attaquée par Mirbeau : « Dans la peinture, il n'y a
guère que M. Odilon Redon qui résiste au grand courant
naturaliste et qui oppose la chose rêvée à la chose vécue. »

Fusain, 35 × 23 cm
Paris, Petit Palais

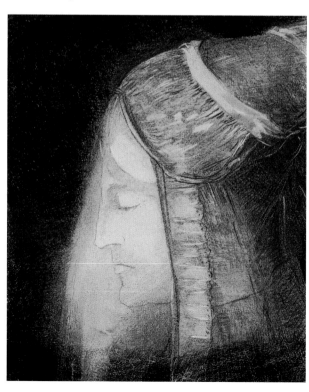

Les héroïnes des derniers *Rougon-Macquart*, qui allient santé et sensualité, ressemblent aux jeunes filles de Renoir, que Zola connaissait et admirait. Angélique, par exemple, est représentée en jolie lavandière dans le chapitre v du *Rêve*, avant de se transformer en épouse mystique à la fin du roman. Elle appartient à l'univers de Renoir, mais aussi à celui de Greuze – premier enthousiasme esthétique du jeune Zola – avant de se rattacher à celui de Dante Gabriel Rossetti ou d'Odilon Redon. Dans *Le Docteur Pascal*, Pascal évoque Albine : «… je la revois, dans le coup de soleil du jardin, comme un grand bouquet d'une odeur vivante, la tête renversée, la gorge toute gonflée de gaieté, heureuse de ses fleurs, des fleurs sauvages tressées parmi ses cheveux blonds, nouées à son cou, à son corsage, à ses bras minces, nus et dorés… Et quand elle se fut asphyxiée, au milieu de ses fleurs, je la revois morte, très blanche, les mains jointes, dormant avec un sourire, sur sa couche de jacinthes et de tubéreuses. » (Pléiade, t. V, p. 960.) Pour esquisser ces deux portraits de l'héroïne de *La Faute de l'abbé Mouret*, en sauvageonne et en Ophélie, Zola a emprunté les pinceaux de Renoir et de Millais. Il avait pu voir les œuvres de ce dernier à l'Exposition universelle de 1867, en particulier *The Eve of Saint Agnes*, illustration d'un fameux poème de Keats, dont il s'est peut-être souvenu au moment d'écrire *Le Rêve*. Il avait sans doute aussi eu connaissance des articles de deux de ses amis, Duranty sur Millais en 1879 (*Les Beaux-Arts illustrés*, nᵒˢ 33 et 35) et Édouard Rod sur les préraphaélites en 1887 (*Les Gazettes*, t. XXXVI).

216
Le Rêve

Ayant décidé de faire mourir Angélique sur le parvis de l'église où elle vient d'épouser son prince charmant, Zola écrivit plusieurs versions successives de ce dénouement à la tonalité curieusement symboliste : « Après le triomphe, elle sortait du rêve, elle marchait là-bas, pour entrer dans la réalité. Ce porche de lumière crue ouvrait sur le monde qu'elle ignorait […]. Elle se haussa d'un dernier effort, elle mit sa bouche sur les lèvres de Félicien. Et dans ce baiser, elle mourut. »

Manuscrit autographe, 205 × 155 mm
BNF, Manuscrits, NAF 10322, f. 419-421
(Non reproduit)

217
Charles Maurin, *Maternité*

Le cycle des *Rougon-Macquart* s'achève en 1893 avec l'épilogue du *Docteur Pascal* sur une « maternité » conventionnelle qui annonce *Fécondité*, commencé cinq ans plus tard : « Une mère qui allaite, n'est-ce pas l'image du monde continué et sauvé ? »

1893
Huile sur toile, 80 × 100 cm
Le Puy-en-Velay, musée Crozatier
(Reproduit p. 161)

218
Auguste Renoir, *Femme à la lettre*

Huile sur toile, 64 × 54 cm
Paris, musée de l'Orangerie

De *Lourdes* à *Vérité* : les femmes du troisième Zola

Michelle Perrot

Quelle place le «troisième Zola[1]», le Zola futuriste des *Trois Villes* et des *Quatre Évangiles*, a-t-il accordée aux femmes ? A-t-il modifié la vision pessimiste de la chair et du sexe qui traverse son œuvre et notamment *Les Rougon-Macquart* ? Dans le processus qui mène à l'inévitable dégénérescence, les femmes étaient un maillon faible, en particulier par la prostitution, expression et moteur de la pourriture sociale.

Mais Zola a changé. Dans sa vie, dans sa vision du monde. En 1887, il a rencontré Jeanne Rozerot, devenue son amante le 8 décembre 1888. C'est une résurrection, des sens, de l'apparence – il maigrit et rajeunit –, et des perspectives. Il découvre, à cinquante ans, la paternité tant désirée : Denise naît le 20 septembre 1889 et Jacques le 25 septembre 1891, comblant enfin le «goût de se reproduire[2]» par lequel il justifiait sa liaison longtemps secrète. Il fallut trois ans pour qu'Alexandrine la découvrît; elle en fut doublement déchirée, dans son couple et dans sa féminité stérile. Elle en devint quasiment «folle», si l'on en croit Zola, qui se dit lui-même «très malheureux» : ses femmes aussi. Toutefois, elles et lui sauront établir un équilibre, fait de l'acceptation réciproque des rôles; pour Jeanne, la maternité et le désir, enfouis au cœur d'une intimité silencieuse et souvent solitaire; pour Alexandrine, les prérogatives d'une «Madame Zola», pleinement consciente de son rôle publique, maîtresse de maison de Médan et de la rue de Bruxelles, collaboratrice, compagne des triomphes et des voyages – à Lourdes, à Rome, auquel elle prit tellement goût que, de 1894 à 1914, elle s'y rendrait chaque année en ambassadrice, mais aussi en touriste de plus en plus affranchie –, surtout ferme soutien dans les combats de l'affaire Dreyfus, les procès, l'exil, la mort tragique. La figure classique du ménage à trois, d'ailleurs plutôt double ménage – expression de la dépendance des femmes, rivées à leur grand homme qui, en définitive, détient la décision –, est ici sauvée du vaudeville par la dignité et la qualité des partenaires, qui surent, à terme, préférer le partage au conflit, dans une relative transparence (du moins après 1894), Alexandrine assumant finalement l'existence des enfants qu'elle n'avait pu avoir, au point plus tard de les faire siens.

Dans ce compromis, chacun trouvait-il son compte ? C'est bien difficile à savoir. Douloureuse pour les femmes, cette situation embarrassait Zola. Celui-ci se présentait parfois comme «un martyr de la vie conjugale», pris entre le souhait de rupture et la volonté de tout préserver, jusqu'au lit conjugal qu'il n'a jamais accepté d'abandonner, en dépit des offres d'Alexandrine : il est vrai qu'elle lui proposait d'installer un divan dans sa bibliothèque. Dans les romans de la dernière période, des héros renoncent à l'amour pour différence d'âge excessive – dans *Paris*, Guillaume Froment s'efface au profit de son jeune frère Pierre –, ou par ascèse sexuelle – dans *Travail*, Luc se sépare de Josine pour se consacrer à sa mission. «Au-delà du principe de plaisir», la sexualité est une énergie qu'il importe de sublimer dans un objectif qui la dépasse.

Cette rupture existentielle a constitué aussi une césure dans l'œuvre. *Le Docteur Pascal* n'achève pas seulement *Les Rougon-Macquart*. Il ouvre sur un autre cycle, beaucoup plus optimiste et prospectif, dont les rapports de sexes constituent un axe majeur. La mort de Pascal est concomitante à la naissance de l'enfant qu'il a fait à Clotilde. Le livre se clôt sur une scène d'allaitement : «Une mère qui allaite n'est-ce pas l'image du monde continué et sauvé ?» (*Paris*.) Le sang du crime, si souvent versé dans les *Rougon*, se mue en sperme et lait, dans une économie renouvelée des humeurs[3]. Plus que jamais, les femmes sont un enjeu, entre l'Église et la Science, le luxe et le travail, la superstition et la raison, la jouissance et l'utilité, la vie et la mort. Enjeu inégal selon les cycles et les livres : frontal dans *Lourdes*, où l'humble Bernadette, ignorante et sincère, et les foules crédules et souffrantes sont manipulées par les clercs, hypocrites et affairistes; secondaire dans *Rome* et *Paris*; culminant dans les *Évangiles*, qu'il s'agisse de *Travail*, de *Vérité*, ou plus encore de *Fécondité*, roman du salut des femmes et par les femmes et de la glorieuse maternité.

Dans ces romans de la virilité combattante, les femmes ne sont pas les principales protagonistes. Moins individualisées que les hommes, elles existent en foules sombres (*Lourdes*), claires (blancheur des robes de bal de *Paris*) ou bigarrées (marchés de *Rome*), en groupes, en couples ou en silhouettes plus ou moins fuyantes (telle Josine, souffle, ombre légère, charme furtif), enveloppant les hommes de leurs odeurs prégnantes, ou des volutes, très *modern style*, de leurs chevelures[4]. Leurs images ponctuent le paysage expressionniste des *Villes*, celui, plus symboliste, des *Évangiles*. Elles incarnent la multiplicité des facettes d'une féminité complexe, trouble et troublante, dont la sexualité dévorante peut être castratrice et destructrice, ou, au

---

1 Selon l'expression d'Henri Mitterand, *Zola*, t. II, *L'Homme de Germinal*, Fayard, 2001, p. 1101. **2** Évelyne Bloch-Dano, *Madame Zola*, Grasset, 1997 : essentiel. **3** Sur cette circulation des humeurs que Zola conforte pleinement, voir Françoise Héritier, *Masculin / Féminin. La pensée de la différence*, Odile Jacob, 1996. **4** Claude Quiguer, *Femmes et machines de 1900. Lecture d'une obsession modern style*, Klincksieck, 1979, puise abondamment dans les romans zoliens qui nous occupent, montrant notamment dans *Fécondité* un «monstrueux poème d'Art nouveau».

contraire, source de vie et de bonheur. Femmes puissantes, dont le pouvoir occulte peut ruiner toute entreprise, qu'il convient de persuader, domestiquer ou circonvenir, voire de sauver malgré elles. Car c'est à l'homme prêtre (Pierre dans *Les Trois Villes)*, savant (Luc et Jordan dans *Travail)*, instituteur (Marc dans *Vérité)*, tous porte-parole de Zola, qu'appartient l'initiative. Porteur de l'énergie vitale – idée, action, semence –, il est le véritable créateur. Non seulement il libère la femme en l'arrachant aux démons de l'ombre, mais il la crée. Antoine Froment tire Lise Jahan de la quasi-imbécillité à laquelle son handicap natif l'avait condamnée : «L'amante enfin venait d'être faite par l'amant. Il avait pris la femme endormie, sans mouvement et sans pensée; puis, il l'avait éveillée, l'avait créée, l'avait aimée, pour en être aimé. Et elle était son œuvre, elle était à lui[5]», sculptée par lui comme le sculpteur, son frère, a modelé la statue de la Justice destinée au Sacré-Cœur. Dans *Vérité*, Marc, l'instituteur, doit soustraire Geneviève, sa femme, à l'obscurantisme clérical, la disputer à Jésus. «L'homme fait la femme […]. Tout mari, auquel on confie une jeune fille ignorante, n'est-il pas le maître de la refaire à sa volonté, à son image […]. Il est le dieu, il peut la recréer par la toute-puissance de l'amour.»

C'est pourquoi Zola, l'homme et l'écrivain, apprécie tant les jeunes filles, pour leur fraîcheur, leur innocence, leur indétermination, ce côté intact qui autorise le rêve et le projet. Zola célèbre la beauté du corps des jeunes filles. Dans le dossier préparatoire du *Docteur Pascal*, une dizaine de feuillets décrivent Clotilde, qui a tant de traits de Jeanne Rozerot : «Une tête ronde, bien faite, au front droit, aux arcades sourcilières accentuées, et que l'attention contracte. Des yeux bleus, qui tournent au vert foncé dans les moments de passion. Un nez droit. Une bouche un peu grande et violente, et un menton très rond, avec des joues lisses et rondes […]. Les épaules tombantes, le cou rond, très joli, avec les attaches de la gorge. Tout cela frais, blanc, très jeune. Une nuque surtout adorable, avec les cheveux courts, dorés, frisant […]. Très charmante, avec sa taille haute et souple, un Jean Goujon, aux jambes longues et fuselées, au torse mince et fort, à la gorge ronde, au cou rond bien planté, aux bras flexibles. Un grand charme. Un corps souple et ferme. Et surtout une peau éclatante, une soie blanche et fine, polie, adorable[6].» La Marie de *Paris* lui ressemble : «Elle, si saine, si forte, la poitrine large, soulevée sous les bonds de son cœur, les bras nus jusqu'aux épaules, des bras de charme et de soutien[7]», ces bras qu'elle couvre comme impudiques dès qu'elle ne se sent plus en confiance. Cet idéal de jeunesse, de pureté, de santé, promesse de fécondité, s'épanouit dans la femme-mère dont Marianne est le prototype : «Elle était la fécondité elle-même, la bonne déesse aux chairs éclatantes, au corps parfait, d'une noblesse souveraine[8].» Les femmes de Zola sont des femmes sans visage, dépourvues d'expression particulière. Elles ont un corps, elles sont bras, gorge, ventre et surtout sein. La beauté des femmes, dans ce dernier cycle, réside dans leur féminité, qui se résume en maternité.

Certes, il existe d'autres types de beauté : l'émouvante fragilité de Marie de Guersaint, la jeune phtisique de *Lourdes*, qu'enveloppent ses cheveux d'or, «des cheveux de reine que la maladie respectait[9]»; ou de Josine, blonde elle aussi, «avec son visage d'enfance, au charme si douloureux». Ou encore la sombre beauté de la comtesse Benedetta, «avec ses cheveux si lourds et si bruns, sa peau si blanche, d'une blancheur d'ivoire […], des yeux immenses, d'une infinie profondeur[10]», Benedetta qui se dénude pour mourir enlacée pour toujours à Dario, son seul et impossible amour, jamais consommé. Zola, en fait, apprécie modérément cette beauté romaine aristocratique, qui sent la fin de race et l'usure de caste. Décidément, il préfère les blondes. Ne parlons pas des beautés maléfiques : Sérafine, la rousse sexuellement affamée, de *Fécondité*; Silviane d'Aulnay, l'actrice frelatée de *Paris*, demi-mondaine dont le visage de madone dissimule une frénétique ambition; Fernande, la «rongeuse» avide de *Travail*, qui ne songe qu'à «utiliser sa radieuse beauté, en apportant le désordre et la destruction» et dont le sexe est «un ferment pourrisseur». Ces femmes instrumentalisent leur charme, piège et gouffre de la virilité, expression de l'Ève éternelle qui continue de hanter Zola, produit d'une culture judéo-chrétienne pétrie de défiance envers la sexualité, le péché par excellence. En dépit de la tentative de réconciliation à l'œuvre dans les derniers livres[11].

Spectacle de l'homme, objet de désir, les femmes ont toutefois des responsabilités atténuées. Elles sont d'abord des victimes : du capital, de la bourgeoisie, de la maladie, de l'Église et de la domination des hommes, qui mènent le jeu. Pauvre enfant maltraitée, jetée à la rue par les siens, séduite et abandonnée par un ouvrier brutal qui la bat, Josine, «la victime unique, la petite ouvrière chétive, à la main blessée, qui mourrait de faim, que la prostitution roulerait au cloaque, incarnait la misère du salariat en une pitoyable figure» qui suscite la pitié et l'amour de Luc. «C'est en elle qu'il aimait le peuple souffrant, c'était elle qu'il voulait sauver du monstre», des griffes du capital, selon une représentation classique du XIXe siècle qui confie le malheur du peuple aux femmes et sa militance aux hommes.

5 *Paris, Œ. C.*, t. VII, p. 1530. 6 Henri Mitterand, *Zola, op. cit.*, p. 1107. 7 *Paris, op. cit.*, p. 1478. 8 *Fécondité*, L'Harmattan, coll. «Les Introuvables», 1993, p. 109. 9 *Lourdes*, Henri Mitterand éd., Stock, 1998, p. 34. 10 *Rome*, Henri Mitterand éd., Stock, 1998, p. 75. 11 Chantal Bertrand-Jennings, *L'Éros et la femme chez Zola*, Klincksieck, 1977.

Asthmatiques, névrosées, phtisiques, hystériques, les femmes, perpétuelles malades, peuplent le train blanc, les hôtels et les hôpitaux de Lourdes, et forment les foules crédules des processions qui emplissent la grotte, dans ces bains saumâtres, écœurants, défi à l'hygiène, qui ont révulsé Zola. Elles attendent le miracle, prétendent en avoir été les privilégiées. Les prêtres les encadrent, appuyés par les religieuses et les dames d'œuvre dévouées, certes, mais qui trouvent dans leur charité autorité et profit. Pour une sœur Hyacinthe, irradiante de bonté, que de sœurs cupides et dures. Bernadette, elle, a conquis Zola. Son histoire est «à bouleverser le monde», écrit-il dans son journal de voyage (1892). Il découvre la médiocrité de sa maison, la «pauvre chambre obscure» devenue débarras, son innocence, sa générosité, l'exploitation dont elle a été l'objet. «Ce n'était pas une imposteuse, mais une hallucinée [...]. Si elle avait été maîtresse femme, quel rôle elle pouvait jouer!» écrit-il à Lasserre [12]. Il cherche à comprendre sa vision, s'intéressant en ethnologue aux sources de sa culture : les romans de chevalerie, la *Légende dorée*, les «visions d'or et de chairs peintes» contemplées dans les églises voisines. «Bien rendre sur Bernadette l'effet de ces églises.» «Ce n'était pas une sainte Thérèse, mais une femme comme tout le monde, dans la voie commune [13].» Séduit, il envisage de lui consacrer une biographie, démarche rare chez lui. Puis, il se déprend : «J'ai idéalisé Bernadette, qui n'était qu'une pauvre idiote [14].» Les foules de Lourdes manifestent, à certains égards, une faillite de la science, mais surtout «le besoin de bonheur, de l'égalité dans la santé». Toutefois, les femmes de la grotte sont pitoyables, menées par l'Église; et le dogme de l'Immaculée Conception est une insulte à leur maternité.

Neuf ans plus tard, la conjoncture politico-religieuse est tout autre : affaire Dreyfus, luttes congréganistes… Le ton de *Vérité* se fait plus âpre et la dénonciation de l'Église, force obscurantiste, infiniment plus vive. Ce grand roman de l'antisémitisme et plus encore de la laïcité oppose l'École, représentée par l'instituteur Marc Froment – qui se bat pour faire reconnaître l'innocence de son collègue juif, accusé de pédophilie et du meurtre de son neveu, le jeune Séraphin – et l'Église, qui prend appui principalement sur les femmes de la ville : «Elles valaient une armée [15].» Occasion de décrire avec la précision d'un sociologue la manière dont l'Église exerce son pouvoir sur les femmes : l'éducation (rôle des religieuses, mais aussi des institutrices pieuses de la communale, telle Mademoiselle Rouzaire), la première communion, les pratiques de piété, puériles – le culte de saint Antoine – ou répugnantes, comme l'étal de boucher que constitue la poitrine ouverte du Sacré Cœur; les œuvres, les salons, les rumeurs qui répandent les calomnies et les peurs (du juif, assimilé à Satan), la séduction, y compris physique, surtout la confession et la direction de conscience, par lesquelles les prêtres s'insinuent dans les foyers et dans les couples. «Se glisser au sein d'un ménage, se mettre entre les deux époux, et reprendre la femme par son éducation, ses traditions pieuses, et désespérer, détruire ainsi l'homme dont on veut se débarrasser : il n'est pas de tactique plus indiquée, plus commode, d'usage plus courant, dans le monde noir et chuchotant des confessionnaux [16].» Zola partage la suspicion de Michelet. Au cœur du roman, une maison de femmes, trois générations dominées par l'impérieuse Mme Duparque, la grand'mère, l'intolérance même, qui réussit à détacher Geneviève de Marc en la ramenant à une pratique religieuse dont elle s'était éloignée par amour et à la maison natale, loin de son foyer. La lutte sera rude. L'amour charnel des deux époux, très réel, n'y résistera pas. «La bonne entente d'un jeune ménage s'aimant d'amour et se retrouvant au lit chaque soir n'est sérieusement menacée que le jour où il y a querelle d'alcôve.» Mais «l'imprégnation» (terme à connotation sexuelle) de l'Église l'emporte sur celle de Marc et les corps se disjoignent, s'écartent et se séparent. Preuve qu'on ne saurait fonder un couple sur le seul attrait sexuel et qu'il faut «des compagnes républicaines», comme disaient les créateurs du lycée féminin. «Depuis le premier jour, l'Église a pris et gardé la femme, comme l'aide la plus puissante de son œuvre de propagande et d'asservissement, se servant du sexe pour agir sur l'homme.»

Il faudra à Marc beaucoup de courage et d'efforts pour retourner la situation, garder sa fille qu'on lui disputait âprement, reconquérir ses collègues et surtout sa femme, faire reconnaître la vérité. Il y parviendra et *Vérité* se clôt sur une fin glorieuse, comme *Fécondité* et, à un bien moindre degré, *Travail*, comme si le capital était plus rude encore à juguler que l'Église. Là aussi, gagner les femmes est essentiel, car elles détiennent un pouvoir occulte redoutable, elles qui sont les ministres des finances des familles populaires. Luc «n'ignorait pas tout le trouble que les femmes menaçaient de porter dans la future organisation du travail, de paix et de justice. Il les sentait toutes-puissantes. C'était par elles et pour elles qu'il aurait voulu fonder sa Cité, et son courage défaillait quand il en rencontrait de mauvaises, hostiles ou simplement indifférentes, qui, au lieu d'être le secours attendu, pouvaient devenir l'obstacle, l'élément destructeur, capable de tout anéantir [17].» Il se défie particulièrement des groupes et des foules de femmes, hystériques par

12 Publié dans *Œ. C.*, t. VII, p. 444. 13 *Lourdes*, *Œ. C.*, t. VII, p. 466. 14 *Ibid.*, p. 478 (interview de 1894). 15 *Vérité*, L'Harmattan, coll. «Les Introuvables», 1993. 16 *Ibid.*, p. 287. 17 *Travail*, Lagrasse, Verdier, 1979, p. 198. 18 Susanna Barrows, *Miroirs déformants. Réflexions sur la foule en France à la fin du XIXe siècle*, Aubier, 1990 (trad. de l'américain, 1981). 19 *Travail*, *op. cit.*, p. 232. 20 *Paris*, *op. cit.*, p. 1481. 21 *Travail*, *op. cit.*, p. 127.

nature[18], comme celles qui le traquent dans les rues de la ville, à l'issue du procès qu'il a gagné à propos de l'aménagement de la commune.

« Le jour où il aurait sauvé la femme, le monde serait sauvé », songe Luc[19]. La « bonne nouvelle » des *Évangiles*, c'est la femme sauvée, réintégrée dans la cité, magnifiée par la maternité. Sauvée par l'homme, qui demeure le héros, le rédempteur, le créateur. Dans la famille, dans le couple légitime, qui reste plus que jamais la pierre angulaire de la société. L'homme détient science et raison. Il lui appartient d'éclairer, d'enseigner, voire de « faire » les femmes, surtout quand il s'agit d'une jeune épouse. La vision que donne Zola des rapports de sexes est résolument patriarcale, même si l'élévation des femmes (par les hommes) doit les rendre un jour capables d'une plus grande égalité, tout en restant néanmoins toujours secondes et subordonnées. Les hommes disposent des femmes ; ils les possèdent. Dans *Paris*, Guillaume offre Marie, qui lui était promise, à Pierre, son frère plus jeune : « Je te la donne », lui dit-il[20]. Dans *Travail*, Martial Jordan et Luc décident de l'avenir de leur projet et de la fortune des Jordan, sans en référer à Sœurette : « C'est vrai, dit Jordan. Nous oublions Sœurette. » Sœurette la douce, à laquelle on ne demande, en toute chose, que l'acceptation, voire la résignation, y compris de renoncer à Luc, amoureux de Josine, tellement plus jolie. « Divine figure de la bonté », Sœurette est « d'une insignifiance de femme qui se résignait à son rôle de bonne ménagère et de garde-malade[21] ».

Dans cette inégalité fondamentale, que Zola, convaincu de la supériorité masculine, ne remet pas en cause, quelle issue pour les femmes ? Il leur faut se dévouer, être, comme Sœurette, Marie, la seconde Geneviève, Mère-Grand, des auxiliaires, secrétaires, collaboratrices, soignantes, confidentes, compagnes idéales, dans l'oubli total d'elles-mêmes, jusque dans le renoncement au sexe et à l'amour. « Il faut aimer sans vouloir qu'on vous aime », dit Sœurette. « Se donner », corps et âme, sans rien attendre. Aider l'homme dans son travail, son œuvre, sa mission. Le seconder de toutes ses forces et de tout son esprit, lui offrir le réconfort et le repos qu'il cherche, sans tenter de l'enfermer dans la douceur d'un foyer, qui n'est pour lui qu'un

Charles Maurin, *Maternité* (voir notice n° 217).

havre. L'espace public, dans ces romans ultimes, compte beaucoup plus que la maison ou la chambre. *Lourdes, Rome, Paris*, sont le théâtre de déambulations infinies, processions mystiques, promenades touristiques ou poursuites dramatiques. L'usine, dans *Travail*, ou l'école, dans *Vérité*, importent plus que les intérieurs, lieux majeurs des intrigues familiales des *Rougon*. Les Froment ne leur ressemblent pas ; ils incarnent des idées, non des individus. Dans *Fécondité*, Chantebled, le domaine de Mathieu et Marianne, est une abstraction, comme leur maison est un temple et leur lit un autel.

Enfanter, enfin, est la tâche essentielle, « la grande œuvre » du couple, et la maternité, l'accomplissement de la femme. C'est le message de *Fécondité* [22] extraordinaire poème d'Art nouveau, célébrant la puissance procréatrice du couple, Mathieu et Marianne, exaltant « la divine victoire de la maternité féconde sur la virginité tueuse de vie », vibrant appel à lutter contre les pratiques néo-malthusiennes, les « fraudes, génératrices de stérilité » et « l'immonde avortement, l'assassinat bas et lâche qui supprime la vie à sa source », dont les démographes et les médecins, tel le Dʳ Bertillon, font une des raisons de l'affaiblissement de la France face à la vigoureuse Allemagne. *Fécondité* est aussi un texte politique, sous-tendu par l'adhésion à la nation, à la république missionnaire, par ses enfants « héros conquérants du bonheur », expansive jusque dans l'Afrique encore sauvage. Clef d'un « pullulement » créateur, « la fécondité avait fait la civilisation ». Elle en était le principe, et le couple y trouvait sa place et le désir sa justification : « Le désir passait en coup de flamme, le divin désir fécondant, grâce à leur puissance d'aimer. » « Encore un enfant, encore de la richesse et de la puissance, une force nouvelle lancée au travers du monde, un autre champ ensemencé pour demain. » Là, dans cet enfantement sans frein, la femme trouve son épanouissement et sa raison d'être. Tous les types de femmes infécondes – la petite bourgeoise égoïste, l'ouvrière opprimée, la courtisane, la faiseuse d'ange, l'artiste, la lesbienne, la femme indépendante, la féministe… – sont épinglées, décrites et fustigées dans cette épopée de la maternité glorieuse, hymne à la joie, au travail, à la croissance, au bonheur d'aimer, à la chair victorieuse du péché, du mal et du malheur. À la Femme, porteuse et nourricière, dont le « ventre sacré » et le sein gorgé de lait sont toute la beauté : « Cette beauté éclatante de la Mère, qui fait de la beauté hésitante, équivoque de la vierge, un néant. » À « la bonne déesse des moissons sans fin, au ventre ruisselant, d'une éternelle fertilité », la république devrait vouer un culte social : la Mère « devrait être notre religion ». Ces lignes durent être douloureuses pour Alexandrine qui, après la mort de Zola, allait faire des enfants d'Émile et de Jeanne « nos enfants ».

Toutefois, Zola envisage des possibilités nouvelles : un couple plus égalitaire, lié non par l'institution du mariage, mais par l'union librement consentie de deux personnes plus semblables, attelées à une tâche commune. Le ménage d'instituteurs œuvrant côte à côte dans l'École de la République, en serait la préfiguration [23], tels aux dernières pages de *Vérité* Marc et Geneviève, reconquise et devenue institutrice dans l'école que dirige Marc. Situation où celui-ci trouve tant d'avantages. Pour lui, « la certitude d'avoir ainsi une collaboratrice dévouée ; travaillant à la même œuvre, le servant au lieu de le gêner dans sa marche vers l'avenir » ; pour elle, « une façon de l'occuper, de la forcer à reconquérir toute sa raison, en faisant d'elle une éducatrice » ; pour leur couple, un moyen de « les confondre à jamais l'un dans l'autre, s'ils s'employaient ensemble [...] à la même et sainte besogne [24] ». Encore travaillent-ils chacun dans des classes distinctes, lui s'occupant des garçons et elle des filles. L'avenir ne serait-il pas à une mixité qui rapproche les sexes dans un même espace, gouverné par le maître-père : « L'introduction de la femme comme adjointe de son mari leur semblait surtout devoir être féconde en bons résultats », leur « grand ménage » préparant « les petits ménages de l'avenir [25] ».

Dans le couple enfin réconcilié de la Cité future, espèce de paradis retrouvé, le grand rêve d'amour fusionnel n'abolit ni la différence ni la hiérarchie des sexes.

22 Michelle Perrot, « Zola, antiféministe ? Une lecture de *Fécondité* (1899) », dans Christine Bard dir., *Un siècle d'antiféminisme*, Fayard, 1999, p. 85-102. **23** Jacques et Mona Ozouf, *La République des instituteurs*, Gallimard / Seuil, coll. « Hautes études », 1992 : cet ouvrage a pour base une enquête portant sur quatre mille instituteurs ayant enseigné avant 1914. Sur le mariage entre instituteurs, voir p. 323 et suiv. Ce n'est guère avant le tournant du siècle que les autorités administratives et pédagogiques se mettent à encourager le mouvement matrimonial à l'intérieur de la profession. Zola, qui d'ailleurs y fait référence, est donc relativement pionnier. **24** *Vérité*, *op. cit.*, p. 574. **25** *Ibid.*, p. 584-585.

Émile Zola et la pratique théâtrale

Noëlle Guibert

« Le théâtre sera naturaliste ou il ne sera pas. »

Émile Zola, préface aux *Annales du théâtre et de la musique*,
d'Édouard Noël et Edmond Stoullig, 1878

… Et Paul Ginisty, qui rend compte de ce texte dans un quotidien, d'ironiser : «Hélas, dans cinquante ans combien de nous pourront encore penser à M. Zola et au naturalisme ?»

Les deux prophéties se révéleront bien erronées. Si le théâtre survécut – heureusement – au naturalisme, Paul Ginisty, chroniqueur (et futur codirecteur de l'Odéon avec André Antoine en 1896), se trompe plus lourdement encore puisque, cent ans après sa mort, la place d'Émile Zola est parmi les premières au panthéon des romanciers français.

Dans les dernières décennies du XIXᵉ siècle, Zola, qui va se révéler un si courageux bretteur dans l'affaire Dreyfus, ferraille déjà avec la critique pour défendre non seulement un genre littéraire et dramatique, mais aussi son originalité. Il s'oppose à Lapommeraye, critique dramatique très conservateur, qui brandit Mercier et Diderot comme initiateurs du naturalisme dramatique, ce que Zola ne nie pas, mais en démontrant qu'ils n'ont pas été suivis. Zola s'en prend à l'enseignement du Conservatoire d'art dramatique, qui n'a pas su façonner les nouveaux acteurs du naturalisme, une pierre dans le jardin de Lapommeraye, professeur d'histoire et de littérature à ce même Conservatoire. «Toute période littéraire au théâtre doit amener avec elle ses interprètes sous peine de ne pas être […]. La tragédie, le romantisme ont fait naître des générations d'artistes pour créer ces genres ! » Zola conclut : «J'ai la conviction profonde que l'esprit expérimental et scientifique du siècle va gagner le théâtre et que c'est le seul renouvellement possible de notre scène. » Parmi les nombreux procès d'intention intentés à Zola, sans compter les autres, revient ce reproche de n'avoir rien inventé de nouveau, un recours facile quand on est à bout d'argument. Zola admet le legs du naturalisme par le XVIIIᵉ siècle : «Diderot lui aussi croyait à la nécessité de porter la vérité au théâtre[1]. »

Théoricien et auteur de théâtre naturaliste, un grand témoin pondéré sinon objectif, Jean Jullien, apporte un contre-point de vue dans sa préface à l'histoire du Théâtre-libre par Adolphe Thalasso, publiée en 1909, sept ans après la mort du maître de Médan. «Émile Zola, un des premiers, tenta de ramener le théâtre à la vérité, à la simplicité. » Jean-

Pierre Sarrazac[2] revient sur l'association de la démarche de Zola à celle de Diderot, en étudiant l'utilisation que l'un comme l'autre ont fait de l'expression dramatique et de la représentation aux fins de diffuser une théorie, sans que, ni pour l'un ni pour l'autre, la réussite vînt durablement couronner des idées qui triomphèrent en littérature.

Zola s'essaya tôt au théâtre. Une comédie de jeunesse, *La Laide*, commencée en vers et réécrite en prose, fut refusée par l'Odéon ; même rebuffade en 1865 avec *Madeleine*, refusée par le Gymnase et le Vaudeville. Trois pièces enfin acceptées par les théâtres furent de l'aveu même de Zola successivement sifflées : *Thérèse Raquin*, tirée de l'œuvre qui ne l'avait pas encore consacré, jouée neuf fois seulement au nouveau théâtre de la Renaissance en juillet 1873, *Les Héritiers Rabourdin*, joués dix-sept fois au théâtre de Cluny en 1874, et *Le Bouton de rose*, inspiré d'un conte de Balzac (*Le Frère d'armes*), d'abord refusé par le directeur du Palais-Royal et accepté par le même après le succès de *L'Assommoir*, joué sept fois. *Thérèse Raquin*, «flaque de boue et de sang» selon Albert Wolff[3], tirait son originalité du drame de conscience qui agite les personnages, expression exemplaire du théâtre psychologique, alors que les deux comédies étaient imprégnées d'un humour que Jullien assimile au comique anglais.

«On a bien fini par lire mes romans, on finira par écouter mes pièces. »

La première réussite de Zola au théâtre fut en 1879 l'adaptation théâtrale par deux vieux routiers du spectacle, William Busnach et Octave Gastineau, de son roman *L'Assommoir*, qui triompha près de trois cents fois à l'Ambigu. Il y eut bal à l'Élysée-Montmartre, dans le quartier Rochechouart, dont l'ambiance avait inspiré Zola[4]. Les invités devaient s'habiller en ouvriers et les invitées en blanchisseuses[5]. Rapidement traduit en anglais, le mélodrame à grand spectacle devait être rejoué des milliers de fois lors d'innombrables reprises. L'une d'elles, de novembre 1900, à la Porte Saint-Martin avec Lucien Guitry dans le rôle de Coupeau, Suzanne Desprès en Gervaise et Andrée Mégard en Virginie resta dans les annales de la pièce.

Une autre adaptation, celle de *Germinal*, en 1887, par Busnach, fait la fortune du Châtelet, mais ne trouve pas grâce auprès d'Antoine. «Quelle idée de laisser ce vieux vaudevilliste tripoter ce chef-d'œuvre ?» s'inquiète Antoine

1 Zola cité par André Antoine dans *La Semaine théâtrale. Feuilleton de l'information* du 25 août 1924. **2** Jean-Pierre Sarrazac, «L'avènement de la mise en scène», dans Jacqueline Jomaron dir., *Le Théâtre en France*, Armand Colin, 1993. **3** Cité par André Antoine, *Mes souvenirs sur le Théâtre-libre*, Arthème Fayard, 1921. **4** «L'Assommoir du père Colombe se trouvait au coin de la rue des Poissonniers et du boulevard de Rochechouart» : Zola décrit ainsi l'estaminet où Coupeau commença à boire. **5** Le carton d'invitation est conservé au département des Arts du spectacle de la BNF dans la collection Auguste Rondel.

auprès d'un Zola un peu méprisant, qui, quant à lui, y voit l'occasion de «faire l'éducation du gros public». Zola aurait voulu appliquer à la mise en scène de *Germinal* les méthodes des Meininger, notamment faire répéter longtemps les ensembles sous la conduite de comédiens figurants[6].

Les théâtres de Paris exploitent ce filon, *Pot-Bouille* à l'Ambigu, *Une page d'amour* à l'Odéon, *Le Ventre de Paris* au théâtre des Nations : «Je ne retrouve le livre que par la mise en scène, constate Antoine, pour le reste ce n'est plus qu'un mélodrame assez gros [...]. Il y a un bien beau décor nocturne de l'avenue des Champs-Élysées, la descente des voitures des maraîchers vers les Halles.» Par la suite on affiche *Nana* à l'Ambigu, *La Faute de l'abbé Mouret* à l'Odéon, *Au Bonheur des Dames* au Gymnase. Tous ces drames puisent leurs sujets dans des milieux neufs, encore inexplorés à la scène, les faubourgs, le monde de la mine, les Halles, la Bourse, les grands magasins, les chemins de fer, les paysans, les ouvriers, c'est l'irruption de la vie quotidienne sur la scène.

En 1887, *Jacques Damour*, un acte adapté par Léon Hennique d'après une nouvelle de Zola – qui vient d'être refusé par Porel à l'Odéon –, est de nouveau un événement théâtral, mais pour de tout autres raisons. À la date du 27 mars 1887, dans son livre sur le Théâtre-libre, Antoine raconte le fameux épisode du déménagement de la salle à manger de sa mère pour meubler l'arrière-boutique du boucher Jacques Damour, déménagement décidé lors de l'une des ultimes répétitions. Une liste d'accessoires conservée dans le dossier de la pièce, dont le manuscrit porte des corrections de Zola, donne une idée de la précision recherchée par Antoine :

«Deux tasses à café sur table ronde
une bouteille cognac
un acte de décès dans tiroir de buffet
des jetons sur un plateau sur petite table caisse
une bouteille de vin et quatre verres sur buffet
de la vaisselle pour garnir ce buffet
un journal. »

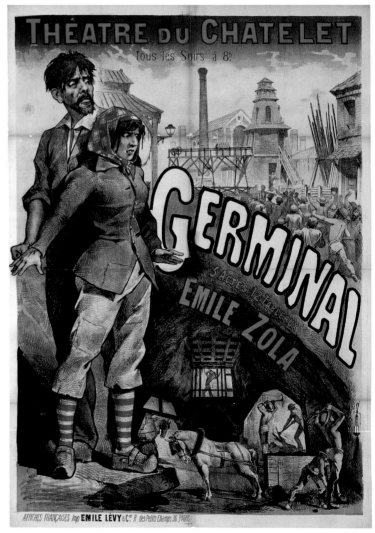

Les Misérables et *L'Assommoir* (voir notice n° 219).

Germinal au théâtre du Châtelet (voir notice n° 220).

Et « l'apparition d'Antoine sur le seuil de la porte dans ses guenilles de déporté de Nouméa (Jacques Damour) me cloue sur place », raconte Charles Mosnier, proche d'Antoine[7]. Assez unanimement saluée par la critique, c'est la pièce qui « assura dès le premier jour la fortune du Théâtre-libre », se souvient Antoine, perçu comme le truchement scénique de Zola par la critique théâtrale. Toujours extrême dans ses jugements, Lucien Dubech écrit dans son *Histoire du théâtre*[8] : « Le Théâtre-libre, c'était *Les Soirées de Médan* sur scène. »

De Zola, Antoine monte encore *Tout pour l'honneur*, adapté par Henry Céard d'une nouvelle, *Le Capitaine Burle*, qui fait le cinquième spectacle du Théâtre-libre. L'effet tragique considérable procure une ovation à Zola, particulièrement satisfait de ses interprètes, puis *Madeleine*, enfin créée le 1er mai 1889, est accueillie avec une relative bienveillance par la presse au grand étonnement de Zola. C'est un drame, tiré de son roman *Madeleine Férat*, « des choses de l'époque où Zola, âgé de vingt-cinq ans, était employé à la librairie Hachette[9] ».

Homme de fidélité, Zola ne manque pas une occasion de rendre hommage à l'action d'Antoine. « Grâce au Théâtre-libre, une évolution tend à se produire en faveur de notre nouvelle école dramatique ; l'influence de cette école se fait sentir de plus en plus dans le public, et le temps n'est pas loin où une légion de jeunes auteurs la vulgariseront sur d'autres scènes parisiennes[10]. »

Mais cela n'empêche pas des divergences de se manifester. *La Terre*, dans son adaptation en cinq actes et dix tableaux, montée au théâtre Antoine le 21 janvier 1902[11], ne laisse pas de bons souvenirs à Antoine, malgré tout le soin qu'il apporte à la mise en scène. « Une grosse pièce tirée par MM. Hugot et Saint-Arroman du livre de Zola, qui s'y est énormément intéressé et a suivi les répétitions. » On est dans l'effervescence de l'affaire Dreyfus, les représentations sont troublées. On crie « à bas Zola » à l'orchestre et « vive Zola » aux galeries. La pièce provoque un manifeste hostile signé de Paul Bonnetain, Lucien Descaves, Paul Margueritte, Gustave Guiches et Rosny. Bon prince, Antoine propose avec l'accord de Zola d'offrir une soirée complète consacrée aux cinq « dissidents ». Une soirée qui n'a pas mal marché, note Antoine, et que Zola trouve intéressante sans plus.

Zola théoricien du théâtre

Critique dramatique au *Bien public*, au *Voltaire* et dans une revue russe, *Le Messager de l'Europe*, dans les années 1875

à 1880, Zola expose ses théories sur l'école naturaliste dans ses feuilletons. Il réunit ses articles en trois volumes *Le Roman expérimental*, *Le Naturalisme au théâtre* et *Nos auteurs dramatiques*. Antoine a vu là s'exprimer « le grand homme de théâtre, le critique magnifiquement clairvoyant et hardi, l'animateur de la scène contemporaine », qui exerce une influence certaine sur son monde théâtral.

Scéniquement, Zola veut s'en tenir à la stricte observation de la réalité et la traduire sur scène par sa « représentation », avec des moyens « naturels ». Il s'explique sur ce besoin né des « influences environnantes » pour les personnages qui vivent la vie quotidienne, qui s'habillent, mangent, se chauffent. Il lui faut la reproduction du milieu exact, « un mobilier complet » – salut au fameux déménagement de la salle à manger d'Antoine pour *Jacques Damour*. « Le milieu doit déterminer le personnage », insiste-t-il dans *Le Naturalisme au théâtre* (1881). Il lui faut ce que Roger Planchon nomme « le concret », l'accessoire réaliste, qui provoque. Il revient toujours sur la même idée. « Un courant irrésistible emporte notre société à l'étude du vrai [...]. Comment ne sent-on pas tout l'intérêt qu'un décor ajoute à l'action ? Et comme les acteurs y sont à l'aise, comme ils y vivent bien [...]. Pour goûter cela, il faut aimer voir les acteurs vivre la pièce au lieu de les voir la jouer[12]. »

Il salue la démarche de Balzac, qui, dans le roman, « a mis l'observation du savant à la place de l'imagination du poète », en regrettant qu'aucun écrivain illustre ne se soit attaqué au théâtre. « J'attends qu'on plante debout au théâtre des hommes en chair et en os, pris dans la réalité et analysés scientifiquement, sans un mensonge [...]. J'attends que l'évolution faite dans le roman s'achève au théâtre [...] dans un procès-verbal exact d'autant plus original et puissant, que personne n'a encore osé le risquer au théâtre[13]. » Pourtant, il ne se fait pas vraiment d'illusions. « Je veux admettre pour un instant que la critique courante ait raison, lorsqu'elle affirme que le naturalisme est impossible au théâtre [...] la convention y est immuable : il faudra toujours y mentir. Nous sommes condamnés à perpétuité aux escamotages de M. Sardou, aux thèses et aux mots de M. Dumas fils, aux personnages sympathiques de M. Augier. » Pourfendeur de l'hypocrisie bourgeoise, Augier trouve quand même grâce à ses yeux, ainsi que Labiche, ou Meilhac et Halévy, observateurs aigus de leur « milieu ».

Le procès fait à la convention du théâtre oppose une négation totale et paradoxale de la chose théâtrale, un

6 André Antoine, *op. cit.* 7 À propos d'une reprise de *Jacques Damour* à Nancy, dans Recueil Mosnier, t. I, BNF, Arts du spectacle. 8 Lucien Dubech, *Histoire du théâtre*, t. V, Librairie de France, 1934. 9 André Antoine, *op. cit.* 10 *L'Événement*, 20 février 1889. 11 Plusieurs versions du manuscrit de souffleur sont conservées au département des Arts du spectacle de la BNF (manuscrits calligraphiés par les copies Compère). 12 Cité par André Antoine dans « Émile Zola et le théâtre. L'interprétation et la mise en scène », *La Semaine théâtrale. Feuilleton de l'information*, 18 août 1924. 13 Émile Zola, *Nos auteurs dramatiques*, Charpentier, 1881.

August Strindberg, lettre à Émile Zola (voir notice n° 227).

refus de l'art. « En déclarant la guerre à toutes les conventions, il a détruit aussi celles qui fondent le théâtre comme art », écrit Georges Lherminier [14] comme une explication un peu courte à la faillite du naturalisme au théâtre.

Le 10 mai 1887, Antoine se fait l'écho des manifestations qu'a provoquées au Vaudeville *Renée*, pièce tirée de *La Curée* par Paul Alexis « annoncée comme une importante manifestation naturaliste », dans une atmosphère de bataille, malgré la courageuse résistance organisée par le fondateur du Théâtre-libre.

Et en décembre 1887, Zola fait une réponse polie à August Strindberg, qui lui a envoyé le manuscrit de *Père* ; il se défie de ce qu'il nomme « l'abstraction » – tout ce qui aujourd'hui donne sa valeur d'éternité à l'œuvre. Il regrette l'impersonnalité des personnages, le capitaine qui n'a même pas de nom : « J'aime que les personnages aient un état civil complet. » Quant aux autres personnages, « presque des êtres de raison, [ils] ne me donnent pas de la vie la sensation complète que je demande [15] ». Dans sa lettre à Francisque Sarcey sur « le jeu des foules au théâtre » de 1888 [16], Antoine précise les idées de Zola sur ce qu'on

entend alors par mise en scène – sous-entendu à grand spectacle. Comme Wagner, Zola veut créer du sens autour des mouvements de foule, suivant le modèle des Meininger, sans qu'Antoine soit aussi convaincu par tous ces effets.

Zola croit beaucoup en l'étoile d'Antoine, venu au bon moment pour défendre « la nouvelle école dramatique ». Au lendemain de l'échec de *Germinie Lacerteux*, en décembre 1888, c'est « la curée sur Goncourt » ; Zola tient à apporter son soutien à Antoine, l'homme « attendu » qui a révélé le dramaturge naturaliste qu'il se veut. Il se pose en maître à penser de toute une école, et en particulier d'Antoine, qui s'en inquiète parfois. En janvier 1890, il attire son attention sur Ibsen, dont on vient de jouer *Les Revenants* en Allemagne et il l'engage à monter la pièce. Antoine s'exécute le 30 mai de la même année. À la date du 1er juin 1891, Antoine note qu'un Théâtre-libre vient de se fonder à Copenhague avec, en spectacle d'ouverture, *Thérèse Raquin*, qu'il considère comme la plus forte des pièces de Zola [17].

Zola se réclame aussi de Hugo, pour le théâtre duquel il ne manifeste pas d'indulgence, mais il retrouve en lui le

14 Guy Dumur dir., *Histoire des spectacles*, Gallimard, coll. « Encyclopédie de la Pléiade », 1965. 15 August Strindberg, *Père, Le Paria*, trad. de Georges Loiseau, précédé d'une lettre de M. Émile Zola, Ollendorff, 1895. 16 Publié dans Adolphe Thalasso, *Le Théâtre-libre*, Mercure de France, 1909. 17 André Antoine, *Mes souvenirs sur le Théâtre-libre, op. cit.*

Émile Zola

Édouard Joseph Dantan, *Un entracte à la Comédie-Française…* (voir notice n° 224).

frère d'armes qui a eu « l'intuition du vaste mouvement naturaliste […] c'était en somme la voie scientifique ou naturaliste que le XVIIIe siècle avait ouverte [18] ».

Zola a sous les yeux la réussite de ceux de ses contemporains, Octave Mirbeau et Henry Becque, qui vont imposer durablement le genre naturaliste au théâtre. De Becque, il ne fait jamais aucun commentaire, mais par Mirbeau il se lie à Sarah Bernhardt, qui le soutient dans son combat en faveur de Dreyfus. C'est une ennemie intime de Sarah Bernhardt, la comédienne Marie Colombier, qui est le modèle de Sylvia, la maîtresse de Maxime Saccard dans *La Curée* : allusion au *Passant*, un acte à succès de Banville qu'elle joua à l'Odéon avec Sarah.

À la différence de *La Comédie humaine* de Balzac, *Les Rougon-Macquart*[19] ne font pas une large part à la vie du théâtre. Certes, *Nana* se situe dans un monde du spectacle frelaté, aux confins du demi-monde. La carrière théâtrale de Nana se déroule au théâtre des Variétés, dont le foyer, quarante ans plus tôt, était un salon fréquenté des auteurs et écrivains à la mode, Scribe, Désaugiers, Arvers,

Béranger. C'est aux Variétés qu'est créée *La Belle Hélène*, la célèbre opérette de Jacques Offenbach interprétée par Hortense Schneider, à qui Zola songe en faisant débuter Nana dans *La Blonde Vénus*, parodiant ainsi la canaillerie et la médiocrité d'un théâtre bourgeois très prisé sous le Second Empire, tout ce qu'il méprise.

Il se livre à une description « documentaire » partiale de la vie théâtrale : les répétitions, la première, la fête qui suit, les pratiques de la claque et de la critique pourrie. Il fait un portrait particulièrement caricatural du directeur de théâtre, qu'il charge d'une rancœur mal contenue. Le théâtre, le vrai, se situe à ses yeux à un autre niveau, qui participe à l'éducation populaire. C'est dans ce sens qu'il a accepté les médiocres adaptations mélodramatiques des Busnach[20] et compères, au grand regret d'Antoine. Comme nombre de ses prédécesseurs, notamment de l'époque révolutionnaire, Zola croit à l'effet de tribune du théâtre pour faire passer ses messages. Il conçoit le théâtre comme le premier médium de l'époque, ce qu'il est alors en effet.

18 Cité par André Antoine dans « Émile Zola et le théâtre. La doctrine », *La Semaine théâtrale. Feuilleton de l'Information*, 4 août 1924. **19** Maurice Descotes, « Les comédiens dans les *Rougon-Macquart* », *Revue d'histoire du théâtre*, avril-juin 1958. **20** Dans une lettre du 22 juin 1890 écrite au comédien Mévisto, acteur de chez Antoine qui fait des offres de service pour jouer dans une reprise de *L'Assommoir*, Zola le prie de s'adresser à son « collaborateur » William Busnach. BNF, Arts du spectacle, Manuscrits.

219
Charles Lévy, affiche des _Misérables_ et de _L'Assommoir_

1879
Toile, 60 × 40 cm
BNF, Estampes, Lévy (Charles) Aff. toile
(Reproduit p. 164)

220
Émile Lévy, affiche de _Germinal_ au théâtre du Châtelet

Interdite par la censure en octobre 1885, la pièce ne put
être jouée que le 21 avril 1888 au théâtre du Châtelet.
Malgré le grand nombre des décors et les effets spectaculaires,
elle ne connut qu'un succès médiocre.

135 × 97 cm
BNF, Estampes, Lévy (Émile) Rouleau 10
(Reproduit p. 164)

221
Léon Sault, affiche de _L'Assommoir_ au théâtre de l'Ambigu

La création de _L'Assommoir_ eut lieu le 18 janvier 1879.
Le succès fut considérable et les reprises nombreuses.

1879
130 × 92 cm
BNF, Estampes, Sault (Léon) Rouleau
(Non reproduit)

222
L'Assommoir au théâtre de l'Ambigu

Cette photographie de Nadar représente Gil Naza tenant
le rôle de Coupeau dans _L'Assommoir_, en 1879.

16,2 × 10,5 cm
BNF, Arts du spectacle, 4° ICO PER 19446 (1)
(Non reproduit)

223
**Affiche de _Jacques Damour_ au théâtre national de l'Odéon,
Second Théâtre-Français**

Affiche du 22 septembre 1887, correspondant à la deuxième
représentation de _Jacques Damour_, pièce en un acte en prose
de Léon Hennique d'après une nouvelle d'Émile Zola.

Affiche typographique, 60 × 42 cm
BNF, Arts du spectacle, AFF 26626
(Non reproduit)

224
**Édouard Joseph Dantan, _Un entracte à la Comédie-Française
un soir de première, en 1885_**

1886
Huile sur toile, 97,5 × 130 cm
Paris, Comédie-Française
(Reproduit p. 167)

225
Émile Zola en haut-de-forme

Photographie non datée, non signée.

21,5 × 13 cm
Collection particulière
(Non reproduit)

226
Eugène Labiche, lettre à Émile Zola, 24 juillet 1878

Préfacée par Émile Augier, l'édition en dix volumes du théâtre
de Labiche connut un grand succès. Labiche remercia Zola de
son article élogieux dans _Le Voltaire_ en lui donnant « un conseil
d'ami. Gardez-vous des systèmes absolus. Ne vous tracez pas
à l'avance une règle immuable. Il n'y a pas de règles au théâtre.
Tout l'art consiste à peindre sincèrement, comme on voit et
comme on sent ».

Manuscrit autographe, 202 × 124 mm
BNF, Manuscrits, NAF 24521, f. 7
(Non reproduit)

227
August Strindberg, lettre à Émile Zola, 29 août 1887

De Lindau, sur le lac de Constance, où il s'est installé avec les
siens, le poète suédois écrit à Zola (comme d'ailleurs au même
moment à Nietzsche), s'autorisant « du haut intérêt que vous
portez au "théâtre de l'avenir" » pour lui envoyer le manuscrit de
Père. « Je prends la liberté de soumettre à votre jugement éclairé
un drame composé en vue de la formule expérimentale, visant
à faire valoir l'action intérieure aux dépens des trucs théâtraux,
de réduire le décor au minimum et de conserver l'unité de temps
autant que faire se peut. »
Zola lui répondit le 14 décembre seulement. Sa lettre fut, avec
son autorisation, reproduite en tête de la première traduction
française, due à Strindberg lui-même, de _Père_. Contrairement
à Nietzsche, Zola fut modérément enthousiasmé par la pièce,
qu'il jugea trop abstraite.

Manuscrit autographe, 177 × 230 mm
BNF, Manuscrits, NAF 24524, f. 3 v°-4
(Reproduit p. 166)

228
André Antoine, 22 avril 1887

Antoine, encore employé à la Compagnie du gaz, est sur le point
de fonder avec des camarades le Théâtre-libre. Au lendemain
de la publication du « Manifeste des cinq », il adresse sa première
lettre à Zola, qui marque le début d'une longue amitié : « Je n'ai
point l'honneur d'appartenir à cette jeunesse littéraire au nom
de laquelle ces cinq maladroits ont tenu à faire un éclat, mais
ce dont je suis sûr c'est que toute la génération nouvelle admire
votre œuvre et l'acclame. »

Manuscrit autographe, 180 x 112 mm
BNF, Manuscrits, NAF 24510, f. 58
(Non reproduit)

229
La Terre au Théâtre Antoine

Gabriel Signoret (Buteau), Melle Fleury (Lise), André Antoine
(Fouan), Leubas (Delhomme), Jean Kemm (Jean), Mlle Becker
(Françoise), Marie Laurent (la Grande), Ellen Andrée (Fanny),
Degeorge (Jésus-Christ), Emmanuel Matrat (Bécu) dans l'acte II
de _La Terre_, de Charles Hugot et Raoul de Saint-Arroman,
d'après Émile Zola, en janvier 1902.

Cliché Larcher, défet de presse, 20 × 28 cm
BNF, Arts du spectacle, 4° ICO THE 229 (2)
(Non reproduit)

« *Je crois que l'avenir de l'humanité est dans le progrès de la raison par la science.*
Je crois que la poursuite de la vérité par la science est l'idéal divin que l'homme doit se proposer.
Je crois que tout est vanité en dehors des vérités lentement acquises et qui ne se perdront jamais plus.
Je crois que la somme de ces vérités, augmentées toujours, finira par donner à l'homme un pouvoir
incalculable, et la sérénité, sinon le bonheur… Oui, je crois au triomphe final de la vie. […]

C'est toi, maître, qui es un entêté, quand tu ne veux pas admettre qu'il y a là-bas un inconnu
où tu n'entreras jamais. Oh! je sais, tu es trop intelligent pour ignorer cela. Seulement,
tu ne veux pas en tenir compte, tu mets l'inconnu à part, parce qu'il te gênerait dans tes recherches…
Tu as beau me dire d'écarter le mystère, de partir du connu à la conquête de l'inconnu,
je ne puis pas, moi! le mystère tout de suite me réclame et m'inquiète. »

Le Docteur Pascal, chapitre II : dialogue entre Pascal et Clotilde (Pléiade, t. V, p. 953)

La République et ses périls

En 1887, le scandale des décorations, dans lequel est impliqué le gendre du président Grévy, discrédite les républicains opportunistes en place. La même année, le rapprochement de l'extrême droite et de l'extrême gauche contribue au développement de la crise boulangiste, qui s'achève en 1889. En 1892, alors que la France est secouée depuis un an par le scandale de Panama, les premiers attentats anarchistes terrorisent l'opinion. Ravachol est arrêté et exécuté. L'année suivante, c'est le tour de Vaillant, qui a fait exploser une bombe à la Chambre des députés. En 1894 enfin, le président Sadi Carnot sera poignardé par un anarchiste italien à Lyon. Tous ces éléments fourniront à Zola la trame de *Paris*.

Dans ce contexte d'instabilité et de mécontentement, les rapports entre l'Église catholique et la jeune République se sont subtilement modifiés. Léon XIII a succédé à l'intransigeant Pie IX en 1878. À partir de 1887, l'accession à la secrétairerie d'État du francophile cardinal Rampolla amène le Vatican à se tourner davantage vers les démocraties dans l'espoir d'un règlement de la question romaine. L'Église catholique passe du rejet pur et simple de la société issue de la Révolution à un grand projet de rechristianisation du monde moderne, sur la base d'une stratégie nouvelle visant à développer l'action laïque pour échapper à l'accusation de cléricalisme. La France, toujours considérée comme la fille aînée de l'Église, est la clef de voûte de cette *Realpolitik*.

Écartés ou volontairement retirés du pouvoir, les catholiques français se sont repliés sur l'action caritative, qu'ils menaient avec efficacité depuis la Restauration, avec une conscience nouvelle de l'importance des classes populaires à l'époque du suffrage universel : le catholicisme social est alors en plein essor, de même que des pratiques dévotionnelles de masse, organisées de façon très moderne et dont l'ampleur frappe les esprits. Dans le même temps, l'essoufflement du positivisme et du naturalisme laisse apparaître dans les élites de nouvelles aspirations, qui donnent naissance à ce que Jean-Marie Mayeur a appelé « l'esprit des années 1890 ». 1886, année de la publication de *Par-delà le bien et le mal*, où Nietzsche conteste le scientisme, l'historicisme et la morale kantienne, marque un tournant : Melchior de Voguë publie *Le Roman russe*, Charles de Foucauld, Paul Claudel et Maurice Blondel se convertissent, comme d'autres intellectuels, dont Huysmans et Rod, deux proches de Zola, tandis qu'Édouard Drumont, lui aussi tardivement venu au catholicisme, fait paraître sa *France juive* avec le succès que l'on sait. En 1889, l'année du centenaire de la Révolution française – qui est aussi celle d'un « contre-centenaire » catholique et réactionnaire –, Paul Bourget publie *Le Disciple*, après la lecture duquel Taine écrit que « sa génération est finie ». Paul Desjardins lance l'année suivante le terme de « néochrétien », avant de fonder, en 1892, l'Union pour l'action morale.

Deux ans après l'échec de la tentative boulangiste, largement cautionnée par la droite catholique dans l'espoir d'une restauration monarchique, le cardinal Lavigerie porte, le 12 décembre 1890, le célèbre toast d'Alger. Il est compris par tous comme une reconnaissance officieuse par le Vatican de cette République modérée, qui est visiblement destinée à durer. En 1891, l'encyclique *Rerum novarum* donne le programme social de l'Église. Un quart de siècle après la publication du *Syllabus*, le catholicisme peut sembler sur la voie d'un *aggiornamento* significatif.

Si les républicains modérés accueillent la politique du Ralliement avec une bienveillance prudente, car ils restent attachés aux lois laïques, les radicaux y voient une ruse du cléricalisme pour attaquer la République de l'intérieur. Zola partage cette opinion, qu'il exprime dans un article intitulé « L'opportunisme de Léon XIII », qui paraît dans *Le Figaro* du 1er septembre 1895 (*ŒŒ. C.*, t. XIV, p. 705-710). Il y prédit l'effondrement du catholicisme romain, empêché par son immuabilité dogmatique de poursuivre les concessions nécessaires, de sorte que « si le christianisme remonte, comme les roses d'automne, il ne refleurira que dans une autre terre, moins saturée d'histoire ». Cependant, le critique Ferdinand Brunetière, vieil adversaire du naturalisme (*Le Roman naturaliste*, 1882), se convertit au catholicisme en 1894, après une retentissante « visite à Léon XIII », et annonce dans *La Revue des deux mondes* la « faillite de la science » en janvier 1895.

Un nouveau Zola

Zola a changé. Il est alors au faîte d'une gloire internationale qui contraste avec la virulence des attaques portées contre lui en France et ses échecs répétés à l'Académie. La rencontre avec Jeanne et la naissance des deux enfants lui ont donné un regain d'énergie et une confiance nouvelle dans les forces de la vie dont témoigne déjà le dernier roman de la série des *Rougon*. Une « terrible série », qui lui pèse depuis 1890. Les temps ont changé, lui-même est un autre et il ressent le besoin de renouveler sa méthode, son style et son propos. À l'enquête que mène Jules Huret pour *L'Écho de Paris* sur l'évolution littéraire, Zola répond le 31 mars 1891 : « L'avenir appartiendra à celui ou à ceux qui auront saisi l'âme de la société moderne, qui, se dégageant des théories trop rigoureuses, consentiront à une acceptation plus logique, plus attendrie de la vie. Je crois à une peinture de la vérité plus large, plus complexe, à une ouverture plus grande sur l'humanité, à une sorte de classicisme du naturalisme. » Ce « néonaturalisme » n'échappe pas, sans doute, à l'air du temps qui est au roman à thèse, ainsi qu'en témoigne l'évolution d'auteurs comme Anatole France ou Maurice Barrès.

En septembre 1891, les Zola passent par Lourdes pour se rendre dans les Pyrénées : « Oh ! le beau livre à faire avec cette ville extraordinaire ! Cela me hante, j'ai passé la nuit à en bâtir le plan », écrit-il à Henry Céard le 20 septembre. Le 16 mars 1892, il déclare chez les Charpentier qu'il a été frappé par « ce monde de croyants hallucinés et qu'il y aurait de belles choses à écrire sur ce renouveau de la foi. » Les 17 et 18 mars il passe deux soirées à écrire neuf pages.

Mais il lui faut d'abord terminer *La Débâcle*, qui se caractérise déjà par la réduction de l'intrigue romanesque au profit du reportage, avant de commencer *Le Docteur Pascal*, dont l'histoire s'achève en 1874, après la chute de l'Empire, donc hors de la périodisation initialement prévue, et qui pose de nouvelles interrogations.

Le 27 juillet 1892, le *Gil Blas* annonce un roman de Zola sur Lourdes, écrit « sans intention malveillante ». Le 18 août au soir, les Zola partent pour Lourdes en wagon-lit en même temps que le pèlerinage national. Ils y demeurent du 20 août au 1er septembre. Zola rédige alors les deux cent quarante-deux feuillets de « Mon voyage à Lourdes », tandis que les correspondants des journaux de Paris et de Toulouse le suivent et l'interrogent. À Luchon, où il écrit trente-cinq feuillets intitulés « Vue d'ensemble sur Lourdes », il décide de faire deux volumes, l'un qui s'appellerait *Lourdes*, l'autre *Rome*. Le 29 septembre, revenu de Gênes à Monte-Carlo, il ajoute à son projet un *Paris* où « le socialisme aurait sa part ».

« Ma trilogie, écrit-il alors, qui contiendra le bilan du siècle, sera moins pessimiste que le reste de mon œuvre, et animée d'un souffle d'idéal et d'espoir. »
Le 21 juin 1893, un mois après la publication en librairie du *Docteur Pascal*, un grand banquet est donné en l'honneur de l'auteur des *Rougon-Macquart* au *Chalet des îles* du bois de Boulogne. Chevalier de la Légion d'honneur depuis 1888, Zola reçoit la rosette d'officier le 13 juillet 1893. Trois fois réélu à la présidence de la Société des gens de lettres depuis 1891, il se représentera avec succès pour l'exercice 1895-1896.

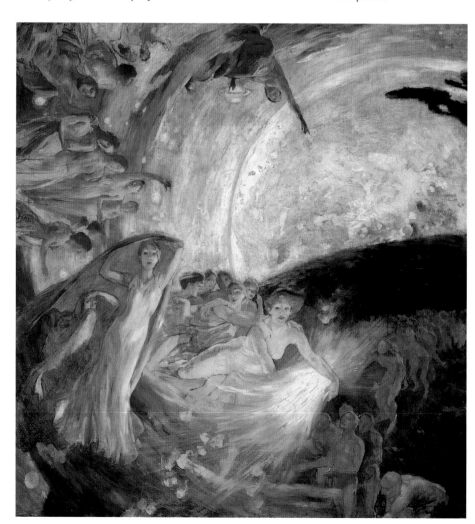

230
Albert Besnard, *La Vérité entraînant les sciences à sa suite répand sa lumière sur les hommes*, 1890

Tableau définitif pour le plafond du salon des Sciences de l'hôtel de ville de Paris. Besnard mêle ici allégorie positiviste et symbolisme allégorique dans un esprit très fin de siècle.

Huile sur toile, 94 × 89,5 cm
Paris, Petit Palais

231
Zola, Jeanne et leurs enfants, par Pierre Petit

1895
Photographie, 16,2 × 11 cm
Collection É.-Z.

232
Anonyme, *Alexandrine Zola à Londres*

En septembre 1893, Zola participe au congrès
de l'Institut anglais des journalistes à Londres,
où il est triomphalement accueilli.

Photographie, 16,7 × 10,7 cm
Collection É.-Z.
(Non reproduit)

233
Notes intitulées « Les trois villes Lourdes Rome Paris »

Visiblement influencé par le théâtre symboliste, Zola conçoit
son œuvre comme un triptyque – et non comme une trilogie –
dont « Rome est le tableau central, Lourdes et Paris, les volets de
gauche et de droite » et décide, « pour la symétrie », de composer
Lourdes et *Paris* en cinq parties et *Rome* en trois. « Pour le
premier, *Lourdes*, je pourrais montrer le besoin d'illusions et
de croyance que l'humanité a. Le besoin de bonheur, et ici-bas,
l'amour de la vie, car Lourdes n'est pas autre chose (rien
que la constatation des faits et besoin d'un espoir en l'avenir).
– Dans *Rome*, je pourrais montrer l'écroulement du vieux
catholicisme, l'effort du néo-catholicisme pour reprendre
la direction du monde : bilan du siècle, la science discutée,
mise en doute et réaction spiritualiste : mais échec sans doute.
– Dans *Paris* enfin, le socialisme triomphant (l'hymne à l'aurore),
une religion humaine à trouver, la réactualisation du bonheur,
et cela dans le cadre du Paris actuel. Mais ne pas trop
m'asservir à la réalité. Du rêve. »

Aix-en-Provence, bibliothèque Méjanes, Ms 1455, f. 28
(Non reproduit)

234
La vengeance de Gorgon-Zola

L'affiche du cinquième Salon de la Rose-Croix, qui ouvre ses portes
le 20 mars 1896, donne lieu à quelques remous. « La Geste Esthétique
se héralde à l'orée du temple d'un appel de M. A. Point. Un jeune éphèbe,
Persée, casque poli, d'un glaive acéré et sûr, fait à Gorgon-Zola une
horrible blessure », s'en amuse Papyrus dans *La Critique*. Les auteurs,
Armand Point pour le supposé Persée et Léonard Sarluis pour la tête
de l'écrivain, se sont-ils inspirés de la gravure de Félicien Rops publiée,
en 1887, en frontispice de *L'Initiation sentimentale*, troisième volume
de l'*Éthopée* du Saar Péladan ? Une femme nue, casquée, y tient un sabre
dans la main gauche et, au bout du bras droit tendu, la tête décapitée
du pharmacien de Yonville avec cette légende de dérision : « Ecce
Homais ». À l'intérieur de l'exposition, aucune attaque contre le maître
du naturalisme.
Mais le 2 mai 1896, dans un article du *Figaro* intitulé « Peinture » (repris
dans *Nouvelle Campagne*, Charpentier, 1897), Zola, après des années
de silence, traite des nouvelles tendances picturales : sans aucun doute,
une réponse à l'affiche. Après avoir déploré « l'abus de la note claire »,
cette lumière particulière pour laquelle il s'était autrefois battu avec Manet
et les impressionnistes, il dénonce l'afflux de « tableaux d'une chlorose
préméditée » et tance ceux qui, trahissant l'apport de Puvis de Chavannes,
« sacrifient à un débordement lamentable de mysticisme ». « L'esthéticisme
anglais » représente, selon lui, « un défi à la nature » orchestré par « une
bande de truqueurs rusés » à qui « la foi manque ».
Zola assure apprécier le réveil de l'art dans la décoration. On songe
aux vitraux de la salle de billard de Médan et l'on se souvient des bijoux
réalisés à sa demande pour Jeanne Rozerot par Lalique ou des reliures
de *Fécondité* et de *Travail* commandées au Nancéien Victor Prouvé.
Mais haro sur « l'effroyable défilé » des « vierges insexuées qui n'ont ni sein
ni hanche, ces filles qui sont presque des garçons, ces garçons qui sont
presque des filles, ces larves de créatures sortant des limbes, s'agitant
dans de confuses contrées d'aubes grises et de crépuscules couleur
de suie ! » L'éternel lutteur, vomissant les « lis fétides, poussés dans les
marécages du faux mysticisme », ne fait vraiment pas dans la dentelle.
R. D. et F. L.

20 mars 1896
Collection F. Labadens

235
Edmond de Goncourt, lettre à Émile Zola, juin 1896

« Pour moi vos trois volumes : *Lourdes*, *Rome*, *Paris*, sont trois volumes
d'histoire et pas des romans […] il fallait les faire bravement historiques
et rejeter d'eux l'épisode amoureux qui, dans une composition élevée,
est toujours un hors-d'œuvre méprisable. En faisant ainsi, vous qui aviez
l'ambition de sortir des *Rougon-Macquart*, vous vous renouveliez
complètement. »

Manuscrit autographe, 167 × 122 mm
BNF, Manuscrits, NAF 24519, f. 376
(Non reproduit)

236
Les Trois Villes. Lourdes
Les Trois Villes. Rome
Les Trois Villes. Paris

Zola avait fait relier par Eugène Carayon un exemplaire sur
japon de chaque roman de la série des *Trois Villes* avec
un décor de Victor Prouvé. Peintre, graveur, sculpteur et
décorateur, celui-ci est surtout connu comme le plus proche
collaborateur d'Émile Gallé, puis comme son successeur
à la tête de l'école de Nancy. Il choisit un motif de lis pour
Lourdes, de chardons pour *Rome* et de blés pour *Paris*. Zola
suivit de près son travail et c'est sur ses conseils que Prouvé
adopta une couleur argent, plus vive, pour les lis (voir Émile
Zola, *Correspondance*, Montréal / Paris, Presses de
l'Université de Montréal / Éditions du CNRS, 1995, t. X, lettre
du 28 mars 1900, p. 143 et lettre du 22 janvier 1901, p. 243).
B. V.

Paris, Charpentier et Fasquelle, 1894 ; Charpentier et Fasquelle, 1896 ;
Fasquelle, 1898
13 × 19 cm
BNF, Réserve des livres rares, Rés. p-Y2-1176-1178. Exemplaires sur
japon, n° 2, ayant appartenu à l'éditeur Fasquelle. Reliure en maroquin
brun avec décor de cuir modelé et peint par Victor Prouvé en 1900 et
corps d'ouvrage d'Émile Carayon

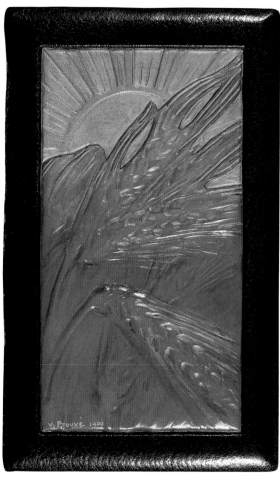

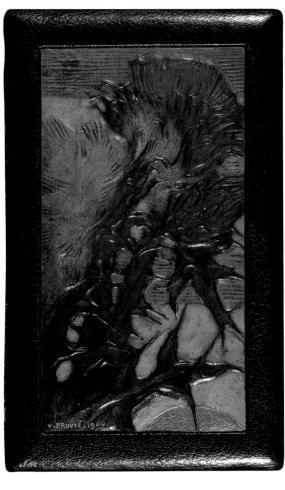

Lourdes

Le roman se déroule pendant les cinq journées du pèlerinage du vendredi 19 août au mardi 23 août 1892. Il raconte l'itinéraire, intellectuel plus que spirituel, d'un jeune prêtre, Pierre Froment, double improbable de Zola écrivain-reporter, et futur héros de *Rome* et de *Paris*. Zola a multiplié et entrecroisé les intrigues et les personnages : « Comme intrigue du roman, écrit-il dans ses notes, il faudrait mêler à l'histoire rétrospective de Bernadette, une histoire de jeune fille névrosée, soit de la bourgeoisie, soit du peuple, mêler à cela la famille, des types de dévots et d'incrédules, un amour sans doute, mais surtout un médecin catholique dont il faudrait faire une figure pas un charlatan, un savant foudroyé dans son désespoir de ne pas tout voir. » (Aix-en-Provence, bibliothèque Méjanes, Ms 1456, f. 24.)
Il anime ainsi le chœur douloureux des souffrances et des bassesses humaines, tandis qu'à la fin de chaque journée, le récit de la vie de Bernadette revient comme un chant d'une pureté haute et fragile. Par sa construction, le livre est plus près de l'esthétique symboliste que du naturalisme.
Commencé le 5 octobre 1893, le manuscrit de *Lourdes* est terminé le 21 juin 1894. Le feuilleton paraît dans le *Gil Blas* du 15 avril au 15 août 1894 et le roman sort en librairie le 25 juillet suivant. Une violente controverse se développe aussitôt sous l'impulsion des autorités catholiques. Un décret du 19 septembre 1894 met à l'Index l'ensemble des œuvres de Zola, sentence renouvelée après la publication de *Rome* et de *Paris.* Mais le public, passionné par l'actualité du sujet, fait un accueil triomphal à l'œuvre qui, pour le XIXᵉ siècle, arrive au troisième rang des meilleures ventes de Zola, derrière *La Débâcle* et *Nana*.

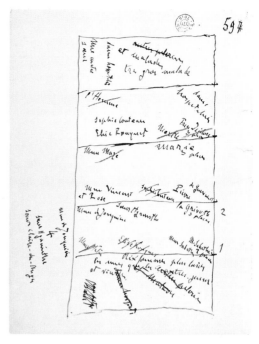

237
Dossier préparatoire de *Lourdes* : plan du wagon
Manuscrit autographe, 200 × 155 mm
Aix-en-Provence, bibliothèque Méjanes, Ms 1455, f. 597

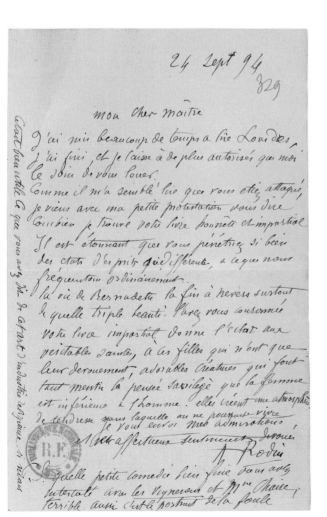

238
Lourdes

« Au-dessus de Paris immense, des fumées lointaines, des fumées rousses s'élevaient en nuées légères, une haleine éparse et volante de colosse au travail. C'était Paris dans sa forge, Paris avec ses passions, ses combats, son tonnerre toujours grondant, sa vie ardente toujours en enfantement de la vie de demain. Et le train blanc, le train lamentable de toutes les misères et de toutes les douleurs, y rentrait à toute vitesse, en sonnant plus haut la fanfare déchirante de ses coups de sifflet. Les cinq cents pèlerins, les trois cents malades allaient s'y perdre et retomber sur le dur pavé de leur existence, au sortir du rêve prodigieux qu'ils venaient de faire, jusqu'au jour où le besoin consolateur d'un rêve nouveau les forcerait à recommencer l'éternel pèlerinage du mystère et de l'oubli. » (*Lourdes*, J. Noiray éd., Gallimard, 1995, p. 578.)
Commencé le 5 octobre 1893, le manuscrit de *Lourdes* est achevé le 21 juin 1894.

Manuscrit autographe, 200 × 105 mm
Aix-en-Provence, bibliothèque Méjanes, Ms 1454, f. 918
(Non reproduit)

239
Bernadette Soubirous

Dans les notes intitulées « Mon roman Lourdes, ébauche », Zola écrit déjà : « Je voudrais mettre partout Bernadette, la détacher sur tout le roman. Une petite figure de vitrail [...]. Ensuite la nécessité qui fait qu'on l'a escamotée. » (Aix-en-Provence, bibliothèque Méjanes, Ms 1455, f. 29.) Et il termine son roman par une évocation de la sainte : « Là-bas, Bernadette, le nouveau messie de la souffrance, si touchante dans sa réalité humaine est la leçon terrible, l'holocauste retranché du monde, la victime condamnée à l'abandon, à la solitude et à la mort, frappée de la déchéance de n'avoir pas été femme, ni épouse, ni mère, parce qu'elle avait vu la Sainte Vierge. » (*Lourdes*, J. Noiray éd., Gallimard, 1995, p. 578.)

Photographie, 120 × 90 mm
BNF, Estampes, N2 (72B 61090)
(Non reproduit)

240
Auguste Rodin, lettre à Émile Zola, 24 septembre 1894

« La vie de Bernadette, la fin à Nevers surtout, de quelle triple beauté l'avez-vous couronnée [...] terrible aussi c'est le portrait de la foule [...] c'était bien utile ce que vous avez dit de cet art religieux d'industrie, si niais. » C'est sur proposition de Zola que le comité de la Société des gens de lettres avait confié à Rodin, le 6 juillet 1891, la réalisation d'une statue en l'honneur de son premier président, Balzac. C'est aussi Zola qui intervint auprès du conseil municipal de Paris pour que la statue soit installée place du Palais-Royal. Une amitié se développa entre les deux hommes, avivée par les polémiques autour du Balzac de Rodin, dont Zola prit la défense.

Manuscrit autographe, 175 × 115 mm
BNF, Manuscrits, NAF 24523, f. 329

Rome

L'action de *Rome* se déroule de septembre à décembre 1894. Comme Lamennais soixante-deux ans plus tôt, Pierre Froment vient défendre son livre *La Rome nouvelle*, menacé d'une mise à l'Index. À l'attente anxieuse de Pierre, pris dans les méandres des intrigues vaticanes, se mêle une histoire d'amour baroque et funèbre, tandis que Zola entraîne le lecteur à la découverte de la ville ou plutôt des villes superposées que sont la Rome antique, la cité des papes et la capitale en construction de la jeune nation italienne.

Le romancier a séjourné à Rome et en Italie du 29 octobre au 16 décembre 1894 et a noté ses impressions dans un journal très détaillé (Aix-en-Provence, bibliothèque Méjanes, Ms 1464 1-2). Commencé le 2 avril 1895, le manuscrit est terminé le 11 mars 1896. Le feuilleton paraît en même temps dans *Le Journal* et dans *La Tribuna* de Rome de décembre 1895 à mai 1896. Il est en librairie le 8 mai.

241
Joris Karl Huysmans, lettre à Émile Zola, 14 mai 1896

« C'est un livre bourré d'idées, discutables peut-être – celles de la fin surtout – mais dans l'anémie de ces temps, c'est un fier labeur et un livre d'ample envolée que *Rome* ! Si je résumais mon impression, je dirais assez volontiers – la similitude des sujets s'y prêtant – que c'est le Zola de *La Curée*, mais singulièrement agrandi, si bête et si usé que soit le mot, par un penseur. »

Manuscrit autographe, 135 × 104 mm
BNF, Manuscrits, NAF 24520, f. 378 v°

242
Bernard Lazare, lettre à Émile Zola, 10 mai 1896

« Contre l'abjection mystique, c'est vous qui avez raison avec votre admirable foi en la science, c'est-à-dire en la Justice et en la Vérité […]. Non que j'accepte votre esthétique, mais qu'importe, les esthétiques sont périssables, la protestation pour la Raison est seule éternelle […] vous avez écrit hier que vous deviendriez peut-être socialiste, vous l'êtes déjà. Votre livre et votre déclaration vous ferment l'Académie. Laissez-moi m'en réjouir et attendre avec impatience ce *Paris* où vous ferez lever et s'épanouir toutes les semences de *Germinal*. »

Manuscrit autographe, 172 × 100 mm
BNF, Manuscrits, NAF 24521, f. 291
(Non reproduit)

243
Rome

Jamais Zola n'avait autant parlé d'art depuis la publication de *L'Œuvre*. Il oppose à la puissance de Michel-Ange, qui a sa préférence, les grâces de Botticelli, célébré par le guide de Pierre, l'esthète décadent Narcisse Habert. C'est un Botticelli hautement symbolique, inspiré par *La Derelitta*, dessin conservé à la Galleria Pallavicini, qu'il place dans la chambre de Pierre au palais Boccanera : « C'était, à peine éclairé par le jour mourant, une figure de femme assise sur un soubassement de pierre, au seuil d'un grand et sévère logis, dont on semblait l'avoir chassée. Les deux battants de bronze venaient de se refermer à jamais, et elle demeurait là, drapée dans une simple toile blanche, tandis que des vêtements épars, lancés rudement, au hasard, traînaient sur les marches éparses de granit. »

Manuscrit autographe, 200 × 155 cm
Aix-en-Provence, bibliothèque Méjanes, Ms 1457, f. 93-94
(Non reproduit)

Paris

Bien avant de commencer la rédaction de *Paris*, Zola songeait déjà à l'utopie. Dès septembre 1892, il écrit, dans ses « Notes sur les trois villes » : « Je veux que ce roman soit au-dessus de terre, qu'il ouvre le vingtième siècle par des visions. La cité future de félicité montrée : ainsi toute la partie où le prêtre cache son frère, où celui-ci l'initie, doit être comme une brusque ouverture sur un Paradou social [...]. Dans cette lutte de la justice contre la charité, il faut que le frère soit la justice et le prêtre la charité [...] ce que veut la justice, le dire et le montrer. L'hosannah, les États-Unis d'Europe, le rêve d'un seul peuple. Le bonheur idéal, les poètes imaginateurs du monde. La cité idéale, la puissante architecture. Mais je ne puis aller contre les idées de toute ma vie, je suis pour l'évolution, je suis pour la satisfaction de tous les besoins, pour la nature, les besoins naturels contentés. Contre le catholicisme déclarant la terre impie, la vie mauvaise [...]. Tout en sautant dans l'idéal, dans le désir de ce qui n'est pas, bien tenir compte des réalités ambiantes. Le moment historique fixé, où en sera notre troisième république, et surtout l'état très net de la question sociale. Les différentes écoles, ce que les bourgeois sont prêts à accorder, les solutions proposées, les terrains conquis par les socialistes, ce qu'ils exigent encore. Enfin toute la bataille sociale dans sa violence, la lutte pour la vie. Et, à l'horizon, la grande aurore qui se lève. Il faut que dans « Paris », j'ai comme dans « Germinal » un très grand fonds de souffrance. » (Aix-en-Provence, bibliothèque Méjanes, Ms 1455, f. 17-23.)

Paris, qui s'inspire de l'actualité des années 1892 à 1894, mêlant scandales politiques et attentats anarchistes, se déroule sur quatre mois, de janvier à avril, trois ans après le voyage de Pierre à Rome, donc en 1897. Commencé le 31 décembre 1896, le manuscrit est achevé le 31 août 1897. Publié en feuilleton du 23 octobre 1897 au 9 février 1898 dans *Le Journal*, le roman paraît en librairie le 1er mars 1898. Mais, à ce moment, son auteur est déjà emporté dans le tourbillon de l'affaire Dreyfus. Le héros des *Trois Villes*, Pierre Froment, incarnait la France des années 1890, une France du Ralliement qui se serait rêvée fille des Lumières et du catholicisme. Or les espoirs nés du Ralliement, bâti sur des non-dits et des approximations sémantiques, se dissipent dans la crise de l'affaire Dreyfus. Pierre Froment a choisi les Lumières plutôt que la foi catholique, Paris plutôt que Rome et Lourdes. Le coup de tonnerre de *J'accuse...!*, en janvier 1898, se produit au terme d'une montée du nationalisme et de l'antisémitisme déjà évoquée et dénoncée par Zola. Il ne s'intéresse pourtant pas immédiatement à l'« Affaire », mais, une fois convaincu, à l'automne 1897, il n'hésite pas à mettre son immense notoriété au service de la vérité, au prix de nombreux sacrifices. Exilé, injurié, presque ruiné, il traverse alors une période éprouvante et bouleversante. Il symbolise désormais la trahison pour les uns, le courage de l'intellectuel engagé pour les autres. Il était historien et poète, il sera témoin et prophète.

244
Ébauche de *Paris*

« Le problème social et religieux, il n'y en a pas d'autres, c'est lui qui s'agite sous toutes les questions modernes soulevées [...] le Panama, et la guerre idiote de l'antisémitisme, et toutes nos hontes actuelles et notre politique de personnalités et de vénalité. »
À la fin du roman, Guillaume, le frère de Pierre, qui a découvert un puissant explosif, renonce à son projet de faire sauter le Sacré-Cœur, symbole de la réaction et de l'obscurantisme. C'est à Pierre et Marie qu'il reviendra de construire une nouvelle famille, aussi saine et heureuse que celle des Rougon-Macquart avait été tarée. À la base de cette nouvelle épopée, Zola pose la science, libératrice de l'humanité, au moyen de découvertes successives, tout en préservant l'autonomie de l'individu et en laissant toute sa valeur morale et spirituelle au travail.

Manuscrit autographe, 200 × 155 cm
Aix-en-Provence, bibliothèque Méjanes,
Ms 1471, f. 1 et 17

245

**Dossier préparatoire de *Paris* :
plan de Montmartre**

« Je place la maison de Guillaume
sur la place du Tertre. Une petite place
de province avec de petits arbres.
Et sur les côtés, des boutiques… » (f. 82.)

Manuscrit autographe, 200 × 155 cm
Aix-en-Provence, bibliothèque Méjanes,
Ms 1473, f. 81

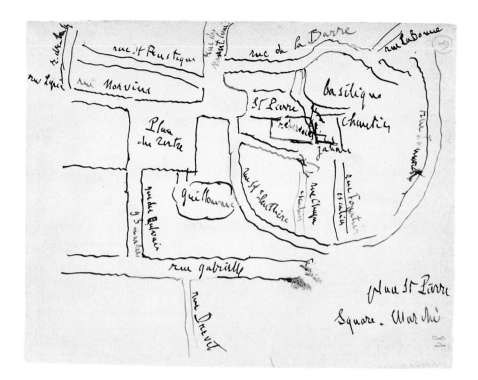

246

***Paris*, « Aspect de Paris », décembre**

D'une plume qui évoque James Ensor ou Émile Verhaeren,
Zola esquisse, pour le début du roman, un tableau
panoramique de Paris en hiver, vu depuis les hauteurs de
Montmartre, en commençant par « la ville du travail à l'est »
où l'on sent « le souffle des usines ». « Un Paris noyé sous
cet inconnu de la brume, un Paris de deuil, de frissonnant
mystère comme voilé, disparu à demi dans l'abomination
de ce qu'il cache. »

Manuscrit autographe, 200 × 155 mm
Aix-en-Provence, bibliothèque Méjanes, Ms 1471, f. 107

247

***Paris* : vision finale de Paris**

« Il semblait qu'une même poussée de vie, qu'une même
floraison avait recouvert la ville entière, l'harmonisant,
n'en faisant qu'un même champ sans bornes, couvert
de la même fécondité. Du blé, du blé partout, un infini
de blé dont la houle d'or roulait d'un bout de l'horizon
à l'autre. Et le soleil oblique baignait ainsi Paris d'un égal
resplendissement, et c'était bien la moisson après
les semailles. » (H. Mitterand éd., Stock, 1998, p. 458.)

Manuscrit autographe, 200 × 155 mm
Aix-en-Provence, bibliothèque Méjanes, Ms 1470, f. 976-979
(Non reproduit)

248

**Théophile Alexandre Steinlen, « Le Journal publie
Paris par Émile Zola »**

« L'affiche de Steinlen est moins mauvaise que je le croyais,
bien confuse pourtant, avec des intentions que personne
ne comprendra. » (Lettre à Alexandrine Zola, 21 octobre
1897.) Ces intentions sont beaucoup plus claires dans
l'affiche que Steinlen dessinera pour le journal anarchiste
Le Petit Sou.

1897
139 × 195 cm
Imprimerie Ch. Verneau
BNF, Estampes, Gr. Rouleau 2
(Reproduit p. 180)

L'Église catholique dans *Les Trois Villes*

Pierre Colin

En septembre 1892, Zola formule le projet de ce qui deviendra *Les Trois Villes* : «Faire deux volumes, l'un qui s'appellerait *Lourdes*, l'autre *Rome* […]. Mettre dans le premier le réveil du vieux catholicisme, celui de la *Légende dorée*, le besoin de foi et d'illusion, et dans le second tout le néo-catholicisme, ou plutôt le néo-christianisme de cette fin de siècle. De Vogüé et les autres. Le haut clergé, le pape. Rome enfin, et Rome tâchant de se plier aux idées modernes[1].» *Lourdes* sera de fait publié en 1894, *Rome* en 1896 et l'adjonction en 1898 d'un troisième volume consacré à Paris orientera l'ensemble vers une réflexion prospective sur l'avenir d'un monde moderne travaillé par la question sociale.

Désireux de faire vivre à jamais toute son époque, Zola n'a pu négliger la présence de la religion chrétienne dans la société du Second Empire. Trois volumes des *Rougon-Macquart* sont particulièrement significatifs : *La Conquête de Plassans* illustre la volonté de puissance politico-religieuse du clergé catholique, tandis que *La Faute de l'abbé Mouret* stigmatise son refus du sexe et de l'amour humain; *Le Rêve* trahit l'ambivalence du rapport de Zola à une sensibilité religieuse qui l'émeut alors même que son rationalisme scientifique la repousse.

Un itinéraire symbolique

Un ton nouveau caractérise *Les Trois Villes*. Soucieux d'un renouvellement littéraire, le romancier se prive du recul historique; il parle d'un présent qui ne cesse d'évoluer et au sein duquel il discerne des mouvements spirituels dont il se fera l'observateur à la fois attentif et critique. Dès lors, un échange s'opère entre l'histoire du catholicisme et l'analyse des romans. La trilogie renvoie à des phénomènes religieux dont l'étude éclaire le cycle romanesque, cependant que ce dernier signale leur importance. Ainsi en est-il pour ce «néo-christianisme» auquel Zola n'a pas tort d'attacher le nom d'Eugène-Melchior de Vogüé, qui avait ouvert la France au roman russe en 1886.

Parmi les lectures possibles des *Trois Villes*, celle que nous adoptons considère que, dans leur état final, les trois volumes de la trilogie constituent un roman d'apprentissage – ou, selon une suggestion d'Henri Mitterand, un roman de ré-apprentissage –, dont le sujet est un prêtre, l'abbé Pierre Froment. Alors qu'une crise redoutable avait déjà fortement ébranlé sa foi religieuse, celui-ci sera conduit, par les expériences décevantes de Lourdes et surtout de Rome, à abandonner tous les signes extérieurs et

les devoirs propres de l'état ecclésiastique, pour rejoindre l'humanité de tous et de chacun, dans l'amour et le travail. Commencé avant même le voyage à Lourdes, avec la perte de la foi, l'itinéraire spirituel et humain de Pierre Froment s'achève à Paris dans une mutation de son espérance.

Cette lecture en continuité de la trilogie est possible, et elle nous semble féconde. Certes, le projet définitif ne s'est pas formé d'emblée : la genèse progressive est aujourd'hui bien attestée et bien étudiée[2]. De plus, on ne peut se dissimuler le caractère quelque peu artificiel des raccords par lesquels Zola rapporte la suite aléatoire des livres à la continuité d'un itinéraire plausible. Mais, à un niveau plus symbolique que biographique, le rappel des expériences successives de Pierre assure la cohérence et le développement d'une interrogation qui est celle même de Zola à la veille de son engagement dans l'affaire Dreyfus. Suivre l'itinéraire du héros des *Trois Villes* permet de comprendre comment le destin de l'Église catholique et l'avenir de la société s'annoncent pour le romancier à travers le parcours de Pierre Froment allant de la foi à la science, de la mystique au travail et à l'amour humain, de la charité à la justice.

Miracle et déception : Lourdes

La première étape de ce parcours initiatique conduit Pierre à Lourdes, où il accompagne son amie d'enfance, Marie de Guersaint, atteinte d'une paralysie jugée incurable par les autorités médicales. Dès le début, le romancier a mis en place les éléments nécessaires à la compréhension de son personnage. D'abord, la double hérédité, paternelle et maternelle, de Pierre Froment illustre déjà le conflit de la raison et de la foi qui domine sa vie personnelle. Fils d'un chimiste illustre qui a été victime d'une explosion dans son laboratoire, Pierre sera élevé «dans une religion stricte» par une mère pieuse, hantée par la crainte de l'enfer, et soucieuse de voir son fils cadet racheter l'incroyance du père. Pierre exauce le vœu de sa mère en rentrant au séminaire, ce qu'il n'aurait sans doute pas fait si la maladie de Marie de Guersaint n'avait pas écarté un projet de mariage.

Le second élément est la formation sacerdotale. Pour Zola, l'Église catholique est castratrice de ses clercs sur le plan intellectuel comme sur le plan sexuel. Devenu séminariste, Pierre devra renoncer à la raison de même qu'à l'amour humain. Sa formation est donc comparable à celle que Zola avait prêtée à Serge Mouret : «Le mépris de la science lui venait; il voulait rester ignorant, afin de garder l'humilité de sa foi[3].» La schématisation est certes

1 Aix-en-Provence, bibliothèque Méjanes, Ms 1455, f. 60. **2** Voir René Ternois, *Zola et son temps. Lourdes-Rome-Paris*, Les Belles Lettres, 1961. Voir aussi les éditions d'Henri Mitterand (Stock, 1998) et de Jacques Noiray (Gallimard, coll. «Folio», 1999 pour *Lourdes* et *Rome*). **3** *La Faute de l'abbé Mouret*, Pocket Classiques, 1999, p. 124.

excessive et injuste, mais elle trouve un écho dans le jugement rétrospectif d'un historien moderniste, Albert Houtin, sur son éducation sacerdotale au séminaire d'Angers dans les années 1888 à 1891 : « Les aspirants au sacerdoce doivent évidemment connaître la vérité, mais avant tout leur foi doit être fortifiée. Le second principe oblitère le premier. On accoutume les gens à s'en remettre en toutes choses à l'autorité de l'Église, et pratiquement on supprime la raison [4]. »

Dans le dispositif psychologique évoqué par Zola, l'éveil d'un désir de comprendre et de justifier ne peut que détruire la foi. C'est ce qui arrive à Pierre Froment. À vingt-six ans, « il était prêtre, et il ne croyait plus. Cela, brusquement, venait de se creuser devant ses pas, comme un gouffre sans fond. C'était la fin de sa vie, l'effondrement de tout ». Il part néanmoins à Lourdes. Marie a deviné la crise de son ami et elle attend pour Pierre une guérison spirituelle en même temps qu'elle attend pour elle-même la guérison de sa paralysie. Or Marie guérira, mais dans des conditions telles que, loin de réconforter la foi de Pierre, cet événement prévu et quasi programmé ne pourra que la ruiner définitivement. Pierre se trouve dès lors engagé dans une impasse : impossible de partager l'enthousiasme de Marie, impossible de faire un aveu qui compromettrait la guérison.

Lourdes a été un grand succès de librairie. Les matérialistes ont applaudi à cette entreprise de destruction de la croyance au miracle. Le savant et philosophe allemand Ernst Haeckel écrira : « Les médecins qui prétendent rendre compte des miracles sont, partie des charlatans incultes et sans critique, partie des escrocs qui sont de connivence avec les prêtres dominateurs. L'exposé le plus exact que je connaisse de la supercherie grandiose de Lourdes a été donné par Zola dans son roman connu [5]. » Pour la plupart des critiques catholiques, l'imposture est plutôt du côté de Zola qui n'a pas hésité à déformer des faits avérés. En 1894-1895, la revue des pères jésuites, *Études*, consacre quatre articles à une réfutation en règle de *Lourdes*. Plus tard, le 5 octobre 1898, et plus brutalement, sous le titre : « La fin d'une légende littéraire : Zola devant ses œuvres », l'ensemble des *Trois Villes* sera exécuté, dans la même revue et par le même critique. Selon le père Hippolyte Martin : « L'auteur a volontairement fermé les yeux à tout ce qui représente la véritable Église. À Lourdes, à Rome et à Paris, il n'a saisi que les caricatures de toutes les grandeurs chrétiennes. Après les avoir rabaissées avec un cynisme odieux, il lui a été facile de donner à l'anarchie des proportions grandioses. Ici, toutes les vérités. Là tous les vices. »

Alors que, dès son voyage de septembre 1891, Zola avait été frappé par « la vue de cette cité mystique en ce siècle de scepticisme », le romancier exprime, à travers Pierre Froment, son propre scepticisme devant les guérisons « miraculeuses », son indignation devant les pères de la Grotte dont il estime qu'ils exploitent les illusions des pèlerins, mais aussi sa pitié devant les misères humaines qui se pressent à Lourdes et une certaine tendresse pour Bernadette. Dans une lettre du 9 mars 1894, alors qu'il achevait de rédiger *Lourdes*, l'écrivain évoquait toujours ces misérables malades que les médecins ont abandonnés et qui ne trouvent d'autre recours contre la résignation que l'appel à une puissance divine. Son nouveau roman serait, disait-il, « l'examen de cette tentative de foi aveugle dans la lassitude de notre fin de siècle ». Et il ajoutait : « En élargissant la chose, mon symbole est que l'humanité est une malade, aujourd'hui, que la science semble condamner, et qui se jette dans la foi au miracle, par besoin de consolation [6]. » L'élargissement est significatif. L'une des spécificités de la trilogie est de tenir la crise interne du catholicisme pour le révélateur d'une crise générale de la société moderne, qu'une interrogation nouvelle à l'égard des défaillances de la science ébranle jusque dans ses fondements.

Le néo-christianisme

Loin de tenir ses promesses, la science se montre-t-elle inférieure aux espoirs mis en elle ? Les questions posées par Brunetière dans son fameux article de 1895 [7] ne sont pas nouvelles et il est loin d'être le seul à les poser. Elles sont déjà présentes dans le dernier volume des *Rougon-Macquart*. Certes, s'il s'agit de choisir entre la science et la foi, l'hésitation n'est pas permise : le héros et l'auteur du *Docteur Pascal* sont sans aucun doute du côté de la science. Mais celle-ci est moins triomphante qu'elle pouvait sembler l'être et d'autre part elle ne suffit pas à donner sens à la vie : Clotilde et son enfant, soit l'amour et sa fécondité, se trouvent au terme du livre, qui culmine dans un vibrant hommage à la vie et à l'amour.

Le héros de la trilogie, Pierre Froment, sera d'abord le témoin des mouvements qui travaillent le catholicisme de l'époque. Certes, il n'est pas encore touché par la crise moderniste qui va secouer l'Église catholique surtout en France et en Italie à partir des initiatives exégétiques d'Alfred Loisy et du renouvellement philosophique opéré par Maurice Blondel [8]. Mais l'importance de cette crise tend à estomper l'existence et la richesse des mouvements spirituels qui animent dans les années 1890 la génération à laquelle appartient Pierre Froment. En témoignent les revues qui se fondent et qui constituent le milieu apte à entendre et à discuter librement des interrogations anciennes ou nouvelles sur la religion, la science et la société. Ainsi naissent, en 1894, *Le Sillon* avec Paul Renaudin ou *La Quinzaine* avec Georges Fonsegrive, deux revues qui portent d'ailleurs sur *Lourdes* ou sur *Rome* un jugement dont le caractère critique n'interdit pas la compréhension.

Le «néo-christianisme» dont parle Zola se rapporte à ce contexte. L'expression est lancée dans un article publié dans *Le Correspondant* du 10 février 1892 par un prêtre, qui sera bientôt professeur à l'Institut catholique de Paris : Félix Klein. Il constate qu'un certain renouvellement de la littérature se dessine à travers les œuvres et les analyses de Paul Bourget, d'Édouard Rod, du vicomte de Vogüé, de Paul Desjardins, d'Henry Bérenger et de quelques autres. Comment qualifier ces auteurs ? Klein décide : «Pour nous, provisoirement et faute de mieux, nous appellerons "mouvement néo-chrétien" l'état d'esprit qu'ils représentent, et dont le symptôme le plus général, sinon le caractère essentiel, paraît être la prétention de découvrir l'Évangile oublié, de renouveler le sentiment religieux, de dégager des entraves du dogme les beautés de la morale chrétienne, et d'ôter le gouvernement de notre vie à la raison, qui a fait ses preuves d'impuissance, pour le confier mystiquement à la volonté et à l'amour.» Le mouvement n'est d'ailleurs pas uniforme : «Il commence, sur l'aile gauche, à l'incrédulité curieuse ou bienveillante, pour finir, sur l'aile droite, à la foi véritable[9].»

Dès 1886, Eugène-Melchior de Vogüé donne un coup d'envoi en ouvrant au public français le monde du *Roman russe*[10]. Découvrir la puissance créatrice manifestée par ce dernier, c'est du même coup relire autrement la littérature française et c'est ainsi que Vogüé juge caduque la partie réaliste de l'œuvre de Zola. Une nouvelle littérature apparaît, plus sensible au problème spirituel et plus préoccupée de soutenir un élan moral. L'exemple est donné en 1889 avec *Le Disciple* de Paul Bourget et avec *Le Sens de la vie* d'Édouard Rod, ami et correspondant de Zola. Le même publie en 1891 *Les Idées morales du temps présent*, dédiées à Paul Desjardins, qui lance lui-même un appel à l'union morale des chrétiens, des juifs et des agnostiques dans *Le Devoir présent* (1892). Pour Desjardins, le moment est venu de «l'élaboration d'un *christianisme intérieur*» qui apporterait aux chrétiens une reviviscence de leur foi, en la rendant pour eux actuelle, et qui ferait bénéficier les non-chrétiens d'une admirable expérience morale. Un corps sera donné à ce rêve d'unanimité par la fondation de l'Union pour l'action morale, transformée lors de l'affaire Dreyfus en Union pour la vérité.

Le mouvement néo-chrétien est assez large pour que le héros des *Trois Villes* y trouve sa place. Bien que, dans *Le Sillon*, Octave Homberg reproche à Zola d'avoir confondu dans un même personnage néo-catholicisme et catholicisme social : «M. Desjardins et M. de Mun deux frères d'armes.» Toujours est-il que, dans la période intermédiaire entre *Lourdes* et *Rome*, Pierre Froment s'est voué à la charité, avant d'écrire son livre, *La Rome nouvelle*. De même que jadis Lamennais, et avec le même résultat négatif, Pierre viendra à Rome pour soutenir ce livre menacé d'être mis à l'Index (comme vient d'ailleurs de l'être le *Lourdes* de Zola). Mais cet objectif est second par rapport à l'essentiel, qui est de s'assurer que le pape correspond bien à ce qu'il attend de lui.

La Rome nouvelle

Le livre de Pierre exprime avant tout l'espérance d'un retour de l'Église catholique à l'esprit du christianisme primitif. Pour décrire les premiers temps et les dérives de l'histoire chrétienne, Zola s'appuie sur un livre tout récent qu'il lit en août 1894 : *Le Socialisme catholique*, de Francesco Nitti. Celui-ci décrit l'esprit «communiste» de la communauté chrétienne des premiers siècles, qui recrutait ses membres dans les classes pauvres de la société romaine. Or cet esprit a été abandonné lorsque le christianisme, étant devenu avec Constantin religion d'État, dut se concilier les riches et les puissants. C'est à ce prix que le christianisme est devenu le catholicisme, une religion universelle. Mais il a perdu son esprit originel. Comment le retrouvera-t-il ? Pierre espère qu'un pontife éclairé ramènera l'Église à l'Évangile.

Dans le dossier préparatoire de *Rome*, Zola imagine un évêque schismatique, converti à la raison : «Et, pour finir sur l'idée encore d'une religion nouvelle, l'idée que les catholiques tels que Ketteler, Manning, Ireland ne peuvent aboutir qu'à un schisme, à quelque grande figure de schismatique, un évêque du nouveau monde qui se séparera de Rome, se mettra avec la science, rejettera les dogmes, les mystères, les miracles, ne prendra plus l'Évangile que comme un code moral, réalisera le royaume des cieux sur terre. Et finir par le triomphe de la raison. Tout donner à l'amour : être tous frères, oui ! se conformer à l'Évangile, oui ! éviter la violence, oui ! mais renoncer à la raison, non, jamais[11] !»

Pierre Froment ne s'arrêtera pourtant pas à l'idée d'un schisme impliquant la sécession par rapport à Rome et la tentative d'une nouvelle Église. Revenu de Rome, il se souviendra de son livre : «Quelle ridicule folie ! Un

4 *Une vie de prêtre. Mon expérience, 1867-1912*, Rieder, 1926, p. 97. **5** Cité par Pierre Teilhard de Chardin, «Les miracles de Lourdes», *Études,* 20 janvier 1909, p. 180. **6** Émile Zola, *Correspondance*, Montréal / Paris, Presses de l'Université de Montréal / Éditions du CNRS, 1978-1995, t. VIII, lettre du 9 mars 1894 à Jacques Van Santen Kolff. **7** «Après une visite au Vatican», *Revue des deux mondes*, janvier 1895. **8** Voir Pierre Colin, *L'Audace et le soupçon. La crise du modernisme dans le catholicisme français, 1893-1914*, Desclée de Brouwer, 1997. **9** «Le mouvement néo-chrétien dans la littérature contemporaine», repris dans *Nouvelles tendances en religion et en littérature*, 1893, p. 4. **10** Plon, 1886. **11** Ébauche de *Rome*, Aix-en-Provence, bibliothèque Méjanes, Ms 1464, f. 32.

schisme ! Il avait connu à Paris un prêtre de grand cœur et de grand esprit, qui avait tenté de l'accomplir, ce fameux schisme annoncé, attendu. Ah ! le pauvre homme, la triste et dérisoire besogne, au milieu de l'incrédulité universelle, de l'indifférence glacée des uns, des moqueries et des injures des autres[12]. » Ces lignes renvoient à Hyacinthe Loyson, prêtre séparé de l'Église de Rome depuis le Concile de Vatican I et fondateur d'une Église gallicane, qui a correspondu avec l'écrivain et qui lui exprimera son admiration lors de l'affaire Dreyfus après lui avoir reproché cette allusion[13].

En fait, l'organisation centralisée du catholicisme devrait permettre au pape de prendre lui-même en charge le retour à l'esprit de la première communauté chrétienne. Ce n'est pas d'un évêque dissident, mais du pape lui-même, que Pierre Froment attend la réconciliation de l'Église et de la démocratie, et, ce faisant, il pense traduire les visées mêmes de Léon XIII. Or, d'une certaine manière, il n'a pas tort. Dans son article de 1887, « Affaires de Rome »,

Vogüé envisage la transformation interne de l'Église permettant à celle-ci de se réconcilier avec la démocratie et avec le progrès[14]. Le pontife romain bénéficie d'un prestige réel auprès d'intellectuels français qui sont loin d'être des ultramontains du type Veuillot. Avec Paul Desjardins, Ferdinand Brunetière ou Maurice Blondel, on voit se multiplier les visites d'intellectuels au pape. Dans un article de *La Quinzaine* du 15 avril 1895, Léon Ollé-Laprune se demande « ce qu'on va chercher à Rome », et le philosophe insiste en définitive sur le double caractère de l'Église : c'est une force spirituelle et morale, et pourtant c'est aussi une force visible (ce que ne sont pas, malgré les majuscules, la Science ou l'Opinion).

Telle avait déjà été l'impression ressentie, lors de leur visite à Rome en mars 1893, par un groupe d'enseignants et d'étudiants de l'Institut catholique de Paris : « Nous lui avons parlé seul à seul, nous avons lu dans son regard la tendresse qu'il ressent pour tous les fidèles, pour les jeunes gens de notre pays, nous oserions dire pour chacun de

Théophile Alexandre Steinlen, « Le Journal publie Paris par Émile Zola » (voir notice n° 248).

nous en particulier. Rien n'arrachera ce souvenir de notre cœur, comme rien n'effacera de notre esprit l'impression profonde que nous fit le contraste entre la grandeur morale et la faiblesse physique du Souverain Pontife. Le Pape est chargé d'années et il prend résolument la direction de ces masses populaires devant lesquelles tremblent les plus puissants empereurs. Il n'a plus qu'un domaine de quelques hectares, mais il semble qu'il ait l'univers pour royaume[15]. »

À Rome, Pierre est le jouet des intrigues romaines dont le meneur occulte est Mgr Nani ; celui-ci finit par le conduire au point où, dès le départ, il projetait de l'amener. Tout cela, qui anticipe sur le climat de la crise moderniste, est très important. Mais l'essentiel est ailleurs : Pierre finit par rencontrer Léon XIII en audience privée, nuitamment et presque clandestinement, mais l'émotion réelle de Pierre ne l'empêche pas de percevoir une différence radicale entre le pape qui le reçoit et celui qu'il espérait. Deux éléments résistent. D'abord, Léon XIII ne se résigne pas à l'abandon du pouvoir temporel, mais surtout il oppose un refus catégorique à toute modernisation du catholicisme : « Quand il n'y aurait que ces mots de religion nouvelle dans votre livre, il faudrait le détruire, le brûler, comme un poison mortel des âmes. » Pierre comprend la vanité de son rêve et il renonce à son livre, mais cette soumission apparente cache une déception et une rupture définitives, que ses interlocuteurs romains ne peuvent même pas comprendre.

Vers un autre destin : *Paris*

Dans un Paris secoué par les attentats anarchistes, Pierre Froment reprendra contact avec son frère Guillaume, savant reconnu et inventeur d'un nouvel explosif avec lequel il projette de faire sauter le Sacré-Cœur, alors en construction. Progressivement détaché de son passé ecclésiastique, Pierre épousera une jeune femme et fondera avec elle un foyer dont les enfants seront les héros des derniers livres de Zola célébrant la fécondité, le travail, la vérité et la justice. Au terme de l'itinéraire, on peut tenter de résoudre une question qui a été posée au romancier : pourquoi a-t-il pris pour héros un prêtre, alors que le néo-christianisme est surtout le fait de laïcs, et même d'hommes plus ou moins indépendants de l'Église catholique ? Et pourquoi conduit-il à Lourdes, puis à Rome, ce prêtre qui a déjà perdu la foi ?

En 1897, face à l'objection qui lui avait été faite, Zola se trouve conforté par l'annonce de la défection d'un prêtre connu : « Comme on niait la réalité, la possibilité même de mon abbé Pierre, il était curieux de citer le cas de l'abbé Charbonnel qui arrive si à propos ». Promoteur d'un Congrès universel des religions qui pourrait se tenir à Paris en 1900 comme celui qui s'était tenu à Chicago en 1893, Victor Charbonnel participait à cette tentative de modernisation du catholicisme connue sous le nom d'« américanisme » parce qu'elle invoquait en France le type de liberté politique et le mode de spiritualité qui caractérisaient le catholicisme américain. Mais, devant l'échec de ses projets, Charbonnel quitte l'Église en 1897, fournissant à Zola « une confirmation que lui apporte la réalité[16] ».

Dans son livre sur *Zola et le prêtre*, Pierre Ouvrard évoque « une crise du clergé sur laquelle Zola a pu recevoir telle ou telle confidence directe ou indirecte[17] ». Mais le problème se situe peut-être à un autre niveau et sa solution implique une interprétation générale de la trilogie. Il faut que le héros soit engagé dans l'appareil ecclésial si l'on veut que son parcours symbolise le devenir prévisible – et selon Zola, souhaitable – de l'Église catholique dans son rapport au monde contemporain, scientifique et laïque. Le schisme n'est à cet égard qu'une solution partielle et provisoire, en fin de compte vouée à l'échec. À Paris, le héros de Zola n'est en tout cas plus, comme il l'était à Rome, le prophète d'un nouveau christianisme. Reste-t-il le promoteur d'une nouvelle croyance ?

La question est de savoir si la trilogie annonce une désaffection générale de la société moderne à l'égard de la religion, ou une transmutation politico-sociale du sentiment religieux. En toute hypothèse, pour Zola, la religion devrait être épurée de la foi aux dogmes, aux miracles, aux mystères, mais que reste-t-il de chrétien, voire de religieux après une telle épuration ? Interprétée symboliquement, la foi se réduira-t-elle à une morale ? Et une morale suffira-t-elle à vaincre un pessimisme inspiré de Schopenhauer dont Zola connaît l'emprise sur la société de l'époque et contre lequel il se défend ? Faudra-t-il une autre religion, une religion renouvelée, mais laquelle ? Sans répondre à toutes ces questions, le roman s'oriente vers un élan religieux qui s'investit dans les diverses utopies socialistes recensées et confrontées dans le milieu parisien de Guillaume et de Pierre. Ces « génies précurseurs » que sont Saint-Simon et Fourier, Proudhon et Auguste Comte, ne s'entendent-ils pas sur des « vérités communes » qui seront « le fondement même de la religion de demain, la foi nécessaire que le siècle léguerait au siècle suivant, pour qu'il en fît le culte humain de paix, de solidarité et d'amour[18] ? » La question reste ouverte avant l'engagement de Zola dans l'affaire Dreyfus et avant la publication de *Fécondité*, de *Travail* et de *Vérité*.

---

12 *Paris,* édition d'Henri Mitterand, Stock, 1998, p. 40. **13** Voir *Correspondance, op. cit.*, t. IX, p. 119-120. **14** *Revue des deux mondes*, 15 juin 1887, p. 814-859. **15** « Voyage à Rome », *Bulletin de l'Institut catholique de Paris*, n° 130, avril 1893. **16** *Correspondance, op. cit.*, t. IX, lettre du 8 octobre 1897 à Fernand Xau. **17** Beauchesne, 1986, p. 153. **18** *Paris,* Stock, p. 450.

1898-1902 **Dire**

Le temps des utopies

J'accuse…! Un cri pour la rue

Alain Pagès

J'accuse…! Le 13 janvier 1898, c'est un titre immense qui barre la première page de *L'Aurore*, un titre imprimé en «lettres de bois» à large empattement – celles qui sont utilisées pour les affiches. Ce jour-là, *L'Aurore* a décidé de jeter sur le pavé de Paris près de trois cent mille exemplaires, alors que le journal tire habituellement à vingt ou trente mille.

Disposé sur six colonnes, l'article de Zola remplit toute la première page et se poursuit sur la deuxième. Les paragraphes se déroulent dans une succession ininterrompue. Nul vis-à-vis, pas de commentaire concurrent, pas le moindre entrefilet qui puisse distraire d'une lecture donnée comme la seule possible. L'espace occupé est exceptionnel. Le quotidien que Vaughan et Clemenceau ont fondé en octobre 1897 (et qui publie alors son quatre-vingt-septième numéro) s'est livré entièrement à la parole de l'auteur des *Rougon-Macquart*.

Avec plus de quatre mille cinq cents mots, l'exposé est dense. Rien ne vient troubler l'alignement des caractères. Seul un jeu d'astérisques rompt la linéarité des colonnes, permettant au texte de respirer. Mais, avec un peu d'attention, le regard distingue assez facilement les différents ensembles qui se succèdent. Zola explique comment l'erreur judiciaire de l'affaire Dreyfus est née, de quelle façon la condamnation a été prononcée, dans quel engrenage Dreyfus s'est trouvé pris. Il prend les faits les uns après les autres, en montrant leur enchaînement. L'introduction justifie le mode de communication qui a été choisi, une lettre ouverte au président de la République. Puis une première partie ramène le lecteur trois ans en arrière, à l'automne de 1894, qui a vu l'arrestation et la condamnation de Dreyfus. La deuxième partie raconte comment a été découverte l'identité du traître, le commandant Esterhazy. La troisième partie revient sur la décision scandaleuse que

249 Félix Vallotton, « L'âge du papier »,
eau-forte publiée dans *Le Cri de Paris*
du 23 janvier 1898.
BNF, Philosophie, Histoire,
Sciences de l'homme, 4° Lc2-5677.
(Non exposé)

le conseil de guerre a prise, deux jours plus tôt, le 11 janvier, en acquittant Esterhazy ; elle souligne le double crime qui a été ainsi commis – condamner un innocent, acquitter un coupable. Enfin, sur la deuxième page de *L'Aurore*, dans la dernière colonne, surgit la conclusion, la litanie des «J'accuse», restée si célèbre.

Ce sont Clemenceau et Vaughan qui ont composé le lumineux en-tête de l'article. Vaughan rapporte l'anecdote dans ses *Souvenirs* : Zola avait intitulé son texte «Lettre à M. Félix Faure, Président de la République», mais, ajoute Vaughan, «nous cherchions un titre plus énergique pour cette œuvre admirable dont la lecture nous avait enthousiasmés». «Je voulais faire un grand affichage et attirer l'attention du public. Clemenceau me dit : "Mais Zola vous l'indique lui-même, le titre. Il ne peut y en avoir qu'un : J'accuse[1] !"» Le titre choisi est ainsi une citation, un mot-clef mis en position initiale, qui rapproche, par une sorte de court-circuit visuel, le début et la fin de l'article, invitant à passer directement à la deuxième page du journal.

En opérant ce choix éditorial, Vaughan pensait aux affiches qu'il allait faire imprimer pendant la nuit pour attirer l'attention du public – à ces deux syllabes qui se verraient de loin sur les murs de Paris, à cette annonce brutale qui éclaterait dans la bouche des crieurs de *L'Aurore* quand ils se répandraient sur les Boulevards pour vendre le numéro aux passants[2]. Car, en cette fin du XIXe siècle, l'événement se découvre dans la rue. On ne se cloître pas chez soi pour écouter un poste de radio ou regarder la télévision. Mais on court à la recherche des nouvelles. Le succès de *J'accuse… !* vient d'abord de ce mot qui a su se mêler si parfaitement au tumulte des Boulevards. Péguy a merveilleusement transcrit cette sensation de fièvre : «Il y eut un sursaut. La bataille pouvait recommencer. Toute la journée dans Paris les camelots à la voix éraillée crièrent *L'Aurore*, coururent avec *L'Aurore* en gros paquets sous le bras, distribuèrent *L'Aurore* aux acheteurs empressés. Ce beau nom de journal, rebelle aux enrouements, planait comme une clameur sur la fiévreuse activité des rues. Le choc donné fut si extraordinaire que Paris faillit se retourner[3].» Saint-Georges de Bouhélier se souvient aussi de l'effervescence qui régnait, des attroupements soudains autour des marchands de journaux. Sorti dans la rue par hasard, et ayant deviné ce qui se passait, il s'empresse d'acheter *L'Aurore* : «Je pris le journal. L'élan, le rythme de la page, son accent étaient si aigus et si entraînants qu'il n'était pas possible de s'y soustraire[4].» Comme beaucoup de lecteurs, il saute directement à la fin de l'article, qu'il

relit à plusieurs reprises. La péroraison l'enthousiasme. Cette conclusion, commente Péguy, «est sans aucun doute un des plus beaux moments littéraires que nous ayons». Et il ajoute : «Je ne connais rien, même dans les *Châtiments*, qui soit aussi beau que cette architecture d'accusations, que ces *J'accuse* alignés comme des strophes. C'était de la belle prophétie, puisque la prophétie humaine ne consiste pas à imaginer un futur, mais à se représenter le futur comme s'il était déjà le présent. C'était d'une belle ordonnance classique, d'un beau rythme classique[5].»

Sortant du cadre du journal, le verbe «j'accuse» s'échappe de la démonstration soigneusement composée et se transforme en un cri qui enfle en se mêlant à la clameur populaire. L'article de Zola surgit ainsi à l'intersection de deux supports médiatiques : le journal quotidien, fait de textes à l'apparence austère, composés sur six colonnes, où s'insère naturellement ce long récit des péripéties de l'affaire Dreyfus ; et la feuille des rues, pourvoyeuse de rumeurs et de caricatures, chansons populaires ou dessins accrochant l'œil, qui attrapent l'événement pour le transcrire en le déformant.

Une «parole prophétique», écrit Péguy… Si cette parole est aussi forte, c'est qu'elle témoigne parfaitement de ce qui vient de se dérouler en reprenant ce qui a été dit pour en offrir une synthèse. Zola est porté par l'indignation de ceux qui l'ont précédé dans l'œuvre de recherche de la vérité, qu'il a écoutés, dont il s'est inspiré, et qu'il a voulu traduire dans son génie propre.

Le premier de ses informateurs est Scheurer-Kestner, le vice-président du Sénat, qu'il a rencontré le 13 novembre 1897 : ce dernier l'a convaincu de l'innocence de Dreyfus par la solidité du dossier qu'il possédait et la qualité des preuves qu'il avait rassemblées. Bernard Lazare, de son côté, après une première étude sur l'Affaire parue en novembre 1896, venait de publier deux autres brochures, l'une en novembre 1897, l'autre au début de janvier 1898. Zola lui a emprunté son analyse du rôle néfaste joué par le lieutenant-colonel du Paty de Clam pendant l'instruction judiciaire dirigée contre Dreyfus. Et c'est dans sa troisième brochure qu'il a lu ces lignes décisives écrites par Lazare à propos des pièces composant le fameux «dossier secret» : «J'accuse le commandant Esterhazy de les avoir fabriquées, j'accuse le colonel du Paty de Clam d'avoir été son complice et d'avoir composé ce faux dossier[6].» Il n'y avait là que deux mots isolés, perdus dans un mince opuscule que la presse avait à peine relevé : sous la plume de Zola, ils prendront une portée universelle.

1 Ernest Vaughan, *Souvenirs sans regrets*, Juven, 1902, p. 71-72. 2 Lors de la commémoration de janvier 1998, on s'en souvient, *J'accuse… !* s'est merveilleusement affiché, un peu partout, dans les journaux ou les quotidiens qui le reproduisaient en fac-similé, et sur les murs de l'Assemblée nationale, où l'on a pu voir, pendant toute une semaine, la première page de *L'Aurore* déployée, mise en lumière, tandis qu'une voix enregistrée répétait pour les passants les phrases du texte de Zola – écho lointain aux crieurs du siècle passé. 3 Charles Péguy, «Les récentes œuvres de Zola», *Cahiers de la Quinzaine*, 4 décembre 1902, p. 31. 4 Saint-Georges de Bouhélier, *Le Printemps d'une génération*, Nagel, 1946, p. 334. 5 Charles Péguy, article cité, p. 33. 6 Bernard Lazare, *Comment on condamne un innocent*, P.-V. Stock, 1898, préface, p. v.

L'influence de Clemenceau a également joué. L'éditorialiste de *L'Aurore*, qui depuis plusieurs semaines commentait quotidiennement les événements de l'affaire Dreyfus, avait laissé éclater son indignation le 7 janvier, dans un article intitulé « C'est dommage », où l'expression du titre revenait comme un *leitmotiv* : « C'est dommage que les citoyens s'abandonnent, au lieu de réagir contre les pouvoirs publics qui trahissent leur devoir. C'est dommage que nous ayons perdu la foi – même erronée – en l'approximation humaine de justice. C'est dommage que l'appellation de juif, de protestant, de libre penseur ou de catholique nous paraisse une justification des violences exercées contre ceux qui ne partagent pas nos croyances[7]. » La péroraison de *J'accuse…!* a repris ce rythme anaphorique, mais elle a transformé le regret ironique en un vibrant réquisitoire, exigeant la justice.

Les brochures de Bernard Lazare avaient eu un impact limité. Au Sénat, le 7 décembre 1897, les paroles ambiguës de Scheurer n'avaient suscité que rires ou scepticisme. Dans ses éditoriaux, Clemenceau demeurait hésitant, s'en tenant à une ligne légaliste qui demandait la révision du procès de 1894. *J'accuse… !*, au contraire, attaque avec violence la partie adverse en la provoquant directement. Zola recherche un procès de presse. Il le dit, il entend jouer sur les articles 30 et 31 de la loi sur la presse du 29 juillet 1881. L'article 30 définit les peines qu'entraîne un acte de diffamation « envers les cours, les tribunaux, les armées de terre ou de mer, les corps constitués et les administrations publiques » ; l'article 31 précise que la même sanction s'applique à une diffamation commise envers « un fonctionnaire public, un dépositaire ou agent de l'autorité publique » ; et, d'après l'article 23, la diffamation résulte de « cris ou menaces » proférés dans des lieux publics, de la vente ou de la distribution d'imprimés « dans des lieux ou réunions publics », de « placards ou affiches exposés aux regards du public ». Le mode de publication a donc bien été calculé : il fallait un article de journal qui serait crié dans les rues, et dont la diffusion serait soutenue par des affiches placardées sur tous les murs.

La provocation fonctionne. Interpellé par les députés de la droite nationaliste, sommé de riposter, le gouvernement de Méline est forcé de réagir : il annonce immédiatement des poursuites judiciaires contre Zola et *L'Aurore*. Au même moment, l'avant-garde intellectuelle du quartier latin se soulève, dans un grand mouvement de passion qui va des normaliens de la rue d'Ulm aux cercles symbolistes de *La Revue blanche*, et qui aboutit à la fameuse « Protestation » publiée par *L'Aurore* le 14 janvier au matin : « Les soussignés, protestant contre la violation des formes juridiques au procès de 1894 et contre les mystères qui ont entouré l'affaire Esterhazy, persistent à demander la révision. »

Mais les réactions surgissent aussi, plus nombreuses et surtout plus violentes, dans le camp adverse. Dans *La Libre Parole* du 14 janvier, Édouard Drumont exploite la situation : avec un titre s'étalant sur six colonnes, à la manière de *L'Aurore*, il livre son *J'accuse…!* – « Lettre de Drumont au Président de la République » – en dénonçant la « machination juive » dressée contre la France. De tous côtés on bégaie des « contre-*J'accuse… !* » « Je prouve…! » lance Lucien Millevoye dans *La Patrie* en date du 16 janvier. « Ch'accuse », s'exclame Forain sur la première page du *Psst…!*, le 5 février, en dessinant une silhouette d'allure sémite – un « Pon Padriote » – glissant une liasse de dénonciations calomnieuses dans une guérite militaire. « Nous accusons…! » proclame *La Silhouette* du 13 février, sous la plume de Bob (Gyp), en désignant d'un doigt vengeur la personne de Clemenceau. « Je m'accuse », répétera encore Léon Bloy en 1900, dans un pamphlet au ricanement amer, dirigé contre celui qu'il appelle le « crétin des Pyrénées » depuis la publication de *Lourdes*.

Les images s'accumulent pour illustrer le geste de *J'accuse…!* – Jusque-là, la caricature antidreyfusarde n'avait pas eu d'objet véritable. À peine tournait-on en dérision le personnage de Scheurer. Désormais le ton change. Une cible est posée. Il suffit de la viser.

Forain et Caran d'Ache mènent la danse avec leur *Psst…!* Ils ont lancé leur feuille hebdomadaire, le 5 février, pour riposter aux dreyfusards. Le titre qu'il ont choisi entend répondre à l'arrogance de la parole zolienne par un retournement typographique : sifflement de dédain et minuscules insignifiantes (« psst…! ») opposées aux lettres majuscules qui ornent la formule de *L'Aurore*. Les numéros se succèdent, tous de la même veine : on y voit, par exemple, un soldat balayant un tas de *J'accuse… !* dans la cour d'une caserne (« La corvée de quartier », 26 février), Zola traversant le Rhin à la nage, brandissant le texte de *J'accuse… !* en appelant à l'aide un soldat allemand situé sur l'autre rive (« Au secours! », 23 avril), ou enfermé dans une pièce, l'air sombre, dans l'attente d'une lettre de l'empereur d'Allemagne (« L'heure du courrier », 9 juillet)… De son côté, *L'Étrille* du 6 février représente un Zola pourceau, salissant le drapeau national ; et *Le Pilori* dessine le romancier, le genou posé sur *La Débâcle*, tenant *J'accuse… !* dans une main, couronné par un soldat prussien et un soldat italien réunis (« Couronnement d'une carrière », 23 janvier) et recevant son salaire (« L'argent de l'étranger », 6 février), ou encore à Berlin, juché sur un piédestal au bas duquel on lit l'inscription « À l'héroïque

7 Georges Clemenceau, *L'Affaire Dreyfus. L'Iniquité*, édition de Michel Drouin, Mémoire du livre, 2001, p. 171-172. **8** *Correspondance*, Montréal / Paris, Presses de l'Université de Montréal / Éditions du CNRS, 1978-1995, t. IX, p. 101. **9** « Impressions d'audience », *Œ. C.*, t. XIV, p. 1109.

J'accuse…!, manuscrit autographe (voir notice nº 259).

défenseur des droits d'outre-Rhin » («Apothéose»,
10 avril). Sur les Boulevards, on distribue des placards
montrant «l'art et la manière d'obtenir la gueule à Zola» à
partir d'un pot de chambre – Zola le traître, Zola le pornographe, sacré «Roi des Porcs» par le *Musée des horreurs*
de Lenepveu, en 1899.

Zola n'avait pas mesuré la violence des haines dont il
allait faire l'objet. Mais, d'une certaine façon, il l'accepte.
Car il assume avec courage le rôle qu'il a choisi devant
l'histoire. Il écrivait à Scheurer le 20 novembre 1897 : «Il
n'est pas de plus beau rôle que le vôtre, quoi qu'il arrive,
et je vous l'envie[8].» Quand il s'est lancé dans l'Affaire, en
novembre 1897, il a longuement envisagé quelle devait
être la signification de son action, quel *rôle* il pouvait jouer.
Il a réfléchi à ses combats passés, à ceux du journaliste et
du critique luttant contre le Second Empire, soutenant la
naissance de la République, analysant les relations complexes entre le monde artistique et le monde politique. Il a
médité sur les batailles conduites entre 1877 et 1881, alors

qu'il avait la responsabilité du mouvement naturaliste. Il
songeait aussi à son action à la tête de la Société des gens
de lettres, à ses efforts pour faire reconnaître la dignité de
la condition de l'écrivain. En janvier 1898, il a tout d'un
coup le sentiment que ses luttes antérieures prennent une
nouvelle dimension, que les différents rôles qu'il a tenus
– celui du critique, celui du chef d'école, celui du porte-
parole des lettres – éclairent son engagement intellectuel
en le justifiant.

«Ma protestation enflammée n'est que le cri de mon
âme», proclame Zola à la fin de *J'accuse… !* Quelques
semaines plus tard, méditant sur les événements écoulés,
il reprendra la même métaphore en écrivant, dans ses
notes, que sa lettre ouverte «est sortie» de lui «en un cri».
Et il précise, toujours dans les mêmes notes : «Tout a été
calculé par moi, je m'étais fait donner le texte de la loi, je
savais ce que je risquais.» Détaché des autres, sur le feuillet
où sont griffonnées ces lignes, un mot résume la nature de
son intervention : «Préméditation[9]».

250
**Paul de Semant, affiche pour l'édition illustrée
de *La Débâcle* chez Flammarion**

« Il [Rochas] vécut encore une minute, les yeux élargis, voyant
peut-être monter à l'horizon la vision vraie de la guerre, l'atroce
lutte vitale qu'il ne faut accepter que d'un cœur résigné et brave
ainsi qu'une loi […]. Avec lui finissait une légende. »
Depuis *La Débâcle*, publiée deux ans avant la condamnation de
Dreyfus et qui mettait en cause l'incurie de certains des cadres
militaires, Zola passait dans les cercles nationalistes pour un
ennemi de l'armée. Après la publication de *Lourdes*, il est plus
que jamais perçu comme un adversaire de l'Église. Son
engagement dans l'affaire Dreyfus sera accueilli sans surprise
par les lecteurs de *La Croix* et du *Pèlerin*.

Paris, imprimerie Hérold, 1893
Lithographie en couleurs, 140 × 97 cm
BNF, Estampes, Semant (Paul de) Rouleau

251
Retour de voyage, réponse au capitaine bavarois Tanera

Tirage à quarante exemplaire du texte publié dans *Le Figaro*
du 10 octobre 1892, en réponse à la *Lettre du capitaine bavarois
Tanera sur La Débâcle*, publiée dans *Le Figaro* du 19 septembre
1892, puis isolément.
Accusé d'une façon inattendue par un ancien combattant
bavarois d'avoir outragé l'armée française et devant faire face
aux accusation de défaitisme de la presse nationaliste, Zola
se défendit en affirmant que son ouvrage n'était ni pacifiste
ni antimilitariste mais qu'il y défendait les soldats contre ceux
qui les avaient livrés au désastre par leur incompétence et leurs
intrigues afin qu'une telle défaite ne se reproduise plus. B. V.

Lyon, Société des amis des livres, 1892
19 cm
BNF, Réserve des livres rares, [8° Lb57 10828, page de titre
(Non reproduit)

252
Lettre à Alexandrine, 13 novembre 1897

À sa femme, qui voyage comme chaque automne en Italie,
Zola écrit une lettre de quatre pages presque chaque soir.
Depuis la publication de *Paris*, on le pousse à s'engager dans la
vie politique et lui-même ne semble pas tout à fait hostile à l'idée
de se présenter un jour à la députation. La campagne antisémite
de Drumont, l'ami de Daudet, bat son plein. En mai 1896,
Zola a publié dans *Le Figaro* un article intitulé « Pour les juifs »,
dénonçant dans l'antisémitisme « une monstruosité, une chose
en dehors de toute vérité et de toute justice ». Il a rencontré
à la fin de 1896 Bernard Lazare, qui vient de publier sa brochure
Une erreur judiciaire. La vérité sur l'affaire Dreyfus. Mais ce n'est
qu'en novembre 1897 qu'il s'entretient à nouveau avec lui, puis
avec Louis Leblois, l'avocat de Dreyfus. Le 13 novembre 1897,
il déjeune, avec Leblois et Marcel Prévost, chez Scheurer-
Kestner : « C'est un Alsacien assez fin qui m'a l'air d'un assez
bon homme, tout vice-président du Sénat qu'il est, il fume la
pipe comme Flaubert. Il m'a rappelé qu'il avait dîné une fois
avec nous, il y a une quinzaine d'années, chez les Charpentier,
au temps de Gambetta, dont il était l'intime. En somme,
il m'a fait la meilleure impression. Et il a une cuisinière
merveilleuse, une cuisinière depuis longtemps dans la famille,
qui nous a fait des ramequins dans le genre de ceux de Sedan,
et un civet de lièvre vraiment hors ligne. » Sortant de table, les
trois hommes ont un très long entretien sur Dreyfus au cours
duquel la vie de Zola bascule : « Je te répète qu'il me paraît
absolument certain que Dreyfus n'a pas écrit la pièce sur
laquelle il a été condamné ; et il est certain aussi que depuis
un an on sait cela au ministère de la Guerre, sans qu'un seul
ministre ait bougé. C'est monstrueux. »

Manuscrit autographe, 210 × 290 mm
Collection É.-Z.
(Non reproduit)

253
Auguste Scheurer-Kestner, lettre à Zola, 25 novembre 1897

Le 25 novembre 1897 paraît « M. Scheurer-Kestner », le premier
de trois articles consacrés à l'Affaire qui seront repris en
février 1901 dans *La Vérité en marche* : « M. Scheurer-Kestner
est là avec sa vie de cristal. Placez donc en face de lui les
autres, ceux qui l'accusent et l'insultent. Et jugez. Il faut choisir
entre ceux-ci et celui-là. Trouvez donc la raison qui le ferait agir,
en dehors de son besoin si noble de vérité et de justice. Abreuvé
d'injures, l'âme déchirée, sentant trembler sous lui sa haute
situation, prêt à tout sacrifier pour mener à bien son héroïque
tâche, il se tait, il attend. Et cela est d'une extraordinaire
grandeur. » Et Zola conclut : « La vérité est en marche et rien
ne l'arrêtera. » Le sénateur alsacien remercie Zola le jour même :
« Vous pensez bien que la page éloquente et courageuse que
vous avez bien voulu consacrer à mon honnête médiocrité m'a
violemment remué ! Quelle magnifique compensation ne m'avez-
vous pas réservée ! Il me semble que tout est effacé dorénavant
des indignités passées et à venir. »

Manuscrit autographe, 230 × 180 mm
BNF, Manuscrits, NAF 24523, f. 423-424
(Non reproduit)

254

Mᵐᵉ Le Lièvre, portrait d'Alexandrine Zola

Les relations avec Alexandrine se sont apaisées mais demeurent tendues, comme en témoigne encore une lettre du 11 novembre 1895 : «Je ne me souviens plus de ce que j'ai pu mettre dans cette fâcheuse lettre du quatre, qui t'a désolée à ce point… » Alexandrine n'en reste pas moins sa confidente privilégiée et l'Affaire rapproche les deux époux : «Sois certaine, lui écrit-il de Londres le 4 août 1898, que je n'oublierai jamais ton admirable cœur en ces tristes circonstances. Si je ne t'aimais pas toujours comme je t'aime, ton attitude actuelle me donnerait bien des remords. »
Ce portrait fut achevé à l'automne 1896. Zola s'en déclara satisfait dans une lettre adressée à Alexandrine le 17 octobre : «Il est certainement rajeuni mais comme toutes les photos qu'on retouche. »

Pastel, 111 × 83 cm
Médan, Maison d'Émile Zola

255

Lettre à Alexandrine, 24 novembre 1897

Depuis sa lettre du 13 novembre, Zola ne cesse d'évoquer «l'Affaire», qui le passionne de plus en plus. Mais il s'empresse de rassurer Alexandrine, inquiète : «Sois sans crainte, j'ai décidé de ne m'en mêler sous aucune forme, quoique mon cœur bondisse d'indignation», lui écrit-il le 15 novembre et, trois jours plus tard : «Cela me passionne, car il y aura peut-être plus tard une œuvre admirable à faire avec cela. » La lettre du 24 novembre commence comme les autres avec les petits riens du quotidien : le jardin, la photographie, le temps qu'il fait. Mais, à la deuxième page, Émile se jette à l'eau et avoue en quelques lignes avant de revenir aux banalités, comme un enfant qui a peur d'être grondé : «Et tu ne sais pas ce que j'ai fait? Un article, écrit en coup de foudre, sur Scheurer-Kestner et l'affaire Dreyfus. J'étais hanté, je n'en dormais plus, il a fallu que je me soulage. Je trouvais lâche de me taire. Tant pis pour les conséquences, je suis assez fort, je brave tout. L'article paraîtra demain matin en tête du "Figaro", tu le liras donc le jour même où tu recevras cette lettre. »

Manuscrit autographe, 210 × 290 mm
Collection É.-Z.

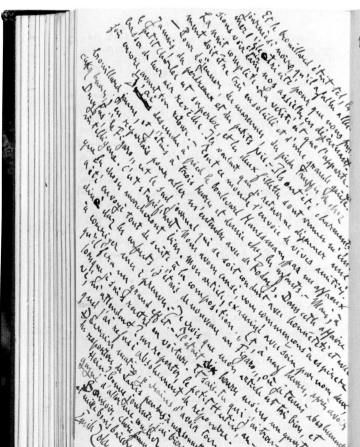

256

Lettre à Alexandrine, 3 décembre 1897

Zola traverse une phase d'exaltation. Il a reçu beaucoup de lettres de félicitations et peu d'insultes : « C'est stupéfiant car je m'attendais à être traîné dans la boue et on m'encense. J'y suis si peu habitué. Est-ce que je me tromperais sur l'opinion publique, est-ce que la cause de la justice serait près d'être soutenue ? » (Lettre du 1er décembre.)
Son deuxième article, « Le Syndicat », paru le 1er décembre, est accueilli plus favorablement encore. Il reçoit plus de quatre-vingts lettres de soutien : « Il y a de la jeunesse actuelle, Paul Adam, Camille Mauclair, les adversaires littéraires, qui reviennent à moi tout frémissants d'émotion […]. Quelle extraordinaire aventure et comme je m'y sens à l'aise, en marche vers quelque chose de grand. » Il songe alors à écrire l'histoire de l'Affaire ; le procès de février 1898 et l'expérience de l'exil le feront changer d'avis.

Manuscrit autographe, 210 × 290 mm
Collection É.-Z.
(Non reproduit)

257

Lettre à Alexandrine, 7 décembre 1897

La veille de la parution de son dernier article, « Procès-verbal », qui fustige « le poison de l'antisémitisme », Zola sait que Le Figaro, devant les protestations de ses lecteurs, va abandonner la campagne. « Mais tu me connais assez pour savoir que je ne lâcherai jamais », écrit-il à Alexandrine le 4 décembre et, le lendemain : « Cette interruption me permettra de recommencer la campagne avec une vigueur nouvelle si l'occasion se présente. Je vais donc tâcher de me tenir tranquille, à moins que la passion ne m'emporte encore. » En attendant, rêvant toujours de retrouver l'heureux temps des dîners littéraires, Zola projette de lancer un dîner avec Paul Bourget, Victor Cherbuliez, Maurice Barrès, Léon Daudet et Anatole France. La date du premier « dîner Balzac » est fixée au 7 décembre. Zola s'en réjouit naïvement, avec un peu d'inquiétude cependant : « Cela va m'amuser, je suis le seul de mes opinions là-dedans. Tu vois comme la conversation va être commode. Ils seront plus embarrassés que moi, car j'ai ma conscience et ma franchise qui parlent haut ! » (Lettre du 6 décembre.) Le lendemain il est rassuré : « La petite fête a été très gentille, d'une bonne confraternité absolue […] j'étais seul de mon opinion, j'ai senti pourtant qu'Anatole France devait être avec moi. » Il n'y aura pas d'autre « dîner Balzac ».

Manuscrit autographe, 210 × 290 mm
Collection É.-Z.
(Non reproduit)

258

Humanité, vérité, justice. L'Affaire Dreyfus. Lettre à la jeunesse

« Des jeunes gens antisémites, ça existe donc cela ? Il y a donc des cerveaux neufs, des âmes neuves que cet imbécile poison a déjà déséquilibrés ? Quelle tristesse, quelle inquiétude pour le vingtième siècle qui va s'ouvrir ! »

Humanité, vérité, justice. L'Affaire Dreyfus. Lettre à la France

« France, c'est donc de cela encore que ton opinion est faite, du besoin du sabre, de la réaction cléricale qui te ramène plusieurs siècles en arrière, de l'ambition vorace de ceux qui te gouvernent, qui te mangent et qui ne veulent pas sortir de table ! »
Zola, qui n'avait pu faire paraître dans Le Figaro que trois de ses articles sur l'affaire Dreyfus, publia les deux suivants sous forme de brochures, ces deux textes étant repris dans le recueil L'Affaire Dreyfus. La Vérité en marche.   B. V.

22 cm
Paris, Fasquelle, 1897 et 1898
BNF, Philosophie, Histoire, Sciences de l'homme, 8-Lb57-11978, page de couverture et 8-Z. Le Senne-14348, page de titre
(Non reproduit)

259

J'accuse… !

Esterhazy ayant été publiquement dénoncé, l'armée a été contrainte de le traduire devant un conseil de guerre. Mais celui-ci l'acquitte à l'unanimité le 11 janvier 1898, ruinant les espoirs des amis de Dreyfus. Zola, qui prévoyait cette issue, a commencé sa « Lettre au président de la République » le 10 janvier. Dans la matinée du 12, le texte est achevé. Il aurait dû paraître en brochure chez Fasquelle, à la suite des deux précédentes « Lettres », mais L'Aurore offre de la publier et son directeur Clemenceau invente le fameux titre.

Manuscrit autographe, 39 p., 200 × 150 mm
Reliure de maroquin rouge avec étui
BNF, Manuscrits, NAF 19951, f. 1 et 37
(Reproduit p. 187)

260

« J'accuse… ! », L'Aurore, 13 janvier 1898

Le pamphlet au titre provocateur entraîne un scandale sans précédent : trois cent mille exemplaires sont enlevés en quelques heures. Comme Zola l'avait escompté, le gouvernement choisit de poursuivre, après une interpellation à la Chambre d'Albert de Mun. Le 23 février 1898, au terme d'un procès de quinze jours houleux et extraordinairement médiatisé, Zola est condamné pour diffamation par la cour d'assises de la Seine à un an de prison et trois mille francs d'amende. Le but est atteint : l'affaire Dreyfus est portée sur la place publique et le monde entier s'en émeut.

BNF, Droit, Économie, Politique, Gr. Fol-Lc2-5691
(Non reproduit)

261

Bjørnstjerne Bjørnson, lettre à Zola, 15 janvier 1898

Le poète norvégien et futur prix Nobel écrit à Zola, au lendemain de la parution de J'accuse… ! : « Soyez sûr que l'Europe admire ce que vous avez fait même si tout le monde ne souscrit pas à tout ce que vous avez dit […]. Nous voyons maintenant que si vos œuvres se répandent dans le monde pour accroître le courage et enrichir le cœur de l'humanité, c'est que vous êtes vous-même un homme de courage et de cœur. »

Manuscrit autographe, 210 × 132 mm
BNF, Manuscrits, NAF 24511, f. 174 et 174 v°
(Non reproduit)

262

Couturier, Procès de « J'accuse… ! », sortie du tribunal

Couturier est un des nombreux dessinateurs de presse qui couvrirent le procès Zola.

Dessin, 49 × 35 cm
Collection F. Labadens

[Lettre autographe d'Émile Zola à Jeanne Rozerot]

263
Lettre à Jeanne Rozerot, 11 février 1898

« Il faut laisser passer l'orage et nos enfants seront très fiers de leur papa. »
Peu cultivée, et fervente catholique, Jeanne comprenait mal, au contraire d'Alexandrine, ardente dreyfusarde, le combat de Zola. Celui-ci se borne à la rassurer sans jamais lui raconter les détails de l'Affaire. En revanche, sa présence à deux reprises auprès de lui avec les enfants lui sera un grand réconfort pendant l'exil à Londres.

Manuscrit autographe, 210 × 290 mm
Collection É.-Z.

264
Henry de Groux, *Zola à la sortie du prétoire*

À la sortie du procès de février 1898, à Versailles, le romancier doit affronter une foule déchaînée. Il transcrira ses impressions dans *Travail* lorsque Luc, tel le Christ, fait l'expérience de l'hostilité populaire et du reniement des disciples. Souvent appelé « Zola aux outrages », ce tableau du peintre symboliste Henry de Groux restitue parfaitement l'atmosphère de haine qui marque la fin du procès.

Huile sur toile, 81 × 109,5 cm
Médan, Maison d'Émile Zola

Giverny par Vernon Eure

24 fev 98

Mon cher Zola
Malade et entouré de malades, je n'ai pu assister à votre procès et venir vous serrer la main comme c'était mon désir. Je n'en ai pas moins suivi avec passion toutes les phases, et je viens vous dire combien j'admire votre courageuse et héroïque conduite. Vous êtes admirable et il n'est pas possible, que le calme revenant dans les esprits, tous les gens sensés et honnêtes ne vous

rendent hommage. Courage mon cher Zola
à vous de tout cœur
Claude Monet

Paris

26 fev. 98

Mon cher Zola

Je ne sais si ces quelques lignes de sympathie et d'a=mitié vous parviendront, en tout cas sachez que je suis de ceux qui pensent que vous venez de rendre un fier service à la France, votre grand cri d'honnête homme a redressé son sens moral, elle sera fière un jour de vous avoir donné le jour.

votre admirateur et ami
C. Pissarro.

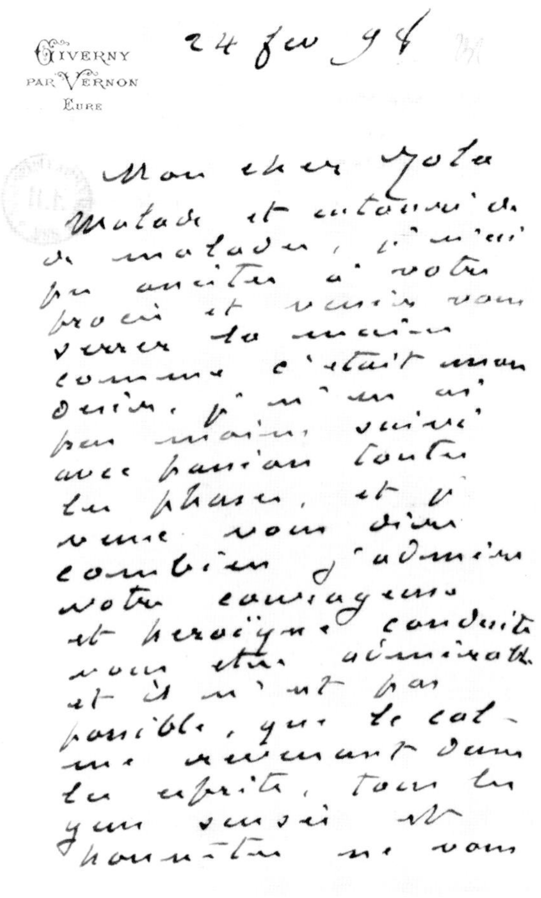

265
Claude Monet, lettre à Zola, 24 février 1898

« Je veux vous dire combien j'admire votre courageuse et héroïque conduite. Vous êtes admirable et il n'est pas possible que, le calme revenant dans les esprits, tous les gens sensés et honnêtes ne vous rendent hommage. Courage, mon cher Zola. »

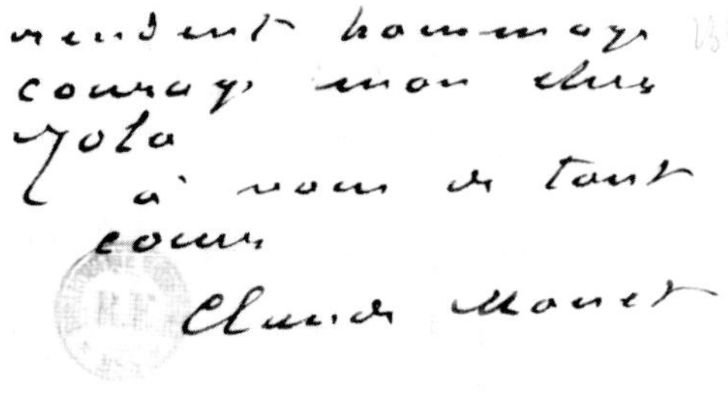

Manuscrit autographe, 217 × 134 mm
BNF, Manuscrits, NAF 24522, f. 231 et 232

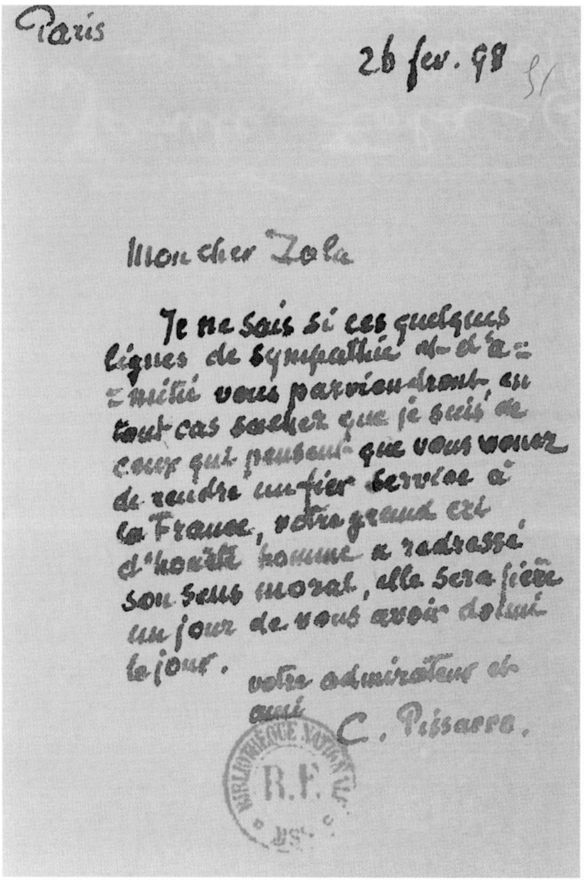

266
Lucie Dreyfus, lettre à Zola, 21 février 1898

« Mon cœur déborde à la lecture des paroles sublimes que vous venez de prononcer. Je suis tellement émue, tellement transportée que je ne puis réprimer l'élan qui me porte à venir vous dire du fond de mon âme ma reconnaissance infinie. Mon trouble est si grand que je ne saurais en ce moment exprimer ma pensée. Je vous dirai donc simplement : merci. Merci, Monsieur, du fond de mon cœur de femme, de mère, merci pour mes enfants dont vous réhabilitez le nom, merci pour mon pauvre mari martyr dont vous avez crié l'innocence à la face du monde entier. » Après le retour de Dreyfus, Zola écrivit à Lucie une « Lettre à Madame Alfred Dreyfus » qui parut dans *L'Aurore* du 29 novembre 1899 et dont le manuscrit est conservé à la Pierpont Morgan Library de New York.

Manuscrit autographe, 132 × 100 mm
BNF, Manuscrits, NAF 24518, f. 146
(Non reproduit)

267
Camille Pissarro, lettre à Zola, 26 février 1898

« Je suis de ceux qui pensent que vous venez de rendre un fier service à la France, votre grand cri d'honnête homme a redressé son sens moral, elle sera fière un jour de vous avoir donné le jour. »

Manuscrit autographe, 170 × 120 mm
BNF, Manuscrits, NAF 24523, f. 51

268

Henri-Gabriel Ibels, *Le Général Mercier tendant une éponge à Dreyfus crucifié*

Ibels avait illustré *La Terre*. Ses dessins paraissent dans *La Revue blanche* et surtout dans *Le Sifflet*, qui répond au *Psst…!* violemment antidreyfusard de Forain et Caran d'Ache. Après *J'accuse…!*, il écrit à Zola : « Avec la même ardeur, la même foi, la même logique, vous défendez en Dreyfus une cause humaine, comme il y a trente ans vous défendiez en Manet une cause artistique […] je suis fier d'être, un peu, votre ami. » (Lettre non datée, NAF 24220, f. 425.)

Dessin, encre de chine et gouache, envoi à Joseph Reinach
BNF, Estampes, Qb1 1894

269

François Coppée, lettre à Zola le remerciant de l'envoi de *Paris*, 2 mars 1898

« En défendant l'armée comme j'ai cru de mon devoir de le faire, j'ai eu soin de ne pas prononcer un mot qui pût vous atteindre. L'amitié de votre champion d'hier à l'Académie ne pouvait faire davantage ; mais vous voyez qu'elle est intacte, ainsi que ma haute et profonde estime pour votre talent et pour votre œuvre de romancier […] il ne nous reste plus qu'à nous serrer la main – au-dessus d'un abîme. »

Manuscrit autographe, 180 × 115 mm
BNF, Manuscrits, NAF 24517, f. 246
(Non reproduit)

270

Lettre à Alfred Bruneau, 21 août 1898

Définitivement condamné le 18 juillet, Zola part le soir même pour Londres, vers un exil douloureux qui ne prendra fin que le 5 juin 1899.

Manuscrit autographe, 180 × 120 mm
Collection particulière

271

Anonyme, *As-tu vu Zola ?*, chanson

Lithographie en couleurs, 63,5 × 48 cm
BNF, Estampes, Qb1 1898
(Non reproduit)

272

Lettre à Amélie Laborde, 3 septembre 1898

À la cousine d'Alexandrine, Zola écrit : « Après quinze jours affreux, sans linge, sans vêtements, me dissimulant comme un malfaiteur, j'ai pu enfin m'installer d'une façon à peu près convenable. Surtout j'ai pu me remettre au travail d'une façon régulière, ce qui a été la grande consolation […]. Le coup de théâtre qui vient de se produire, l'arrestation et le suicide d'Henry, vient de faire faire un pas immense à la vérité en marche. Je suis ici très mal et très tardivement renseigné. Mais je ne crois malheureusement pas que ce soit encore le dénouement décisif. On aura grand peine à obtenir la révision. »

Manuscrit autographe, 2 f., 180 × 113 mm
Collection particulière
(Non reproduit)

273
Lettre à Jeanne Rozerot, 3 novembre 1898

À cette lettre sont jointes deux petites photographies prises pendant le séjour de Jeanne, Denise et Jacques en Angleterre du 11 août au 15 octobre. Ils demeurèrent à *Penn*, une maison près de Weybridge, jusqu'au 10 octobre avant de partir pour Londres avec Zola.

Manuscrit autographe, 180 × 120 mm
Collection É.-Z.

274
Georges Clemenceau, lettre à Zola, 29 décembre 1898

Zola, qui souffrait d'être éloigné des siens, se sentait mis à l'écart. Clemenceau, qui lui rendit visite le 3 janvier 1899, l'exhorta à la patience.

Manuscrit autographe, 185 × 260 mm
BNF, Manuscrits, NAF 24517, f. 294 v°

275
Alfred Dreyfus, lettre à Zola, 30 septembre 1899

Rentré en France depuis juillet, Alfred Dreyfus écrit à Zola de Carpentras, où il réside avec sa famille : « Ma main tremble en vous écrivant, car ma plume est impuissante à rendre tout ce que je ressens, à vous dire toutes les paroles qui me montent du cœur aux lèvres… »

Manuscrit autographe, 177 × 112 mm
BNF, Manuscrits, NAF 24518, f. 125-126

276

Jeu de l'oie (dreyfusard) de l'affaire Dreyfus

Lithographie en couleurs, 40 × 70 cm
Médan, Maison d'Émile Zola

277

Léon Bloy, lettre à Zola, 14 juillet 1892

Héritier de Barbey d'Aurevilly, que le jeune Zola avait traité autrefois de « catholique hystérique », l'auteur du *Désespéré* (1887) s'était posé, depuis ses débuts de critique, en 1882, comme un adversaire déterminé et caustique du naturalisme et de Zola. En mars 1891, au cours de conférences fameuses données au Danemark, il avait annoncé « les funérailles du naturalisme ». L'année suivante, il demande pourtant un quart d'heure d'entretien « seul à seul » à Zola : « Ne croyez pas trop aux légendes de la haine et n'écoutez pas non plus vos ressentiments personnels […]. Agréez, Monsieur, l'assurance de mon respect *insolite* pour l'auteur de *La Débâcle* ».

Manuscrit autographe, 75 × 100 mm
BNF, Manuscrits, NAF 24511, f. 184

278

Léon Bloy, *Je m'accuse*…

De la lecture du roman de Zola, *Fécondité*, que *L'Aurore* publiait en feuilleton, Léon Bloy, esprit mystique et « entrepreneur de démolitions » selon sa propre formule, tira le pamphlet *Je m'accuse*… Une féroce critique de la valeur littéraire du texte de Zola s'y mêle à des réflexions sur la défense de l'Église catholique et sur la politique française pendant l'affaire Dreyfus. B. V.

Paris, Édition de la maison d'art, 1900
19 cm
BNF, Réserve des livres rares, Rés. p-Z-963, page de dédicace imprimée « À Octave Mirbeau, contempteur célèbre des faux artistes, des faux grands hommes et des faux bonshommes »
(Non reproduit)

279

« Impressions d'audience »

Le texte de ces notes commencées après le procès de *J'accuse… !* est resté inédit du vivant de Zola. Les dernières pages annoncent les *Évangiles* : « Puis finir par des réflexions sur l'avenir de la France […]. Vive l'armée tant que nous aurons des frontières à défendre ; mais vive l'humanité ! quand un peu de paix et de bonheur pourra se faire entre les hommes. Et quel rôle pour la République française, elle qui a libéré les peuples, de leur enseigner la justice. Je voudrais qu'elle fût un cerveau, que ses hommes de pensée et de science conquièrent le monde par la clarté qu'ils feraient, qu'elle devînt en un mot grâce à eux, la véritable institutrice du monde, celle qui enseignerait à la terre entière la loi suprême d'équité, rassemblant les peuples dans la cité heureuse […]. Si nous nous entêtons dans notre légende, si nous ne comprenons pas que d'autres temps sont venus, que l'avènement de la démocratie va nécessiter une autre économie des peuples, notre rôle est terminé, et nous disparaîtrons. Pour rester à la tête des nations, pour être celle qui hâtera l'avenir, il nous faut être désormais les soldats de l'idée, les combattants de la vérité et du droit. Il faut que notre peuple soit le plus libre et le plus raisonnable. Il faut qu'il réalise le plus tôt la société modèle, celle qui est en enfantement dans la décomposition de la vieille société qui croule. »

Manuscrit autographe, 40 p., 200 × 155 mm
Collection É.-Z., f. 37
(Non reproduit)

« Tous les socialistes chimériques, tous les rêveurs qui lisent Paris, *m'écrivent, me proposent des systèmes pour guérir l'humanité de sa misère en six mois. »*
Lettre à Alexandrine, 7 novembre 1897

Zola et l'utopie

Laurent Portes

C'est sans doute un paradoxe, à propos du chef de file de l'école naturaliste, que d'associer son nom au concept d'utopie. Il est vrai que la polysémie du terme favorise l'ambiguïté. En tous cas, l'utopie, qu'elle soit perçue comme la quête aboutie d'une organisation sociale heureuse ou comme la chimère d'esprits faux, a toute sa place dans l'œuvre de Zola : elle est à maintes occasions présente dans *Les Rougon-Macquart*, à travers des personnages révoltés par la dureté de la condition ouvrière, mais incapables d'œuvrer en fondateurs. L'utopiste y fait souvent figure de visionnaire d'une société juste, que des forces transcendant les individus, telles le progrès ou la science, seront seules plus tard en mesure d'installer. Mais la volonté que ne se perpétue pas l'ordre établi se manifeste plus nettement encore dans les dernières œuvres de Zola, quand il revendique d'être considéré comme le poète de l'utopie, en des textes où la promesse d'un monde nouveau, à double inspiration, socialiste et libertaire, se mêle à l'annonce d'une bonne nouvelle laïcisée : *Travail*, deuxième des *Évangiles*, dernier roman de Zola paru en librairie du vivant de son auteur et inaugurant le siècle nouveau, préparé comme toujours par une solide documentation intégralement conservée, se présente comme le point d'aboutissement d'une humanité en marche dont le mouvement n'est dû qu'à ses propres œuvres. Ce roman d'une veine si originale par rapport aux *Rougon-Macquart* se signale moins par son action que par son inspiration.

Les utopies sociales du xixᵉ siècle en filigrane dans *Les Rougon-Macquart*

C'est presque toujours dans une atmosphère de rêve ou de délire que Zola situe les personnages utopistes des *Rougon-Macquart*[1]. Dès *La Fortune des Rougon*, Silvère Mouret, initié à «l'utopie du bonheur universel» par la lecture de Rousseau, se signale par «ses naïvetés profondes, son ignorance complète des hommes», qui «le maintenaient en plein rêve théorique, au milieu d'un Éden où régnait l'éternelle justice[2]». Florent, dans *Le Ventre de Paris*, repris par les songes de justice qui l'ont mené au bagne, entreprend la rédaction de cahiers où il décrit la société future, et qui, tombés aux mains de la police, le perdront encore. L'idéal qui anime Étienne, héros de *Germinal*, n'est pas présenté de manière plus positive : «Une société nouvelle poussait en un jour, ainsi que dans les songes, une ville immense, d'une splendeur de mirage. Le vieux monde pourri était tombé en poudre, une humanité jeune, purgée de ses crimes, ne formait plus qu'un seul peuple de travailleurs, qui avait pour devise : à chacun suivant son mérite, et à chaque mérite suivant ses œuvres[3].» Même si l'inspiration en est confuse, le lecteur du xixᵉ siècle aura su reconnaître l'influence du saint-simonisme dans l'énoncé de ces principes. Là encore, la construction théorique se disqualifie d'elle-même, parce qu'elle est impossible : «Et, continuellement, ce rêve s'élargissait, s'embellissait, d'autant plus séducteur qu'il montait plus haut dans l'impossible.» Un autre personnage, le Sigismond de *L'Argent*, dans le délire de son agonie, s'imagine l'accomplissement de son idéal : «Ah, comme je la vois, comme elle se dresse là, nettement, la cité de justice et de bonheur!... […] la nation n'est qu'une société de coopération immense, les outils deviennent la propriété de tous, les produits sont centralisés dans de vastes entrepôts généraux. C'est l'heure d'ouvrage qui est la commune mesure, un objet ne vaut que ce qu'il a coûté d'heures, et il n'y a plus qu'un échange, entre tous les producteurs, à l'aide de bons de travail, et cela sous la direction de la communauté[4].» Cette fois, c'est l'utopie icarienne de Cabet, si influente au milieu du siècle, qui se laisse reconnaître par le mot de communauté et l'idée de bons de travail. Avec Saint-Simon et Cabet, une troisième figure de l'utopisme français du xixᵉ siècle est évoquée dans *Les Rougon-Macquart* : Fourier, jugé beaucoup moins sévèrement. En effet, le phalanstère que constitue le grand magasin *Au Bonheur des Dames* n'est pas sans aspects positifs aux yeux de Zola, puisqu'il permet la fusion des individualités en un être collectif efficace : «Tous n'étaient plus que des rouages, se trouvaient emportés dans le branle de la machine, abdiquant leur personnalité, additionnant simplement leurs forces, dans ce total banal et puissant de phalanstère[5].» Il est vrai que le fouriérisme se dilue dans un réformisme plus inspirateur de mesures sociales que de radicalisme révolutionnaire et que, d'autre part, le phalanstère se montre un moyen de canalisation

---

1 Évelyne Cosset, «L'espace de l'utopie : nature et fonction romanesque des utopies dans *Le Ventre de Paris*, *Germinal*, *La Terre* et *L'Argent*», *Les Cahiers naturalistes*, n° 63, 1989, p. 137-147, et particulièrement p. 139. **2** Pléiade, t. I, p. 140. **3** Pléiade, t. III, p. 1278. **4** Pléiade, t. V, p. 392. **5** Pléiade, t. III, p. 516.

des originalités plus que d'expression des passions, si chères à Fourier. Cette prise en compte biaisée de la pensée de Fourier est le témoin d'une influence indirecte et affadie exercée à cette époque sur l'ensemble de la pensée sociale. S'il est probable que Zola n'a jamais lu aucune œuvre de Fourier (le seul fait qu'il le qualifie d'«homme de méthode et de pratique[6]» montre que sa documentation est de seconde main), il demeure attentif aux travaux de l'«École sociétaire» dès l'époque de la rédaction des *Rougon-Macquart*. Sa lecture de la septième édition de *Solidarité, vue synthétique sur la doctrine de Charles Fourier*, d'Hippolyte Renaud, en est la preuve. L'évocation de ces rêveries est récurrente tout au long de l'œuvre, au point que, jusque dans la première partie de *Travail*, on trouve la figure d'un personnage qui conte «de belles histoires qu'il inventait, des phalanstères fondés sur des îles heureuses, des villes où les hommes réaliseraient tous leurs rêves de bonheur, sous un éternel printemps[7]».

L'utopie à l'œuvre chez Zola : un droit du poète

Tranchant avec ces jugements pour le moins critiques à l'égard de l'utopie, les romans postérieurs aux *Rougon-Macquart* témoignent d'«un utopisme conscient et voulu[8]». Qu'est-ce à dire? On ne peut légitimement, comme certains l'ont fait, passer sous silence la thématique commune à six romans postérieurs à 1893, parce qu'elle dérange les jugements qui se montraient pertinents pour ceux qui les précédaient, mais pour eux seuls. On ne peut guère davantage parler de l'affaiblissement d'un génie fatigué, tant sont riches d'invention et d'ambition ces centaines de pages qui ne sont guère lues aujourd'hui. Les critiques ont très tôt souligné la difficulté majeure des derniers cycles romanesques de Zola : celle de «lier le progrès social à une action dramatique[9]». C'est pourquoi, à côté de tableaux d'une force digne de ses plus grands chefs-d'œuvre, Zola n'est pas loin, à plusieurs reprises, dans sa volonté de montrer le bonheur accompli, de tomber dans la mièvrerie la plus plate. C'est à une critique analogue, non dénuée de franchise, que se livre Jean Psichari, gendre de Renan et ardent dreyfusard, en une lettre empreinte de sincère amitié[10], où il reconnaît à son tour la difficulté à donner une «peinture continue du bonheur, de la félicité dont jouit la cité de justice et de paix». Il n'apprécie que modérément «cette idylle perpétuelle» et «ces personnages qui ne disent plus rien sans

sourire, sans le dire gaiement», surtout s'il les compare aux œuvres antérieures de Zola où se déployait «le drame violent, la brutale réalité, le tableau tout matériel symbolisant une pensée grandiose». On le voit, la réserve est là moins politique que technique, artisanale, venant d'un philologue qui est aussi un romancier fécond, admirateur des *Rougon-Macquart*.

Plutôt que d'accabler un roman, *Travail*, dont la dernière partie manque de ressort dramatique, mieux vaut tenter de comprendre ce «troisième Zola», plein de velléité. Il s'agit peut-être de mettre Zola devant ses propres contradictions : de même qu'hier adversaire de l'opéra, il entretint par la suite une étrange relation avec les œuvres lyriques, de même, longtemps méfiant à l'égard de l'esprit utopique, il ne craignit pas, dans ses dernières années, de bâtir une œuvre utopique en laquelle il mit beaucoup de lui-même. Proposons trois pistes d'analyse de *Travail*, autour des thèmes respectifs du rêve, de la religion et de la création.

On doit d'abord remarquer une nette inflexion, dont le romancier était du reste lui-même conscient : «Mais n'ai-je pas le droit, après quarante ans d'analyse, de finir dans un peu de synthèse? L'hypothèse, l'utopie, est un des droits du poète[11].» D'un simple horizon idéal qu'elle était dans *Les Rougon-Macquart*, l'utopie se voit élevée au rang de rêve fécond dans *Paris*, et surtout dans les *Évangiles*. «L'humanité consciente s'appropriera l'univers par la science, l'action et le rêve», proclame Zola dans le dossier préparatoire de *Travail*[12], avant d'ajouter : «Toujours plus de rêve, plus d'idéal à acquérir.»

Les notes qu'il consigne lors de la visite du Familistère de Guise, entreprise de production inspirée des conceptions de Jean-Baptiste Godin, elles-mêmes dérivant de la pensée de Fourier, ne sont pas sans réserves quant à la qualité de la vie quotidienne («Maison de verre, on voit tout.» «Bruits épiés. Défiance du voisin. Pas de solitude. Pas de liberté.») comme de l'organisation politique («Gros état-major, organisation militaire[13].»). Le reproche se fait alors plus explicite encore : «Mais le souhait de l'aventure, des risques de la vie libre et aventureuse [?] Ne pas couler toutes les vies dans le même moule.» Ce n'est pas seulement une réflexion de l'intellectuel qui se développe ici, c'est le doute du romancier qui point : comment faire du bonheur en train de s'accomplir la toile de fond d'un récit dont il risque d'affaiblir les ressorts dramatiques? Pour

6 Émile Zola, *Les Quatre Évangiles. Travail*, [Levallois-Perret], Cercle du bibliophile, 1969, p. 953. **7** *Ibid.*, p. 134. **8** Henri Desroche, *La Société festive : du fouriérisme écrit aux fouriérismes pratiqués*, Seuil, 1975, p. 340. **9** Jules Sageret, «Paradis laïques, Zola fouriériste», *La Grande Revue*, 10 avril 1908, p. 503-515, particulièrement p. 507. **10** NAF 24523, f. 143-4, lettre de Jean Psichari à Émile Zola, 27 septembre 1901, publiée par Lea Caminiti Pennarola, «Utopia e rappresentazione dell'utopia in *Travail* d'Émile Zola», dans Gian Carlo Menichelli éd. et Valeria Cirillo collab., *Il Terzo Zola : Émile Zola dopo i Rougon-Macquart*, actes du congrès international (Naples, Salerne, 27-30 mai 1987), Naples, Istituto universitario orientale, 1990, p. 336-338. **11** Émile Zola, *Correspondance*, Bernouard, 1929, lettre à Paul Brulat du 15 octobre 1899, p. 852-853, citée par Lea Caminiti Pennarola, article cité, p. 299. **12** Dossier préparatoire de *Travail*, BNF, MSS, NAF 10333, f. 299, cité par Évelyne Cosset, *Les Quatre Évangiles d'Émile Zola : espace, temps, personnages*, Genève, Droz, 1990, p. 9. **13** Guy Delabre et Jean-Marie Gautier, *Godin et le Familistère de Guise, textes choisis*, Vervins, Société archéologique de Vervins et de la Thiérache, 1983, citant BNF, MSS, NAF 10334, f. 390-391 et 389.

une plume puissante comme l'est celle de Zola, le drame est plus propice au chef-d'œuvre que la béatitude. Malgré ces nettes réticences, et la conscience de ses contradictions, bien des aspects de cette organisation sociale réapparaîtront dans la cité idéale décrite par *Travail*, à commencer par la figure patriarcale du fondateur, visionnaire énergique et altruiste, qui fait le bonheur de son peuple sans guère le consulter. C'est de cette tension dont témoigne, après la tentation de «tremper cela de bonté, de tendresse, toute une floraison admirable, un cri poignant et éclatant», cette sorte de rappel à l'ordre de soi-même : «Mais je fais un roman [...]. Tout un drame nécessaire, d'une intensité décuplée[14]. »

On a pu parler à propos de ce roman de «versant ensoleillé du monde du travail[15]». C'est en effet l'avenir sans contradictions de l'organisation sociale promise pour le XXe siècle qui y est décrit : une sorte de Floréal, ou plutôt de Vendémiaire succédant à un triste *Germinal* dont les malheurs n'auront pas été vains pour la marche de l'humanité vers une émancipation. Toutefois, les moyens mis au service de cette fin détonnent quelque peu. En des termes sévères, Henri Mitterand fait de ce roman «l'utopie d'une dictature paternaliste, dont l'idéologie paraît en fin de compte assez proche de cette révolution nationale qui inspirait les institutions de l'État français entre 1940 et 1944 et s'ornait du sigle "Travail, Famille, Patrie" [...]. Il ne faudrait pas s'étonner d'une contradiction entre les intentions exprimées par le romancier, voire entre ses actes publics, et telle ou telle des significations profondes de son œuvre [...]. Car il existe dans toute œuvre un inconscient idéologique. Le langage de la générosité utopique peut être celui de la régression. C'est d'ailleurs de cette "fêlure" que sont souvent faites les grandes œuvres. Et c'est ce qui donne à l'histoire littéraire un certain intérêt de pathétique[16]».

Ne manque pas, également, d'intérêt, bien que plus surprenant encore, le jugement porté sur «l'impossibilité de Zola de se libérer de son conditionnement à base catholique[17]», corroboré par la fréquence du vocabulaire religieux dans la dernière partie de *Travail* : le «maître», l'«auréole», l'«apothéose», le «pasteur du peuple», la «communion fraternelle de la cité entière», la «mission de rédemption et de délivrance» ne sont en effet pas des termes neutres. L'exploitation exhaustive du dossier préparatoire de *Travail* montrerait, par la récurrence du thème, le caractère volontaire de cette tonalité biblique. Ainsi, le personnage de Luc y est décrit d'abord comme le «messie de la cité», puis «c'est un peu un apôtre, avec tous les dons voulus, mais un apôtre agissant et très pratique, réalisant les vérités qu'il apporte[18]», tandis que le personnage de Josine est «l'Ève désirable qui fait d'Adam le constructeur de la ville future, pour le bonheur». Faut-il aller plus loin encore et dire que «Zola répète la mésaventure inaugurale d'Auguste Comte (dont d'ailleurs il s'est réclamé dès le début de sa carrière[19])» et que «la précipitation progressiste l'empêche, tout comme pour le Grand Prêtre du culte de l'Humanité, de voir ce qui devrait lui sauter aux yeux : à quel degré son progressisme est fatalement infiltré de ce dont il croit en toute bonne foi être en train de débarrasser le genre humain pour faire place nette à l'esprit scientifique»? Ne faut-il pas aussi attribuer ce recours aux mots de la religiosité, à côté d'une acculturation catholique, à la pauvreté sémantique d'une métaphysique laïque impropre à désigner des phénomènes relevant du pouvoir charismatique, concept que Max Weber est justement en train d'élaborer ?

Une constante de la pensée de Zola apparaît nettement dans *Travail* : celle de l'importance créatrice du travail, force qui donne son nom au roman. «Il n'est pas vrai [que le travail] soit imposé aux hommes en châtiment du péché, il est au contraire un honneur, une noblesse, le plus précieux des biens, la joie, la santé, la force, l'âme même du monde, qui toujours est en labeur, en création du futur[20]. » Loin de voir en lui, comme certains marxistes, une force en dernière analyse aliénante qui légitimerait la formule provocante de «droit à la paresse», «comme ses inspirateurs anarchistes, Zola affirme la primauté de l'acte créateur – du travail – vis-à-vis de l'œuvre créée. Et cette primauté de la créativité s'étend à tous les domaines de l'activité humaine, car la création artistique et la création sociale représentent des aspects parallèles de la notion de *l'homo faber*. Éducation, art, commerce, science, médecine, toutes les institutions de l'utopie zolienne fonctionnent grâce et par rapport au travail : comme résultat, la forte solidarité de chaque métier, de chaque ouvrier par rapport à la société rêvée, produit ultime d'un consensus harmonieux[21]». En d'autre termes, *Travail* est «le rêve du bonheur par la construction[22]». Quand le travail n'est plus «le travail inique du plus grand nombre pour la jouissance égoïste de quelques-uns[23]», ce que les marxistes nomment

14 Dossier préparatoire de *Travail*, BNF, MSS, NAF 10333, f. 350-351. **15** Thierry Paquot, préface à Émile Zola, *Travail*, L'Harmattan, 1993, première page, non numérotée. **16** Henri Mitterand, «L'Évangile social de *Travail* : un anti-*Germinal*», *Mosaic*, spring 1972, p. 186-187, repris dans *Roman et société*, Colin, 1973, p. 74-83, et dans *Le Discours du roman*, PUF, 1980, p. 150-163, sous le titre «La révolte et l'utopie : de *Germinal* à *Travail*». **17** Frederick Ivor Case, *La Cité idéale dans Travail d'Émile Zola*, Toronto, University of Toronto Press, 1974, p. 115. **18** Dossier préparatoire de *Travail*, BNF, MSS, NAF 10334, f. 5 et 12. **19** Philippe Muray, *Le XIXe siècle à travers les âges*, nouvelle édition, Gallimard, 1999, p. 519. **20** Émile Zola, *Les Quatre Évangiles. Travail*, [Levallois-Perret], Cercle du bibliophile, 1969, p. 953. **21** Dorothy E. Speirs, «Valorisation et revalorisation du travail dans l'utopie anarchiste de Zola», dans *Il Terzo Zola : Émile Zola dopo i Rougon-Macquart, op. cit.*, p. 397-408 (citation p. 401). **22** Jean-Pierre Leduc-Adine, «L'art dans la "Cité nouvelle" de *Travail*», dans *Il terzo Zola : Émile Zola dopo i Rougon-Macquart, op. cit.*, p. 389-396 (citation p. 389). **23** Émile Zola, *Les Quatre Évangiles. Travail, op. cit.*, p. 620.

l'aliénation, il peut devenir moyen d'épanouissement de l'individu créateur, lieu de réalisation du sujet tel que le concevait Fourier.

On a ailleurs tenté un rapprochement inattendu entre Émile Zola et Jules Verne [24]. Le recensement des analogies entre certains de leurs héros devrait prendre en compte la figure du savant philanthrope et meneur d'hommes. Le Luc Froment de *Travail*, homme de savoir et de pouvoir, n'est-il un personnage vernien que par accident? La haute stature morale des savants hommes de devoir, si nombreux dans les *Voyages extraordinaires* de Jules Verne, ne doit-elle qu'à une coïncidence temporelle d'être comparable à celle des nouveaux évangélistes que propose Zola en modèles? Luc, bien sûr, mais aussi Jordan, l'inventeur de l'électricité solaire gratuite, personnage dont le dossier préparatoire de *Travail* nous livre une des clés : « Je veux qu'il représente le travail intellectuel. Toujours l'œuvre à créer : dès qu'il en crée une, il passe à une autre. Sa théorie du travail nécessaire, créateur et régulateur du monde. Il est le bon Dieu par-dessus mon œuvre [25]. » Étrange référence à un Dieu qui serait en contexte chez Hugo ou chez Jules Verne, mais surprenante ici : le personnage prométhéen n'y est pas seul dans un monde sécularisé, il demeure soumis à la transcendance. Les lignes qui suivent cette divinisation ne sont pas sans importance non plus : « C'est lui qui formule la loi du travail, mais c'est Luc qui l'applique, qui devient son disciple. » C'est que le savant est « par-dessus tout, par-dessus l'action » et qu'il est « le grand exemple ». Le roman publié demeure fidèle à l'ébauche : Luc est « le Fondateur, le Créateur, le Père [26] ». Un savant-Dieu, un disciple à ses côtés, sorte de Moïse prédestiné à conduire le peuple à la rédemption par le moyen d'un travail qui n'a d'autre fonction que de « sauver le monde », voilà qui ajoute à l'aspect religieux, voire messianique, de la situation. L'importance accordée au soleil (« Est-ce que le père du monde, le fécondateur n'achèvera pas son œuvre, ne donnera pas la paix et le bonheur à l'homme, qu'il a fait naître et qu'il nourrit depuis tant d'années. Notre père, le soleil [27]. ») conduit à une sorte de théogonie animiste, panthéiste, où les éléments naturels prennent le pas, cette fois, sur le dieu unique du christianisme. Tout se passe comme si, tenant rigueur au catholicisme de vouloir s'assurer le monopole de la transcendance, Zola ménageait tout de même aux libres penseurs ou aux spiritualistes, par ces substituts païens, accès à l'absolu. On n'omettra pas également de remarquer la figure tutélaire et transfigurée du Père, dieu,

astre ou homme, dont le romancier Zola, plus que tout autre, peine à s'émanciper.

La curieuse scène qui clôt le livre, celle d'une création finale et non pas originelle, se posant comme une Genèse à rebours (« Alors, Luc, d'un dernier regard, embrassa la ville, l'horizon, la terre entière, où l'évolution, commencée par lui, se propageait et s'achevait. L'œuvre était faite, la Cité était fondée. »), peut donner également à penser qu'au terme de l'évolution, l'Homme, s'il n'est pas devenu Dieu, du moins est devenu son égal en puissance. « L'humanité est arrivée au terme de sa marche, à la conciliation totale [28] » dans une société à jamais vidée de ses contradictions. L'un des archétypes constitutifs de l'esprit utopique, l'idée d'état stationnaire atteint après les vicissitudes de l'histoire, est ici à l'œuvre.

En revanche, un trait commun à la plupart des utopies, qui est leur déracinement de toute situation historique, et, partant, l'indifférence de leurs créateurs pour une situation géographique précise, est remarquablement absent chez Zola. Bien plus, *Travail* a pour cadre la France du xxᵉ siècle, et sans doute, dans l'esprit de Zola, ne peut avoir d'autre cadre. C'est ce qui apparaît fortement à la lecture des réflexions sur l'avenir de la France qui terminent les « Impressions d'audience » préparées à l'occasion des procès de 1898 : « Pour rester à la tête des nations, pour être celle qui hâtera l'avenir, il nous faut être désormais les soldats de l'idée, les combattants de la vérité et du droit. Il faut que notre peuple soit le plus libre et le plus raisonnable. Il faut qu'il réalise le plus tôt possible la société modèle, celle qui est en enfantement dans la décomposition de la vieille société qui croule [...]. Et si cela même ne devait se réaliser que dans un siècle, ou deux encore, qui donc ne sent pas que nous allons à cette vérité, et à cette justice, et qui donc oserait ne pas se mettre du côté de cet espoir du travail, de la paix, de l'intelligence enfin maîtresse du bonheur universel ? » Comme beaucoup de républicains, Zola croit à une mission civilisatrice de la France, que couronne l'apport à l'humanité, non seulement de la liberté, mais aussi du bonheur. L'utopie, stade final d'une évolution, est le résultat d'un développement historique qui gagne le monde entier par une contagion du bien, sans violence, naturelle.

L'accueil public à un roman déroutant

Seule une illusion rétrospective pourrait laisser penser à une coïncidence de vues entre les pensées libertaire, socialiste et républicaine, considérées en bloc comme progres-

24 Yves Chevrel, « Questions de méthodes et d'idéologie : *Les Cinq Cents Millions de la Bégum* et *Travail* », dans *Jules Verne 2, l'écriture vernienne*, *Revue des lettres modernes*, nᵒ 187-188, 1978, p. 69-96. **25** Dossier préparatoire de *Travail*, BNF, MSS, NAF 10334, f. 29. **26** Émile Zola, *Les Quatre Évangiles. Travail*, [Levallois-Perret], Cercle du bibliophile, 1969, p. 505. On a rétabli ici les majuscules attribuées aux substantifs dans les éditions publiées du vivant de Zola et dans l'édition de 1928 de Maurice Le Blond. **27** Dossier préparatoire de *Travail*, BNF, MSS, NAF 10334, f. 221. **28** Roger Ripoll, *Réalité et mythe chez Zola*, Lille, Atelier de reproduction des thèses, 1981, p. 749-750.

sistes. À défaut d'un accord sur les moyens à mettre en œuvre pour parvenir à la société idéale, du moins s'accorderaient-elles sur la nature de celle-ci. Or la société idéale est plus solidaire qu'il n'y paraît des moyens que l'on met en œuvre pour y parvenir et des transitions que l'on ménage pour la réaliser. À cet égard, les rapports qu'entretinrent Jaurès et Zola, au moment de la rédaction et après la publication de *Travail*, fournissent un éclairage significatif. Dans une lettre inédite à Alexandrine Zola du 6 novembre 1899[29], Zola se plaint amèrement de ne pas avoir obtenu de réponse de la part de Jaurès, à qui il a demandé des informations sur la conception socialiste de la société future : « C'est toujours la même histoire, les questions que je pose restent sans réponse, et c'est moi qui dois deviner et inventer ce dont j'ai besoin. Je vais donc me décider à tout chercher en moi et à créer de toute pièce cette ville de juste travail, de paix et de bonheur, dont je croyais que les socialistes pouvaient me fournir les données premières. Ils ne savent rien, ils ne rêvent rien de net ni de complet. Je me passerai d'eux et je dirai mon propre rêve. » Or il ne faudrait pas se méprendre sur ce silence, qui n'est sans doute dû ni à la négligence, ni à une obscure volonté de dissimulation. L'explication est plus profonde : c'est qu'à cette date l'utopie en tant qu'horizon est répudiée par tous les mouvements socialistes structurés : l'avenir social est inconnu et scientifiquement inconnaissable, il n'existe aucun programme détaillé pour après la révolution sociale, et décrire le bonheur dans ses détails risque de détourner les masses prolétariennes de l'objectif du moment, la lutte. La condamnation par Engels du « socialisme utopique », opposé au socialisme scientifique, fait partie de la doctrine commune à la plupart des socialistes européens. Au contraire, Zola croit à l'invincibilité historique de la « force naturelle des choses », qui conduit inéluctablement les sociétés, par une organisation rationnelle, à la félicité publique et au bonheur privé. Ses contemporains socialistes, en disciples de la dialectique hégélienne interprétée par le marxisme, croient au rôle central du prolétariat pour enfanter un nouvel état de la société. Si Zola s'appuie si souvent sur l'idée fouriériste d'« évolution », c'est sans doute pour mieux disqualifier le concept marxiste de « révolution ». Puisque « l'humanité consciente s'appropriera l'univers par la science, l'art et le rêve[30] », donc par des moyens éminemment pacifiques, point ne sera besoin des violences de l'histoire. C'est en grande partie de la pensée de Zola que Jordan est l'interprète quand il estime que « la découverte de la moindre des vérités scientifiques fait plus pour le progrès que cinquante années de luttes sociales[31] ». La divergence est nette, même si elle fut atténuée autant qu'il était possible par Jaurès, sans doute par égard pour le compagnon de lutte exemplaire de l'affaire Dreyfus, à l'occasion de comptes rendus du roman en deux circonstances différentes. Un premier compte rendu[32] écarte amicalement l'idée que le livre émousse « le rigoureux instinct de classe des prolétaires » et souligne la préférence de Zola pour « une calme évolution coopérative », tout en lui reprochant « de céder à un parti pris d'art en isolant l'action évolutive et spontanée de coopération communiste qu'il décrit de l'ensemble du mouvement politique et révolutionnaire ». C'est tout son esprit de conciliation qu'il faut à Jaurès pour conclure que « la Révolution sociale a enfin trouvé son poète », tant est préoccupante à ses yeux l'influence que prend dans ce roman le mouvement coopératif, forme fin de siècle du fouriérisme. Quelques jours plus tard, à l'occasion d'une conférence qu'il donne au théâtre des Batignolles[33], parmi les éloges appuyés qu'il prononce en présence de Mme Zola, mais non de Zola lui-même, de plus en plus réticent à paraître en public, Jaurès glisse à nouveau qu'il ne croit pas que « la seule évolution naturelle de la société, voulue par l'association du capital, travail et talent, suffise à modifier l'ordre établi. Encore faut-il qu'il soit radicalement abattu, par les luttes de la classe déshéritée, le prolétariat ». Si pour Jaurès Zola a « une idée tout à fait inexacte et incomplète[34] » du socialisme, c'est parce qu'il « semble croire que la science toute seule, sans une action humaine militante, révolutionnera l'ordre social ». On a pu noter[35] que le titre donné à l'intervention, *L'Action ouvrière*, était significatif de la lecture de Jaurès et du sens dans lequel il voulait tirer une œuvre échappant à l'orthodoxie de la doctrine. Si l'indépendance d'esprit de Zola à l'égard de celle-ci est réelle, ne l'est pas moins la distance qu'il met entre son œuvre et la doctrine fouriériste, encore vivace en ce tournant de siècle : son absence lors des festivités organisées en son honneur le 9 juin 1901 par les fouriéristes[36] en est la preuve : qu'au terme d'un travail de documentation dont l'étude des doctrines lui fournit le matériau, il doive exposer des idées originales, c'est l'effet de sa liberté de créateur.

29 BNF, collection Émile Zola. **30** Dossier préparatoire de *Travail*, BNF, MSS, NAF 10333, f. 299. **31** Émile Zola, *Les Quatre Évangiles. Travail*, op. cit., p. 173. **32** *La Petite République*, 23 et 25 avril 1901, repris p. 615 du vol. XXX des *Œuvres complètes*, Fasquelle, 1928-1929. **33** Conférence de Jean Jaurès sur *Travail* d'Émile Zola faite le 15 mai [1901] au théâtre des Batignolles, *Revue socialiste*, juin 1901, p. 641-653. La *Correspondance* d'Émile Zola éditée sous la direction de B. H. Bakker contient, à la date du 15 mai 1901, vol. X, p. 280, n° 253, une chaleureuse lettre de remerciement de Zola à Jaurès, tandis qu'une note des éditeurs détaille les circonstances de la soirée. **34** Jean Jaurès, *Critique littéraire et critique d'art*, dans *Œuvres complètes*, t. XVI, Fayard, 2000, p. 106. **35** Camille Grousselas, « Jaurès et l'œuvre de Zola », *Les Cahiers naturalistes*, n° 56, 1982, p. 96-114. **36** Voir les *Notes et commentaires sur Travail* de Maurice Le Blond parus dans le cadre des *Œuvres complètes* d'Émile Zola, Fasquelle, 1928, vol. XXX, p. 614. **37** Dossier préparatoire de *Travail*, BNF, MSS, NAF 10333, f. 350. **38** Dossier préparatoire de *Travail*, BNF, MSS, NAF 10333, f. 294. **39** Émile Zola, *Travail*, avec une préface des ouvriers de Lip, Lagrasse, Verdier, 1979. **40** David Baguley, « Du récit polémique au discours utopique : l'Évangile républicain de Zola », *Les Cahiers naturalistes*, n° 54, 1980, p. 106-121. **41** Émile Zola, *Les Quatre Évangiles. Travail*, op. cit., p. 539.

De même que *Les Quatre Évangiles* constituent pour Zola « la conclusion naturelle de toute [son] œuvre, un prolongement dans demain » et expriment, « d'une façon lyrique, [son] amour de la force et de la gaieté[37] », de même, le moment de la synthèse venue, les querelles doctrinales perdent toute importance : « [La cité fondée], on s'étonne de la bataille entre S[ain]t-Simoniens, fouriéristes, communistes, individualistes, collectivistes, anarchistes, car tous poursuivaient le même but, le bonheur dans la liberté, et comme tout cela paraît étroit, maintenant que le résultat est atteint : la justice réalisée, la paix, le bonheur[38]. » Avec *Travail*, par le rêve, Zola confine à l'inconnu. En disciple de Comte qui nie la psychologie, peut-être plus parce qu'il nie la possibilité de connaître l'âme humaine que parce qu'il nie l'âme humaine elle-même, il s'avance, au terme de sa vie, dans ce continent inexploré en éprouvant tous les délices de la transgression. D'un autre côté, au vœu individuel du romancier, soucieux d'anticiper la réalité pacifiée après avoir scruté longtemps une autre réalité, déchirée, semble faire écho le besoin de paix d'une société impatiente de dépasser, au XXᵉ siècle, les querelles du XIXᵉ, que traduit aussi de son côté Jaurès oscillant entre la conscience des violences de l'histoire (la nécessité de la révolution prolétarienne) et son souci de leur dépassement dans la synthèse. *Travail*, roman du futur, est sans doute plus proche des utopies libertaires du moment (le dossier préparatoire de *Travail* témoigne par exemple d'une lecture attentive de *La Société future* de Jean Grave) que des descriptions assez stéréotypées des sociétés idéales socialistes de la même époque, qui, du reste, connaissent une nette panne d'inspiration. L'œuvre fut assez polyvalente, voire contradictoire, pour qu'à la fin des années 1970 les ouvriers de Lip, associés en coopérative, la rééditent et l'interprètent, au regard de leur propre expérience, comme une préfiguration de leurs luttes[39]. La richesse des interprétations possibles, traduisant les hésitations, conscientes et inconscientes de Zola, montre que « la véritable utopie de Zola ne consiste peut-être pas à avoir construit une société idéale sans dissidence et conflit, mais à avoir élaboré un pur discours, sans dénotation précise, libéré de la représentation d'une réalité que, béatement, il évacue[40] ».

Il faudrait recenser tous les topiques du roman utopique, particulièrement du XVIIIᵉ siècle, présents dans la troisième partie de *Travail*. Citons les plus frappants :

– la description d'une société si heureuse que l'événement, l'imprévu, l'accidentel, n'y advient pas, si bien que la vie doit y être rythmée par des fêtes saisonnières. Délivrée de l'histoire, la société y est libérée de la politique ;

– la visite successive de différentes réalisations exemplaires, reproduisant le scénario inauguré par Thomas More ;

– la contagion du succès (« Des simples villes, le mouvement avait gagné les provinces, puis la nation entière, puis les nations voisines ; et il n'y avait plus de frontières, plus de montagnes, plus d'océans infranchissables, la délivrance volait d'un continent à l'autre, balayant les gouvernements et les religions, unissant les races[41]. »), dont les modalités politiques sont tues, tant sont rares, il est vrai, les allusions au monde extérieur. Comme beaucoup d'utopies, la Cité heureuse de Zola est insulaire, aussi continentale qu'elle soit : même si le contact avec l'étranger n'y est pas nul, elle tend à l'autarcie.

Enfin la tentation syncrétique – caractéristique de l'utopie – est présente dans *Travail* plus que dans aucun autre roman de Zola. Aussi y retrouve-t-on, successivement ou concurremment, des traces d'individualisme et de collectivisme, de libertarisme et d'autoritarisme, et, plus intimement mêlés encore, de positivisme et d'appel à la transcendance.

Fécondité, un évangile nataliste

Fécondité traite du problème du malthusianisme, c'est un hymne à la vie, empli de tolérance et d'indulgence à l'image de son auteur. C'est aussi un roman à thèse qui se lit difficilement aujourd'hui. Après avoir abordé la question de la dénatalité dans un article intitulé « Dépopulation », paru en mai 1896 dans *Le Figaro*, Zola rassemble tant bien que mal sa documentation pendant le premier semestre si troublé de 1898. Il aborde tous les aspects de la question, du drame de l'avortement à la tragédie de la mortalité infantile entraînée par la mise des enfants en nourrice, par convenance ou par obligation. Chaque cas de figure est décrit à travers une famille : les Beauchêne font le choix de l'enfant unique pour ne pas disperser leur patrimoine ; le souci d'ascension sociale des Morange conduit Valérie Morange à l'avortement et à la mort ; les Angelin refusent d'être parents pour demeurer amants ; les Moineaud, famille ouvrière imprévoyante, fournissent un exemple de fécondité mal comprise menant à la misère, à la prostitution et au crime.

Le titre choisi d'abord était « Le Déchet » ; comme il l'avait fait lorsqu'il écrivait *La Joie de vivre*, Zola préféra finalement un titre aux résonances positives.

Dans les notes préparatoires de *Paris*, Zola écrivait déjà : « Dans mon bilan du siècle, me servir sans doute des travaux de l'Exposition en train. Les indiquer, les montrer comme un triomphe pour la France au bout du siècle. » (Bibliothèque Méjanes, Ms 1471, f. 104.) L'Exposition universelle de 1900, dont Zola prit de nombreuses photographies, est en effet présente en filigrane dans les *Évangiles*. Ainsi, lorsque Nicolas Froment, à la fin du roman, raconte son installation au bord du Niger, son récit idyllique, tout à la gloire d'une colonisation pacifique et civilisatrice, semble inspiré par l'immense tenture de la manufacture des Gobelins intitulée *La Conquête de l'Afrique ou les Français au Soudan*, qui fut tissée entre 1895 et 1900, sur un carton de Georges Rochegrosse, pour être présentée à l'Exposition. Commencé le 4 août 1898, dans la solitude de l'exil, le manuscrit est achevé le 27 mai 1899. Le roman est publié en feuilleton dans *L'Aurore* du 15 mai au 4 octobre 1899, puis sort chez Fasquelle le 12 octobre.

Très critiqué par la droite nationaliste, raillé par Léon Bloy dans *Je m'accuse*, *Fécondité* fut loué par Léon Blum (*Les Droits de l'homme*, 6 mars 1898) et Jean Jaurès (*La Revue Blanche*, 1er avril 1898). Il enthousiasma Freud, qui le plaça parmi les dix livres les plus intéressants qu'il ait lus et lui consacra une conférence le 27 avril 1900 à Vienne (cité par Alain Pagès et Owen Morgan, *Guide Émile Zola*, Ellipses, 2002, p. 465).

280   Victor Prouvé, *La Joie de vivre*. 1904, Nancy, musée des Beaux-Arts. (Non exposé)

281
Fécondité

« La loi semble être le double phénomène de la fécondité qui fait
la civilisation et de la civilisation qui entretient la fécondité.
Et l'équilibre en naîtra, le jour où la terre entièrement habitée,
défrichée, utilisée aura rempli son destin. Et le divin rêve,
l'utopie généreuse vole à plein ciel, la famille fondue dans
la nation, la nation fondue dans l'humanité, un seul peuple
fraternel, faisant du monde une cité unique de paix, de vérité
et de justice […]. Par-dessus les mers, le lait avait coulé du vieux
sol de France, jusqu'aux immensités de l'Afrique vierge, la jeune
et géante France de demain. Après le Chantebled conquis
sur un coin dédaigné du patrimoine national, un autre
Chantebled se taillait un royaume au loin, dans les vastes
étendues désertes que la vie avait à féconder encore. Et c'était
l'exode, l'expansion humaine par le monde, l'humanité en
marche à l'infini. »

Manuscrit autographe, 200 × 155 mm
BNF, Manuscrits, NAF 10300, f. 1005 et 1006
(Non reproduit)

282
A. Desmarest, *Sortie de maternité*

Vers 1900
Huile sur toile
Paris, musée de l'Assistance publique
(Reproduit p. 206)

283
**Raymond Tournon, affiche pour la parution
de *Fécondité* dans *L'Aurore***

L'affiche de Tournon présente une parenté certaine
avec la fresque de Victor Prouvé baptisée par l'artiste
d'un autre titre zolien : *La Joie de vivre* (voir ill. 280).

Imprimerie Paul Dupont, 1899
Lithographie en couleurs, 115 × 147 cm
BNF, Estampes, Tournon (Raymond) Rouleau 1

284
Lettre à Jeanne, 28 mai 1899

« Ne t'effarouche pas de mes audaces […]. Cela n'est pas
écrit pour les petites filles, mais pour les âmes droites
et les cœurs solides. »

Manuscrit autographe, 180 × 120 mm
Collection É.-Z.

285
Lettre à Alexandrine, 28 mai 1899

« Hier matin, samedi, j'ai fini *Fécondité*… »
Ayant noté au verso du dernier feuillet de son manuscrit
« Fini le 27 mai 1899, samedi, Upper Norwood, Angleterre »,
Zola écrivit le lendemain deux lettres presque semblables
à Alexandrine et à Jeanne.

Manuscrit autographe, 180 × 120 mm
Collection É.-Z.
(Non reproduit)

286
Charles Péguy, « Les récentes œuvres de Zola »

Publié dans *Le Mouvement socialiste* le 1er et le 15 décembre
1899, cet article est repris dans les *Cahiers de la Quinzaine*
le 4 décembre 1902. Péguy y raconte la visite qu'il rendit à Zola
quelques jours après la publication de *J'accuse…!* Déçu par
l'épopée des Froment, « une famille de bourgeois conquérants »,
il écrit : « *Fécondité* est un roman d'amour, mais non pas un livre
de paix et de bonté […]. Quand des socialistes ne sont pas
révolutionnaires comme Zola, c'est une grande inconséquence.
Mais quand un révolutionnaire comme Zola n'est pas socialiste,
c'est une grande inutilité. » Saluant malgré tout le courage
de Zola, il note avec justesse que, depuis l'Affaire, son lectorat
a changé.
Zola répondait sans le savoir à ces critiques dans une lettre
adressée à Octave Mirbeau le 29 novembre 1899 : « Je crois
aussi qu'on me comprendra mieux, lorsque les trois romans
suivants auront complété ma pensée. *Fécondité* n'est qu'une
humanité élargie pour les besognes de demain. Mais la victoire
y semble rester à la force, et c'est ce que viendront corriger
l'organisation du travail, l'avènement de la vérité et de la justice.
Tout cela est bien utopique, mais que voulez-vous ? Voici
quarante ans que je dissèque, il faut bien permettre à mes vieux
jours de rêver un peu. » (*Correspondance*, Montréal / Paris,
Presses de l'Université de Montréal / Éditions du CNRS, 1995,
t. X, p. 100.)

Manuscrit autographe, 75 f. in-4°
Reliure de René Kieffer en maroquin rouge
Paris, Société des manuscrits des assureurs français
(Non reproduit)

287
Max Nordau, lettre à Zola, 25 octobre 1899

L'auteur de *Dégénérescence* (voir *supra* l'essai de
Jacqueline Carroy, p. 145-153) remercie Zola de l'envoi
de *Fécondité*, dont il a fait un long compte rendu pour
La Nación de Buenos Aires.
« J'ai pu, autrefois, rester fermé à votre théorie du roman
expérimental. J'ai toujours été accessible à votre puissance
créatrice et je vous admire surtout depuis que vous êtes entré
dans ce que j'appelle votre seconde matière, c'est-à-dire
depuis les "Trois Villes". Il y a là un idéalisme, un élan lyrique,
une passion du Beau, du Grand, du Bien qui atteignent souvent
au sublime. Et ce qui donne à ces nobles créations leur
magnifique signification subjective, humaine, c'est que leurs
figures centrales ne sont pas sûrement pas observées, sûrement pas
copiées "réalistement" ou "naturalistement" sur des modèles
mais puisées dans votre propre âme, trouvées par la bonne
vieille méthode de l'introspection, qu'elles ne sont que la
projection artistique de vos qualités et tendances morales
à vous. Depuis que le monde a assisté, avec saisissement
et une admiration sans borne, à votre combat de héros antique
pour la Vérité et la Justice, il sait que les plus beaux caractères
dans vos romans ne sont que vos portraits, fidèles quoique
inconscients ou parce que inconscients. »

Manuscrit autographe, 180 × 225 mm
BNF, Manuscrits, NAF 24522, f. 477 v°-478
(Non reproduit)

Le problème nataliste français en 1900

Gabrielle Cadier-Rey

Entre 1850 et 1911, la population de la France augmente de 11 % et celle de l'Allemagne ou de la Grande-Bretagne de plus de 80 %. Et dans ces 11 %, il faut tenir compte de l'immigration et des naturalisations. Le Français se fait rare et le problème nataliste devient un débat de société qui partage toutes les familles politiques. En publiant en 1899 *Fécondité,* hymne à la famille nombreuse et dénonciation des «bourgeois fraudeurs» et «mauvais patriotes», Zola y participe avec toute la force de ses convictions.

Entre 1890 et 1914, on compte sept années où le nombre de décès est supérieur à celui des naissances. Cela s'explique à la fois par un taux de natalité qui est le plus bas d'Europe, autour de 21,3 ⁰/₀₀ en 1900 (36 ⁰/₀₀ en Allemagne, 30 ⁰/₀₀ en Grande-Bretagne), et par un taux de mortalité qui reste relativement élevé, surtout par rapport aux pays de l'Europe du Nord. La mortalité infantile dépasse les 14 %, les principes pastoriens d'hygiène élémentaire n'ayant pas encore gagné toutes les couches de la population. Les perspectives d'avenir militaire sont sombres. Entre 1890 et 1896, ce qui représente les classes 1910-1916, il est né 22 Allemands pour 10 Français. En 1913, 65 millions d'Allemands font face aux 39 millions de Français. C'est ce qui explique le vote de la loi de trois ans.

Cette réduction de la natalité en France n'est pas due à une diminution du nombre des mariages, au contraire, mais à une baisse de la fécondité de ces ménages. Le taux de fécondité passe de 103 ⁰/₀₀ autour de 1870 à 85 ⁰/₀₀ vers 1900 : le renouvellement de la population n'est plus assuré que par l'immigration (1,2 million d'étrangers en 1911) et les naturalisations (2 millions), dont la procédure a été facilitée par la loi de 1889. Cette baisse de la fécondité est un phénomène volontaire qui, depuis le XVIIIᵉ siècle pour les milieux aristocratiques, gagne progressivement les différentes classes de la société. Au XIXᵉ siècle, c'est la bourgeoisie qui adopte ce comportement malthusien. Zola en donne deux exemples significatifs[*] : l'industriel Beauchêne, qui a un fils unique pour ne pas avoir à partager l'héritage «puisque la loi est mal faite» (p. 22), une attitude qui se retrouve bien sûr chez les agriculteurs. L'autre exemple est celui des Morange, petits employés dévorés par l'ambition de monter dans l'échelle sociale : ils n'ont qu'une fille, qu'ils veulent doter pour la bien marier. Valérie Morange dit que «quand on a sa fortune à faire, c'est un crime que de s'embarrasser d'enfants» (p. 34). Elle choisira l'avortement et en mourra. Si les pays anglo-saxons connaissent la diffusion du préservatif, la technique la plus courante en France est l'interruption de l'acte sexuel, ce qui permet à Zola de tonner contre «toutes les fraudes en usage dans les honnêtes lits bourgeois» (p. 69), de dénoncer «le flot de semence détourné de son juste emploi» (p. 77). On peut remarquer le parallélisme entre la prévention des naissances et la meilleure connaissance de son corps et de l'hygiène, les deux progressant au cours du XIXᵉ siècle.

Tous les milieux n'ont pas les mêmes comportements. La religion garde une influence : les familles catholiques et celles des pasteurs protestants ont incontestablement plus d'enfants que la moyenne nationale. Les différences sociales jouent également un rôle. Aux deux bouts de l'échelle, pour des raisons différentes, les familles sont nombreuses. Dans les dynasties bourgeoises – et souvent catholiques – on ne craint pas le partage du patrimoine. La famille est elle-même une vaste entreprise comme cela se remarque dans le patronat textile du Nord. Dans les milieux ouvriers prolétariens, le comportement reste réglé par l'instinct : «Les soirs où un homme rentre un peu gai, après avoir bu un litre avec ses camarades, il ne sait pas trop ce qu'il fait.» Zola met ces paroles dans la bouche d'une pauvre femme d'ouvrier épuisée par les maternités (p. 24). Marx disait des ouvriers qu'ils campaient dans la société. Comment auraient-ils une stratégie d'avenir pour leurs enfants, alors qu'ils ne savent pas déjà comment demain sera fait pour eux ? En diminuant leur nombre, la classe ouvrière française marquera plus tard son intégration dans la société française. En attendant, Zola peut dénoncer «la fécondité de la misère, le pullulement dans les basses classes qui n'ont rien à risquer, rien à ambitionner. N'est-ce pas la natalité la plus exécrable, celle qui multiplie à l'infini les meurt-la-faim et les révoltés ?» (p. 25.)

Le taux de natalité français est passé au-dessous de 30 ⁰/₀₀ cinquante ans avant que cela se produise en Grande-Bretagne. L'explication apportée le plus couramment est l'influence de la Révolution française : le partage égal entre les héritiers que consacre le Code civil, l'égalité des droits, l'accession de tous à tous les emplois. Pour développer ces «capacités», la famille moderne s'organise autour de l'enfant, qui porte la réussite sociale familiale. Éducation, fortune, mariage en sont les instruments et chaque couple va proportionner sa postérité à ses ressources et à ses

---

[*] Les citations de Zola sont ici prises du roman *Fécondité* dans l'édition des *Œuvres complètes* donnée en 1928 par François Bernouard et publiée chez Fasquelle.

ambitions. Pays de classes moyennes en expansion, de petits propriétaires terriens, d'employés et de commerçants, la France devient malthusienne. Le mode de vie bourgeois avec ses signes de respectabilité que diffusent les manuels de savoir-vivre, la morale bourgeoise fondée sur le respect de la propriété et de l'épargne prêché dans les livres scolaires, tout cela modèle les comportements. Dès qu'un minimum d'aisance permet aux classes populaires supérieures de se libérer de l'angoisse du lendemain, elles limitent leur progéniture. Les causes psychologiques, morales et sociales sont beaucoup plus importantes que la propagande néo-malthusienne dénoncée par les populationnistes. En effet, à la fin du XIXe siècle, on voit apparaître un mouvement populaire favorable à la limitation des naissances avec à sa tête Paul Robin, né en 1837, un temps membre de la Ire Internationale, qui

A. Desmarest, *Sortie de maternité* (voir notice n° 282).

fonde en 1896 la Ligue de la régénération humaine. Cette association va, par voie de presse, de tracts, de brochures et d'images d'Épinal, faire connaître ses idées et le matériel anticonceptionnel. Elle fait de la publicité dans les bourses du travail, visite les ateliers, surtout féminins, diffuse des adresses de médecins et de sages-femmes. Mais quel est son impact réel ? Dans *Fécondité*, Zola n'en dit mot, concentrant ses attaques contre le malthusianisme bourgeois.

Très tôt, l'Académie de médecine, des administrateurs et des économistes ont essayé d'alerter les pouvoirs publics sur la dénatalité du pays. En 1874, le docteur Roussel avait fait voter une loi pour protéger les enfants mis en nourrice. Si on suit Zola dans ses descriptions sordides, on peut dire que l'hécatombe continue, celle des bébés placés à la campagne comme celle des petits abandonnés des nourrices. Victor Turquan dans sa *Contribution à l'étude de la population et de la dépopulation*, parue en 1901, écrit aussi : «Une fois l'enfant né, peut-on le conserver à la vie plus qu'on ne le fait ? Est-il vrai que sur 160 000 décès infantiles, 80 000 enfants périssent chaque année qui pourraient être conservés ?» Victor Turquan, Jacques Bertillon, Paul Leroy-Beaulieu, le Dr Paul Strauss, sont parmi les «populationnistes» les plus connus qui proposent des solutions pour lutter contre la dépopulation de la France : essentiellement des mesures d'hygiène et des encouragements fiscaux. Ces propositions sont intéressantes dans la mesure où elles font intervenir le législateur, mais elles vont contre l'idéologie libérale dominante. Les pouvoirs publics préfèrent l'égalité entre les individus à l'égalité entre les familles. La protection de la famille reste un thème traditionnel des milieux conservateurs dont se moquent les ministères radicaux. Et l'action de l'État en faveur de certains de ses fonctionnaires chargés d'enfants se limite à dix centimes par jour et par enfant.

En 1900, la démographie française est à ce point devenue un thème de débat national que Zola a pu lui consacrer, quelques mois plus tôt, un roman de près de sept cents pages, où il oppose les différents points de vue en les incarnant dans des personnages caractéristiques. Au quotidien, les discours traversent et divisent les familles politiques.

Les anarchistes sont en général néo-malthusiens. Faire des enfants, c'est fabriquer de la chair à canon. À prostitution aussi, ajoute Zola. Faire des enfants, c'est fournir de la main-d'œuvre au capital ; il faut bien, comme Mathieu, «comprendre la vérité brutale : le capital est forcé de créer de la chair à misère, il doit pousser quand même à la fécondité des classes salariées afin d'assurer la persistance de ses profits» (p. 26). Mais une anarchiste comme Madeleine Vernet, au nom de la dignité des mères célibataires, oppose au droit à l'avortement le droit à la maternité.

Les socialistes aussi sont divisés. En 1910, on lit dans *La Voix du peuple*, journal de la CGT : «Travailleur, si tu veux mettre fin à l'exploitation patronale et à la tyrannie gouvernementale, mets un terme à ton lapinisme, fais moins d'enfants.» La même année, dans une brochure intitulée *Socialisme et dépopulation* recommandée par *La Revue socialiste*, Robert Hitz montre que la dépopulation nuit plus au peuple que la forte natalité car il doit supporter des charges militaires accrues et la concurrence due à l'afflux d'immigrants pauvres acceptant des salaires de misère. Certains, en revanche, chez les socialistes rappellent que la surprocréation est généralement indice d'extrême misère. En 1912, la Fédération des bûcherons vote cette motion : «La limitation des naissances dans le prolétariat est actuellement un des moyens les plus efficaces pour apporter un peu de soulagement à la misère humaine.» À l'opposé, annonçant un argument qui sera repris dans les années 1950 par le parti communiste contre le «planning familial», Marcel Sembat s'écrie : «Mais oui mon bon Robin! plus le peuple fera d'enfants, plus il y aura de révolutionnaires!»

Les libéraux aussi se divisent. La plupart sont devenus populationnistes et ne suivraient plus Jean-Baptiste Say, lequel disait : «Faites des épargnes plutôt que des enfants.» La dénatalité a fait surgir une école populationniste dont Jacques Bertillon, médecin et statisticien comme son père, est la figure de proue. En 1896, il a fondé l'Alliance nationale pour l'accroissement de la population française. Son livre *La Dépopulation de la France*, publié en 1911, fera autorité. L'Alliance constitue un groupe de pression qui obtient du gouvernement, en 1901, la constitution d'une sous-commission chargée de rechercher les causes de la dénatalité. Est-ce une victoire pour le courant populationniste? En fait non, car il n'y aura jamais aucun débat parlementaire sur le sujet... Il faudra l'hécatombe de la guerre de 1914 pour qu'une prise de conscience s'opère au niveau des pouvoirs publics.

Et Zola dans ce débat? Comment résout-il la contradiction entre son apologie de la famille nombreuse – son couple idéal, Mathieu et Marianne, a douze enfants – et sa dénonciation des familles ouvrières à la «fécondité désordonnée»? Comment peut-il répondre à l'écrivain Santerre, porte-parole des milieux littéraires et artistiques, pour qui «plus les peuples se civilisent, moins ils ont d'enfants» :

«Justement nous qui marchons à la tête des nations, nous qui en sommes arrivés les premiers au point de sagesse qui corrige un pays de l'inutile et nuisible excès de fécondité. C'est un exemple de haute culture, d'intelligence que nous donnons au monde civilisé, et que le monde suivra certainement à mesure que les peuples atteindront chacun à son tour notre état de perfection.» (*Fécondité*, p. 56.)

Fécondité est un hymne à la vie victorieuse de toutes les forces qui cherchent à la limiter. Pour Zola, les éventuelles contradictions n'étaient dues qu'à la mauvaise organisation de la société, «la crise économique actuelle, la mauvaise distribution de richesses sous le régime capitaliste, était l'exécrable et unique cause de la misère, et […] le jour où le travail serait justement réparti, la terre féconde nourrirait à l'aise une humanité décuplée et heureuse» (p. 21). Derrière cette phrase se profilent les deux idées maîtresses de Zola : d'une part une meilleure répartition des richesses doit s'opérer car «si un juste équilibre ne s'établit pas, la révolution sera au bout» (p. 26); et d'autre part la terre prodigue une infinie richesse à ceux qui se donnent la peine de la cultiver, comme le fait Mathieu, cet ingénieur qui devient paysan, qui abandonne la ville viciée pour la paix des champs. Grâce à la terre nourricière, que Zola célèbre dans une vision cosmique où il l'associe à la femme, les hommes peuvent se multiplier et c'est la fécondité qui est la seule vraie cause du progrès :

«Il ne s'est pas fait un progrès sans que ce soit un excès de la natalité qui l'ait déterminé... Et l'évolution de demain, la vérité, la justice, ne sera-t-elle pas nécessitée de nouveau par cette poussée constante du grand nombre, la fécondité révolutionnaire des travailleurs et des pauvres?» (*Fécondité*, p. 22.)

Travail, un évangile socialiste

Travail, publié en 1901, est un étonnant roman d'anticipation alimenté par les aspirations sociales et les développements industriels de l'époque. Le dossier préparatoire, conservé à la Bibliothèque nationale de France (Manuscrits, NAF 10333 et 10334), révèle un Zola en pleine possession de son talent. Et le reporter qui enquête sur le terrain dépasse en méthode, osons le dire, celui du voyage à Anzin à la veille de *Germinal*.

Face à la brutalité annoncée de la lutte des classes, l'auteur plaide, avec Fourier, pour une coopération qui accrédite « l'idée comme facteur de l'Histoire ». Il veut peindre « toute la vieille charpente sociale craquant sous la poussée démocratique, la question de la réorganisation du travail se posant comme la question-mère de la société future pour une juste distribution des richesses ». Ainsi, pense-t-il avec Luc, le héros de cet « évangile », il « ouvre » le XXe siècle sous les auspices de « l'utopie heureuse », allant jusqu'à « la commune anarchiste, dans son rêve de paradis terrestre », cette utopie qui animera encore, en 1979, les ouvriers de Lip, préfaciers d'une nouvelle édition, inachevée, de *Travail* (Lagrasse, Verdier, 1979, t. I).

Dans ce monde édénique germent les bienfaits du progrès technique, notamment ceux procurés par l'électricité, la « fée » dont le palais a vu les splendeurs fixées par le photographe Zola durant la récente Exposition universelle. Extraite de la houille ou captée de la chaleur solaire, cette énergie irrigue les maisons et les usines, propulse les automobiles – « de l'électricité pour rien, une telle abondance qu'elle est pour tout le monde comme l'air qui passe, comme l'eau du fleuve dont le flot ne se tarit jamais. »

Plus surprenantes encore que les notes sur l'électricité (f. 209 à 227) sont celles prises par l'écrivain sur l'industrie sidérurgique aux Aciéries et Forges d'Unieux, dans la Loire, où il séjourne durant les premiers jours de février 1900, à l'invitation de son ami Paul Ménard-Dorian, qui en est le directeur en même temps que le mari de la petite-fille du fondateur, Jacob Holtzer (f. 402 à 464). Zola a d'abord envisagé de prendre pour cadre la Verrerie ouvrière d'Albi, dont Jaurès, qui en est avec Rochefort le « parrain », lui a parlé : en 1898 et 1899, la coopérative, inaugurée en octobre 1896, a fait ses premiers bénéfices, donnant une crédibilité au modèle. Mais le décor fantastique des hauts fourneaux et des laminoirs s'impose à l'écrivain, d'où le voyage en pays stéphanois.

Pendant la journée, Zola griffonne au crayon ce qu'il entend et voit en visitant les ateliers, en dialoguant avec les ingénieurs, en écoutant les dirigeants. Au premier moment du repos ou dès son retour à Paris, il reporte à l'encre le fruit de ses observations. C'est le document qui nous reste. Les procédés techniques, le coût de la main-d'œuvre, les investissements, l'organisation du travail, la stratégie commerciale, les risques du capitalisme dynastique, tout est ainsi passé en revue. On croirait lire les notes d'un moderne journaliste spécialiste de l'économie ou celles d'un analyste financier, mesurant aux données chiffrées la solidité d'une affaire.

Derrière le roman épique de « l'abolition du salariat » et du triomphe de la Science qui ne prodigue que des bienfaits, le dossier préparatoire de *Travail* nous livre un rare témoignage sur la vie d'une grande entreprise industrielle en 1900.

François Labadens

288
Ébauche de *Travail*

« *Travail* est l'œuvre que je voudrais faire avec Fourier, l'organisation du travail, le travail père et régulateur du monde. Avec Luc, fils de Pierre et Marie, je crée la cité, une ville de l'avenir, une sorte de phalanstère. Difficulté pour faire, avec cela, un livre vivant et humain. Montrer la nécessité du travail pour la santé physiologique. Un hosanna du travail créant la cité, la ruche au travail et faire découler de là tous les bonheurs. Mais redouter l'idylle, le fleuve de lait. La nécessité des loups dans la bergerie. »

Manuscrit autographe, 200 × 155 mm
BNF, Manuscrits, NAF 10333, f. 349-350

289
Travail

De même que *Germinal* commence avec l'arrivée
d'Étienne devant les mines de charbon de Montsou,
Travail s'ouvre sur la découverte par Luc Froment
des Aciéries Qurignon, surnommées «L'Abîme»,
qui seront supplantées à la fin du livre par l'utopique
«Crêcherie».

Manuscrit autographe, 200 × 155 cm
BNF, Manuscrits, NAF 10330, f. 1-2

290
Maquette d'un four électrique à acier système Chaplet

Bois, caoutchouc, cuivre, alliage ferreux et métaux non ferreux
H. 128 × L. 80,2 × l. 80 cm
Paris, Conservatoire national des arts et métiers
(Non reproduit)

291
Maximilien Luce, *Fonderie à Charleroi, la coulée*

Révolté par sa découverte du Pays noir,
près de Charleroi, Luce peint la grande industrie
avec les couleurs sombres que Zola utilisera
pour décrire «L'Abîme» au début de *Travail*.

1896
Huile sur toile, 130 × 160 cm
Mantes-la-Jolie, musée de l'Hôtel-Dieu

292

Constantin Meunier, *Puddleurs au four*

Influencé par Camille Lemonnier qui, en 1885, avait dépeint dans *Happe-Chair* l'univers de l'acier comme Zola décrivait le monde du charbon dans *Germinal* la même année, le peintre et sculpteur Constantin Meunier fut un des premiers représentants de l'art social belge et le maître de Maximilien Luce. En 1902, après la mort de Zola, la Ligue des droits de l'homme lui commanda, ainsi qu'à Alexandre Charpentier, un monument à l'effigie du romancier. L'œuvre, qui ne trouva pas d'emplacement dans Paris avant 1922, fut envoyée à la fonte pendant l'Occupation.

Bas-relief, 50 × 49 × 13 cm
Paris, musée d'Orsay

293

Jean Jaurès, lettre à Zola, 1er mai 1901

Très critique à l'égard des *Rougon-Macquart*, et en particulier de *La Débâcle* (*La Dépêche*, 12 juillet 1892), Jaurès avait pris acte avec sympathie de l'évolution de l'auteur de *Lourdes*, roman dont il écrivit qu'il était « le point de soudure du naturalisme et de l'idéalisme nouveau » (*La Dépêche*, 20 août 1894). L'affaire Dreyfus rapprocha les deux hommes et Jaurès rendit visite à Zola, en mars 1899, à Londres. Pour la préparation de *Travail*, Zola essaya d'interroger le dirigeant socialiste, qui lui fit attendre sa visite mais commenta élogieusement le roman dans deux longs articles de *La Petite République*, les 23 et 25 avril 1901, en concluant : « La révolution sociale a enfin trouvé son prophète. »
Quelques jours plus tard, Jaurès demanda à Zola de prononcer devant le Comité général socialiste une conférence sur *Travail* et lui proposa la présidence de ce même comité : « Nous nous proposions en outre de terminer par une adresse de sympathie aux intellectuels et ouvriers russes. Sous votre présidence, elle aurait une grande signification. » Le 15 mai suivant enfin, il prononça une conférence sur *Travail* pendant la soirée organisée par le Théâtre civique, au cours de laquelle des acteurs célèbres, dont Lugné-Poe, lurent des extraits du roman.

Manuscrit autographe, 130 × 110 mm
BNF, Manuscrits, NAF 24520, f. 427
(Non reproduit)

294

**Tony Garnier, *Une cité industrielle,
étude pour la construction des villes***

Pensionnaire à la villa Médicis de Rome, l'architecte lyonnais Tony Garnier s'était passionné à la lecture de *Travail*. Dans des envois à l'École des beaux-arts, de 1901 à 1904, il détailla son projet de cité industrielle, inspiré de la Cité heureuse du roman. Ce phalanstère pour le xxe siècle, unissant intimement lieux de production, de loisir, de vie sociale et d'habitation, fait explicitement référence à Zola, pour qui la « Maison Commune », véritable palais « dont les grès décorés et les faïences peintes se marient au fer apparent, pour la gaieté des yeux », est le joyau de la ville nouvelle. Dans ce cadre, les fêtes collectives en plein air exaltent à la fois la fécondité de la nature domestiquée et la fraternité universelle instaurée ; une phrase tirée d'une des scènes finales du roman, inscrite au fronton du bâtiment, célèbre le bonheur dont l'architecture nouvelle est à la fois le résultat et la cause : « Il fut résolu que la fête aurait lieu en plein air près du bourg dans un vaste champ où se dressaient, pareilles aux colonnes symétriques d'un temple géant, de hautes meules couleur d'or sous le clair soleil. À l'infini jusqu'au lointain horizon la colonnade se prolongeait, disant la fécondité inépuisable de la terre. » L. P.

Lyon, Baise et Goutary, [1919]
In-fol. oblong, 15 p., 48 × 34 cm
164 pl. en noir et en couleurs
BNF, Réserve des livres rares, Résac. Fol.-V-5564

Vérité, un évangile républicain

Vérité emprunte son intrigue à l'affaire Dreyfus en la transposant dans le milieu scolaire : le pupille de Simon, un enfant de douze ans est violé et assassiné. Le coupable est un de ses maîtres, un frère des Écoles chrétiennes. Le supérieur de celui-ci dissimule un indice qui désigne l'assassin. Simon est un père de famille et un instituteur exemplaire, mais il est juif. La rumeur l'accuse, amplifiée par la presse catholique et antisémite. Simon est jugé et condamné. Marc, un de ses collègues, prend sa défense; sa femme, issue d'un milieu dévot, le quitte…

Écrit à la veille de la séparation des Églises et de l'État, que Zola annonce à la fin du livre, *Vérité* est, plutôt qu'un roman à clefs inspiré par l'affaire Dreyfus, le récit de la guerre opposant la laïcité et l'Église catholique. Commencé le 27 juillet 1901, l'œuvre, que son auteur prépare depuis avril, est achevée le 7 août 1902, en pleine guerre scolaire : le gouvernement Combes vient de fermer plus de deux mille cinq cents écoles religieuses, exaspérant les passions. Zola, qui veut écrire « le poème de l'instituteur primaire » (ébauche, NAF 10343, f. 384), s'est renseigné auprès de Ferdinand Buisson et de Louis Dauvé, un instituteur révoqué pour ses opinions avancées.

L'anticléricalisme de *Vérité* n'est pas celui de *La Faute de l'abbé Mouret*. La question n'est plus, depuis le Ralliement, la collusion de l'Église romaine avec un pouvoir autoritaire mais la volonté chez cette dernière de garder le contrôle de la société civile par le biais de l'éducation des enfants, des filles en particulier. Le thème de l'éducation féminine, souvent évoqué par le romancier depuis ses débuts, est particulièrement prégnant dans son dernier roman. Il est vrai que, depuis sa rencontre avec Jeanne Rozerot, il se sent directement concerné : le personnage de Geneviève est probablement inspiré par Jeanne autant que par l'épouse catholique de Jaurès. Pour la préparation de *Paris*, Zola a pris de longues notes sur les lycées de filles : « Il y a là une première émancipation de la jeune fille, une marche à la femme future, à la société future. » (Bibliothèque Méjanes, Ms 1473, f. 113.) Déjà l'héroïne de *Paris*, Marie, est sa Denise telle qu'il la rêve : « La jeune fille actuelle, elle a fait ses études dans un cours, a fréquenté même un lycée de filles […] elle sait ce que tout le monde sait, a ses diplômes, n'a plus la poésie de notre jeune fille ignorante et bêlante […] cette instruction tombant dans une cervelle solide, un caractère droit : étudier cela. En faire peut-être une bicycliste… » (Bibliothèque Méjanes, Ms 1471, f. 50.) Il ajoute cependant : « Elle a fait sa première communion à cause de sa mère. » (f. 55.) Comme Marc, Zola a laissé sa fille aller au catéchisme pour ne pas heurter les convictions de Jeanne, à qui il écrit, le 15 novembre 1894, après lui avoir envoyé trois médailles bénites à l'effigie du pape : « Tu vois que le bonhomme aux vitraux (allusion aux vitraux d'église récupérés pour la décoration de Médan) n'est tout de même pas si méchant. »

L'ouvrage eut un grand succès dans les milieux laïques et Gustave Théry écrivit dans *La Raison* du 10 mai 1903 : « Pour nous, maîtres de l'Université républicaine, n'est-ce pas vraiment notre évangile, notre bréviaire laïque. » (Cité par Colette Becker *et al.*, *Dictionnaire d'Émile Zola*, Robert Laffont, 1993, p. 442.)

295 a et b
Photographiées par Zola,
sa fille Denise (musée d'Orsay)
et Suzanne Bruneau
(collection particulière).

[manuscript facsimile, left]

[manuscript facsimile, right]

296
Ébauche de *Vérité*

« Je pars de cette idée que si les progrès humains sont si lents, c'est
que la grande masse des hommes ne sait pas. L'instruction est donc
à la base, savoir, et savoir surtout la vérité, permettrait la réalisation
rapide de tous les progrès, assurerait le bonheur universel. – L'exemple
récent que nous a donné l'affaire Dreyfus. Si la France n'a pas été
avec nous, c'est qu'elle ne savait pas, qu'elle ne pouvait pas savoir,
nourrie non seulement de mensonges, mais d'une mentalité qui
ne lui permettait pas de raisonner selon la méthode, de se faire
une conviction par la raison [...]. Aucun pas en avant n'est sérieux,
si on ne refait pas pour la vérité la génération à venir. On piétinera
sur place, jamais on ne se dégagera des mensonges religieux et
gouvernementaux. Aussi est-ce pour cela que l'Église maintient l'erreur,
lutte si furieusement contre la vérité scientifique, expérimentale,
sentant fort bien qu'elle sera emportée le jour où la vérité se fera
dans les masses profondes. Toute la bataille actuelle est là. »

Manuscrit autographe, 200 × 155 mm
BNF, Manuscrits, NAF 10343, f. 305-306

297
Vérité

« La connaissance seule devait tuer les dogmes menteurs, disperser
ceux qui en vivaient, être la source des grandes richesses, aussi bien
des moissons débordantes de la terre que de la floraison générale
des esprits. Non ! le bonheur n'avait jamais été dans l'ignorance,
il était dans la connaissance, qui allait changer l'affreux champ
de la misère matérielle et morale en une vaste terre féconde, dont
la culture, d'année en année, décuplerait les richesses. Ainsi, Marc,
chargé d'ans et de gloire, avait eu la grande récompense de vivre
assez pour voir son œuvre. Il n'est de justice que dans la vérité,
il n'est de bonheur que dans la justice. Et après la Famille enfantée,
après la Cité fondée, la Nation se trouvait constituée, du jour où,
par l'instruction intégrale de tous les citoyens, elle était devenue
capable de vérité et de justice. »

Manuscrit autographe, 200 × 155 mm
BNF, Manuscrits, NAF 10342, f. 1114-1115
(Non reproduit)

298
Jean Véber, *Jean Jaurès à la tribune de la Chambre des députés, 1903*

Huile sur bois, 61 × 73 cm
Paris, musée Carnavalet

299
Lettre à Alfred Bruneau, 8 août 1902

« J'ai enfin terminé cette terrible *Vérité*, qui pendant un an m'a
demandé de grands efforts. L'œuvre est au moins aussi longue
que *Fécondité*, et il s'y trouve une telle diversité de personnages,
un tel enchevêtrement de faits, que jamais mon travail ne
m'a demandé une discipline plus étroite. J'en sors pourtant assez
gaillard et ma tête seule a besoin de repos. » À Georges Loiseau,
il avait écrit, deux semaines plus tôt : « Moi, j'achève *Vérité*, j'aurai
fini dans quelques jours, et ce sera un grand soulagement,
car voilà bientôt un an que je vis avec cette œuvre. Je ne crois pas
en avoir fait de plus touffue, elle m'a demandé une attention
de tous les jours. Heureusement, les douleurs de l'enfantement
s'oublient vite quand l'enfant est né. » (Voir notice n° 330.)

Manuscrit autographe, 203 × 130 mm
Collection particulière
(Non reproduit)

Émile Zola et Alfred Bruneau
L'opéra naturaliste à la fin du XIXe siècle

Jean-Sébastien Macke

« Ma femme m'envoie un *Gaulois* triomphant !

Bravo, Bruneau, bravo, Alfred, bravo, mon vieux ! Vous avez eu une idée de génie, car c'est un ouvrage joué, et sûrement et à brève échéance ! chic ! chic ! chic ! Et ce que ça va embêter du monde ! rechic ! rechic ! rechic ! Hop là ! au travail. Mais ne vous pressez pas trop néanmoins camarade. Que ce soit du nanan ! et le nanan ne se rencontre pas tous les jours ; avec ce titre, avec Zola, avec Gallet, vous pouvez être convaincu qu'on voudra voir aussitôt que le mot fin aura été mis au bas de votre partition. Donc, hâtez-vous lentement. Je suis ravi pour le papa, pour la jeune épouse, pour vous et pour ce cochon d'art que nous aimons tant[1]. »

Ainsi s'enthousiasme Emmanuel Chabrier dans une lettre à Alfred Bruneau datée du 31 octobre 1888. *Le Gaulois* et *Le Matin* ont tous deux publié la veille une nouvelle qui fera sensation et dont le titre est « Un opéra de M. Zola ». Personne ne s'imagine, à ce moment, qu'est née entre le célèbre écrivain et le jeune compositeur une amitié intense qui aura pour fruits de nombreux opéras et qui révolutionnera, un temps, le Landerneau de la musique française.

Alfred Bruneau est né à Paris le 3 mars 1857. C'est en assistant aux concerts familiaux donnés par ses parents, musiciens amateurs (Alfred père au violon et Aurélie, la mère, au piano), que le jeune enfant est sensibilisé à l'art musical. À quinze ans, il entre au Conservatoire, dans la classe de violoncelle de Franchomme, puis commence à « faire de la musique[2] » aux concerts populaires Pasdeloup, selon l'expression même du chef d'orchestre (que Bruneau jugera d'ailleurs comme un « médiocre batteur de mesure[3] »). Puis il intègre, en 1878, la classe de composition de Massenet, pour obtenir en 1881 le second prix de Rome (il n'y eut pas de premier prix cette année-là). *Kérim*, son premier opéra, est joué en 1887 et remporte un succès d'estime. Échappant de peu à l'incendie de l'Opéra-Comique la veille de la naissance de Suzanne, son unique fille, Bruneau se sait marqué par le destin. Quelques mois plus tard, il fait la rencontre d'Émile Zola, en mars 1888.

Bruneau souhaite mettre en musique *La Faute de l'abbé Mouret*, le roman de Zola paru en 1875, pour en faire un opéra. Il lui faut donc l'accord de l'auteur et c'est Frantz Jourdain, architecte et ami de Zola, qui introduit Bruneau chez le grand écrivain. Or Zola avait déjà laissé les droits d'adaptation musicale de ce roman au maître de Bruneau,

Massenet. L'écrivain, attristé par la déconvenue du jeune homme, lui confie néanmoins son nouveau roman, *Le Rêve*, mais ne prend pas part à l'écriture du livret. Trop absorbé par sa rencontre avec Jeanne Rozerot et par l'écriture de *La Bête humaine*, il décide, avec Bruneau, de confier le livret à Louis Gallet, directeur de l'hôpital Lariboisière et librettiste déjà célèbre de Bizet et Massenet. Mais cela n'empêche pas Zola de suivre attentivement les différentes étapes de cette aventure totalement nouvelle pour lui. La musique, depuis son lointain passé aixois de clarinettiste amateur, est un art qu'il délaisse et auquel il reproche son pur aspect sensuel, dénué de toute approche intellectuelle :

« Je cours le risque d'ameuter les musiciens contre moi, mais je dirai toute ma pensée. La littérature demande une culture de l'esprit, une somme d'intelligence, pour être goûtée ; tandis qu'il ne faut guère qu'un tempérament pour prendre à la musique de vives jouissances. Certainement, j'admets une éducation de l'oreille, un sens particulier du beau musical ; je veux bien même qu'on ne puisse pénétrer les grands maîtres qu'avec un raffinement extrême de la sensation. Nous n'en restons pas moins dans le domaine pur des sens, l'intelligence peut rester absente[4]. »

Le Rêve fut créé à l'Opéra-Comique le 18 juin 1891. Silence glacé puis enthousiasme. Voilà qui résume à merveille la réaction du public au soir de la première. L'auditoire fut d'abord dérouté par ces personnages venus du monde contemporain, par leurs costumes de ville et par le réalisme de l'action et de la mise en scène. Il fut également troublé par les audaces musicales de Bruneau telles que la sobriété des accords parfaits qui ouvrent l'opéra ou le passage bitonal (pratiquement atonal) qui illustre les angoisses de l'évêque Jean d'Hautecœur. L'œuvre ne laissa pas non plus indifférents les pairs de Bruneau, qui saluèrent en lui le nouveau maître de la musique lyrique française. En 1900, Paul Dukas se souvenait de la première du *Rêve* en ces termes :

« Les cloches du *Rêve* sonnaient le glas du vieux dogme lyrique en même temps que le baptême d'un art nouveau [...]. L'œuvre de M. Bruneau appartient à cette catégorie de productions trop rares par lesquelles s'affirment une volonté et un tempérament. Après avoir subi l'épreuve du silence, elle nous réapparaît dans toute sa vigueur, dans toute sa rudesse, si l'on veut, mais aussi dans toute sa vivante poésie, dans toute sa vibrante humanité[5]. »

1 Lettre d'Emmanuel Chabrier à Alfred Bruneau, 31 octobre 1888, collection particulière. **2** Alfred Bruneau, « Souvenirs inédits », *Revue internationale de musique française*, n° 7, février 1982, p. 29. **3** *Ibid.*, p. 30. **4** Émile Zola, « Le naturalisme au théâtre », *Œ. C.*, t. XI, p. 317. **5** Paul Dukas, *Revue hebdomadaire*, 3 novembre 1900.

C'est sur la proposition de Zola que *L'Attaque du moulin*, nouvelle parue dans les *Soirées de Médan* en 1880, sera adaptée à la scène lyrique à partir de l'été de 1891, après la création du *Rêve* et dans l'euphorie de son succès. Ce choix d'une nouvelle traitant de la guerre de 1870 n'est pas anodin : le sujet est plus dans la veine naturaliste que l'action du *Rêve*. Enhardi par le succès de cette première œuvre, Zola éprouve certainement le désir d'imposer un peu plus le naturalisme à l'opéra après son relatif échec au théâtre. Le livret est toujours confié à Louis Gallet, mais Zola écrit un texte en vers connu sous le titre *Adieux à la forêt*, une des plus belles pages de cet opéra, qui sera popularisé au xx⁰ siècle par le ténor Georges Thill. Cette complainte chantée par Dominique, promis à l'exécution par l'envahisseur prussien, est remarquable par sa force émo-

tive tout comme le personnage de Marcelline, absent de la nouvelle, qui crie sa haine de la guerre et donne à l'opéra toute sa force pacifiste. Mais Zola a dû céder en ce qui concerne la datation de l'intrigue. En effet, le directeur de l'Opéra-Comique n'était pas prêt à mettre sur scène des soldats allemands trente ans à peine après la guerre de 1870. Le drame a donc été replacé dans le contexte de la Révolution française. Loin d'affaiblir le drame, ce changement donne à l'œuvre un aspect intemporel et universel qui en fait la force.

Après la création de ce second opéra, en novembre 1893, Zola envisage un engagement plus concret de sa part dans l'écriture des livrets. Il signe le 31 décembre 1893 son premier livret, *Lazare*, qui ne sera mis en musique par Bruneau qu'après sa mort. Puis il écrit le livret de *Messidor*.

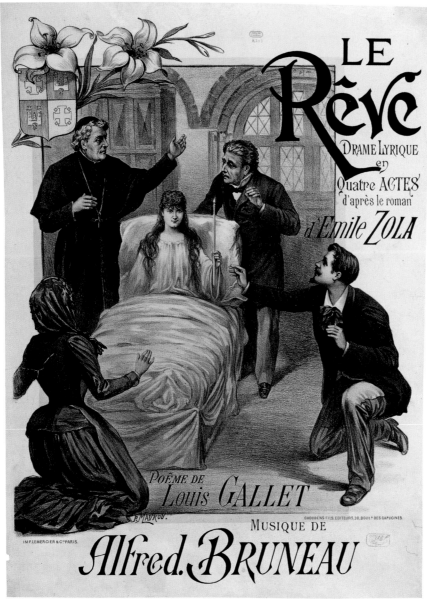

Paul Maurou, affiche pour *Le Rêve* à l'Opéra-Comique (voir notice n⁰ 300).

La première innovation de *Messidor* tient dans l'utilisation de la prose. En effet, le vers était de rigueur dans les œuvres lyriques et principalement celles jouées au Palais Garnier. Des tentatives avaient déjà été faites notamment avec Gounod, qui avait dû renoncer à mettre en musique le texte en prose du *Georges Dandin* de Molière. *Messidor* est donc la première œuvre lyrique en prose avant *Fervaal* de Vincent d'Indy, écrit en 1895 mais créé après *Messidor*, avant *Louise* de Charpentier et avant *Pelléas et Mélisande* de Debussy, ouvrant ainsi une voie nouvelle dans le champ de la création lyrique. Bruneau et Zola se défendent de vouloir faire du Wagner à la française et ils n'ont de cesse de souligner les différences, les écarts. Pourtant, l'intrigue de *Messidor* fait immédiatement penser à celle de *L'Or du Rhin*, cet opéra de Wagner qui voit la lutte pour la possession de l'or du Rhin entre les Filles du Rhin, le nain Alberich, roi des Nibelungen, Wotan et les deux géants Fafner et Fasolt. Il y est question d'un anneau fait avec l'or du Rhin qui porte malheur à qui le possède. On retrouve cet anneau maléfique dans *Messidor* sous la forme du collier magique de Véronique, «qui donne le bonheur aux êtres purs, qui force les coupables à se livrer[6]». *Messidor*, lutte entre Gaspard qui assèche les terres pour retirer l'or de la rivière et les paysans condamnés à cultiver une terre inculte, s'achève sur la disparition de cet or maudit comme *L'Or du Rhin* se conclut sur les gémissements des Filles du Rhin qui pleurent la perte de l'or. Les similitudes sont donc nombreuses mais les deux opéras diffèrent sur un point capital : alors que Wagner place l'action au sein de la mythologie nordique, Zola déroule l'intrigue au milieu d'êtres réels, des paysans pauvres de l'Ariège. C'est en cela que l'œuvre lyrique zolienne est hautement naturaliste. Le souci de Zola est de dénoncer la tyrannie du patronat (comme il l'a fait dans *Germinal*), de décrire le dur labeur des paysans (on se rappelle *La Terre*) et poser des questions sur les bénéfices de la modernité (*Travail*, second volet des *Quatre Évangiles*, est déjà là). En un mot : faire une œuvre pleine de Vérité et d'Humanité.

Zola se passionne donc pour l'opéra tout en trouvant en Bruneau un ami précieux qui sera présent à ses côtés tout au long de la terrible affaire Dreyfus. C'est en présentant le ménage Bruneau à Dreyfus que Zola exprime l'attachement si fort qui le lie au compositeur : «Ceux-là sont de ma famille[7].» De cette amitié indéfectible va naître encore *L'Ouragan*, créé le 29 avril 1901 et salué notamment par Debussy : «La musique atteint à la tragédie antique par toute l'horreur exprimée du sentiment des personnages, et de cet autre personnage qui plane et hurle déchaîné... la

Mer[8].» Cet opéra érige le *leitmotiv* en art puisque l'on ne compte pas moins de dix-sept thèmes en plus des quarante-deux variations du *leitmotiv* de la Mer, personnage central de l'œuvre.

L'Enfant Roi, joué le 3 mars 1905, trois ans après la mort de Zola, est la dernière contribution de l'écrivain à l'art lyrique. Cette disparition du collaborateur, de l'ami, va profondément marquer Bruneau qui, dans une lettre à son épouse, clame sa douleur : «Je ne sais plus me conduire dans la vie. Je suis un être fini, démoli, définitivement à terre[9].» De cette douleur, Bruneau va faire une force et poursuivre sa carrière dans une fidélité totale à l'ami disparu. Il va, tout d'abord, mettre en musique le premier livret de Zola, *Lazare*, pour en faire un oratorio en un acte. Puis Bruneau devient son propre librettiste et adapte de nouvelle œuvres de Zola, comme *Naïs Micoulin* et *Les Quatre Journées*. Entre-temps, il réalise enfin son rêve premier de composer une musique de scène pour *La Faute de l'abbé Mouret*.

Alfred Bruneau, au soir de sa vie, ne saurait se retirer sans avoir livré les souvenirs qui l'unirent, un temps, au maître de Médan. *À l'ombre d'un grand cœur* paraît chez Fasquelle en 1931 et reprend les souvenirs de cette collaboration unique entre un compositeur et un écrivain. Livre-hommage que Bruneau offre au public et qui, de plus, met en valeur les qualités d'écrivain que possédait le compositeur, mais également livre-mémoire qui s'attache à conter la fabuleuse aventure que fut la sienne aux côtés de Zola.

Alfred Bruneau fut donc autant marqué par la figure tutélaire de Zola que ce dernier le fut par le talent, la sincérité et l'amitié que lui porta le compositeur. Bruneau est trop modeste pour reconnaître l'importance réelle qu'il joua aux côtés d'un écrivain pris dans les tourments de la folie antidreyfusarde. Il ne se considère que comme un «ouvrier consciencieux[10]». Aussi, il faut chercher parmi ses proches pour savoir ce que Bruneau fut pour Zola. Et c'est Mme Zola qui nous offre ces quelques lignes écrites après la mort de l'écrivain et rendant justice à Alfred Bruneau :

«Aujourd'hui, mon bon ami, c'est moi qui ai cette tristesse de vous mettre entre les mains *La Faute de l'abbé Mouret*, croyez que c'est mon cher mari qui vous la donne, que je ne suis ici que son humble intermédiaire, mais autant que lui, je pense que vous êtes le seul, par votre adoration sans bornes, par l'étroite union de vos âmes en art, qui puissiez, ainsi que par les œuvres précédentes, associer votre art musical à la littérature de mon cher mari, si bien que l'on pourrait croire qu'il n'y a qu'un seul auteur tant vos pensées et vos natures vibraient de même[11].»

6 Émile Zola, «Messidor», *Le Figaro*, 17 février 1897. 7 Alfred Bruneau, *op. cit.*, p. 165. 8 Claude Debussy, *Revue Blanche*, 18 mai 1901. 9 Lettre d'Alfred Bruneau à son épouse, mars 1903, collection particulière. 10 Roger Martin du Gard, *Journal*, Gallimard, 1993, t. II, p. 69. 11 Lettre de Mme Zola à Alfred Bruneau, 27 avril 1903, collection particulière.

300
Paul Maurou, affiche pour *Le Rêve* **à l'Opéra-Comique**

Le Rêve, drame lyrique en quatre actes d'après le roman d'Émile Zola, poème de Louis Gallet, musique d'Alfred Bruneau, fut créé le 18 juin 1891 à l'Opéra-Comique. C'est la première incursion de Bruneau dans l'univers de Zola : comme pour *L'Attaque du Moulin* deux ans plus tard, c'est par librettiste interposé, puisque l'œuvre est adaptée par Louis Gallet. Il s'agit même d'une adaptation qui va assez loin, l'opéra-comique comportant en effet le « tableau du miracle », qui sert précisément d'illustration à l'affiche : Angélique, après avoir reçu l'extrême-onction de l'évêque Jean d'Hautecœur, père de son amoureux, se lève et peut épouser celui qu'elle aime. Un dernier tableau, écrit mais non représenté, montrait Angélique tombant morte après avoir reçu à la sortie de l'église le premier baiser de son époux… P. V.

Affiche illustrée, tirage en noir
Paris, Imprimerie Lemercier, éditions Choudens, D. L. 1891
77 × 56 cm
BNF, bibliothèque-musée de l'Opéra, Aff. 641
(Reproduit p. 214)

301
Georges Sauvage, décors pour *L'Attaque du Moulin*

Décors du premier acte de *L'Attaque du Moulin*, à l'Opéra-Comique, en 1891.

Lithographie en couleurs, 27,5 × 36 cm
Collection particulière

302
Lettre à Alfred Bruneau, 6 juin 1892

Le livret de cette adaptation de la nouvelle publiée dans *Les Soirées de Médan* fut confié à Louis Gallet. Zola tint pourtant à rédiger lui-même « L'appel à la forêt », chanté par Dominique dans la scène IV, qui devint un des classiques du répertoire lyrique français.

Manuscrit autographe, 200 × 155 mm
Collection particulière

303

Messidor

Manuscrit autographe, 89 f., 200 × 155 mm
Collection particulière
(Non reproduit)

304

Amable (Amable-Delphin-Petit, dit), esquisse de décor pour la création de *Messidor*

Il s'agit ici du tableau 2 de l'acte III : *Usine pour le lavage de l'or.*

Signé et daté : 1896
Gouache sur papier, 50 × 72 cm
BNF, bibliothèque-musée de l'Opéra, Mus. 1761

305

Charles Bianchini, 6 dessins de costume pour la création de *Messidor*

La Fée de l'Or (et Hélène, Véronique, Mathias, Guillaume, Gaspard, non reproduits).

Plume, aquarelle et gouache, non signé, s. d.
29,7 × 22,4 cm (et 26,7 × 11,7 ; 30,4 × 16,5 ; 31 × 13,5 ; 31 × 19 ;
29 × 15,2 cm)
BNF, bibliothèque-musée de l'Opéra, D. 216 [51, pl. 13 (et 1, 5, 6, 7, 9)

306

Philippe Chaperon, esquisse de décor pour la création de Messidor

Décor pour l'acte II : *Village dans un large vallon rocailleux.*

Signé et daté : 1896
Gouache sur papier, 28 × 40,5 cm
BNF, bibliothèque-musée de l'Opéra, D. 345, II 25
(Non reproduit)

307

Amable (Amable-Delphin-Petit, dit), maquette construite de décor pour la création de *Messidor*

Décor pour l'acte III, tableau 1, puis pour le prologue : *Salle dans le roc d'or naturel.*

Gouache sur carton
BNF, bibliothèque-musée de l'Opéra, Maq. 293
(Non reproduit)

308
L'Ouragan

Manuscrit autographe, 86 f., 200 × 155 mm
Collection particulière
(Non reproduit)

309
L'Enfant Roi

Manuscrit autographe, 80 f., 200 × 155 mm
Collection particulière
(Non reproduit)

310
**Charles Bianchini, 2 esquisses de costumes
pour *L'Enfant Roi***

Cette comédie lyrique en cinq actes, paroles d'Émile Zola,
musique d'Alfred Bruneau, fut créée le 3 mars 1905
à l'Opéra-Comique
L'ouvrage marque la fin de la collaboration entre Bruneau
et Zola, qui meurt en laissant au musicien un livret sur
lequel il devra travailler seul. L'argument touchant
(les souffrances d'une jeune femme partagée entre son
époux et un enfant adultérin né d'une faute de jeunesse
qu'elle va voir en cachette) est fondé sur la propre situation
de Zola père de deux enfants « hors mariage ».
Comme *Louise*, écrite quelques années plus tôt, l'œuvre
donne une part importante à Paris : scènes de jeux
d'enfants aux Tuileries, sortie de baptême au marché
aux fleurs de la Madeleine…
Bianchini, qui avait réalisé les costumes paysans
de *Messidor* à l'Opéra, dessina les nombreux costumes
contemporains de tout ce petit monde parisien pittoresque,
tels ceux de ces petits enfants dans leurs jeux ou de
la nourrice bretonne. P. V.

Plume, aquarelle et gouache, non signé, s. d.
BNF, bibliothèque-musée de l'Opéra, D. 216 [OC 1905, pl. 16 et 22
(Non reproduit)

311
Décors pour *L'Enfant Roi*

La boulangerie (et le marché au fleurs de la Madeleine,
non reproduit).

Mars 1905
Photographie, 31 × 42 cm
Collection particulière

312
**Zola, Alfred Bruneau, son épouse et leur fille
Suzanne Bruneau**

Photographie avec dédicace de Zola : « À mes amis Bruneau,
avec tout mon cœur, le photographe, Médan, septembre
1900. »
Collection particulière

Médan ou le rêve de Zola

Martine Le Blond-Zola

En février 1876, Zola confie son rêve à Piotr Boborykine : « J'aimerais être un petit propriétaire quelque part dans un village et respirer librement le grand air. » Et ce rêve devient réalité quand, deux ans plus tard, il acquiert une maison à Médan où il s'installe avec son épouse et sa mère. Lui, l'amoureux de la nature qui, avec ses amis, s'est épris autrefois de la Seine à Bennecourt, la retrouve à Médan. Ici, le fleuve côtoie la voie ferrée de la ligne Paris-Le Havre et, quand passent les trains, Zola entend gronder le souffle puissant de *La Bête humaine*.

Les charmes de Médan, il les détaille à Flaubert, le 9 août 1878. C'est un « trou charmant », écrit-il, « loin de toute station », sans un seul bourgeois à la ronde. Sa maison, c'est une « cabane à lapins », achetée neuf mille francs, grâce au succès de *L'Assommoir*, un « modeste asile champêtre », capable de lui faire oublier les années de misère. Avec la conscience qu'il met à bâtir ses romans, il entreprend de construire son domaine, à mesure que grandissent ses revenus littéraires.

Dès 1879, la petite maison d'origine se double d'une haute tour carrée qui s'appellera « Nana ». Au sommet, l'écrivain se réserve un immense cabinet de travail qui, tel un atelier de peintre, l'établit en plein ciel, face au paysage changeant que découpe l'encadrement doré des baies vitrées. La chambre et la salle de bains occupent le premier étage. La cuisine entièrement tapissée de carreaux de faïence et la salle à manger au plafond fleurdelisé s'ouvrent au rez-de-chaussée. Il y reçoit ses amis de la nouvelle école naturaliste, qui va balayer le romantisme et orienter la littérature vers le naturalisme et les idées sociales. Avec la collaboration de Maupassant, Huysmans, Hennique, Alexis et Céard, il publie en 1880 un ensemble de nouvelles consacrées à la guerre de 1870. Le recueil s'intitule *Les Soirées de Médan*, en hommage, dit Céard, « à la chère maison où Madame Zola nous traitait maternellement et s'égayait à faire de nous de grands enfants gâtés ».

Pour accueillir ses invités, Zola fait construire le « pavillon Charpentier », du nom de son fidèle éditeur. Les beaux jours y voient arriver Amélie Laborde, cousine d'Alexandrine, avec ses enfants Élina et Albert. Artistes et écrivains y affluent : Flaubert, Vallès, Goncourt, Daudet, Mirbeau, sans oublier Cézanne, qui peint en 1880, « sur le motif », sa toile célèbre, *Le Château de Médan*, et enfin le compositeur Alfred Bruneau et sa famille.

Gentleman farmer, Zola le devient avec conviction. Sur des parcelles de terrain nouvellement acquises, il aménage une ferme. Verger, potager, serre, maison de jardinier, basse-cour, rien n'y manque, pas même l'écurie pour le cheval « Bonhomme » et l'étable pour la vache « La Mouquette ». Le grand homme aime les animaux, dont il apprécie la vérité foncière, faite de naturel et de simplicité. Il s'entoure d'une multitude de chats et porte à ses chiens une affection intense, que ceux-ci lui rendent bien : Pinpin, le loulou de Poméranie, ne supportera pas le départ de son maître, exilé en Angleterre, et mourra de chagrin.

Il cherche à préserver la vue dont il jouit sur la vallée de la Seine en se portant acquéreur de la prairie située entre la voie ferrée et le fleuve. Il achète trois hectares de l'île du Platais et y fait édifier un charmant pavillon où, en compagnie de ses amis, il se rend en été, à l'heure où la fraîcheur monte de l'eau. Il appelle ce lieu idyllique « Le Paradou », du nom du parc à la végétation luxuriante où se déroulent les amours de Serge et d'Albine dans son roman *La Faute de l'abbé Mouret*. Pour atteindre ce paradis, Maupassant négocie l'achat d'une barque, à laquelle Zola donne aussitôt le nom de la pétulante héroïne du roman auquel il travaille, *Nana*.

Le domaine, par des achats successifs (vingt-quatre en trois ans), atteint quatre hectares en 1881. Jules Vallès ne pourra plus dire à Zola : « Vous savez, mon vieux, la prochaine fois que je viendrai, j'apporterai un arbre. » Quand *Germinal* triomphe, en 1885, une deuxième tour à pans coupés s'élève de l'autre côté de la maison première. Elle s'appellera « Germinal », du nom du roman qui a permis sa construction. Une fois encore, le domaine s'agrandit au rythme de la production littéraire. Pour les veillées et les longues causeries entre amis, Zola y a prévu, sur toute l'étendue du rez-de-chaussée, un vaste salon-salle de billard. La pièce revêt des allures médiévales avec, au plafond, des poutrelles ornées d'armoiries et, au mur, une panoplie d'armes anciennes. Le sol en mosaïque est orné d'une salamandre, symbole de justice et de vérité. Une gigantesque cheminée se dresse face à l'entrée et de somptueux vitraux entourent ce décor sévère d'une féerie de lumière. Sur les hautes fenêtres, le peintre verrier Baboneau, d'après les indications de l'écrivain lui-même, a jeté à foison, au milieu de fleurs et de plantes fastueuses, des oiseaux et des paons fabuleux, annonçant déjà l'Art nou-

La Seine et l'île du Platais, avec le chalet *Le Paradou* (voir notice n° 321).

veau dans un mélange exquis de naturalisme et de symbolisme.

À l'étage au-dessus de cette impressionnante pièce, Alexandrine a aussi réalisé son rêve : une vaste lingerie aux murs tapissés de placards en sapin de Norvège, avec, au centre, une imposante table de coupe. Bientôt, en mai 1888, une jeune et jolie lingère, Jeanne Rozerot, s'active dans cette lingerie. Sa beauté et sa jeunesse (elle a vingt et un ans) attirent le regard du maître des lieux. Commence alors une tendre liaison, qu'il faut évoquer avec respect car Zola n'a pas cherché l'aventure et a toujours souffert de la blessure infligée à son épouse, la compagne des temps difficiles. Deux enfants naîtront de cet amour, Denise en 1889 et Jacques en 1891.

Dès 1886, la maison de Zola a pris son aspect définitif, au style indéfinissable. Mais qu'importe que, vue du dehors, ses deux tours la fassent ressembler à une cathédrale gothique, ou à un nain entre deux géants… Sans s'intéresser à l'extérieur, Zola a concentré son attention sur l'intérieur du logis. Là réside l'âme de sa maison, rayonnante de chaleur et d'intimité. Pour la décorer, il a donné libre cours au lyrisme échevelé qui l'habite et aux goûts qui le rapprochent des romantiques. Bibelots fantaisistes, broderies anciennes, tentures chamarrées et boiseries sculptées tamisent l'éclat de la lumière et étouffent les pas. Homme d'intérieur, il fuit les réceptions mondaines, où l'art de plaire tourne au cabotinage. Isolé du monde, retiré chez lui, il goûte les joies solides du travail et de l'amitié.

Son rêve de propriétaire étant réalisé, il adopte désormais un nouveau style de vie. Chaque année, il réside à Médan du 1er mai au 1er janvier suivant. Il y arrive chargé des fiches et des dossiers récoltés à Paris et entame aussitôt un nouvel ouvrage. Au fronton de sa cheminée brillent les lettres de sa devise : *Nulla dies sine linea* (« Aucun jour sans une ligne »). À ce programme, il se montre fidèle au point que Médan apparaît comme le creuset de son œuvre essentielle, *Les Rougon-Macquart*. C'est dans le calme des bords de Seine qu'ont été composés *Nana*, *Pot-Bouille*, *Germinal*, *La Terre* et *La Bête humaine*.

Par souci d'authenticité et pour se documenter sur la vie des paysans en vue de son roman *La Terre*, il participe au conseil municipal de Médan de 1881 à 1898. Il se passionne pour la photographie et installe un véritable laboratoire où, avec Albert Laborde, le filleul de Mme Zola, il réalise une multitude de clichés témoignant de la vie heureuse qui s'écoule à Médan. Dans ce bonheur paisible, l'affaire Dreyfus retentit comme un coup de tonnerre qui arrache à Zola ses amis, sa fortune et sa gloire, et même sa maison puisqu'il doit s'exiler en Angleterre. À son retour, il y trouvera quelque réconfort. Le 28 septembre 1902, il quitte Médan pour la dernière fois.

En 1905, Mme Zola fait donation de la propriété à l'Assistance publique. Une maison de convalescence pour nourrissons y est installée et le cabinet de travail de l'écrivain devient une pouponnière. En 1985, la maison est ouverte au public, selon le vœu formulé par Denise Le Blond-Zola, fille de l'écrivain, quelque cinquante ans plus tôt, et grâce à l'Association du musée Émile Zola, présidée par maître Maurice Rheims. Les efforts de cette association pour garder vivant le souvenir de l'écrivain sont poursuivis par l'Association pour le rayonnement de l'œuvre d'Émile Zola (AROEZ), fondée en 1998 par Pierre Bergé, qui en est l'actuel président : l'AROEZ se donne comme objectif particulier de restaurer l'ensemble des lieux. Marion Aubin de Malicorne, cheville ouvrière de l'une et l'autre associations, veille avec compétence, aux côtés de Pierre Bergé, à la destinée de cette maison*, témoin le plus parlant et le plus émouvant de ce qui fut le rêve de Zola.

---

* La Maison d'Émile Zola (26, rue Pasteur, 78670 Médan) se visite les samedis, dimanches et jours fériés de 14 h à 18 h 30 et, pour les groupes, sur rendez-vous (tél. 01 39 75 35 65 ; fax 01 39 75 86 59).

Zola photographe de son temps

Danielle Coussot

« C'est l'heure du jour que je consacre ordinairement à mon nouveau "violon d'Ingres", la photographie… chaque homme devrait avoir un "violon d'Ingres" et je confesse mon extrême passion pour le mien. À mon avis vous ne pouvez pas dire que vous avez vu quelque chose à fond si vous n'en avez pas pris une photographie révélant un tas de détails qui, autrement, ne pourraient même pas être discernés[1]. »

Il fallut attendre la parution, en 1979, du livre de François Émile-Zola et Massin, *Zola photographe*, pour que soit signalé à un vaste public l'intérêt de Zola pour la photographie, connu jusqu'alors des spécialistes, mais peu étudié. Rappelons que, dans les années 1970 encore, Gisèle Freund disait que « pour les universitaires, la photographie n'existait pas ».

Il est évident que l'intérêt pour le photographe Zola ne se révélera que dans le dernier quart du XXᵉ siècle. Certes, sa production photographique est tardive et elle sera interrompue par sa mort prématurée. Elle n'est pas destinée à la publication, mais seulement à la réalisation d'albums familiaux, s'il faut en croire les lettres adressées à Jeanne Rozerot pendant son exil :

« Je viens de faire ta part, une collection complète. Je ne te l'envoie pas, parce que je veux les coller moi-même et te faire cadeau de l'album terminé. D'ailleurs tu sais que je n'avais pas tout confié au photographe, j'avais encore sept boîtes, sept douzaines de plaques impressionnées que je viens de lui faire porter devant cet heureux résultat. J'attendrai d'avoir tout, pour faire à ton intention le bel album que je rêve. Dis aux enfants que je leur donnerai aussi quelques épreuves s'ils sont sages[2]. »

Les chiffres cités ici révèlent la boulimie d'images de Zola, qui veut tout photographier. Il aurait laissé dix mille plaques, pas moins, dont il reste environ quelques centaines aujourd'hui !

C'est en 1888 que Zola commence à s'intéresser à la photographie, à l'occasion de vacances qu'il passe à Royan en compagnie de son éditeur Charpentier, du graveur Desmoulin et des Laborde, cousins de sa femme Alexandrine, mais ce ne sera qu'en 1894, après avoir achevé le cycle des *Rougon-Macquart*, qu'il se mettra à la pratique de cet art. La photographie deviendra alors pour lui une véritable passion.

Il possède une dizaine d'appareils photographiques, il installe trois laboratoires de tirage et de développement dans ses diverses résidences et, s'il est vraisemblable qu'il a consulté certains de ses amis photographes professionnels de renom tels que Carjat, Pierre Petit ou encore Nadar, avec qui il entretient une correspondance, il n'en a pas moins recours à sa propre méthode empirique. Il demeure un chercheur curieux, avide de découvertes. On en a pour preuve les feuillets de petit format sur lesquels il note minutieusement les détails de chaque cliché qu'il prend, les temps de pose, la qualité du papier, des plaques, l'importance de la lumière, les corrections qu'il doit apporter, autant d'injonctions qu'il se donne par un usage abondant de l'impératif : « Papier Pan […] Il faut arrêter le développement dès que la figure s'indique, et il s'achève pendant qu'on rince […] dans le courant rester toujours en-deçà du ton (très clair) surtout, pour les sanguines. Un peu trop développées, elles s'empâtent et deviennent lourdes. *Les laisser très claires* » ; ou encore : « […] j'ai mis le fond face au sarcophage, à six ou sept mètres, et j'ai posé de 8 à 10 secondes […] Peut-être faudrait-il mettre le fond un peu plus loin[3]. »

On retrouve ici le même type de soliloque à la première personne que dans les dossiers préparatoires des romans. Et le titre que Zola donnera à l'album photographique réalisé en 1897 est assez révélateur : « Denise et Jacques. Histoire vraie, par Émile Zola. Juin-septembre 1897. » Plus de fiction, la simple réalité quotidienne saisie dans l'instantané et fixée sur une photo qu'on peut contempler à loisir, comme on lit et relit les pages d'un roman.

Il n'est pas question d'évaluer parallèlement l'œuvre littéraire et l'œuvre photographique. On peut néanmoins leur trouver un point commun : celui d'être toutes deux un témoignage documentaire sur la seconde moitié du XIXᵉ siècle. On est frappé par la modernité du regard de Zola, qu'il s'agisse des portraits, des paysages, ou encore des instantanés de scènes de rue, car il s'est essayé à tous les genres. Dans les portraits, le perfectionnisme dont témoigne le grand nombre de prises de vue doit beaucoup au souci de vérité, voire de vérisme, mais relève aussi d'un désir de possession. Les photographies ont un rôle de relais entre les instants de présence, trop éphémères, des êtres qui lui sont chers et ceux où il en est privé. Elles concrétisent l'existence d'une vraie famille, « histoire vraie » que Zola souhaite ainsi officialiser pour la postérité. Souvent le regard du photographe Zola est celui d'un *cameraman* : de nombreuses photographies sont prises en série, elles donnent l'illusion du mouvement, les personnages sont « croqués » dans l'instant ; ainsi avec Denise et Jacques accourant vers lui en riant, cheveux au vent, il défie le goût de l'époque pour les poses conventionnelles

1 Extrait d'une interview accordée par Émile Zola à la revue anglaise *The King* en 1900. **2** Voir Brigitte Émile-Zola, « Les photographies de l'exil. Un témoignage. », *Les Cahiers naturalistes*, nº 66, 1992, p. 232. **3** Voir Alain Buisine, « Émile Zola : Notes sur la photographie », *Les Cahiers naturalistes*, nº 66, 1992, p. 325-333.

Émile Zola photographiant accroupi (voir notice n° 316).

et raides, et s'approche de l'art cinématographique ; il en est de même pour la célèbre vue de la cour du Havre, à la gare Saint Lazare : l'homme qui avance en lisant semble figé dans sa marche l'espace d'un instant comme dans un « arrêt sur image ». Dans toutes ses photographies, on sent le souci de capter l'instant, l'impression du moment, et nombre d'entre elles évoquent cette peinture impressionniste dont Zola a été le premier admirateur et défenseur. Les scènes de rue rappellent les tableaux de Pissarro, de Monet ; des photographies comme celle de Jeanne Rozerot tout de blanc vêtue, une ombrelle à la main, sur la route de Verneuil ne sont pas sans évoquer certaines toiles de Monet, celle des *Coquelicots à Argenteuil* par exemple.

Cependant Zola comprend qu'il peut transcender l'art pictural grâce à ce formidable moyen technique que lui offre l'appareil photographique. Avec l'esprit méthodique, la rigueur, le perfectionnisme et l'acharnement qui le caractérisent, Zola devient un excellent technicien de la photographie. Il fait un usage intensif et audacieux de l'appareil panoramique, qui lui permet de dramatiser et d'optimiser sa prise de vue. Il sait merveilleusement bien placer son appareil pour obtenir le meilleur angle de vue : il tire profit des lignes verticales, horizontales et obliques pour créer des effets de profondeur, de plongée et d'intensité. Les photographies prises du deuxième étage de la tour Eiffel, symbole de la modernité à l'Exposition universelle de 1900, sont un exemple de sa maîtrise du cadrage. Les vues plongeantes sur un pavillon ou une brasserie de l'exposition, à travers les courbes dentelées de la tour, sont saisissantes. Du reportage *in extenso* qu'il fait de cette manifestation se dégage une impression de mouvement, de vie ; ici comme dans toute l'œuvre photographique et romanesque de Zola prédomine l'importance de l'homme, du vécu. De son voyage en Italie, de son exil en Angleterre, de ses promenades dans les rues et les parcs de Paris, le Paris de la Belle Époque, de sa vie à Médan, Zola laisse une image extrêmement vivante : partout on trouve le détail qui donne vie et profondeur à l'image comme dans ces deux photographies prises à Londres aux environs du Crystal Palace où l'on voit, sur l'une, un *bobby* londonien traverser une rue en pente et, sur l'autre, une femme précédée d'un chien fox terrier ; sur l'une et l'autre, les personnages en mouvement donnent toute la profondeur au cliché, en même temps qu'un certain clin d'œil ironique ; le regard de Zola signe sa photo, rien ne lui échappe. « Il ne tombe pas en arrêt devant l'objet comme devant on ne sait quoi d'opaque, sans signification. Affaire de tempérament et aussi affaire d'époque ; son regard donne du sens aux choses dans le moment où il les repère[4]. »

Il semble que la plus grande qualité de Zola photographe relève de sa démarche intuitive, qui apporte une remarquable authenticité à son œuvre photographique, véritable témoin de son temps. Ces images vieilles d'un siècle sont toujours intéressantes : elles nous restituent un monde proche de nous, mais à jamais disparu.

On ne peut qu'approuver le choix du motif qui illustra l'affiche de l'exposition des photographies de Zola au musée-galerie de la Seita en 1987. Elle représentait Zola de face, tenant devant lui son appareil photo « Box », en train de photographier : Zola reporter-photographe de son siècle.

4 Henri Mitterand, *Le Regard et le signe*, PUF, 1987, p. 71.

**313
Émile et Alexandrine Zola, lettre à Amélie Laborde,
8 novembre 1895**

Les signatures sont agrémentées de dessins,
un oiseau pour Émile, un chat pour Alexandrine.

Manuscrit autographe avec dessins, 93 × 115 mm
Collection particulière

**314
Émile et Alexandrine Zola**

Photographie, 18 × 12 cm
Collection particulière
(Non reproduit)

**315
Lettre à Albert Laborde, 19 septembre 1897**

Le petit-cousin et filleul d'Alexandrine, Albert Laborde,
né en 1878, est sur le point d'entrer à l'École
supérieure de physique et chimie industrielles de
la Ville de Paris. Après l'obtention de son diplôme
d'ingénieur, en 1901, il deviendra l'assistant de Pierre
puis de Marie Curie. En attendant, il occupe ses
vacances d'été à lire les romans de Zola, qui lui écrit :
« Ne lis pas trop mes livres. Le grand air est meilleur
encore pour toi que la littérature. Puis, il faudra que tu
me relises à trente ans lorsque tu auras vécu, aimé et
souffert. En attendant, ce que tu me dis me fait plaisir,
car notre désir à nous, écrivains, est d'avoir pour nous
la jeunesse, la génération qui grandit. » Albert passa,
avec sa mère et sa sœur Élina, de nombreux étés
à Médan, où, comme Zola, il se passionna pour
la photographie.

Manuscrit autographe, 210 × 140 mm
Collection particulière
(Non reproduit)

**316
Émile Zola photographiant accroupi**

Photographie, 6 × 8,5 cm
Collection particulière
(Reproduit p. 222)

**317
Albert Laborde, Émile Zola, Amélie Laborde,
Alfred Bruneau, Élina Laborde et Pinpin**

Sans doute réalisée par Albert Laborde,
cette photographie avait été baptisée par lui
« Les oiseaux malades ».

17 × 23 cm
Collection particulière

**318
Le thé dans la salle de billard : Élina et Amélie
Laborde, Albert Laborde et Zola**

Photographie prise par Alexandrine Zola.

17 × 23 cm
Collection particulière

319
La Seine et les péniches vues de Médan

Photographie prise par Émile Zola.

5,5 × 17 cm
Collection particulière

320
L'arrivée du train vue de Médan

Photographie prise par Émile Zola.

5,5 × 17 cm
Collection particulière

321
La Seine et l'île du Platais, avec le chalet
Le Paradou

Photographie prise par Émile Zola.

5,5 × 17 cm
Collection particulière
(Reproduit p. 220)

322
Émile Zola sur une meule de foin

Cette photographie et la suivante sont l'œuvre
d'Alexandrine, ainsi qu'en témoigne sa lettre
à Amélie Laborde du 9 septembre 1897.

Septembre 1897
17 × 24 cm
Collection particulière

323
Émile Zola et Pinpin étendus dans l'herbe

Photographie prise par Alexandrine Zola.

Septembre 1897
11 × 17 cm
Collection particulière

324
À bicyclette : Zola et Albert Laborde
Deux vues de Zola seul
Alexandrine sur un tricycle

Quatre photographies, 8,5 × 6 cm
Collection particulière

325
Albert Laborde, Émile Zola et Gaston Picq
avec leurs bicyclettes

Août 1895
Photographie, 17 × 23 cm
Collection particulière

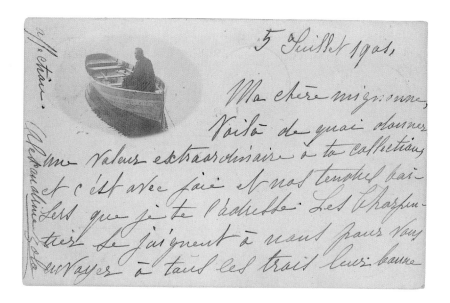

327
Lettre à Alexandrine, 19 novembre 1901

Rentré à Paris plus tôt qu'Alexandrine, Zola lui adresse cette lettre où il est question du nouvel appareil Kodak cartouche 13 / 18 qu'il vient d'acheter. Alexandrine était, tout autant que son mari et le jeune Albert Laborde, passionnée par la photographie.

Manuscrit autographe, 180 × 120 mm
Collection É.-Z
(Non reproduit)

328
Alexandrine Zola, cartes-lettres à Suzanne Bruneau, 5 juillet 1901
Zola assis dans la barque baptisée *L'Enfant Roi*

Cette carte-lettre fait partie d'une série de quatre cartes illustrées de photographies prises par Zola ou ses proches (1901-1902). Les trois autres ne sont pas reproduites ici (Zola photographiant au bois de Boulogne, s. d. ; Alexandrine sur un tricycle, 17 septembre 1902 ; Zola assis, 26 septembre 1902).
Zola avait eu une série de barques lui permettant de passer dans l'île qu'il possédait, face à Médan, sur la Seine et où il avait fait bâtir un chalet baptisé *Le Paradou*. La première de ces barques, achetée pour lui par Maupassant, s'appelait *Nana* ; la dernière fut baptisée *L'Enfant Roi*.

Manuscrits autographes et photographies, 90 × 140 mm
Collection particulière

326
Devant l'allée des tilleuls : les Zola,
les Bruneau, les Charpentier et leurs enfants

Photographie, 18 × 24 cm
Collection particulière

329
Zola à l'éprouvette

21 septembre 1902
Photographie, 5,5 × 17 cm
Collection particulière

332
Alexandrine Zola

21 septembre 1902
Photographie, 5,5 × 17 cm
Collection particulière

330
Lettre à Georges Loiseau, 25 juillet 1902

Georges Loiseau avait épousé Élina Laborde. Cette lettre rend bien
compte des activités de Zola à Médan pendant la belle saison.
Après la rédaction de *Vérité*, la photographie occupe une notable
partie de son temps : « La photographie est d'ailleurs pleine
de mystères et de déboires, et vous auriez tort de vous plaindre
de quelques échecs au début. Comme pour toutes choses, il faut
persévérer, se rendre compte des choses et procéder ensuite
avec le plus de patience et le plus de logique possible. »

Manuscrit autographe, 205 × 130 mm
Collection particulière

331
Émile Zola et Georges Loiseau

Un drap a été tendu derrière les chaises où sont assis les
deux protagonistes de cette scène, photographiée par Zola
devant la maison de Médan.

17 × 23 cm
Collection particulière

333

Pierre Bonnard, *L'Après-midi bourgeoise*
ou la Famille Terrasse

« Alors, le gala se termina, on quitta la table, toute
la famille se répandit librement sur la pelouse. »
Et il y eut un dernier triomphe autour de Mathieu
et de Marianne, que le flot pressé de leurs enfants
entourèrent. C'était le flot de la fécondité victorieuse,
tout le petit peuple heureux né de leurs flancs
qui les assaillait de sa joie, qui les étouffait
de ses tendresses. » (Émile Zola, *Fécondité*,
L'Harmattan, 1993, p. 714.)
Cette toile, un des nombreux tableaux représentant le
compositeur Claude Terrasse, beau-frère de Bonnard
et ami de Jarry, avec sa femme et ses enfants dans

leur propriété du Clos au Grand-Lemps, dans l'Isère,
correspond assez bien à la description idyllique
de la famille Froment à la fin de *Fécondité*. La maison
et le jardin évoquent aussi Médan et ses joyeuses
réunions. Pourtant Bonnard était célibataire et à la
fascination attendrie dont témoigne l'œuvre se mêle
une pointe de dérision que signale, au premier plan
à droite, la chatte allaitant son unique petit. Quant
à Zola, il quittait à bicyclette chaque après-midi son
paradis de Médan, pour retrouver dans une autre
maison, louée pour la saison à Verneuil, ses enfants
et leur mère…

1900
Huile sur toile, 139 × 212 cm
Paris, musée d'Orsay

334
Jacques, Denise sur un vélo et Zola

Photographie prise par Émile Zola.

Médan, Maison d'Émile Zola

335
**L'heure du thé : Jeanne Rozerot,
Denise et Jacques**

Photographie prise par Émile Zola.

Médan, Maison d'Émile Zola

Zola meurt asphyxié à son domicile parisien au matin du 29 septembre 1902. Probablement d'origine criminelle, cette fin, tragique et inattendue, interrompt brusquement un nouveau versant de la vie du romancier qui à ses yeux n'était pas le moins important. *Vérité*, dont il n'a pas eu le temps de relire les épreuves, paraît en feuilleton dans *L'Aurore* du 10 septembre 1902 au 15 février 1903 et sort le 20 février suivant chez Fasquelle sous une couverture entourée d'un liseré noir. Le dossier préparatoire du dernier « évangile », *Justice*, est à peine constitué. D'autres projets voisins occupaient alors Zola : un livre sur le sionisme et surtout une vaste fresque sociale, « La France en marche » : « Je veux faire pour la Troisième République ce que j'ai fait pour le Second Empire : une série d'œuvres, où se retrouvera l'histoire naturelle et sociale de l'époque. Seulement ces œuvres, au lieu d'être des romans seront des drames. Je prends la Troisième République à sa naissance. Et, tout de suite, je marque le trait caractéristique : une nation avec son long passé monarchique et clérical qui a tant de peine à s'en libérer, une démocratie sans esprit républicain, une république qui garde l'esprit et le gouvernement monarchiques sous l'étiquette républicaine. Dès lors, les grandes lignes partent de là, le lent effort, sans cesse entravé pour aller à la liberté, à la justice. [...] chaque drame peut s'incarner dans un type : *L'Instituteur*, *Le Prêtre*, *Le Magistrat*, *Le Savant*, *Le Militaire*, *La Femme*, *L'Enfant*, *Le Gouvernement politique*, *L'Écrivain*, *L'Ouvrier*, *Le Paysan*, *Le Commerçant*. » (Cité par Alain Pagès et Owen Morgan, *Guide Émile Zola*, Ellipses, 2002, p. 379.)
Vérité s'achevait sur la séparation de l'Église et de l'État. Celle-ci a bien lieu deux ans plus tard, selon des modalités autres et sans avoir pour effet l'effondrement du catholicisme prévu par le romancier. Et c'est Anatole France qui, allié à Jaurès, sera le chantre de la séparation de l'École et de l'Église. Au « Vénitien déraciné », au « vidangeur des lettres », à Zola romantiquement naturaliste succède donc Anatole Thibault le classique, son cadet de quatre ans seulement, écrivain élégant et salonnier efficace – il est académicien dès 1894 – qui, avant de faire l'éloge de *La Débâcle*, avait vilipendé *La Terre*. France le sceptique et le pessimiste devient, aussitôt après son engagement dreyfusard, et en l'absence de Zola exilé à Londres, l'écrivain militant qu'il demeurera jusqu'à sa mort, en 1924, enchaînant inlassablement articles et discours. Zola, pendant les trois ans qui lui restent à vivre après son retour d'Angleterre et qu'il consacre à la rédaction d'utopies autrement positives que celles de son confrère, répugne visiblement, par fatigue ou par manque de conviction, à présider des comités ou animer des meetings en dépit des sollicitations, de Jean Jaurès ou de Ferdinand Buisson par exemple. Le temps passant, Zola aurait-il évolué comme Anatole France, si différent et si semblable à la fois ? Aurait-il endossé le même habit dans le paysage littéraire de l'époque ? Celui de l'intellectuel engagé, repris ensuite par Gide et surtout par Sartre. La gloire d'Anatole France, prix Nobel de littérature en 1921 mais un peu oublié aujourd'hui, en aurait-elle été affectée ? Toutes questions auxquelles il est difficile de répondre mais qu'il est permis de poser. Fernand Desmoulin, Alfred Bruneau, Frantz Jourdain, Théodore Duret, Georges Charpentier, Abel Hermant, Daniel Halévy, Eugène Fasquelle, Octave Mirbeau, Alfred Dreyfus et Albert de Monaco sont de ceux qui suivent le cortège funèbre. Derrière eux, cinquante mille personnes accompagnent le cercueil jusqu'au cimetière Montmartre. Les honneurs militaires sont rendus au romancier. Les funérailles de Zola, marquées à la fois par l'adieu d'Anatole France et par l'hommage silencieux des mineurs, peuvent évoquer celles de Victor Hugo. Mais le titre de *La Libre Parole* (« Fait divers naturaliste ») comme les débats autour de la panthéonisation sont là pour rappeler que l'affaire Dreyfus n'est pas oubliée.

336
Lettre à Alfred Bruneau, 25 septembre 1902

C'est la dernière lettre connue d'Émile Zola. Il travaille à la rédaction d'un livret pour Bruneau intitulé *Sylvanire ou Paris en Amour* et s'apprête à rentrer à Paris dans son appartement de la rue de Bruxelles.

Manuscrit autographe, 203 × 260 mm
Collection particulière

337
Émile Zola au béret

Cordelière, vareuse, béret et les éternels binocles, le
Zola des derniers mois apparaît las et préoccupé.

Vers 1902
Photographie
Collection particulière

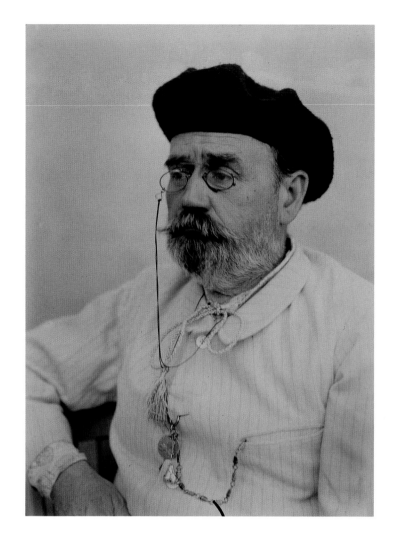

338
Anatole France, *Funérailles d'Émile Zola*

Conclusion du discours prononcé au cimetière
Montmartre le 5 octobre 1902, avec un dessin de
Steinlen gravé sur bois par Jules Perrichon : « Zola a
bien mérité de la patrie en ne désespérant pas de la
justice en France. Ne le plaignons pas d'avoir enduré
et souffert. Envions-le. Dressée sur le plus prodigieux
amas d'outrages que la sottise, l'ignorance et la
méchanceté aient jamais élevé, sa gloire atteint une
hauteur inaccessible. Envions-le : il a honoré sa patrie
et le monde par une œuvre immense et par un grand
acte. Envions-le, sa destinée et son cœur lui firent le
sort le plus grand : il fut un moment de la conscience
humaine. » B. V.

Paris, E. Pelletan, 1902
25 cm, exemplaire sur vélin, avec deux états des illustrations
sur chine et japon, tiré à 125 exemplaires par l'éditeur d'art
Édouard Pelletan et relié par Marius Michel
BNF, Réserve des livres rares, Rés. Audéoud-515, p. 22
(Non reproduit)

339
Alexandre Charpentier, médaille

Cette médaille d'or fut remise à Émile Zola
le 13 janvier 1898 par ses admirateurs dans les locaux
du journal *Le Siècle*. Y figuraient d'un côté le profil
du romancier et de l'autre la célèbre formule :
« La vérité est en marche et rien ne l'arrêtera. »

BNF, Monnaies, Médailles et Antiques, Y 6316
(Non reproduit)

340
Maurice Barrès, *Scènes et doctrines du nationalisme*

Le 1er février 1898, Barrès répondait à la « Protestation
des intellectuels » par un article publié par *Le Journal* dans
lequel il glosait sur l'italianité de Zola (« Émile Zola pense
tout naturellement en Vénitien [déraciné] ») et regrettait
l'évolution d'Anatole France. Ce texte fut inséré par lui
en 1902 dans le chapitre ii des *Scènes et doctrines
du nationalisme* (« Zola » et « Qu'est-ce qu'un intellectuel ? »).
En juillet 1906, une motion fut déposée à la Chambre
demandant le transfert de Zola au Panthéon. Votée à une
large majorité, elle fut présentée au Sénat et défendue
victorieusement par Clemenceau alors Premier ministre.
Lors du vote accordant la somme de trente-cinq mille
francs pour la cérémonie, une joute oratoire opposa Jaurès
à Barrès. Le discours de ce dernier parut dans *L'Écho de
Paris* du 19 mars 1908. Le transfert des restes de Zola se
déroula le 3 juin 1908. Cinq mille nationalistes barraient
l'accès au Panthéon. Un escadron de gardes à cheval, une
compagnie de fantassins et des gendarmes les
repoussèrent. La bagarre qui accompagna l'arrivée du
cortège donna lieu à une quarantaine d'arrestations.
La cérémonie officielle commença le lendemain matin
en présence du président Fallières et du ministre de
l'Instruction publique Gaston Doumergue, qui prononça un
hommage vibrant au courage de l'écrivain. Alfred Dreyfus
était venu avec les siens ; un journaliste du *Gaulois*,
spécialiste d'affaires militaires, tira deux coups de feu
qui atteignirent Dreyfus au bras. À la veille de son procès,
le 15 septembre suivant, Barrès écrivit dans *Paris-Revue* :
« Gregori sera acquitté parce que nulle conscience
nationale ne peut condamner un acte inspiré par cette
même conscience. »
Émile Zola cependant était déposé dans la crypte
près de Victor Hugo.
Des milliers de cartes postales laudatives ou injurieuses,
voire ignobles, furent imprimées à cette occasion.
L'affaire Dreyfus n'était pas terminée.

Manuscrit autographe, 10 f., 215 × 180 mm
BNF, Manuscrits, fonds Barrès
(Non reproduit)

Zola au regard de l'historien

Alain Corbin

Le 18 août 1887 paraît, dans *Le Figaro*, le «manifeste des Cinq». Les romans de Zola y sont réduits au statut de symptômes des troubles organiques, psychiques, sexuels de l'auteur des *Rougon-Macquart*. Le 8 décembre 1888, la jeune lingère Jeanne Rozerot devient la maîtresse d'Émile Zola. Cette union, écrit Michelle Perrot, assure une «résurrection des sens, de l'apparence, des perspectives». Elle détermine tout à la fois «une rupture existentielle et une césure dans l'œuvre». Elle prélude à un autre cycle «dont les rapports de sexe constituent un axe majeur». De 1888 aussi date l'intérêt de Zola pour la photographie, qui allait vite devenir une passion. Cette année-là, Zola rencontre Alfred Bruneau : de leur amitié résulte une série d'opéras dont le premier, *Le Rêve*, est créé en juin 1891. L'année suivante, Zola se soumet aux mesures de la psychologie expérimentale et dicte son auto-observation. Le cycle des *Rougon-Macquart* se clôt en 1894 ; la Clotilde du *Docteur Pascal* s'y pare des attraits de la maîtresse de l'auteur.

On l'aura compris : en quelques années se prépare puis s'opère la métamorphose qui conduit à ce «troisième Zola» évoqué par Henri Mitterand. Les visiteurs de l'exposition et, plus encore, les lecteurs de ce catalogue ont pu remarquer l'importance accordée à cette nouvelle figure, signe de l'attention accrue qu'on lui porte. Pour nombre d'entre eux, hantés depuis l'adolescence par le tragique des *Rougon-Macquart*, il s'agit d'une découverte. La bibliographie manifeste, elle aussi, cet intérêt nouveau pour le «saut dans les étoiles» effectué par l'auteur des *Quatre Évangiles*. *Lourdes*, *Rome*, *Vérité* ont récemment été réédités dans des collections de poche, enrichis de belles préfaces.

L'intérêt du présent ouvrage réside, en grande partie, dans cet élargissement de la curiosité à l'égard du romancier. Les historiens y seront particulièrement sensibles. Ils connaissaient de longue date le Zola opposant à l'Empire, auteur d'un tableau décalé de la fête impériale et des désastres de la fin du règne. Ils s'étaient plu à repérer les anachronismes résultant de l'ambiguïté d'un projet qui visait tout autant les débuts de la IIIe République que le régime précédent. Et chacun d'eux savait que la lecture de Prosper Lucas et de Bénédict-Augustin Morel avait suggéré à Zola de constituer une série de personnages victimes de l'hérédité morbide.

Le cadre temporel des sept derniers romans – l'un d'entre eux, *Justice*, n'a pu être achevé avant le décès de l'auteur – n'est plus celui du tableau rétrospectif. Cette fois, il s'agit d'installer le lecteur dans un présent dont la permanence défie la vraisemblance, puisque les fils de Pierre Froment, des *Trois Villes*, devenus adultes,

circulent dans les *Évangiles*. L'un d'eux, le Mathieu de *Fécondité*, y est décrit à la fin du roman comme «bientôt centenaire». Au Zola nocturne succède un Zola solaire, hanté par l'utopie, qui projette le lecteur dans l'avenir. À lire cette invitation au rêve, celui-ci éprouve le sentiment d'une libération de l'imagination et de la plume, née de la satisfaction d'un désir de prophétie. Loin de la copulation cloacale que Jean Borie constituait naguère en fantasme zolien se déploie un hymne à l'éclat de la chair féminine et à l'union harmonieuse des corps. À la tragédie de l'épanchement du sang et de la crise névropathique, souligne encore Michelle Perrot, succède la prégnance du sperme et du lait. Certes, la meurtrissure des corps demeure présente dans les derniers romans, qu'il s'agisse des accidents du travail, de la déchéance des êtres (*Lourdes*), de l'horreur du poison (*Rome*) ou de l'agonie des femmes avortées ou saignées par un chirurgien marron (*Fécondité*). Il n'en reste pas moins que le pessimisme antérieur s'estompe devant l'exaltante perception de l'avenir.

Paradoxalement, le «troisième Zola», qui trouve le bonheur dans l'intimité familiale, qui accumule les photos de son double ménage, qui les colle précieusement dans des albums, installe de préférence ses personnages dans l'espace public. Il décrit longuement les foules processionnelles, la déambulation du touriste flâneur, les cheminements à la rencontre de l'être aimé. Il semble oublieux des multiples scènes de chambre qui avaient ponctué ses romans.

Considérons son rapport à l'histoire et tentons de prendre la mesure de son inscription dans la modernité. Nombreux sont les éléments qui démontrent que Zola, entre 1888 et 1902, accompagne les évolutions majeures de la société française. Dans son œuvre, à ma connaissance, il n'est plus question de l'Empire, pas plus que des péripéties qui ont conduit à la victoire de la République. Depuis la mort du prince impérial, la menace bonapartiste s'est estompée. Pour les républicains, désormais, le péril est ailleurs. Je dirai peu de choses du combat politique de Zola, en ces dernières années, tant son intensité est bien connue. À l'audace du *J'accuse... !* de 1898 s'ajoute l'exaltation des valeurs sur lesquelles Zola entend refonder la république. Cependant, les injures et les caricatures – celles du pourceau ou du pot de chambre... – qui relèvent de la xénophobie et de l'antisémitisme prennent pour cible un Zola qui n'est plus celui dont nous parlons. En 1887 déjà, les grandes lignes de la diatribe étaient tracées.

Les dernières années du XIXe siècle correspondent à ce que les historiens de l'économie considèrent comme une

341 Théophile Alexandre Steinlen, « Émile Zola au pèlerinage de Lourdes »,
Gil Blas illustré, 22 avril 1894.
BNF, Philosophie, Histoire, Sciences de l'homme, Fol-Lc2-3986 bis.
(Non exposé)

seconde révolution industrielle, celle de l'électricité et du
pétrole, du moteur et du téléphone. L'œuvre de Zola
accompagne cette mutation. Dans ses derniers romans, les
monstrueuses machines des *Rougon-Macquart*, corps
dévorant, digérant, excrétant, servis par une main-
d'œuvre matériellement et affectivement soumise, animés
de souffles, de spasmes et de grondements, sujets aux
crises et condamnés à une mort tragique laissent la place
aux bonnes machines, propres, silencieuses, libératrices.
L'Abîme, la première fonderie de *Travail*, constitue un
vestige en regard de la bonne forge de la paix et du petit
moteur inventé par Guillaume Froment (*Paris*). Cette
humanisation de la machine, dont Zola espère la régulation du travail et des gestes, ne fait pas que symboliser la
seconde révolution industrielle, elle traduit l'évolution des
sensibilités, notamment celle des seuils de tolérance au
bruit, à la trépidation, à la fumée et à toutes les nuisances
industrielles que les historiens détectent en cette fin de
siècle.

De la même manière, la réorientation de l'exigence de
scientificité perceptible chez Zola atteste son désir de
modernité. Conscient de la valeur de la psychologie-phy-
siologie expérimentale et de la psycho-pathologie, celle

que pratiquent Ribot, Féré, Binet, Toulouse, ainsi que de
l'essor de la sexologie souligné naguère par Michel Fou-
cault, Zola se propulse à l'avant-garde lorsqu'il vient s'offrir comme sujet et se livrer à des confessions objectivées
par la mesure et par le test. Au cours de ces séances, l'introspection, la parole sur soi, l'écriture de soi prennent
une dimension jusqu'alors inconnue, étayées qu'elles sont
par l'expérimentation, par la mesure de l'intensité des
perceptions et par les protocoles de l'anthropométrie ; ce
qui n'est pas sans évoquer l'écriture enjointe aux criminels
par l'anthropologue Lacassagne, dont Philippe Artières a
récemment montré l'importance. Particulièrement remarquable se révèle chez Zola le désir de transgresser le tabou
qui pèse sur le récit du plaisir sexuel. Le manuscrit
NAF 18896 conservé à la Bibliothèque nationale de
France, non daté mais postérieur à 1876, propose une
réflexion d'une saisissante modernité sur l'inobservable et
l'irreprésentable de la jouissance. Cette ébauche d'une
profondeur jusqu'alors sans équivalent sur les limites de
l'éprouvé et du dicible outrepasse de beaucoup l'obscénité
reprochée par les contemporains, lecteurs des *Rougon-
Macquart*.

Plus saisissant encore se révèle l'accord entre Zola et la
culture de masse. Chez lui, il s'agit d'un mariage précoce.
Dès 1863 – date fondatrice en ce domaine –, il collabore
au *Petit Journal*. En 1876, il recourt aux méthodes les plus
élaborées de la publicité pour lancer *L'Assommoir*. Très
tôt, il prend conscience du pouvoir du théâtre et du journal. À ce propos, le *J'accuse…!* de 1898 représente un
aboutissement. La presse a permis à Zola de se constituer
un réseau de relations et d'influences. Elle lui a conféré
une connaissance précoce des mécanismes de l'opinion.
Elle lui a donné l'habitude de l'écriture rapide. « L'hypertrophie du détail vrai » résulte chez lui de l'abondance des
choses vues, de la pratique du reportage et de la lecture
réitérée des faits divers. L'écriture de presse a sans doute
stimulé la diversité de ses curiosités. Elle a facilité l'expression de ses engagements.

Les conduites du « troisième Zola » reflètent le nouveau régime scopique qui s'élabore vers le milieu du
siècle et qui s'épanouit au cours des années 1890. L'auteur de *Paris* peut être considéré comme le type même du
nouveau spectateur, avide d'effets de réalité, tel que le
décrivent les historiennes américaines Vanessa Schwartz
et Hazel Hahn. Alain Pagès souligne, pour sa part, la présence insistante du cri du vendeur de journaux dans le
tumulte des Boulevards. Il note combien le titre « J'accuse… ! » correspond au paysage sonore qui accompagne
la nouvelle cinétique des êtres et la profusion des affiches
de papier apposées sous le regard des foules en mouvement. La passion de Zola pour la photographie s'inscrit
dans ce contexte. Le désir de saisir le détail vrai et de cap-

ter l'instant conduit à une refondation du naturalisme. Il répercute le renouvellement des procédures de l'enquête au sein de la société globale et l'emprise du paradigme indiciaire qui s'exerce sur le policier comme sur le psychologue.

Dans la même perspective, Zola se révèle d'une saisissante modernité par sa manière de s'offrir à l'interview, de l'organiser et de le guider. Il élargit, ce faisant, le protocole de la visite au grand écrivain. Par cette façon de préparer sa biographie, dont il fournit et contrôle les matériaux, il verrouille le genre. Il enserre ceux qui sont amenés à l'étudier dans un réseau de documents et de discours qui limite leur liberté ; technique prémonitoire, tant furent nombreux, au xxe siècle, les hommes célèbres adeptes d'une telle pratique, tout à la fois féconde et stérilisante.

La hantise de la dépopulation tenaille la France fin de siècle. Son déclin démographique rend l'Allemagne plus menaçante que naguère. Il est symptôme de démoralisation. Il risque de compromettre l'adaptation de la nation au monde moderne. Zola partage cette angoisse. Il entre en guerre contre les «fraudes conjugales» dénoncées par les médecins. Il s'en prend aux «faiseuses d'anges» et dépeint les méfaits de l'ovariectomie. Il dresse un tableau terrifiant des nourrices rurales. Dans sa diatribe, il néglige les moyens mécaniques de contraception – préservatifs, pessaires de toute sorte – alors prônés par les militants néo-malthusiens. C'est que la documentation qui figure dans le dossier préparatoire de *Fécondité* se révèle, en ce domaine, quelque peu désuète.

Zola, sur ce point, ne se contente pas de dénoncer et d'emboîter le pas à Jacques Bertillon. Son plaidoyer se fonde aussi sur un hédonisme qui n'est pas exactement celui de la Belle Époque. En témoignent les modes de stimulation du désir évoqués dans les derniers romans. L'appétit masculin naît de la contemplation de la peau éclatante, des chairs épanouies, de la gorge ronde, des cheveux dorés et non de la silhouette onduleuse, des grâces du visage ou de la perversité prometteuse de l'expression. Le désir résulte de la promesse de fécondité. Les femmes stériles et celles qui souhaitent le devenir se dessèchent, s'étiolent ou disparaissent. Le plaisir fulgurant éprouvé par Marianne et Mathieu s'inscrit dans le triangle des êtres, c'est-à-dire dans la visée de procréation. La jouissance partagée présage celle de la femme qui allaite dans la nature. Le lit conjugal tient ici du berceau d'Adam et Ève. En outre, *Fécondité* est imprégné du terrianisme ou, du moins, de l'agrarisme triomphant au cours des années 1890. La poésie du domaine de Chantebled est à lire en regard du *Magnificat* de René Bazin ; à cela près que la pathologie urbaine ne s'y manifeste pas.

Plus étonnante apparaît la manière ambiguë dont Zola fait se poser à certains de ses personnages et à ses lecteurs des questions sur les défaillances de la science. La description des tortures que Pierre Froment subit lors de son séjour romain donne à penser que Zola, sans en partager l'élan, perçoit les indices du renouveau religieux qui s'esquisse et sur lequel il pose un regard pénétrant. La religion de l'avenir, qui reste à définir et à exalter, se situe alors au centre de son œuvre. L'audience que Léon XIII accorde à l'abbé Froment constitue, sans doute, le cœur du cycle des *Trois Villes*. Zola, qui l'avait souhaitée malgré la mise à l'Index de *Lourdes*, n'a pu, rappelons-le, obtenir du pontife une telle faveur.

Il serait trop long d'énumérer tous les traits qui, en cette fin de siècle, mettent Zola en harmonie avec son temps. Citons-en encore deux exemples. Les pages enflammées consacrées à l'utopie coloniale à la fin de *Fécondité* pourraient laisser pantois le lecteur d'aujourd'hui si celui-ci ne savait que cette naïve vision de l'Afrique occidentale et de ses potentialités pouvait se retrouver, sous forme fantastique, dans *L'Étonnante Aventure de la mission Barsac*, publié par Jules Verne. Claude Quiguer[1], enfin, a naguère souligné combien ce même roman, *Fécondité*, célébrant l'accord biblique de la femme féconde et de la nature végétale, participait de l'Art nouveau. Dans cette perspective, il convient de noter, comparaison faite avec *Les Rougon-Macquart*, le retrait du registre olfactif au profit du visuel dans les deux derniers cycles romanesques ; c'est que l'art zolien reflète, répétons-le, le bouleversement sensoriel suscité par les progrès de l'optique et par le renouvellement des conduites, des désirs et des anxiétés.

Force est pourtant de le constater : Zola, en ces quinze années (1888-1902), n'épouse pas totalement les processus alors à l'œuvre tels qu'ils sont soulignés par les historiens. Reconnaissons toutefois les risques d'une telle analyse. Désigner la modernité revêt toujours une part d'arbitraire. C'est, implicitement, se référer à un cours de l'histoire, décrété autant que détecté. Cela dit, nombreux sont les indices qui révèlent chez Zola la force des références anciennes et la profondeur des attaches au passé.

La visée pédagogique, insistante pendant les années 1880, le cède, au cours de la décennie suivante, dans l'ensemble du corps social, au besoin de distraction et de récréation. Zola reflète mal ce basculement qui stimule les plaisirs du loisir de masse : il continue d'exalter l'école, avenir du peuple ; le couple, ou plutôt le ménage fécond d'instituteurs (*Vérité*), qui engendre des enfants au front en forme de tour – ce qui traduit l'emprise tardive de la crâniométrie – semble quelque peu désuet quand paraît le roman.

---

1 Claude Quiguer, *Femmes et machines 1900. Lectures d'une obsession modern style*, Klincksieck, 1979.

Le tournant des deux siècles correspond à l'apogée de l'anticléricalisme. Or, celui dont fait alors preuve l'auteur de *Lourdes*, de *Rome* et de *Vérité*, et que justifient amplement les attaques dont il est l'objet de la part du clergé, relève d'un fantastique aux lointaines racines devenu, lui aussi, quelque peu anachronique. Les intrigues de Mgr Nani (*Rome*), celles des dignitaires de province (*Vérité*), sinon les habiletés des pères de la grotte (*Lourdes*) et, plus encore, le forfait du curé empoisonneur (*Rome*) et les agissements du frère criminel (*Vérité*) marquent un tardif retour aux méfaits de l'abbé Faujas (*La Conquête de Plassans*). Tout cela évoque le roman noir, les intrigues terrifiantes imaginées par Eugène Sue, les diatribes de Michelet et les attaques dirigées contre le clergé au début de la IIIᵉ République plus que la teneur spécifique des vifs débats suscités par l'anticléricalisme d'Émile Combes.

Les références de l'utopie zolienne, Saint-Simon, Fourier surtout (*Travail*), ne sont pas alors à la mode au sein des divers partis socialistes, et moins encore dans les milieux de l'anarcho-syndicalisme qui domine le monde ouvrier.

Répétons-le : l'expérience personnelle de Zola l'incite à exalter un amour fusionnel et des jouissances qui, tout en relevant de l'érotisme, ne reflètent pas les modalités du plaisir le plus souvent célébrées en cette fin de siècle. Les délices de l'union de Marianne et de Mathieu (*Fécondité*) tiennent l'héroïne éloignée des princesses d'ivoire et d'ivresse dessinées par Jean Lorrain et des stimulations sensuelles associées à l'usage des poisons de l'esprit. Le succès de l'adultère sur la scène des théâtres, celui des maisons de rendez-vous et des grands bordels, temples des perversions dans la sphère de la sexualité vénale, la théorisation de l'amour libre et les progrès des raffinements érotiques dans l'alcôve conjugale installent Zola dans la posture d'un lutteur à contre-courant. L'exhibition du sein nourricier de Marianne contredit le processus en cours d'érotisation de cette partie du corps. Nonobstant leur accord avec l'Art nouveau, les formes féminines qui suscitent le désir dans les derniers romans de Zola ne sont pas celles des «idoles de la perversité» détaillées par Bram Dijkstra dans son étude sur les représentations de la femme fin de siècle [2].

Surtout : on relève peu d'échos du triomphe des théories pastoriennes dans les derniers romans de Zola. Celui-ci, qui s'était révélé asservi à la phénoménologie infectionniste tout au long des *Rougon-Macquart*, ne traduit pas, par la suite, ce basculement essentiel, qui introduit aux représentations modernes du risque morbide et à la sensibilité nouvelle que celles-ci engendrent. Tout au plus peut-on noter, dans ces derniers romans, un retrait de l'anxiété biologique qui ordonnait, auparavant, la description de l'environnement ; retrait qui contribue, sans doute, à expliquer celui du pessimisme. Mais l'optimisme nouveau aurait pu se trouver conforté par le triomphe pastorien et par les promesses d'avenir que celui-ci recelait. Il n'en fut pas ainsi.

En revanche, l'optimisme nouveau se manifeste par le silence de Zola à l'égard de bien des éléments qui fondent le tragique de la fin du siècle. Entre 1880 et la mort de l'auteur de *Nana* s'affirme l'existence d'une hérédité à longue portée, capable de dévaster un nombre de générations plus élevé qu'on ne le pensait auparavant. Le terrible portrait de l'hérédo brossé par le professeur Alfred Fournier en 1886, les succès remportés, plus tard, par *Les Revenants* d'Ibsen puis par *Les Avariés* de Brieux ancrent la terreur inspirée par le péril vénérien plus profondément que jamais. Le néo-darwinisme, pour sa part, renouvelle et accentue l'anxiété biologique. La littérature romanesque répercute fortement cette terreur accrue. Zola devait se sentir concerné par les nouvelles mythologies de l'hérédité, lui que Max Nordau présentait, en 1894, comme un «dégénéré supérieur», psychopathe sexuel, «fétichiste du linge et renifleur». Cette même année, plusieurs ouvrages, dont celui de Charles Féré, *La Famille névropathique*, étaient consacrés à l'hérédité. En 1895, Valentin Magnan publiait *Les Dégénérés*... Or, mis à part quelques portraits de femmes détraquées, notamment celui de Marie de Guersain, à propos de laquelle Zola illustre la figure de l'hystéro-neurasthénie empruntée à Charcot et à Gilles de La Tourette, ces formes de l'angoisse sociale ne font guère qu'affleurer dans les deux derniers cycles romanesques ; et les dossiers préparatoires ne leur accordent pas une grande place. Il faut dire que les affres de la sexualité morbide ne constituaient plus le propos de l'auteur.

Confronter l'utopie coloniale qui se déploie dans les dernières pages de *Fécondité* au ton désabusé d'*Au cœur des ténèbres* de Joseph Conrad (1899) permet de mesurer la distance qui sépare la réflexion des deux romanciers à ce propos, ainsi que l'étonnante capacité d'anticipation qui caractérise le second.

Enfin, plusieurs des spécialistes qui ont contribué à la rédaction de ce catalogue indiquent, plus ou moins explicitement, que Zola, tout en prétendant occasionnellement s'en inspirer, a pris ses distances à l'égard du roman psychologique, teinté de visée moralisatrice. Mais il ne saurait être question de lui reprocher de ne pas imiter servilement Dostoïevski et de se refuser à suivre, par principe, les modes littéraires.

Évoquons, pour terminer, plusieurs aspects de l'œuvre zolienne particulièrement fascinants pour l'historien d'au-

2 Bram Dijkstra, *Les Idoles de la perversité*, Seuil, 1992.

jourd'hui : je veux parler des procédures d'enquête et du passage de la documentation à la fiction ou, si l'on préfère, à la « vision interprétative du réel ».

Le visiteur de l'exposition et le lecteur du catalogue auront beaucoup appris à ce sujet. Ils auront pu mesurer l'activité imposée à Émile Zola par l'élaboration des dossiers préparatoires : les séjours, les visites et les déambulations, les interviews, les lectures, les collections de faits divers et de choses vues forment un ensemble de procédures que l'on a pu considérer, non sans quelque exagération, comme l'équivalent d'une enquête ethnographique. Suivent les ébauches, les tableaux analytiques, la mise en fiche des personnages qui, s'écartant de leur simple rôle thématique et fonctionnel, s'animent et s'étoffent par montages successifs jusqu'à se préciser en de véritables portraits dotés de noms porteurs de sens. Le dessin documentaire vient étayer, préciser l'ensemble du dossier. Il se mue en dessin de fiction à la suite d'un long travail de schématisation et de sophistication. Grâce à cette masse documentaire, nous pouvons suivre « ce perpétuel ajustement des formes au fil du scénario en marche » (Colette Becker). Rien, peut-être, de plus saisissant chez Zola que ce maniement des sources, des contraintes et des rêves, origine des rythmes subtils qui confèrent à l'œuvre sa musicalité.

Cette virtuosité s'est trouvée permise par la multiplicité des activités de plume auxquelles Zola s'est livré, sa vie durant. Il ne faudrait pas, en effet, s'arrêter à la minutie de la préparation de l'écriture romanesque. Tour à tour, ou tout à la fois, critique d'art et de littérature, reporter, polémiste, librettiste, photographe, poète, auteur de contes et de nouvelles, Zola a patiemment acquis une infinie capacité de jeu avec les formes.

Repères chronologiques

Michèle Sacquin

Le fils de l'ingénieur italien

1840
2 avril. Naissance à Paris d'Émile Zola.

1843
Installation des Zola à Aix.

1845
François Zola fonde la Société du canal Zola.

1847
Mort de François Zola à Marseille.

1848
Révolution de février : proclamation
de la République.

1851
Émilie Zola intente un procès à Jules Migeon,
principal actionnaire de la Société du canal Zola.
2 décembre : coup d'État de Louis Napoléon
Bonaparte.

1852
Zola entre au collège Bourbon, où il se lie
avec Cézanne et Baille.
Auguste Comte publie le *Catéchisme positiviste*.
Proclamation de l'Empire.

1853
Haussmann est nommé préfet de la Seine.

1854
Inauguration du canal d'Aix.
Début de la guerre de Crimée.
Dogme de l'Immaculée Conception.

1857
Mort d'Henriette Aubert, mère d'Émilie Zola.

Écrire.
Le temps des apprentissages

1858
Avec son grand-père, Zola rejoint sa mère à Paris.
Il entre en seconde au lycée Saint-Louis
avec une bourse.
Apparitions de Lourdes.

1859
Zola est recalé deux fois au baccalauréat.
Guerre d'Italie : victoires de Magenta
et de Solférino.
Extension de Paris jusqu'aux fortifications.

1860
Zola est employé aux docks de la douane.
Il assiste aux conférences de la rue de la Paix,
que vient de fonder Deschanel.
Hugo publie *Les Misérables*.
Premières mesures de libéralisation du régime.

1861
Chômeur, Zola a une liaison avec une prostituée
nommée Berthe.
Cézanne et Baille arrivent à Paris.

1862
Zola obtient la nationalité française. Il entre
à la librairie Hachette.

1863
Premiers articles dans le *Journal populaire*
de Lille.
Renan, *Vie de Jésus*.
Littré, *Auguste Comte et le positivisme*,
début du *Nouveau dictionnaire*.
Mise à l'Index de *Madame Bovary*
et des *Misérables*.

1864
Contes à Ninon.
Rencontre avec Gabrielle Alexandrine Meley.
Encyclique *Quanta cura* et *Syllabus errorum*,
qui condamne la société moderne.
Fondation de l'Association internationale
des travailleurs.

1865
La Confession de Claude.
Collaboration au *Salut Public* de Lyon.
Zola vit avec Alexandrine.
Dîners du jeudi soir avec les Aixois et Pissarro.

Anonyme, *Portrait de Zola enfant avec ses parents.*

Émile Zola avec son père.

Librairie Hachette.

Gabrielle Alexandrine Meley.

Horace Castelli, affiche
de *Thérèse Raquin*.

Edgar Degas, *Manet assis,
tourné vers la droite*.

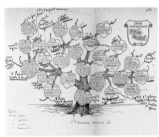

Arbre généalogique des
Rougon-Macquart annoté.

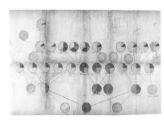

Répartition des influences
héréditaires pour chaque
personnage.

Il écrit aux Goncourt, qui viennent de publier
Germinie Lacerteux.
Claude Bernard publie l'*Introduction
à la médecine expérimentale*.

1866

Mes haines. Mon Salon. Le Vœu d'une morte.
Zola quitte Hachette. Il collabore à *L'Événement*
et couvre le Salon.
Il fréquente le café Guerbois. Vacances d'été
à Bennecourt.
Crise économique.
Victoire de la Prusse sur l'Autriche-Hongrie
à Sadowa.

1867

*Les Mystères de Marseille. Thérèse Raquin.
Pour Manet*.
Faillite du Crédit mobilier des frères Pereire.
Jules Ferry publie *Les Comptes fantastiques
d'Haussmann*.
Exécution de Maximilien au Mexique.

1868

Madeleine Férat.
Collaboration à *L'Événement illustré*
et à *La Tribune*.
Le portrait de Zola par Manet est exposé
au Salon.
Premier dîner chez les Goncourt.
Libéralisation de la presse.

1869

Collaboration au *Gaulois* et au *Rappel*.
Premier plan des *Rougon-Macquart*.
Zola écrit à Flaubert, qui vient de publier
L'Éducation sentimentale.
Rencontre avec Paul Alexis.
Inauguration du canal de Suez.
Grèves de mineurs à La Ricamarie
et dans l'Aveyron.
Ouverture du concile du Vatican.

1870

Collaboration à *La Cloche*.
Mariage avec Alexandrine.
La parution en feuilleton de *La Fortune
des Rougon* est interrompue par la guerre.
Septembre-novembre : Zola est à Marseille.
Fondation et revente de *La Marseillaise*.
Décembre : à Bordeaux, Zola est nommé
secrétaire de Glais-Bizoin.
2 septembre : Sedan. 4 septembre :
proclamation de la République.
Siège de Paris. Départ de Gambetta en ballon.
Dogme de l'infaillibilité pontificale.

Décrire. Le temps de l'analyse

1871

La Fortune des Rougon. La Curée en feuilleton.
Chroniques parlementaires dans *La Cloche*
et au *Sémaphore de Marseille*, de Bordeaux
puis de Paris après le 14 mars.
Renan publie *La Réforme intellectuelle et morale
de la France*.
Janvier : signature de l'armistice et organisation
des élections.
18 mars : proclamation de la Commune de Paris.
21 au 27 mai : Semaine sanglante (les Zola
sont à Bennecourt).

1872

La Curée.
Georges Charpentier devient l'éditeur de Zola.
Réunions dominicales chez Flaubert.
Procès des communards, déportations,
exécutions.

1873

Le Ventre de Paris.
Thérèse Raquin au théâtre de la Renaissance.
Démission de Thiers. Mac-Mahon devient
président de la République. Gouvernement
« d'Ordre moral ».
Remboursement de l'indemnité de guerre.
Libération du territoire.
Loi déclarant d'utilité publique l'érection
du Sacré-Cœur à Montmartre.

1874

La Conquête de Plassans. Nouveaux contes à Ninon.
Les Héritiers Rabourdin au Théâtre de Cluny.
« Dîner des auteurs sifflés ». Dîners du « bœuf
nature » avec les Aixois. Zola rencontre Mallarmé.
Première exposition impressionniste.

1875

La Faute de l'abbé Mouret.
Collaboration au *Messager de l'Europe*
(de Saint-Pétersbourg).
L'amendement Wallon établit le principe
de la République.
Loi sur la liberté de l'enseignement supérieur
votée par les conservateurs.

1876

Son Excellence Eugène Rougon.
Collaboration au *Messager de l'Europe*,
au *Sémaphore de Marseille*, au *Bien public*.
Zola rencontre Céard et Huysmans.
Majorité républicaine aux élections. Jules Simon
Premier ministre. Fin des procès communards.
Congrès ouvriers à Paris et à Marseille.

1877
L'Assommoir.
Dîner Trapp organisé par les jeunes naturalistes
pour Flaubert, Goncourt et Zola.
Vacances à L'Estaque. Déménagement
pour la rue de Boulogne.
Crise du 16 mai : dissolution de l'Assemblée ;
majorité républicaine en octobre.
Mort de Thiers.
Dernière exposition impressionniste.

1878
Une page d'amour.
Le Bouton de rose au théâtre du Palais-Royal.
Collaboration au *Voltaire.*
Achat de Médan.
Exposition universelle.
Élection de Léon XIII.

1879
L'Assommoir à l'Ambigu. Bal pour la centième.
Grévy remplace Mac-Mahon à la présidence
de la République.

1880
*Nana. Les Soirées de Médan. Le Roman
expérimental.*
Rupture avec *Le Voltaire.* Campagne du *Figaro.*
Mort de Duranty, de Flaubert et d'Émilie Zola.
Amnistie des communards. Retour de Vallès.
Loi Camille Sée sur l'enseignement secondaire
des filles.

1881
*Le Naturalisme au théâtre. Nos auteurs dramatiques.
Les Romanciers naturalistes.
Nana* à l'Ambigu.
Anatole France publie *Le Crime de Sylvestre
Bonnard.*
Henrik Ibsen, *Les Revenants.*
Gratuité de l'enseignement primaire.
Gambetta succède à Ferry comme Premier
ministre.

1882
Pot-Bouille. Le Capitaine Burle.
Laïcisation de l'école primaire.
Krach de l'Union générale.
Mort de Gambetta.

1883
Au Bonheur des Dames. Naïs Micoulin. Pot-Bouille
à l'Ambigu.
Mort de Manet et de Tourgueniev.
Ferdinand Brunetière publie *Le Roman
naturaliste.*

1884
La Joie de Vivre. Préface du catalogue
de l'exposition Manet.
Huysmans publie *À Rebours.*
Loi Waldeck-Rousseau sur le droit de grève.
Grèves d'Anzin.
Rétablissement du divorce.

1885
Germinal.
Cézanne à Médan.
Vogüé publie *Le Roman russe.*
Mort de Victor Hugo et de Jules Vallès.

1886
L'Œuvre. Fin de la correspondance
avec Cézanne.
Vacances à Royan avec les Charpentier.
Édouard Drumont, *La France Juive.* Jean Moréas,
Manifeste du symbolisme. Léon Bloy, *Le Désespéré.*
Conversion de Claudel.

1887
La Terre. Publication du « manifeste des Cinq ».
Le Ventre de Paris au Théâtre de Paris. *Renée*
au Vaudeville.
Vacances à Royan.
Antoine fonde le Théâtre-libre.
Manifestations lors de la mutation de Boulanger
en province.
Scandale des décorations. Démission de Grévy,
remplacé par Sadi Carnot.

1888
Le Rêve.
Rencontre avec Alfred Bruneau.
Vacances à Royan. Découverte
de la photographie. Début de la liaison
avec Jeanne Rozerot.
Crise boulangiste.
Fondation de la Société des droits de l'homme
et du citoyen.

1889
Préface du catalogue Marcellin Desboutins.
Les Zola déménagent au 21 *bis*, rue de Bruxelles.
Naissance de Denise.
Premier échec de Zola à l'Académie française.
Paul Bourget publie *Le Disciple.*
Exposition universelle. Centenaire et contre-
centenaire de 1789.
Fuite de Boulanger.

Ernst Friedrich von Liphart,
portrait de Zola.

Anonyme, Villégiature à Royan.

Pot-Bouille : Georges Bellenger,
« La cour des cuisines vue
de haut en bas ».

Carloz Schwabe, illustration
de couverture pour *Le Rêve.*

Jules Chéret, *L'Argent*.

1890

La Bête humaine.

Début du Ralliement catholique : toast d'Alger.

1891

L'Argent.

Le Rêve à l'Opéra-Comique.

Zola est élu président de la Société des gens de lettres.

Voyage dans les Pyrénées.

Naissance de Jacques.

Alexandrine apprend la liaison de Zola avec Jeanne.

Huysmans se convertit et publie *Là-bas*.

Encyclique *Rerum novarum* sur la question sociale.

Scandale de Panama.

1892

La Débâcle.

Voyage en France par Lourdes et Aix jusqu'en Italie.

Attentats anarchistes. Exécution de Ravachol.

Centenaire de la Iʳᵉ République.

1893

Le Docteur Pascal. Préface de la traduction de *L'Argent et le Travail* de Tolstoï.

L'Attaque du Moulin à l'Opéra-Comique.

Célébration de la fin des *Rougon-Macquart* au *Chalet des Îles*, au bois de Boulogne.

Zola participe au congrès de l'Institut des journalistes anglais à Londres.

Mort de Maupassant. Zola prononce le discours.

Mort de Taine.

L'anarchiste Vaillant fait exploser une bombe à la Chambre.

Procès de Panama.

1894

Lourdes. Zola en lit des extraits devant quatre mille personnes au Trocadéro. Le roman est mis à l'Index ainsi que le reste de l'œuvre de Zola.

Voyage en Italie avec Alexandrine.

Conversion de Ferdinand Brunetière.

Bombes anarchistes à Paris. Assassinat de Sadi Carnot à Lyon.

Arrestation du capitaine Alfred Dreyfus.

1895

Fondation de la CGT.

Dégradation et déportation de Dreyfus.

1896

Rome. Seize articles dans *Le Figaro*, dont « Pour les juifs ». Préface à l'*Enquête* du Dʳ Toulouse.

Au Bonheur des Dames au théâtre du Gymnase.

Mort de Goncourt. Zola prononce l'éloge funèbre.

Le colonel Picquart, qui a informé Boisdeffre de ses soupçons, est muté en Afrique.

1897

Messidor à l'Opéra. *Nouvelle campagne* chez Fasquelle.

Jeanne et les enfants passent l'été à Verneuil, près de Médan.

De novembre à décembre, Zola publie trois articles pour Dreyfus dans *Le Figaro*.

Mort d'Alphonse Daudet : Zola et Drumont tiennent les cordons du poêle.

Barrès publie *Les Déracinés*, premier tome du *Roman de l'énergie nationale*.

Durkheim fonde *La Revue de sociologie*.

1898

Paris.

13 janvier : *J'accuse…!* dans *L'Aurore*.

Février : procès Zola. Condamné définitivement le 18 juillet, Zola part pour Londres.

Fondation de la Ligue des droits de l'homme.

Août : suicide du colonel Henry.

Mort de Mallarmé.

La une de *L'Aurore*, 13 janvier 1898.

Dire. Le temps des utopies

1899

Fécondité.

4 juin : Zola rentre à Paris ; le 5 juin, *L'Aurore*
publie « Justice ».

Fondation de la Ligue de la patrie française
(François Coppée, Léon Daudet, Jules Lemaître).

Retour de Dreyfus.

Procès de Rennes en septembre.

Dreyfus est condamné et gracié.

Fondation de l'Action française.

1900

Trois articles « François Zola » dans *L'Aurore*
pour répondre aux calomnies de Judet dans
Le Petit Journal (mai 1898).

Loi d'amnistie pour les faits relatifs à l'Affaire :
Zola publie une lettre ouverte au président
Loubet dans *L'Aurore*.

Barrès publie *L'Appel au soldat*, deuxième tome
du *Roman de l'énergie nationale*.

Péguy, *Les Cahiers de la Quinzaine*.

Freud, *Die Traumdeutung* (*L'Interprétation
des rêves*).

Exposition universelle.

1901

Travail. La Vérité en marche chez Fasquelle.

L'Ouragan à l'Opéra-Comique.

Mort de Paul Alexis.

1902

La Terre au Théâtre Antoine.

Retour de Médan à Paris le 28 septembre.

29 septembre : mort de Zola.

5 octobre : obsèques au cimetière Montmartre.

Barrès publie *Leurs figures*, troisième tome
du *Roman de l'énergie nationale* et *Scènes
et doctrines du nationalisme*.

Gide publie *L'Immoraliste*.

Victoire de la gauche radicale aux élections.

Guerre scolaire.

Création du parti socialiste, dirigé par Jaurès.

1903

Vérité.

1905

Loi de séparation des Églises et de l'État.

Henri Poincaré, *La Valeur de la science*.

1906

Réhabilitation de Dreyfus.

Mort de Cézanne.

1907

Mort de Huysmans.

Bergson, *L'Évolution créatrice*.

1908

Transfert du corps de Zola au Panthéon le 4 juin.

Georges Sorel, *Réflexions sur la violence*.

Fondation de la Ligue des camelots du roi.

L'Action française devient un quotidien.

Raymond Tournon, affiche pour la
parution de *Fécondité* dans *L'Aurore*.

Albert Laborde, Émile Zola et
Gaston Picq avec leurs bicyclettes.

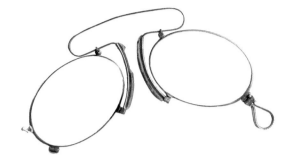

Bibliographie sélective

Bernard Vouillot et Michèle Sacquin

L'œuvre d'Émile Zola

Textes

Œuvres complètes d'Émile Zola, édition établie sous la direction d'Henri Mitterand, Paris, Cercle du livre précieux, 1966-1970, 15 vol. Constitue l'édition de référence pour toute l'œuvre de Zola (romans, théâtre, poésies, essais et la plupart des articles parus dans la presse entre 1865 et 1902).

Les Rougon-Macquart. Histoire naturelle et sociale d'une famille sous le Second Empire, texte intégral établi, annoté et présenté par Henri Mitterand sous la direction d'Armand Lanoux, Paris, Gallimard, coll. «Bibliothèque de la Pléiade», 1960-1967, 5 vol.

Les Rougon-Macquart, présentation et notes de Pierre Cogny, avec une préface de Jean-Claude Le Blond-Zola, Paris, Seuil, coll. «L'Intégrale», 1969-1970, 6 vol.

Les Rougon-Macquart. Histoire naturelle et sociale d'une famille sous le Second Empire, édition établie par Colette Becker, avec la collaboration de Gina Gourdin-Servenière et Véronique Lavielle, Paris, Robert Laffont, 5 vol., coll. «Bouquins», 1991-1993.

Contes et nouvelles, texte établi, présenté et annoté par Roger Ripoll, Paris, Gallimard, coll. «Bibliothèque de la Pléiade», 1976.

Écrits sur l'art, édition établie, présentée et annotée par Jean-Pierre Leduc-Adine, Paris, Gallimard, coll. «Tel», 1991.

La plupart des œuvres de Zola se trouvent au moins dans une et souvent dans plusieurs éditions de poche, avec une préface et un appareil critique : Folio, Garnier-Flammarion et Le Livre de poche, qui a publié *Vérité* avec une préface de Colette Becker. Dans la collection «Folio», *Lourdes* et *Rome* ont été publiés avec une préface de Jacques Noiray, *Paris* est en cours d'édition.

Correspondance

Correspondance d'Émile Zola, édition établie sous la direction de Bard H. Bakker, éd. associés Colette Becker, puis Owen Morgan, conseiller littéraire Henri Mitterand, Montréal/Paris, Presses de l'Université de Montréal/ Éditions du CNRS, 1978-1995, 10 vol. Édition monumentale publiée conjointement par le Centre d'études sur Zola et le naturalisme du CNRS (ITEM : Institut des textes et manuscrits modernes) et par le Centre Zola de l'université de Toronto (Canada). Son appareil critique apporte une masse d'informations sur l'homme, l'œuvre, les mouvements artistiques et littéraires et la société française de son temps.

Manuscrits et dossiers préparatoires

Les manuscrits et dossiers préparatoires des *Rougon-Macquart* et des *Évangiles* sont conservés au département des Manuscrits de la Bibliothèque nationale de France, dans le fonds des «Nouvelles acquisitions françaises», à l'exception du dossier préparatoire du *Docteur Pascal*, conservé à Genève à la bibliothèque Bodmer, et du manuscrit de *Nana*, qui se trouve à la Pierpont Morgan Library de New York; ceux des *Trois Villes* sont à la bibliothèque Méjanes d'Aix-en-Provence. D'importants extraits des dossiers préparatoires ont été publiés dans l'édition de la «Bibliothèque de la Pléiade» (Gallimard) et dans celle de la collection «Bouquins» (Robert Laffont).

La Fabrique de Germinal. Dossier préparatoire de l'œuvre, texte établi, présenté et annoté par Colette Becker, Paris, SEDES, coll. «Présences critiques», 1986.

Une édition génétique de l'ensemble des dossiers préparatoires des *Rougon-Macquart*, sous la direction de Colette Becker, est sous presse chez Honoré Champion.

Carnets d'enquêtes. Une ethnographie inédite de la France, textes établis et présentés par Henri Mitterand, Paris, Plon, coll. «Terre Humaine», 1987 (édition reprise dans la coll. «Presses Pocket», 1991).

Sources documentaires

Bibliographies

BAGULEY (David), *Bibliographie de la critique sur Émile Zola : 1864-1970*, Toronto, University of Toronto Press, 1976; puis *Bibliographie de la critique sur Émile Zola : 1971-1980 [avec un supplément du 1er vol., 1864-1970]*, Toronto, University of Toronto Press, 1982. Cette bibliographie exhaustive figure en ligne depuis 1981 sur le site du département de Français de l'université de Durham et fait partie du projet d'une bibliographie électronique du naturalisme qui se prépare sous la direction de Dorothy Speirs et David Baguley sur le site du Centre d'études du XIXe siècle français Joseph Sablé de l'université de Toronto («Les archives Émile Zola») : voir ci-dessous la rubrique «Sites en ligne».

NELSON (Brian), *Émile Zola. A selective analytical bibliography*, Londres, Grant and Cutler, 1982.

PAGÈS (Alain), *Émile Zola : bilan critique*, Paris, Nathan, coll. «128», 1993.

Dans l'article *Zola* du tome 231 et dernier du *Catalogue général des livres imprimés de la Bibliothèque nationale – auteurs*, paru en 1981 avec une préface du professeur Henri Mitterand sur «Émile Zola en librairie», sont recensés et décrits huit cent quarante-neuf livres et brochures d'Émile Zola reçus jusqu'en 1979 à la Bibliothèque nationale. La présente exposition doit beaucoup à ce beau travail d'Odile Gantier, qui nous a quittés le 12 février 2002.

Iconographie

CARLES (Patricia) et DESGRANGES (Béatrice), *Le Musée imaginaire d'Émile Zola*, cédérom, Paris, Pages jaunes, 2000.

GRAND-CARTERET (John), *Zola en images : 280 illustrations, portraits, caricatures, documents divers*, Paris, F. Juven, [1908].

MITTERAND (Henri) et VIDAL (Jean), *Album Zola*, Paris, Gallimard, coll. «Bibliothèque de la Pléiade», 1963.

ROBERT (Frédéric), *Zola en chansons, en poésies et en musique*, Liège, Mardaga, 2001.

TILLIER (Bertrand), *Cochon de Zola! ou les Infortunes caricaturales d'un écrivain engagé; suivi d'un Dictionnaire des caricaturistes*, [Biarritz], Séguier, 1998.

WARREN (Paul) dir., *Zola et le cinéma*, Paris/Sainte-Foy (Québec), Presses de la Sorbonne/Presses de l'université Laval, 1995.

Zola photographe : 480 documents, choisis et présentés par François Émile-Zola et Massin, Paris, Denoël, 1979 (rééd. Paris, Délégation à l'action artistique de la Ville de Paris/Hoëbeke, 1990).

Revues

Les Cahiers naturalistes (Paris, Grasset et Fasquelle), 1955 –.
La Société littéraire des amis d'Émile Zola, organisatrice du Pèlerinage de Médan le premier dimanche d'octobre de chaque année depuis 1903, édite cette revue sous la direction d'Alain Pagès. On y trouve une bibliographie critique des travaux consacrés à Zola et au naturalisme assurée par David Baguley. Numéros spéciaux récents : 1995 (n° 69), *Émile Zola : lectures au féminin*; 1998 (n° 72), *Le Centenaire de J'accuse… ! : lectures de l'affaire Dreyfus*; 1999 (n° 73), *Correspondances inédites. Figures du féminin*; 2000 (n° 74), *L'Écriture naturaliste*; 2001 (n° 75), *Formes de la fiction. Questions fin de siècle. Traductions et transpositions.*

Excavatio (San Rafaël, Nouvelles presses universitaires Weslof), 1992 –.
Publiée deux fois par an aux États-Unis par l'AIZEN : Association internationale d'approches multidisciplinaires et d'études comparées sur Émile Zola et son temps, le naturalisme, les écrivains et artistes naturalistes, le naturalisme et le cinéma à travers le monde.

La revue *Europe* a consacré des numéros spéciaux à Émile Zola en novembre-décembre 1952 (n° 83-84), avril-mai 1968 (n° 468-469) et à *Germinal* en octobre 1985 (n° 678).

Musée

L'Association pour le rayonnement de l'œuvre d'Émile Zola (AROEZ) et l'Association du musée Émile Zola ouvrent au public la Maison d'Émile Zola à Médan, dans les Yvelines (26, rue Pasteur, 78670 Médan), les samedis, dimanches et jours fériés et pour des groupes, sur réservation préalable, en semaine.

Études générales sur Zola et sur son œuvre

Études d'ensemble

BECKER (Colette), *Zola en toutes lettres*, Paris, Bordas, coll. «En toutes lettres», 1990.

BECKER (Colette), GOURDIN-SERVENIÈRE (Gina) et LAVIELLE (Véronique), *Dictionnaire d'Émile Zola…* Paris, Robert Laffont, coll. «Bouquins», 1993.

BECKER (Colette), *Émile Zola*, Paris, Hachette, coll. «Portraits littéraires», 1994.

BECKER (Colette), *Zola. Le saut dans les étoiles*, Paris, Presses de la Sorbonne nouvelle, coll. «Page ouverte», 2002.

BERNARD (Marc), *Zola*, nouvelle édition augmentée et mise à jour par Jean-Pierre Leduc-Adine, Paris, Seuil, coll. «Points» (n° 197), 1988.

COUPRIÉ (Alain), *Zola*, Paris, Armand Colin, coll. «Thèmes et œuvres», 1992.

MITTERAND (Henri), *Zola. La vérité en marche*, Paris, Gallimard, coll. «Découvertes Gallimard» (n° 257), 1995.

MITTERAND (Henri), *Zola et le naturalisme*, 4ᵉ éd., Paris, PUF, coll. «Que sais-je?» (n° 2314), 2002.

PAGÈS (Alain), *Le Naturalisme*, 3ᵉ éd., Paris, PUF, coll. «Que sais-je?» (n° 604), 2001.

PAGÈS (Alain) et MORGAN (Owen), *Guide Émile Zola*, Paris, Ellipses, 2002.

SPEIRS (Dorothy A.) et SIGNORI (Dolorès A.), *Entretiens avec Zola*, Ottawa, Presses de l'université d'Ottawa, 1990.

Études biographiques

ALEXIS (Paul), *Émile Zola : notes d'un ami…*, Paris, Maisonneuve et Larose, 2001 (reproduction en fac-similé de l'édition de Paris, G. Charpentier, 1882).

BLOCH-DANO (Évelyne), *Madame Zola*, Paris, Grasset, 1997.

BLOCH-DANO (Évelyne), *Chez Zola à Médan*, Saint-Cyr-sur-Loire, C. Pirot, coll. «Maison d'écrivain», 1999.

BROWN (Frédéric), *Zola, une vie*, Paris, Belfond, 1996.

BRUNEAU (Alfred), *À l'ombre d'un grand cœur. Souvenirs d'une collaboration*, présentation de Jean-Claude Le Blond-Zola, Paris/Genève, Slatkine reprints, coll. «Ressources», 1980 (reproduction en fac-similé de l'édition de Paris, Fasquelle, 1931).

LANOUX (Armand), *Bonjour, Monsieur Zola*, Paris, Hachette, 1962 (nouvelle édition, Paris, Grasset, 1978).

LE BLOND-ZOLA (Denise), *Émile Zola raconté par sa fille*, Paris, Fasquelle, 1931 (rééd. Paris, Grasset, 2000).

LE BLOND-ZOLA (Jean-Claude), *Zola à Médan*, Villiers-sur-Morin, Société littéraire des amis d'Émile Zola, 1999.

MITTERAND (Henri), *Zola*, t. I, *Sous le regard d'Olympia : 1840-1871*, Paris, Fayard, 1999; *Zola*, t. II, *L'Homme de Germinal : 1871-1893*, Paris, Fayard, 2001.

WALKER (Philippe), *Zola*, Londres, Routledge, 1985.

XAU (Fernand), *Émile Zola*, Paris, C. Marpon et E. Flammarion, 1880.

Études sur l'œuvre et sa réception

BAGULEY (David), *Zola et les genres*, Glasgow, University of Glasgow French & German publ., 1993.

BECKER (Colette), *Les Apprentissages de Zola : du poète romantique au romancier naturaliste, 1840-1867*, Paris, PUF, coll. «Écrivains», 1993.

BÉNOUDIS BASILIO (Kelly), *Le Mécanique et le vivant : la métonymie chez Zola*, Genève, Droz, coll. «Histoire des idées et critique littéraire», 1993.

BONNEFIS (Philippe), *L'Innommable. Essai sur l'œuvre d'Émile Zola*, Paris, SEDES, coll. «Présences critiques», 1984.

BORIE (Jean*)*, *Zola et les mythes ou De la nausée au salut*, Paris, Seuil, coll. «Pierres vives», 1971.

BRUNET (Étienne), *Le Vocabulaire de Zola*, Genève/Paris, Slatkine/Champion, coll. «Travaux de linguistique quantitative», 1985, 3 vol.

Centre culturel international de Cerisy-la-Salle, *Le Naturalisme*, colloque du 30 juin au 10 juillet 1976, publié par Pierre Cogny, Paris, Union générale d'éditions, coll. «10-18» (n° 1225), 1978.

COLIN (René-Pierre), *Zola, renégats et alliés : la République naturaliste*, Lyon, Presses universitaires de Lyon, coll. «Littérature et idéologie», 1988.

COLIN (René-Pierre), *Tranches de vie : Zola et le coup de force naturaliste*, Tusson, Éd. Du Lérot, coll. «D'après nature», 1991.

DUBOIS (Jacques), *Les Romanciers du réel : de Balzac à Simenon*, Paris, Seuil, coll. «Points», 2000.

KAEMPFER (Jean), *Émile Zola : d'un naturalisme pervers*, Paris, José Corti, 1989.

LAPP (John Clarke), *Les Racines du naturalisme : Zola avant les Rougon-Macquart*, Paris, Bordas, 1972.

LATTRE (Alain de), *Le Réalisme selon Zola : archéologie d'une intelligence*, Paris, PUF, coll. «Sup. Littératures modernes», 1975.

MATTHEWS (J. H.), *Les Deux Zola, science et personnalité dans l'expression*, Genève, Droz, 1957.

MITTERAND (Henri), *Zola, l'histoire et la fiction*, Paris, PUF, coll. «Écrivains», 1990 (recueil de textes extraits pour la plupart de diverses revues et publications).

MITTERAND (Henri), *L'Illusion réaliste : de Balzac à Aragon*, Paris, PUF, coll. «Écriture», 1994.

PIERRE-GNASSOUNOU (Chantal), *Zola, les fortunes de la fiction*, Paris, Nathan, coll. «Le texte à l'œuvre», 1999.

RIPOLL (Roger), *Réalité et mythe chez Zola*, Paris, Honoré Champion, 1981, 2 vol. (thèse de lettres, Paris IV, 1977).

ROBERT (Guy), *Émile Zola : principes et caractères généraux de son œuvre*, Paris, Les Belles Lettres, 1952.

SEASSAU (Claude), *Émile Zola. Le réalisme symbolique*, Paris, José Corti, 1989.

SERRES (Michel), *Feux et signaux de brume*, Paris, Grasset, 1975.

SUWALA (Halina), *Autour de Zola et du naturalisme*, Paris, Honoré Champion, coll. «Bibliothèque de littérature moderne», 1993.

TERNOIS (René), *Zola et son temps : Lourdes, Rome, Paris*, Paris, Les Belles Lettres, 1961 (thèse de lettres, Paris, 1961).

THOREL-CAILLETEAU (Sylvie), *Zola*, textes choisis et présentés par Sylvie Thorel-Cailleteau, Paris, Presses de l'université de Paris-Sorbonne, coll. «Mémoire de la critique», 1998 (recueil de textes extraits de diverses revues et publications, 1868-1908).

THOREL-CAILLETEAU (Sylvie), *La Pertinence réaliste : Zola*, Paris, Honoré Champion, coll. «Romantisme et modernités», 2001.

VAN TOOREN (Marjolein), *Le Premier Zola : naturalisme et manipulation dans les positions stratégiques des récits brefs d'Émile Zola*, Amsterdam, Rodopi, 1998.

Zola sans frontières, actes du colloque international de Strasbourg (mai 1994), textes réunis par Auguste Dezalay, Strasbourg, Presses universitaires de Strasbourg, 1996.

Études particulières

Quelques aspects de l'œuvre

BERTRAND-JENNINGS (Chantal), *L'Éros et la femme chez Zola. De la chute au paradis retrouvé*, Paris, Klincksieck, 1977.

COLLOT (Sylvie), *Les Lieux du désir : topologie amoureuse de Zola*, Paris, Hachette, coll. «Hachette Université. Recherches littéraires», 1992.

DURIN (Jacques), *Émile Zola et la question juive : 1890-1902*, Paris, G. M., 1989.

HIRDT (Willi), *Alkohol im französischen Naturalismus. Der Kontext des Assommoir*, Bonn, Bouvier, coll. «Abhandlungen zur Kunst-, Musik- und Literaturwissenschaft», 1991.

KRAKOWSKI (Anna), *La Condition de la femme dans l'œuvre d'Émile Zola*, Paris, Nizet, 1974.

KRANOWSKI (Nathan), *Paris dans les romans d'Émile Zola*, Paris, PUF, 1968.

MALINAS (Yves), *Zola et les hérédités imaginaires*, Paris, Expansion scientifique française, 1985.

NOIRAY (Jacques), *Le Romancier et la machine*, t. I, *L'Univers de Zola*, Paris, José Corti, 1981 (premier tome d'une thèse de lettres soutenue à Paris IV en 1979 sous le titre «Le thème de la machine dans le roman français de la deuxième moitié du XIXe siècle»).

OUVRARD (Pierre), *Zola et le prêtre*, Paris, Beauchesne, 1986.

SICOTTE (Geneviève), *Le Festin lu : le repas chez Flaubert, Zola et Huysmans*, Montréal, Liber, 1999.

Les Rougon-Macquart

DESCOTES (Maurice), *Le Personnage de Napoléon III dans Les Rougon-Macquart*, Paris, Lettres modernes, coll. «Archives des lettres modernes», 1970.

DEZALAY (Auguste), *L'Opéra des Rougon-Macquart : essai de rythmologie romanesque*, Paris, Klincksieck, 1983.

FARIA (Neide de), *Structures et unité dans Les Rougon-Macquart : la poétique du cycle*, Paris, Nizet, 1977.

HAMON (Philippe), *Le Personnel du roman. Le système des personnages dans Les Rougon-Macquart d'Émile Zola*, Genève, Droz, coll. «Histoire des idées et critique littéraire», 1983 (nouvelle édition, Genève, Droz, coll. «Titre courant», 1998).

HAMON (Philippe), *Texte et idéologie*, Paris, PUF, coll. «Écriture», 1984 (rééd. Paris, PUF, coll. «Quadrige», 1997).

MAX (Stefan), *Les Métamorphoses de la grande ville dans Les Rougon-Macquart*, Paris, Nizet, 1966.

NAUDIN-PATRIAT (Françoise), *Ténèbres et lumière de l'argent. La représentation de l'ordre social dans Les Rougon-Macquart*, Dijon, Université de Dijon, coll. «Travaux de la Faculté de droit et de science politique», 1981.

PROULX (Alfred C.), *Aspects épiques des Rougon-Macquart de Zola*, La Haye/Paris, Mouton, coll. «Studies in French literature», 1966.

TONARD (Jean-François), *Thématique et symbolique de l'espace clos dans le cycle des Rougon-Macquart d'Émile Zola*, Francfort-sur-le-Main, P. Lang, coll. «Publications universitaires européennes», 1994.

VAN BUUREN (Maarten), *Les Rougon-Macquart d'Émile Zola : de la métaphore au mythe*, Paris, José Corti, 1986.

Grandes études sur quelques romans

ALLARD (Jacques), *Zola, le chiffre du texte : lecture de L'Assommoir*, Grenoble/Montréal, Presses universitaires de Grenoble/Presses de l'université du Québec, 1978.

L'Attaque du moulin : dossier préparatoire, texte intégral de la nouvelle, textes supplémentaires, éd. Helmut Schwartz et Horst Wagner, Dortmund/Berlin, L. Lensing/Cornelsen, coll. «Kursmaterialien Französisch», 1993.

BAGULEY (David), *Fécondité d'Émile Zola, roman à thèse, évangile, mythe*, Toronto, University of Toronto Press, coll. «University of Toronto Romance series», 1973.

BERTRAND (Denis), *L'Espace et le sens : Germinal d'Émile Zola*, Paris/Amsterdam, Hadès/Benjamins, coll. «Actes sémiotiques», 1985.

La Bête humaine : texte et explications, actes du colloque de Glasgow (1990), réunis et édités par Geoff Woollen, Glasgow, University of Glasgow French and German publ., 1990.

BRADY (Patrick), *Le Bouc émissaire chez Émile Zola : quatre essais sur Germinal et L'Œuvre*, Heidelberg, C. Winter, coll. «Reihe Siegen», 1981.

CASE (Frederick Ivor), *La Cité idéale dans Travail, d'Émile Zola*, Toronto, University of Toronto Press, coll. «University of Toronto Romance series», 1974.

COSSET (Évelyne), *Les Quatre Évangiles d'Émile Zola : espace, temps, personnages*, Genève, Droz, coll. «Histoire des idées et critique littéraire», 1990.

La Curée de Zola ou la Vie à outrance, actes du colloque de la Société d'études romantiques du 10 janvier 1987, Paris, SEDES, 1987.

DEFFOUX (Léon), *La Publication de L'Assommoir*, avec des lettres inédites de Théodore de Banville, Catulle Mendès, Henry Céard et Paul Bourget, Paris, Société française d'éditions littéraires et techniques, coll. «Les grands événements littéraires», 1931.

DUBOIS (Jacques), *L'Assommoir de Zola : société, discours, idéologie*, Paris, Larousse, coll. «Thèmes et textes», 1973.

FRANDON (Ida-Marie), *Autour de Germinal, la mine et les mineurs*, Genève/Lille, Droz/Giard, coll. «Société de publications romanes et françaises», 1955.

FRANZÉN (Nils-Olof), *Zola et La Joie de vivre : la genèse du roman, les personnages, les idées*, Stockholm, Almqvist och Wiksell, coll. «Acta universitatis Stockholmiensis. Studies in history of literature», 1958.

GALLINI (Clara), *Il Miracolo e la sua prova : un etnologo a Lourdes*, Naples, Liguori, coll. «Anthropos», 1998.

GRANET (Michel), *Le Temps trouvé par Zola dans son roman Le Docteur Pascal : variations didactiques*, Paris, Publications universitaires, 1980.

GRANT (Elliott Mansfield), *Zola's Germinal, a critical and historical study*, Leicester, Leicester University Press, 1962.

HOFMANN (Werner), *Nana : eine Skandalfigur zwischen Mythos und Wirklichkeit*, Cologne, Dumont, 1999.

KANES (Martin), *Zola's La Bête humaine, a study in literary creation*, Berkeley/Los Angeles, University of California Press, coll. «University of California Publications in modern philology», 1962.

LANSKIN (Jean-Michel Charles), *Le Scénario sans amour d'une fille de joie : analyse transactionnelle de Nana*, Paris, Lettres modernes, coll. «Archives des lettres modernes», 1997.

LEDUC-ADINE (Jean-Pierre), *Genèse, structures et style de La Curée*, Paris, SEDES, coll. «Littérature», 1987.

LEJEUNE (Paule), *Germinal : un roman antipeuple*, Paris, Nizet, 1978.

MAREL (Henri), *Germinal, une documentation intégrale*, Glasgow, University of Glasgow French and German publ., 1989.

PSICHARI (Henriette), *Anatomie d'un chef-d'œuvre, Germinal*, Paris, Mercure de France, 1964.

ROBERT (Guy), *La Terre d'Émile Zola. Étude historique et critique*, Paris, Les Belles Lettres, [1952] (thèse de lettres).

SCARPA (Marie), *Le Carnaval des Halles : une ethnocritique du Ventre de Paris de Zola*, Paris, CNRS éditions, coll. «CNRS littérature», 2000.

TOUBIN-MALINAS (Catherine), *Heurs et malheurs de la femme au XIX*e *siècle : Fécondité d'Émile Zola*, Paris, Méridien Klincksieck, 1986.

VIAL (André-Marc), *Germinal et le socialisme de Zola*, Paris, Éditions sociales, coll. «Classiques du peuple. Critiques», 1975.

Zola journaliste

L'Atelier de Zola. Textes de journaux, 1865-1870, recueillis et présentés par Martin Kanes, Genève, Droz (Ambilly-Annemasse, Presses de Savoie), 1963.

MITTERAND (Henri), *Zola journaliste : de l'affaire Manet à l'affaire Dreyfus*, Paris, Armand Colin, coll. «Kiosque», 1962.

RIPOLL (Roger), *Le Sémaphore de Marseille : 1871-1877*, Paris, Les Belles Lettres (Annales littéraires de l'université de Besançon), 1972.

SPEIRS (Dorothy E.) et SIGNORI (Dolores A), *Émile Zola dans la presse parisienne*, 1882-1902, Toronto, Université de Toronto, 1985.

SUWALA (Halina) et Mitterand (Henri), *Émile Zola, journaliste : 1859-1881. Bibliographie chronologique et analytique*, Paris, Les Belles Lettres (Annales littéraires de l'université de Besançon), 1968.

Zola et l'affaire Dreyfus

GUIEU (Jean-Max), *Bibliographie générale informatisée de l'affaire Dreyfus : son époque et ses répercussions*, cédérom, San Diego (Californie), Graphix Communications, 2000.

Émile Zola, J'accuse… !, réactions nationales et internationales, journée d'études autour du J'accuse… ! d'Émile Zola (université de Valenciennes, 27 mars 1998), Valenciennes, Presses universitaires de Valenciennes, coll. «Recherches valenciennoises», 1999.

PAGÈS (Alain), *Émile Zola, un intellectuel dans l'affaire Dreyfus : histoire de J'accuse… !*, Paris, Séguier, 1991.

PAGÈS (Alain), *J'accuse… ! 13 janvier 1898*, Paris, Perrin, coll. «Une journée dans l'histoire», 1998.

Le Procès Zola : devant la cour d'assises de la Seine, 7 février – 23 février 1898. Compte rendu sténographique in extenso et documents annexes, Paris, Stock, 1998.

Zola et les arts

BRADY (Patrick), *L'Œuvre d'Émile Zola : roman sur les arts, manifeste, autobiographie, roman à clef*, Genève, Droz, coll. «Histoire des idées et critique littéraire», 1968.

DOUCET (Fernand), *L'Esthétique de Zola et son application à la critique*, La Haye/Paris, De Nederlansche boek en Steendrukkerij/Nizet et Bastard, 1923 (thèse de lettres).

FERNANDEZ (Dominique), *Le Musée d'Émile Zola : haines et passions*, Paris, Stock, 1997.

GUIEU (Jean-Max) et Hilton (Alison), *Émile Zola and the Arts: Centennial of the Publication of L'Œuvre*, Washington (DC), Georgetown university Press, 1988.

LEDUC-ADINE (Jean-Pierre), *Une visite avec Émile Zola*, Paris, RMN, coll. «Carnet parcours du musée d'Orsay», 1988.

Manet, 1832-1883, catalogue de l'exposition (Paris et New York) par Françoise Cachin… et al., New York, The Metropolitan Museum of Art/Harry N. Abrams, 1983.

REWALD (John), *Cézanne, sa vie, son œuvre, son amitié pour Zola*, Paris, Albin Michel, 1939 (Rééd. Paris, Flammarion, 1995).

Zola et le théâtre

BEST (Janice), *Expérimentation et adaptation : essai sur la méthode naturaliste d'Émile Zola*, Paris, José Corti, 1986.

GUIEU (Jean-Max), *Le Théâtre lyrique d'Émile Zola*, Paris, Fischbacher, 1983.

Bibliographie générale

AGULHON (Maurice), *Marianne au pouvoir. L'imagerie et la symbolique républicaines de 1880 à 1914*, Paris, Flammarion, 1989.

BANCQUART (Marie-Claire), *Paris «fin-de-siècle». De Jules Vallès à Remy de Gourmont*, Paris, La Différence, 2002 (1re éd. 1979).

BERNHEIMER (Charles), *Figures of Ill Repute*, Cambridge (MA), Harvard University Press, 1989.

BIRNBAUM (Pierre) dir., *La France de l'affaire Dreyfus*, Paris, Gallimard, 1994.

BLANCKAERT (Claude) dir., *Le Terrain des sciences humaines : instructions et enquêtes, XVIII*e*-XX*e *siècle*, Paris, L'Harmattan, 1996.

BORIE (Jean), *Mythologies de l'hérédité au XIX*e *siècle*, Paris, Galilée, 1981.

BROOKNER (Anita), *Romanticism and its Discontents*, Londres, Viking, 2000 et Penguin, 2001.

CABANÈS (Jean-Louis), *Le Corps et la maladie dans les récits réalistes (1856-1893)*, Paris, Klincksieck, 1991, 2 vol.

CHARLE (Christophe), *Naissance des intellectuels*, Paris, Seuil, coll «Points», 1991.

CHARLE (Christophe), *Histoire sociale de la France au XIX*e *siècle*, Paris, Seuil, coll. «Points», 1991.

CHARLE (Christophe), *Paris fin de siècle. Culture et politique*, Paris, Seuil, coll. «L'Univers historique», 1998.

CHARTIER (Roger) et MARTIN (Henri-Jean) dir., *Histoire de l'édition française*, t. III, *Le Temps des éditeurs. Du romantisme à la Belle Époque*, Paris, Promodis, 1985, (rééd. Paris, Fayard/Cercle de la Librairie, 1989).

COMPAGNON (Antoine), *La Troisième République des lettres de Flaubert à Proust*, Paris, Seuil, 1983.

CORBIN (Alain), *Les Filles de noce : misère sexuelle et prostitution, XIX*e *et XX*e *siècles*, Paris, Flammarion, coll. «Champs», 1992 (1re éd. 1978).

CORBIN (Alain), *Le Miasme et la jonquille*, Paris, Flammarion, coll. «Champs», 1986 (1ʳᵉ éd. 1982).

CORBIN (Alain), *Le Temps, le désir et l'horreur, essais sur le XIXᵉ siècle*, Paris, Flammarion, coll. «Champs», 1998 (1ʳᵉ éd. 1991).

DÉCAUDIN (Michel) et LEUWERS (Daniel), *De Zola à Guillaume Apollinaire*, Paris, Arthaud, 1986.

FIERRO (Alfred), *Histoire et dictionnaire de Paris*, Paris, Robert Laffont, 1996.

GAY (Peter), *The Bourgeois Experience. Victoria to Freud*, New York/Oxford, Oxford University Press, 1984.

GHIDETTI (Enrico), *L'Ipotesi del realismo. Storia e geografia del naturalismo italiano*, Milan, Sansoni, 2001.

GINZBURG (Carlo), *Mythes, emblèmes, traces*, Paris, Flammarion, 1989.

HAMON (Philippe), *Imageries : littérature et image au XIXᵉ siècle*, Paris, Corti, 2001.

HOLLIER (Denis) dir., *De la littérature française*, Paris, Bordas, 1993 (traduction de *A New History of French Literature*, Cambridge (MA), Harvard University Press, 1989).

LEROY (Geraldi) et BERTRAND-SABIANI (Julie), *La Vie littéraire à la Belle Époque*, Paris, PUF, 1998.

MOLLIER (Jean-Yves), *L'Argent et les lettres*, Paris, Fayard, 1998.

NORD (Philip), *The Republican Moment. Struggles for Democracy in 19th Century*, Cambridge (MA), Harvard University Press, 1995.

ORY (Pascal) et SIRINELLI (Jean-François), *Histoire des intellectuels en France de l'affaire Dreyfus à nos jours*, Paris, Armand Colin, 1986 (rééd. 1992).

OZOUF (Mona), *Les Aveux du roman. Le XIXᵉ siècle entre Ancien Régime et Révolution*, Paris, Fayard, 2001.

PERROT (Michèle) et DUBY (Georges) dir., *Histoire des femmes*, Paris, Plon, 1991-1992, 5 vol. (rééd. Perrin, coll. «Tempo», 2002).

POUTRIN (Isabelle) dir., *Le XIXᵉ Siècle. Science, politique et tradition*, préface d'Alain Corbin, Paris, Berger-Levrault, 1995.

PROCHASSON (Christophe), *Les Années électriques, 1880-1890*, Paris, La Découverte, 1991.

PROCHASSON (Christophe), *Les Intellectuels, le socialisme et la guerre, 1900-1938*, Paris, Seuil, 1993.

QUEFFELEC (Lise), *Le Roman-feuilleton français au XIXᵉ siècle*, Paris, PUF, 1989.

QUIGUER (Claude), *Femmes et machines 1900. Lectures d'une obsession modern style*, Klincksieck, 1979.

RIOUX (Jean-Pierre), *Chronique d'une fin de siècle*, Paris, Seuil, 1991.

RIOUX (Jean-Pierre) et SIRINELLI (Jean-François) dir., *Histoire culturelle de la France*, t. III, Antoine de Baecque et Françoise Melonio, *Lumières et liberté. Les XVIIIᵉ et XIXᵉ siècles*, Paris, Seuil, 1998.

ROSANVALLON (Pierre), *Le Sacre du citoyen*, Paris, Gallimard, 1992.

WINOCK (Michel), *Le Siècle des intellectuels*, Paris, Seuil, 1997.

Sites en ligne

http://www.cahiers-naturalistes.com

http://www.multimania.com/veronika
(site «Émile Zola. Nulla dies sine linea»)

http://www.as.wvu.edu/mlastinger
(site de Michael Lastinger)

http://www.chass.utoronto.ca/french/sable/zola
(site du Centre Zola de Toronto : archives Émile Zola). Contact : dorothy.speirs@utoronto.ca

http://www.chass.utoronto.ca/french/sable/zola/amis/liste.htm
(site du Centre Zola de Toronto : liste de discussion)

http://www.ualberta.ca/~aizen/
(site de l'AIZEN)

http://perso.wanadoo.fr/sihad/1.htm
(site de la Société internationale d'histoire de l'affaire Dreyfus, SIHAD)

http://www.agorapolis.com/zola/
(site du centenaire de *J'accuse… !*)

http://www.item.ens.fr/contenus/equiprojet/EQPaccueil.htm
(site de l'Institut des textes et manuscrits modernes, ITEM, CNRS).
Contact au Centre d'études sur Zola et le naturalisme de l'ITEM : daniele.coussot@ens.fr

http://www.dur.ac.uk/SMEL/depts/french/Baguley/Bibliog/index.htm
(bibliographie des études critiques sur Émile Zola, par David Baguley)

Pour lire ou relire Zola

http://gallica.bnf.fr
(fonds numérisé de la Bibliothèque nationale de France)

http://abu.cnam.fr/BIB/auteurs/zolae.html
(ABU : Association des bibliophiles universels)

http://www.numilog.com
(Numilog, site de téléchargement d'ouvrages en ligne : voir la page librairie en ligne)

Filmographie

Bernard Vouillot

Œuvres de Zola portées à l'écran

Cinéma

ZECCA (Ferdinand), *Les Victimes de l'alcoolisme [L'Assommoir]*, 1902.

ZECCA (Ferdinand), *La Grève [Germinal]*, 1903.

CAPELLANI (Alberto), *L'Assommoir*, 1909.

BOURGEOIS (Gérard), *Les Victimes de l'alcool [L'Assommoir]*, 1912.

JASSET (Victorin), *Au pays des ténèbres [Germinal]*, 1912.

JASSET (Victorin), *La Terre*, 1912.

CAPELLANI (Alberto), *Germinal*, 1913.

MARTOGLIO (Nino), *Thérèse Raquin*, 1915.

NEGRONI (Baldassare), *La Curée*, 1916.

POUCTAL (Henri), *Travail*, 1919.

BARONCELLI (Jacques de), *Le Rêve*, 1920.

MAUDRU (Charles), *L'Assommoir*, 1921.

PROTOZANOFF (Yakov), *Pour une nuit d'amour*, 1923.

ANTOINE (André), *La Terre*, 1921.

FEYDER (Jacques), *Thérèse Raquin*, 1926.

RENOIR (Jean), *Nana*, 1926.

DUVIVIER (Julien), *Au Bonheur des Dames*, 1929.

L'HERBIER (Marcel), *L'Argent*, 1929.

BARONCELLI (Jacques de), *Le Rêve*, 1931.

RENOIR (Jean), *La Bête humaine*, 1938.

CAYATTE (André), *Au Bonheur des Dames*, 1943.

PAGNOL (Marcel), *Naïs*, 1945.

CARNÉ (Marcel), *Thérèse Raquin*, 1953.

CHRISTIAN-JAQUE, *Nana*, 1954.

CLÉMENT (René), *Gervaise*, 1956.

DUVIVIER (Julien), *Pot-Bouille*, 1957.

ALLÉGRET (Yves), *Germinal*, 1963.

VADIM (Roger), *La Curée*, 1965.

AHLBERG (Marc), *Nana*, 1970.

FRANJU (Georges), *La Faute de l'abbé Mouret*, 1970.

BERRI (Claude), *Germinal*, 1993.

MILLER (Claude), *Nana*, 1997.

Télévision

LORENZI (Stellio), *Thérèse Raquin*, 1960.

CARDINAL (Pierre), *L'Œuvre*, 1967.

HUBERT (Yves-André), *Pot-Bouille*, 1972.

HUBERT (Yves-André), *La Fortune des Rougon*, 1980.

CHOURAQUI (Élie), *Une page d'amour*, 1980.

CAZENEUVE (Maurice), *Nana*, 1981.

ROUFFIO (Jacques), *L'Argent*, 1988.

MOLINARO (Édouard), *Anna Coupeau, dite Nana*, 2002.

Films sur Zola

Un documentaire de Jean Vidal en 1954. Deux fictions concernant surtout l'affaire Dreyfus :

DIETERLE (William), *The Life of Émile Zola*, 1937.

LORENZI (Stellio), *Zola ou la conscience humaine*, Antenne 2, 1978.

Une filmographie complète jusqu'en 1968 figure dans Guy Gauthier, «Filmographie», *Europe*, n° 468-469, avril-mai 1968, p. 416-424.

Index des noms de personnes

Crédits photographiques

Sauf mention contraire, les clichés ont été réalisés par le service reproduction de la Bibliothèque nationale de France.

Les chiffres renvoient aux notices et à leurs illustrations.

© Adagp, Paris 2002 : 186, 268
Bibliothèque Méjanes, Aix-en-Provence / cliché CICL, Arles : 8, 9, 237, 244, 245, 246
Coll. part. / clichés Michel Urtado : 6, 33, 42, 46, 67, 80, 86, 100, 129, 130, 131, 231, 234, 255, 262, 263, 270, 273, 284, 295 b, 301, 302, 311, 312, 313, 316, 317, 318, 319, 320, 321, 322, 323, 324, 325, 326, 328, 329, 330, 331, 332, 336, 337
Collections de la Comédie-Française, Paris : 224
Conseil général du Val-d'Oise, Cergy-Pontoise / © Adagp, Paris 2002 : 179
Hachette Livre – Photothèque, Paris : 32 b
Centre hospitalier Édouard-Toulouse, Marseille / clichés Michel Urtado : 202, 203, 204, 205, 206,
Maison d'Émile Zola, Médan / clichés Michel Urtado : 2, 60, 91, 116, 147, 254, 264, 276, 334, 335, page 244
Musée Crozatier, Le Puy-en-Velay : 217
Musée de la Chartreuse, Douai / cliché Hugo Maertens : 54
Musée de l'Hôtel-Dieu, Mantes-la-Jolie / © Adagp, Paris, 2002 :291
Musée des Beaux-Arts, Bordeaux / cliché Lysiane Gauthier : 51
Musée des Beaux-Arts, Lyon / cliché Studio Basset : 99
Musée des Beaux-Arts, Rennes : 174
Musée des Beaux-Arts, Nancy : 280
Musée Marmottan-Monet, Paris / clichés Bridgeman-Giraudon : 164, 182
Photothèque de l'Assistance publique – Hôpitaux de Paris : 194, 282

Photothèque des musées de la Ville de Paris :
Cliché Andreani et Toumazet : 81
Cliché Andreani : 103
Cliché Briant : 173
Clichés Joffre : 29, 298
Cliché Habouzit : 168
Cliché Giet : 94
Clichés Ladet : 97, 115
Cliché Toumazet : 95
Clichés Pierrain : 15, 98, 177 (© Adagp, Paris 2002), 207, 215, 230 (© Adagp, Paris 2002)
Réunion des musées nationaux : 89, 148, 218
Clichés Arnaudet : 34, 127, 292
Clichés Gérard Blot : 53, 150,165
Cliché Bulloz : 22
Cliché Lagiews / © Adagp, Paris 2002 : 333
Clichés Hervé Lewandowski : 7, 55, 56, 106, 134, 176
Cliché Franck Raux : 24
Cliché J. J. Sauciat : 295 a
Clichés R. G. Ojeda : 213, 214

*Débordant d'abnégation,
de bonté et de gaieté.

Un cantique à la vie, un
cri de santé quand même,
d'espoir en l'avenir

Expliquer toute ma série,
conclure par une large confiance
en la vie.*

Notes pour *Le Docteur Pascal*. BNF,
Manuscrits, NAF 10290, f. 189.

Cet ouvrage a été composé
en caractères Corporate et Plantin.
Photogravure : IGS, Angoulême.
Achevé d'imprimer en septembre 2002
sur les presses de l'imprimerie
Snoeck-Ducaju & Zoon à Gand (Belgique),
sur papier permanent Allegro Matsat 150 g ∞.
Dépôt légal : septembre 2002